De Sarney a Collor

REFORMAS POLÍTICAS,
DEMOCRATIZAÇÃO E CRISE (1985-1990)

UNIVERSIDADE FEDERAL DE GOIÁS
Reitor
Edward Madureira Brasil
Vice-Reitor
Eriberto Francisco Bevilaqua Marin
Pró-Reitora de Pesquisa e Pós-Graduação
Divina das Dores de Paula Cardoso
Diretor da Faculdade de História
Leandro Mendes Rocha
Coordenador do Programa de Pós-Graduação em História
Eugênio Rezende de Carvalho – 2008-2009
Maria Amélia Garcia Alencar - 2010-2011

DAVID MACIEL

De Sarney a Collor

REFORMAS POLÍTICAS,
DEMOCRATIZAÇÃO E CRISE (1985-1990)

Copyright © 2012 David Maciel

Grafia atualizada segundo o Acordo Ortográfico da Língua Portuguesa de 1990, que entrou em vigor no Brasil em 2009.

Publishers: Joana Monteleone/ Haroldo Ceravolo Sereza/ Roberto Cosso
Edição: Joana Monteleone
Editor assistente: Vitor Rodrigo Donofrio Arruda
Projeto gráfico e diagramação: João Paulo Putini
Capa: Juliana Pellegrini
Revisão: Samuel Vidilli
Assistente de Produção: Juliana Pellegrini

CIP-BRASIL. CATALOGAÇÃO-NA-FONTE
SINDICATO NACIONAL DOS EDITORES DE LIVROS, RJ

M138d

Maciel, David
DE SARNEY A COLLOR : REFORMAS POLÍTICAS, DEMOCRATIZAÇÃO E CRISE (1985-1990)
David Maciel
São Paulo: Alameda/ Goiânia: Funape, 2012
432p.

Inclui bibliografia
ISBN: 978-85-7939-106-4 / 978-85-8083-055-2

1. Brasil - Política e governo - 1985-1990. 2. Brasil - Política econômica. I. Título.

12-3084.   CDD: 320.981
            CDU: 32(81)
                                    035515

Alameda Casa Editorial
Rua Conselheiro Ramalho, 694 – Bela Vista
CEP 01325-000 – São Paulo – SP
Tel. (11) 3012-2400
www.alamedaeditorial.com.br

Este trabalho é dedicado a todos que combateram a autocracia burguesa reformada por atos e ideias, desde a transição até hoje.

Sumário

Glossário 9

Prefácio 11

Apresentação 17

Introdução 19
Definição do objeto e da problemática 19
Referencial teórico e metodológico 28
Fontes e bibliografia 32
Método de periodização e grade temporal 42

Capítulo I – Ascensão e limites do reformismo peemedebista: 47
da vitória de Tancredo ao "partido do Sarney" (1985-1986)
Da Ditadura Militar à Nova República 47
A composição do novo governo, seus compromissos políticos 61
e a morte de Tancredo Neves
A instalação do governo Sarney e a herança de Tancredo 79
A dinâmica da situação cesarista: rumo ao Cruzado 107
e ao "partido do Sarney"

Capítulo II – O Cruzado e o "pacto social pelo alto". 135
Do reformismo bem intencionado ao colapso do
Estado desenvolvimentista (1986-1987)
O Plano Cruzado, o "pacto social pelo alto" e a "unção" de Sarney 136

Do "Cruzadinho" às eleições de 1986 — 164
O Cruzado II e o fim da aventura heterodoxa — 199

Capítulo III – Do colapso do Cruzado ao golpe do "Centrão": crise econômica e Constituinte (1987-1988) — 223

Da crise conjuntural à crise de hegemonia: o colapso do Cruzado e a Constituinte — 229
As forças políticas se recompõem na constituinte: do Cabral I ao Cabral III — 259
Do fim da Aliança Democrática ao golpe do "Centrão" na Constituinte — 289

Capítulo IV – Termina a transição: a Constituição, as eleições presidenciais e a vitória da autocracia burguesa (1988-1990) — 297

A batalha final: do novo regimento à nova Constituição — 299
O primeiro ato da sucessão presidencial: as eleições de 1988 — 343
A sucessão presidencial e a vitória da autocracia burguesa — 354

Considerações finais — 377

Referências bibliográficas — 383
Arquivo CPV: Dossiês e Coletâneas — 383
Artigos publicados em jornais e revistas (com autoria expressa) — 386
Jornais, revistas e documentos políticos e partidários (sem autoria expressa) — 401
Livros — 418
Artigos científicos — 426

Glossário

Associação Comercial de São Paulo
ABDD (Associação Brasileira de Defesa da Democracia)
ABI (Associação Brasileira de Imprensa)
ACSP (Associação Comercial de São Paulo)
ACSP (Associação Comercial de São Paulo)
Andes (Associação Nacional dos Docentes do Ensino Superior)
BNDES (Banco Nacional de Desenvolvimento Econômico e Social)
Bovespa (Bolsa de Valores do Estado de São Paulo)
Cesp (Centrais Elétricas de São Paulo)
CGT (Central Geral dos Trabalhadores)
CIMI (Conselho Indigenista Missionário)
CNBB (Conferência Nacional dos Bispos do Brasil)
CNF (Confederação Nacional das Instituições Financeiras)
CNI (Confederação Nacional da Indústria)
Conclat (Conferência Nacional da Classe Trabalhadora)
Contag (Confederação dos Trabalhadores na Agricultura)
CPT (Comissão Pastoral da Terra)
CS (Convergência Socialista)
CSC (Corrente Sindical Classista)
CSN (Companhia Siderúrgica Nacional)
CUT (Central Única dos Trabalhadores)
FAAB (Frente Ampla para a Agropecuária Brasileira)
Faesp (Federação da Agricultura do Estado de São Paulo)
FCSP (Federação do Comércio de São Paulo)
Facesp (Federação das Associações Comerciais do Estado de São Paulo)
Federação da Agricultura do Estado de São Paulo
Federação das Empresas de Transporte Rodoviário do Sul e Centro-Oeste
Federação do Comércio de São Paulo
Fiesp (Federação das Indústrias do Estado de São Paulo)
FMI (Fundo Monetário Internacional)
FND (Fundo Nacional de Desenvolvimento)

IBMEC (Instituto Brasileiro de Mercado de Capitais)
IPC (Índice de Preços ao Consumidor)
LBC's (Letras do Banco Central)
MDB (Movimento Democrático Brasileiro)
MEP (Movimento de Emancipação do Proletariado)
MR-8 (Movimento Revolucionário 8 de Outubro)
MST (Movimento dos Trabalhadores Rurais Sem Terra)
MT (Movimento dos Trabalhadores)
OAB (Ordem dos Advogados do Brasil)
OCB (Organização das Cooperativas do Brasil)
OCDP (Organização Comunista Democracia Proletária)
ORM-DS (Organização Revolucionária Marxista-Democracia Socialista)
ORTN (Obrigações Reajustáveis do Tesouro Nacional)
OSI (Organização Socialista Internacionalista)
OTN (Obrigações do Tesouro Nacional)
PC do B (Partido Comunista do Brasil)
PCB (Partido Comunista Brasileiro)
PCBR (Partido Comunista Brasileiro Revolucionário)
PDT (Partido Democrático Trabalhista)
PMDB (Partido do Movimento Democrático Brasileiro)
PND (Plano Nacional de Desenvolvimento)
PND (Plano Nacional de Desenvolvimento)
PNRA (Plano Nacional de Reforma Agrária)
PRC (Partido Comunista Revolucionário)
PSB (Partido Socialista Brasileiro)
PT (Partido dos Trabalhadores)
PV (Partido Verde)
Sindicato dos Bancos de São Paulo, Paraná, Mato Grosso e Mato Grosso do Sul
SNI (Serviço Nacional de Informações)
SRB (Sociedade Rural Brasileira)
SRB (Sociedade Rural Brasileira)
STF (Supremo Tribunal Federal)
Sudene (Superintendência para o Desenvolvimento do Nordeste)
UNE (União Nacional dos Estudantes)
USI (União Sindical Independente)

Prefácio

Uma lacuna da literatura especializada sobre a história política do Brasil contemporâneo começa a ser sanada com esse livro de David Maciel. A análise exaustiva e minuciosa do período crucial e de não fácil enquadramento científico proposto pelo período que contou com José Sarney na presidência da República constitui o objeto dessas páginas.

Não se trata, porém, de uma mera narrativa do processo político, ainda que seja possível seguir os acontecimentos de maneira clara e detalhada. O autor faz muito mais que isso, pois constrói uma interpretação do período e de seu significado histórico político com base em elaborado aparato conceitual e teórico. Parte de uma tradução possível da elaboração teórica de Antonio Gramsci, com a incidência de Nicos Poulantzas e de um encontro com a leitura da realidade brasileira proposta pelo último Florestan Fernandes, mas incorpora importantes reflexões de Décio Saes. Com esse cabedal é elaborado um criativo e articulado instrumental crítico-analítico.

Antes de tudo, David Maciel refuta a literatura de extração liberal-democrata, que concebe o período Sarney como o cenário de uma "transição democrática" e se ampara no campo teórico definido por Florestan Fernandes, José Chasin e Décio Saes, que interpretam o Estado brasileiro como uma autocracia burguesa, (forma indispensável ao desenvolvimento do capitalismo dependente e periférico), tendo sido a ditadura militar precisamente a sua exteriorização mais perfeita. David Maciel prefere qualificar o regime como cesarismo militar, em vez do mais usado conceito de bonapartismo, assim como apela para o conceito de revolução passiva também formulado por Gramsci para trabalhar os processos de transformação da autocracia burguesa.

O pressuposto de toda análise é então que no Brasil se desenvolve um capitalismo dependente e periférico, que demanda um Estado autocrático a fim de manter a dominação burguesa, cuja forma mais explícita foi o cesarismo militar, o qual chegou a definir uma institucionalidade autoritária. David Maciel utiliza o conceito de revolução passiva mais no sentido de uma estratégia política das classes dominantes do que como um instrumental analítico para compreensão da revolução burguesa no Brasil. Melhor dito, o autor usa o conceito para analisar a ação política do bloco no poder tendo em vista a "passivização" das classes subalternas, mas aqui talvez fosse mais adequado dizer da ação transformista voltada para os dirigentes das classes subalternas o que é o mesmo que um esforço voltado para a construção da hegemonia.

A questão de fundo que se colocava em fins dos anos 70 e começos dos 80 para o bloco no poder era a da preservação da autocracia burguesa como forma de conter qualquer irrupção democrática das classes subalternas que colocasse na ribalta o conflito social aberto. Para que esse objetivo fosse alcançado se fazia necessário substituir a institucionalidade autoritária do cesarismo militar por uma forma institucional democrático-liberal de contornos pouco definidos, pois o resultado viria do processo de luta política. De início essa operação exigia que o cesarismo militar abrisse canais de interlocução com a representação política e ideológica do bloco das classes dominantes (a chamada sociedade civil) até que se transformasse em tutor e a representação do bloco no poder assumisse o centro da cena. A complexidade desse movimento não pode ser descartada, já que envolvia a posição de poder de toda a burocracia estatal.

A emergência do movimento operário e popular a partir de 1978, com sua reivindicação pela democratização da vida política e social, e as fraturas no bloco no poder das camadas dominantes, possibilitaram uma ampliação significativa na cena política. A formação de um grupo político e intelectual dirigente da burguesia industrial (principalmente paulista) ampliou a luta por uma nova institucionalidade e a disputa pela condução, e pela hegemonia no bloco no poder. Os momentos finais do cesarismo militar observam o seu isolamento crescente e o deslocamento da cena para a democratização, impulsionada pela classe operária e pelas camadas médias, mas a luta anti-autocrática, como diz David Maciel, não conseguiu se elevar ao horizonte anti-capitalista De fato, a direção da luta contra o cesarismo encontrou-se em mãos da fração industrial da burguesia, que conduziu amplas parcelas das camadas médias e até do movimento operário, sem deixar de atrair outras frações do bloco no poder. A fração industrial se colocou em favor da democratização, investindo na sua capacidade de exercer a hegemonia no mundo fabril e urbano, e assim deslocar a fração bancária, a maior beneficiária da fase cesarista.

A pressão democrática das massas e a emergência do movimento operário inviabilizaram o desenho estratégico de simples institucionalização sob controle cesarista e abriu uma rota de efetiva democratização. Tampouco esta se realizou devido aos limites organizativos e ideológicos das classes subalternas, que não conseguiram ultrapassar o horizonte do corporativismo de classe e alcançar a proposição de uma nova hegemonia fundada no trabalho.

O avanço popular foi significativo, em grande medida, por conta da crise de hegemonia dentro do bloco no poder, e não era a primeira vez que isso acontecia na história das lutas de classes no Brasil. A divisão entre as frações dominantes em 1934-1935 e entre 1961e1964 possibilitaram o avanço da luta democrática, mas que em ambos os casos culminaram em regimes cesaristas. A diferença de fundo é que esses momentos estavam localizados no processo mesmo da revolução burguesa, que se desenvolvia como passiva, ao passo que o movimento de democratização que se desencadeia a partir de 1978 atingindo o apogeu em 1984 girava em torno do problema da institucionalidade de uma revolução burguesa que se concluía: ou haveria uma ruptura democrática que projetaria a classe operária na disputa pela hegemonia ou o bloco no poder se recomporia e definiria a institucionalidade mais adequada aos seus interesses. No primeiro caso estaria colocada uma situação democrática de disputa hegemônica ou uma democracia popular, como se prefira dizer, enquanto o segundo caso a autocracia burguesa estaria consolidada ao modo de uma institucionalidade liberal-democrática, mas na verdade como uma oligarquia ampliada.

A fim de evitar a ruptura democrática e de controlar o movimento de massas dentro do contexto da ordem social existente, assim como de atenuar as diferenças entre as frações burguesas, o processo político se endereçou para concessões e negociações que visavam oferecer uma diretriz para a transição institucional. Assim, a saída do cesarismo militar ocorreu por meio das regras estabelecidas e com a indicação de personagens vinculados aos setores mais tradicionais das frações burguesas para conduzir o processo político. A revolução burguesa ao modo da revolução passiva estava concluída, mas agora se tratava de por em prática o método da revolução passiva como meio de dominação. Detalhe fundamental, no entanto, é que nesse momento de restauração do poder do bloco dominante são os representantes das franjas arcaicas se projetam na cena política, sob proteção da burocracia civil e militar, enquanto as franjas mais avançadas da burguesia se esforçam para impor a sua direção na sociedade civil.

Não é de pouca monta então a complexidade do real e do problema que David Maciel se propôs a encarar. No decorrer do período de governo de José Sarney, de fato, a instituição militar procura transformar o seu poder cesarista em tutela institucional e social. As frações dominantes lutaram entre si pela hegemonia política. A fração industrial e a fração agrária se colocaram acintosamente em campo e sem conflitos entre si. A política econômica e social e o processo constituinte, além do debate ideológico na sociedade civil, formaram o terreno da contenda. A pressão democrática das massas incidiu com força no andamento do processo por um extremo oposto àquele proposto pela incidência coerciva do cesarismo em retirada estratégica.

A possibilidade da burguesia industrial recompor o bloco no poder sob sua hegemonia em grande medida dependia do sucesso do projeto de investir no mercado interno de capitais e de consumo, com a garantia de respaldo de camadas médias urbanas, da intelectualidade e de frações de trabalhadores, o que, entre outras medidas, exigiria a realização de uma reforma agrária. A implicação desse objetivo seria que a institucionalidade liberal-democrática poderia se aproximar mais de uma democracia burguesa 'clássica'. Por razões variadas que vão de uma situação internacional adversa, marcada por renovada ofensiva imperialista, sob vestes do globalismo neoliberal, até as condições de debilidade estrutural do projeto de hegemonia burguesa de fundo fordista na periferia, esse projeto fracassou. O resultado no processo político foi o fortalecimento institucional das frações mais conservadoras do bloco no poder e o avanço, pelos cantos e pelas sombras, da ideologia neoliberal.

No momento que o fracasso da perspectiva da burguesia industrial se comprova, a crise de hegemonia no bloco no poder fica exposta. Por um lado a pressão democrática ganha fôlego, mas também o reagrupamento das forças mais conservadoras se desenvolve centrada na garantia institucional de que a democracia não haveria de se impor e de um projeto que sedimentasse novamente o bloco no poder. Os retoques na nova Constituição, com a garantia da tutela militar e a prorrogação do mandato presidencial de Sarney para cinco anos foram os elementos que faltavam para anunciar que o projeto neoliberal havia se imposto ao conjunto do bloco no poder, que assim indicava a rota de superação da crise de hegemonia, e também que a alternativa democrática estava para ser contida.

O cesarismo militar se apresentava na cena sempre que a crise de hegemonia do bloco no poder, com seus representantes políticos, chegava perto de uma ruptura mais séria e perigosa. Mas muitas propostas de caráter público estatal e de direitos se impuseram exatamente por conta da dissensão entre os setores dominantes. Muitos dos institutos legais criados pelo cesarismo militar forma mantidos ou apenas alterados na nova ordem institucional. A Constituição, enfim, segundo a fina análise de David Maciel, criava uma institucionalidade liberal-democrática que atualizava a autocracia burguesa, sob uma forma de poder oligárquico acessível apenas aos proprietários. Garantido o mandato de cinco anos, Sarney partiu para a efetiva implantação do neoliberalismo como alternativa de política econômica e social e, desse modo, entrando em conflito com muito do que fora definido pela Constituição. O bloco no poder se recompunha incorporando a ideologia e o projeto de inserção inevitável no globalismo neoliberal, cuja implicação decisiva era a retomada do papel hegemônico da fração bancária, dado o contato imediato com o capital financeiro global.

As eleições presidenciais de 1989 completaram a transição institucional. Enfim a passagem da institucionalidade autoritária do cesarismo militar havia se transmudado numa institucionalidade liberal-democrática exclusiva do bloco no poder recomposto ao modo de uma oligarquia ampliada que consolidava a autocracia burguesa e propunha uma hegemonia débil e limitada. A vitória eleitoral de Fernando Collor foi também a da revolução passiva como método de domínio, com a condução política da fração mais arcaica do bloco no poder. A alternativa democrática, por sua vez, foi derrotada por seus próprios limites, pela sua incapacidade de romper os vínculos organizativos e ideológicos econômico-corporativos.

Passados mais de vinte anos de uma estabilidade institucional quase que surpreendente, é também o caso de se perguntar sobre a capacidade da burguesia em ampliar o seu potencial hegemônico sobre as massas na medida em que a democracia existente (uma oligarquia ampliada) se fortaleça desorganizando a classe operária. Outra questão que fica em aberto para análise mais detalhada é sobre as razões que explicam o esvaziamento da tutela militar. Parece que a nova fase do imperialismo sob orientação do globalismo neoliberal tenha provocado mudanças substantivas no papel da Forças Armadas e de suas perspectivas estratégicas. O inimigo não está mais no "comunismo internacional" e nem no Cone Sul, mas na América do Norte, e para conter os distúrbios internos gerados pela guerra civil entre as classes subalternas cabe mais aspectos de um Estado policial do que de um militarizado.

Certo que a leitura proposta por David Maciel, nesse livro desde já imprescindível, pode ser alvo de cerrada polêmica e é desejável que assim seja, pois o que está em tela é um debate político, no qual o esclarecimento teórico é apenas um elemento que tem implicações na interpretação do real e também na estratégia e nos objetivos da luta política ontem e hoje.

Marcos Del Roio
Prof. de Ciências Políticas
Unesp-FFC (campus de Marília)

Apresentação

Este trabalho é uma versão ligeiramente modificada da tese de doutorado defendida e aprovada no Programa de Pós-Graduação em História da UFG no ano de 2008 com o mesmo título. Dá continuidade e conclui o trabalho de estudo, reflexão e teorização da transição democrática brasileira iniciado ainda na dissertação de mestrado, defendida neste mesmo programa em 1999, e publicada em 2004 com o título de *A argamassa da ordem: da Ditadura Militar à Nova República (1974-1985)* (Xamã, São Paulo). As teses, formulações e conclusões ali presentes se desdobram no trabalho que ora apresentamos e que abrange a etapa final do processo histórico desde então analisado.

Este trabalho não teria sido realizado sem o apoio de inúmeras pessoas, que contribuíram de diversas maneiras para sua consecução e a quem devo agradecer a partir de agora. Primeiramente, quero agradecer ao meu orientador, Prof. Dr. Elio Cantalício Serpa, em quem encontrei um interlocutor atento, um historiador experiente e um parceiro generoso. Sua orientação caracterizou-se pelo diálogo franco e aberto, em que não faltaram a crítica fraterna nem o estímulo intelectual. A concordância quanto à nossa proposta de trabalho e ao nosso universo analítico foi fundamental para garantir o necessário apoio de que necessitamos para executar nossa pesquisa, mesmo diante de dificuldades diversas. Graças ao debate com o professor Élio, pudemos superar determinados limites presentes em nossa proposta original, contribuindo para a abrangência temática e a riqueza analítica deste trabalho.

Agradeço também aos professores componentes da banca de defesa que comigo dialogaram de forma crítica e sugestiva: Gilson Dantas (UnB), João Alberto da Costa Pinto (UFG), Noé Freire Sandes (UFG) e Marcos Del Roio (UNESP- Marília), que generosamente prefacia este trabalho. Ao Programa de Pós-Graduação em História da UFG, ao qual agora pertenço como professor, e aos professores Lincoln Secco (USP) e Rodrigo Ricupero (USP) agradeço pelo apoio à publicação deste trabalho.

Na pesquisa realizada no arquivo do Centro de Pesquisa e Documentação Vergueiro, em São Paulo, contei com a ajuda fundamental de Luiza Peixoto. Nas duas vezes em que lá estive, Luiza me atendeu nos horários mais difíceis, dispondo-se a abrir para mim o arquivo, mesmo nos dias em que não haveria funcionamento. Sem sua disponibilidade, a pesquisa documental no CPV teria sido impossível, pois, além de me atender fora do horário, ela reproduziu fielmente as pilhas de documentos que selecionei e se dispôs a me enviar pelo correio, num trabalho de assessoria sem igual. A ela devo a abrangência documental deste trabalho. Também em São Paulo contei com o apoio de Suely Maciel, que não só me hospedou, como me deu todo o apoio material necessário, além do carinho de sempre.

Diversas pessoas me ajudaram de inúmeras formas, auxiliando-me em vários momentos. Agradeço à professora Lúcia Rincón e ao professor João Guimarães, por me facilitarem o acesso ao arquivo do PC do B, em Goiânia. Agradeço a Oscar Jaime e a Leonardo Zumpichiatti os contatos junto ao PDT. Agradeço aos professores Sílvio Costa, Fabiane Costa Oliveira, Sebastião Cláudio Barbosa, Mad'Anna D. de Castro, Fernando Santos, Cláudio Maia, José de Lima Soares e a Luiz Carlos Orro, pelo acesso a livros, documentos e materiais de consulta e pelas inúmeras dicas. Aos professores Sílvio Costa e Gilson Dantas agradeço ainda por auxiliarem-me no resgate de determinados fatos e processos, pois, como intelectuais militantes, vivenciaram inúmeros episódios narrados neste trabalho.

À Maria de Lourdes, ao Manoel Antonio, à Neide, à Telma e à Manuela agradeço por tudo, desde sempre. À Ana Maria, à Cecília e ao Raul finalmente agradeço com amor pela generosidade, paciência e compreensão nos momentos em que não pude estar presente por conta deste trabalho. Sem seu apoio e carinho, o mesmo nem teria começado.

Introdução

Definição do objeto e da problemática

Nosso objeto de estudo é o processo de substituição da institucionalidade autoritária pela institucionalidade democrático-liberal no interior do Estado autocrático-burguês brasileiro durante o período de 1985 a 1990, ou seja, do início do primeiro governo civil pós-Ditadura Militar (Governo Sarney) até as eleições presidenciais de 1989 e a composição do novo governo eleito. Adiantamos que neste trabalho damos continuidade ao estudo realizado em nosso curso de Mestrado, cuja dissertação abordou o processo de transição política ocorrido durante a Ditadura Militar, definindo grande parte do arcabouço conceitual e do universo temático que adotamos aqui (MACIEL, 2004).

Consideramos que neste período se encerrava o processo de transição política iniciado ainda na vigência da Ditadura Militar, com o projeto *distensionista*, quando a institucionalidade autoritária estabelecida entre os anos de 1964 e 1974 começou a ser reformada por iniciativa do próprio governo militar e pela própria dinâmica do processo de disputa política, culminando com o fim dos governos militares em 1985. No entanto, a ascensão do governo civil exigiu uma série de iniciativas que continuaram/superaram as reformas institucionais iniciadas anteriormente com o estabelecimento de uma nova institucionalidade, de forma democrática, definida fundamentalmente pela Constituição de 1988 e consolidada com as eleições presidenciais de 1989. Além do próprio processo constituinte (1987-

1988) e das eleições de 1989, destacamos também como momentos cruciais deste período a manutenção da Aliança Democrática sob a presidência de José Sarney, o apogeu e fracasso do Plano Cruzado entre os anos de 1986 e 1987 e o início de uma orientação econômica mais definidamente neoliberal a partir de 1987. Em suma, nosso objeto de estudo é a chamada "segunda transição", expressão consagrada pelo debate político e pela literatura acadêmica.

Durante o período analisado neste trabalho, a crise conjuntural instalada nos anos 70 transformou-se numa *crise de hegemonia* (GRAMSCI, 2000, p. 36-37), tanto no bloco no poder quanto na sociedade. De um lado, as divisões no bloco no poder se acentuaram, pois a crise do padrão de acumulação dependente-associado durante a etapa final da Ditadura Militar obrigou a Aliança Democrática (PMDB/PFL) a se comprometer com uma política econômica que combatesse o binômio inflação/recessão e promovesse uma relativa distribuição de renda com a melhoria da massa salarial e com a reforma agrária para angariar o apoio popular e conferir legitimidade à sua eleição indireta. No entanto, a edição de um programa desenvolvimentista com um perfil reformista, mais distributivista e menos dependente, chocava-se com o próprio colapso do modelo desenvolvimentista operado pela Ditadura Militar e com o agravamento da crise econômica, somada à inserção progressiva da economia brasileira no cenário mundial. As disputas e vacilações das diversas frações burguesas, principalmente do capital monopolista, e do próprio governo quanto ao programa econômico a ser seguido indicam a própria falta de unidade do bloco no poder nesta questão e as distintas perspectivas de solução da crise alimentadas por suas frações.

Qualquer tentativa de retomada do crescimento numa perspectiva desenvolvimentista implicaria um redimensionamento da inserção do país frente ao capital internacional e frente ao próprio mundo do trabalho, pois questões como o endividamento externo, o déficit público e o baixo padrão de remuneração salarial vigente eram cruciais para qualquer projeto de desenvolvimento. Apesar da aproximação da burguesia do setor de bens de capital com os defensores de um projeto neodesenvovimentista – os chamados "economistas de oposição" –, durante a crise da Ditadura, esta demonstrou não ser capaz de viabilizar uma aliança político-social que envolvesse a burguesia de Estado, o médio capital e até setores assalariados em torno de uma retomada do desenvolvimentismo (CRUZ, 1997). Os ganhos obtidos por esta fração do capital monopolista com a política econômica do governo Figueiredo, tornando-se uma das principais beneficiárias da especulação financeira, da inflação e do arrocho salarial impostos no período, tornavam tênues seus compromissos com um projeto desenvolvimentista consequente, pois a realização concreta deste implicava uma reversão do padrão de acumulação dependente-associado vigente (GOLDENSTEIN, 1994) e a constituição de outro padrão de acumulação.

Ao contrário, diante do agravamento da crise econômica ao longo dos anos 80, as frações monopolistas (nacionais e estrangeiras) trataram de promover estratégias de fortalecimento de suas posições no mercado promovendo níveis de concentração oligopólica e de lucratividade equivalentes aos dos países centrais do sistema capitalista (OLIVEIRA, 1998, p. 121-157). Por sua vez, a burguesia de Estado não logrou costurar esta aliança ampla, pois suas ligações com o regime recém-superado, o que cassava sua legitimidade, e a progressiva debilidade de sua posição econômica no interior do chamado tripé da economia brasileira (capital estatal, capital externo e capital privado nacional) dificultavam qualquer pretensão hegemônica de sua parte. De fato, desde 1980, os cortes nos investimentos das empresas estatais tornaram-se progressivos caracterizando-se como uma das principais medidas tomadas pelo governo para conter o déficit público, contribuindo para o enfraquecimento deste segmento do bloco no poder (SOUZA, 1983).

Deste modo, as frações hegemônicas do bloco no poder demonstravam evidente dificuldade em viabilizar um modelo econômico alternativo ao que estava em crise. Esta situação se refletiu nas oscilações do governo Sarney em torno da definição de uma política industrial voltada para favorecer a empresa nacional e o mercado interno, finalmente abandonada em 1987, e na tentativa de conter a escalada inflacionária com medidas heterodoxas e com forte conteúdo de arrocho salarial, como foi o Plano Cruzado. Apesar do sucesso inicial e do grande apoio popular recebido, o que garantiu a vitória do governo nas eleições de 1986, rapidamente o plano evidenciou sua ineficácia e incapacidade em resolver os problemas estruturais do país. Daí o agravamento da crise econômica nos anos finais do governo Sarney e a própria "conversão" dos chamados "economistas de oposição" às teses neoliberais, levando o governo a adotar medidas de inspiração neoliberal, cortando ainda mais os gastos públicos (CRUZ, 1997).

Por outro lado, entre as classes subalternas ocorreu um processo de avanço político-organizativo no período que evidenciava mais ainda suas dificuldades de inserção autônoma e independente na arena da disputa política, ao ponto de aprofundar a crise da hegemonia burguesa contrapondo-lhe uma perspectiva contra-hegemônica, de caráter antiautocrático e democrático-popular. Passada a conjuntura de isolamento político do final do governo Figueiredo (MACIEL, 2004, p. 305-320) e esgotadas as ilusões populares com as perspectivas transformadoras da Nova República, o movimento antiautocrático das classes subalternas conseguiu retomar sua ofensiva. Dirigido pela CUT, principalmente, intensificou o processo de sindicalização e iniciou uma nova escalada grevista, liderada pelos funcionários públicos, indicando sua resistência ao processo de cortes no setor público, mas com forte ressonância em outros setores, como metalúrgicos, bancários e trabalhadores rurais (BOITO JR., 1991). Na Constituinte os partidos e as correntes de esquerda conseguiam diversos avanços no plano dos direitos sociais, inscritos na Constituição de 1988 (CONSTITUIÇÃO DA REPÚBLICA FEDERATIVA DO BRASIL, 2004).

No entanto, a própria configuração autoritária da institucionalidade herdada da Ditadura Militar, com o predomínio de uma aliança política conservadora no comando do Estado, e sua superação parcial pela institucionalidade democrática criada neste período contribuíram enormemente para "passivizar" o movimento antiautocrático das classes subalternas e impedi-lo de solucionar a crise de hegemonia em seu favor. Daí a importância estratégica para as classes dominantes do processo de criação e consolidação da institucionalidade democrático-liberal, conduzido prioritariamente pelo governo, com o apoio do campo político conservador.

Estas considerações indicam que a substituição da institucionalidade autoritária pela institucionalidade democrática durante o governo Sarney desenvolveu-se muito mais sob o prisma da continuidade do que da mudança. Este fato não se deve à pretensa fraqueza dos civis diante dos militares, vistos como únicos guardiães da perspectiva autoritária, ao peso irremovível das estruturas, ou, ainda, à falta de uma cultura política democrática consolidada. Ao contrário, deve-se à perspectiva de manutenção da dominação burguesa abraçada pelo bloco no poder numa conjuntura de crise de hegemonia, agravada pelo aprofundamento da crise econômica e social e pelo crescimento de uma perspectiva antiautocrática em vastos segmentos da sociedade brasileira. Deste ângulo, a estratégia da *revolução passiva* (GRAMSCI, 2002, p. 317) adotada pelos governos militares durante a crise da Ditadura Militar foi mantida pelo bloco no poder ao longo da "segunda transição", mesmo que em condições muito mais difíceis.

A "passivização" do conflito político tornou-se fundamental para que as contradições sociais criadas pelo capitalismo dependente-associado e acirradas pela crise do modelo desenvolvimentista não explodissem na arena da disputa política, criando uma ordem política realmente aberta para a ascensão das classes subalternas ao comando do governo e para o encaminhamento de um projeto histórico alternativo. Daí a necessidade de preservação do caráter autocrático e sincrético do Estado burguês no Brasil, mesmo que combinado com formas democrático-liberais, que neste ambiente possuíam muito mais a função de cooptação do que de veiculação dos interesses oponentes ao bloco no poder (FERNANDES, 1987).

Na verdade, a reforma do Estado autocrático-burguês, viabilizada pela instalação da institucionalidade democrático-liberal em substituição à institucionalidade autoritária, impediu que a crise do *bloco histórico* (GRAMSCI, 1978) desenvolvimentista, manifesta na crise de hegemonia burguesa desdobrada no período, se resolvesse em favor de uma hegemonia democrático-popular, de caráter antiautocrático. Ao contrário, o bloqueio exercido pela autocracia burguesa tornou possível a construção e consolidação de uma nova hegemonia burguesa, neoliberal, e de um novo bloco histórico após a conclusão da transição democrática, já nos anos 90. A vitória do campo político conservador nas eleições presidenciais de 1989 em torno de um programa político neoliberal, quando as forças populares estivessem próximas como nunca de conquistar o governo, evidencia o êxito deste bloqueio, encerrando a "segunda transição".

A partir do exposto acima, emergem três conjuntos de teses a respeito desta etapa do processo de transição:

(1) O processo de transição da Ditadura Militar à Nova República, caracterizado, em linhas gerais, pelas reformas da institucionalidade autoritária, permitiu que o cesarismo militar fosse superado e uma nova etapa no processo de transição se iniciasse, desta vez com a reforma do Estado autocrático-burguês pela implantação de uma institucionalidade democrático-liberal. A direção política exercida pelos militares e pelo governo militar durante a maior parte da transição

foi substituída com êxito, na etapa final da Ditadura Militar (1982-1985), pela direção política de um bloco de forças localizado fundamentalmente na esfera de representação política (Parlamento, governos estaduais eleitos, partidos) e nos aparelhos de hegemonia das classes dominantes (entidades sindicais, mídia, jornais, etc.). Tal operação tornou-se possível tanto devido à enorme crise de legitimidade vivida pelo governo Figueiredo a partir de 1981-1982 quanto pelo próprio fortalecimento da esfera de representação política diante da esfera de representação burocrática (governo militar, Forças Armadas, burocracia não-eleita, "anéis burocráticos, Judiciário, etc.) como canal de interlocução entre o Estado e as classes dominantes, como ainda pela realização exitosa do maior movimento de conciliação "pelo alto" realizado na história política do país.

A composição política entre as diversas forças da ordem permitiu que a estratégia de revolução passiva imaginada pelos governos militares já no encaminhamento do chamado projeto de Distensão se completasse com sucesso, apesar dos percalços do período e das correções de rota, e garantisse o fim do cesarismo militar sem que a ordem social fosse sequer reformada e que o Estado autocrático fosse abolido (MACIEL, 2004). Foi sob o signo da "conciliação pelo alto" e da revolução passiva como estratégia que a Nova República se iniciou e que as diversas frações do bloco no poder imaginaram encaminhar a chamada "segunda transição".

No entanto, as contradições entre as perspectivas de mudança presentes difusamente na sociedade e organizadamente no movimento social das classes subalternas, somadas ao agravamento da crise econômica e social e à impossibilidade de reedição de qualquer projeto econômico de tipo desenvolvimentista nas condições de preservação do capitalismo monopolista dependente-associado, tornaram a *crise conjuntural*, que se arrastava desde 1974, numa *crise de hegemonia* burguesa. Tal crise se manifestava não só no avanço político e organizativo das classes subalternas no período e no amadurecimento de sua perspectiva antiautocrática, mas na própria incapacidade das classes dominantes em estabelecer um movimento de unidade em torno de um projeto de desenvolvimento que superasse as contradições do padrão capitalista de acumulação e a própria crise econômica. Esta unidade precária criou uma *situação cesarista*, derivada da própria institucionalidade autoritária reformada, em que o governo, sob tutela militar, exerce o papel de arbitragem dos conflitos interburgueses sem conquistar a direção política do bloco no poder de forma estável e permanente.

As várias reviravoltas na política econômica do governo (orientação monetarista, Cruzado I, Cruzado II, Plano Bresser, nova orientação monetarista com o Plano "Arroz com Feijão"), a total perda de legitimidade política pelo governo Sarney no final do seu mandato e o caráter "aberto" das eleições presidenciais de 1989, com a possibilidade real de vitória do campo democrático-popular, são evidências desta crise de hegemonia. Daí a unidade das classes dominantes naquilo que foi possível, ou seja, a criação de uma institucionalidade democrática de tal modo limitada e constrangida pelos elementos herdados da institucionalidade autoritária que o caráter autocrático e sincrético do Estado burguês foi apenas reformado, e não abolido. A existência da autocracia burguesa, mesmo que reformada, foi crucial para impedir a ascensão das forças de esquerda ao governo em 1989, e que seu movimento social transbordasse os limites da institucionalidade política. A vitória do candidato conservador nas eleições presidenciais de 1989 foi decisiva para confirmar e consumar este processo. Deste modo, evitou-se que a crise de hegemonia evoluísse favoravelmente a uma perspectiva contra-hegemônica, mantendo-a nos marcos da ordem burguesa e possibilitando a recomposição da unidade do bloco no poder em novas bases, já nos anos 90.

(2) Nas condições de crise da hegemonia burguesa, os militares fortaleceram suas posições no governo e no bloco no poder, revertendo, em certa medida, a situação criada pela crise e abolição do cesarismo militar. Como tratamos em outro lugar (MACIEL, 2004), durante a Ditadura Militar, os militares assumiram não só o controle das instâncias mais importantes do aparelho de Estado burguês, mas também a direção política do bloco no poder. Tanto durante as etapas de institucionalização da ordem autoritária e de consolidação do capitalismo monopolista dependente-associado (1964- 1974), quanto nas etapas de reforma da institucionalidade autoritária e de transição à Nova República (1974- 1985), os militares exerceram uma posição cesarista diante das diversas frações do bloco no poder a maior parte do tempo. Durante a crise da Ditadura Militar, a direção política do bloco no poder foi assumida por um bloco de forças políticas em que os militares exerciam muito mais um poder de veto do que propriamente um poder de proposição e encaminhamento, o que permitiu a metamorfose do cesarismo militar em

tutela militar na Nova República. Esta situação permitia aos militares preservar a condição de ator político relevante e exercer o papel de reserva repressiva estratégica do bloco no poder diante da eventualidade da radicalização política por parte das classes subalternas, mas não lhes permitia dar a direção política do governo e da aliança política que o sustentava.

No entanto, com o agravamento da crise de hegemonia burguesa, particularmente com o colapso do Plano Cruzado e com o acirramento dos conflitos políticos durante o processo constituinte, os militares avançaram progressivamente sua posição tutelar diante do governo Sarney, tornando-se o seu único sustentáculo político ao final do mandato, o que debilitava ainda mais o conteúdo político da situação cesarista. Aos militares, esta situação permitiu negociar de modo francamente favorável às suas posições a definição do seu papel na institucionalidade democrática, garantindo sua autonomia política e operacional diante dos governos civis.

Mais do que isto, os militares passaram a se posicionar cada vez mais não só em relação às suas demandas corporativas, mas também às questões cruciais para a definição da nova ordem institucional, como a elaboração da Constituição por um Congresso Constituinte, e não por uma Assembleia Constituinte; o direito de intervir na ordem política sempre que esta estivesse ameaçada pela "subversão", como na invasão da Companhia Siderúrgica Nacional de Volta Redonda em 1988; o mandato presidencial de cinco anos; o veto ao parlamentarismo e a manutenção do presidencialismo; o veto à criação de um ministério da Defesa, dentre outros. Deste modo, consideramos que diante da crise da hegemonia burguesa os militares reassumiram progressivamente a direção política do governo e do bloco no poder, ao contribuírem para que os elementos autoritários herdados da Ditadura Militar fossem mantidos ou ligeiramente reformados, e não abolidos, na nova ordem institucional e ao funcionarem como elemento de contenção do avanço das classes subalternas e das forças antiautocráticas.

(3) Durante a crise da Ditadura Militar, o movimento social e político das classes subalternas avançou substancialmente nos planos político-ideológico e organizativo. No plano político-ideológico, evoluiu-se de uma postura crítica de caráter meramente econômico-corporativo diante da Ditadura Militar e do padrão de acumulação capitalista dependente-associado para a elaboração de um projeto histórico alternativo, de caráter democrático-popular e antiautocrático. Projeto

que vislumbrava não só o fim da Ditadura e a melhoria das condições de vida das classes subalternas, mas a democratização efetiva da arena da disputa política e a constituição de um padrão de acumulação capitalista baseado na distribuição de renda, na constituição de um mercado consumidor de massa, na reforma agrária, na ampliação dos direitos trabalhistas, entre outros aspectos. Em suma, a ruptura da "dissociação *pragmática* entre desenvolvimento capitalista e democracia; ou (...) associação *racional* entre desenvolvimento capitalista e autocracia" (FERNANDES, 1987, p. 292).

No plano organizativo, houve o crescimento do movimento popular; o desenvolvimento do novo sindicalismo, tirando muitos sindicatos da influência do peleguismo; a constituição do PT e de tendências populares no PMDB e no PDT; e, por fim, a criação da CUT e da Conclat. Apesar da sedução transformista presente na institucionalidade autoritária reformada, grande parte do movimento social e político das classes subalternas manteve sua posição de crítica à transição "lenta, gradual e segura" encaminhada pelos governos militares e à "conciliação pelo alto" que viabilizou a Aliança Democrática, sofrendo um forte isolamento político na conjuntura final da Ditadura Militar e inicial da Nova República.

No entanto, conforme avançava a crise da hegemonia burguesa durante o governo Sarney e na medida em que seu continuísmo em relação ao governo militar ficava cada vez mais patente, o movimento social e político das classes subalternas se fortalecia, ampliando seu poder de mobilização e sua inserção institucional. O papel exercido pelas forças de esquerda e pelos movimentos sociais na Constituinte – negociando uma série de direitos sociais e políticos, a escalada grevista e o crescimento da sindicalização entre os anos de 1987 e 1988 –, o crescimento eleitoral do PT e a própria ascensão da candidatura Lula à disputa pela presidência da República nas eleições de 1989 indicam este fortalecimento. Porém, contraditoriamente, este fortalecimento do movimento social e político das classes subalternas não foi capaz de produzir um movimento de contra-hegemonia forte o suficiente para derrotar a dominação burguesa e construir uma hegemonia alternativa. Em nosso ponto de vista, este fenômeno se deve, principalmente, aos efeitos "passivizadores" exercidos pela nova institucionalidade sobre o movimento social e político das classes subalternas, mesmo sem esquecer as fraquezas e limitações dos seus aparelhos de hegemonia.

No plano ideológico, a nova institucionalidade exerceu o efeito de apresentar seus elementos democráticos como um avanço, como um canal a ser explorado pelas classes subalternas para viabilizar a satisfação dos seus interesses, concorrendo a eleições, participando do Parlamento e aproveitando as liberdades garantidas pela Constituição. No plano político-organizativo, contribuiu para canalizar grande parte do esforço de mobilização e ação política do movimento social das classes subalternas para instâncias de disputa política francamente definidas para favorecer as classes dominantes. Instâncias como a estrutura partidária legal, com forte impacto desmobilizador e baixo potencial de representação social; a estrutura sindical reformada, que reproduziu a tutela estatal e o legalismo sindical; o processo eleitoral elitista, "contaminado" por práticas clientelistas, oligárquicas e paternalistas e pelo poder econômico; e, por fim, a inserção numa esfera de representação política (partidos parlamentos, eleições, governos) controlada pelas forças conservadoras e tutelada pelos militares.

Em suma, a nova institucionalidade teve o efeito de canalizar as demandas sociais e políticas das classes subalternas para as esferas de representação de um Estado autocrático, relativamente imunizado diante das pressões populares, e para uma arena da disputa política regida pela lógica da "conciliação pelo alto", do conservadorismo e das práticas políticas antipopulares, revelando um amplo e duradouro movimento *transformista* (GRAMSCI, 2002).

Referencial teórico e metodológico

Teoricamente, nosso estudo tem por eixo fundamental a problemática das relações entre Estado e sociedade (sociedade política e sociedade civil) e, dentro dela, as discussões acerca da configuração do Estado burguês como tipo específico de Estado, dos processos de construção e perda de hegemonia pelas classes sociais, das articulações entre Estado e aparelhos de hegemonia, da dinâmica eleitoral e partidária e, finalmente, das relações entre Estado e desenvolvimento capitalista. Portanto, procuraremos compreender o processo social em sua totalidade na perspectiva da história política, ou seja, a partir da dinâmica histórica do processo de disputa política, buscaremos entender as relações entre as classes e grupos sociais em sua dinâmica econômico-social e político-ideológica. Por isso, não nos propomos fazer uma história do Estado, ou uma história do Parlamento, tampouco uma história dos partidos e dos intelectuais, mas uma história da arena da disputa política, em sua pluralidade e temporalidade.

No plano mais geral, interessam-nos as formulações de Antonio Gramsci sobre a teoria da hegemonia e do Estado ampliado, com especial destaque para os conceitos de revolução passiva, transformismo, bloco histórico, cesarismo e para a análise das relações de força e dos níveis da luta política, desde a luta econômico-corporativa até a político-ideológica. A formulação gramsciana sobre o Estado capitalista no Ocidente e os diversos processos de construção da hegemonia burguesa, desde o americanismo-fordismo nos Estados Unidos até o fascismo na Itália, passando pelos diversos tipos de cesarismo burguês criados nos séculos XIX e XX, interessa-nos para compreendermos o impacto da institucionalidade política no movimento político das diversas classes e grupos sociais, particularmente as classes subalternas. Tal formulação também nos é fundamental na compreensão das relações estabelecidas entre o Estado e as diversas frações das classes dominantes no interior do bloco no poder (GRAMSCI, 1978, 2000 e 2002).

Ainda no plano mais geral, consideramos importantes as reflexões de Nicos Poulantzas (1977) e Décio Saes (1987 e 1994) acerca da caracterização do Estado burguês como tipo específico de Estado e das articulações entre suas diversas instâncias e esferas de representação. As relações entre esfera de representação burocrática e esfera de representação política no interior do Estado são decisivas para o entendimento das diversas formas de articulação das classes dominantes com o Estado e deste com as classes subalternas. O papel do Parlamento, suas relações com o Poder Executivo, a importância do aparato repressivo-militar, a função do Judiciário e do Direito burguês, entre outras formulações, ajudam a explicar a dinâmica política desenvolvida no interior do Estado e como se comporta a burocracia em suas diversas configurações e nichos de poder. Neste plano, destacam-se a teoria do Estado burguês e os conceitos de burocratismo, direito burguês, bloco no poder, representação burocrática e representação política.

No plano particular do caso brasileiro, destacamos ainda as formulações de Décio Saes sobre a evolução do Estado no Brasil, com os diversos tipos e formas assumidos pelo mesmo ao longo de sua história, desde o Estado escravista colonial até o Estado burguês atual (SAES, 1985 e 2001). No caso desde último, o Estado instituído com a proclamação da República e a Constituição de 1891, são importantes as análises por ele desenvolvidas sobre as sucessivas formas estatais desenvolvidas em seu interior, as articulações entre as formas burguesas de dominação e as formas patrimonialistas e oligárquicas, além das relações entre as classes sociais e o Estado nas diversas conjunturas políticas, inclusive suas análises sobre a Ditadura Militar e a Nova República. Nestas análises, destacam-se as contradições entre as esferas de representação burocrática e política, a importância dos militares dentro do bloco no poder, o caráter dos partidos no Brasil e as distintas posições assumidas pelas classes sociais durante o processo de democratização (SAES, 2001).

Também para o caso brasileiro, consideramos fundamentais as reflexões de Florestan Fernandes sobre o desenvolvimento histórico do capitalismo brasileiro e as contradições do capitalismo monopolista dependente durante a Ditadura Militar e a Nova República. Nessas análises, emerge com força sua teoria sobre a revolução burguesa brasileira e sobre os limites do capitalismo na periferia, articulando os conceitos de contra-revolução prolongada, Estado autocrático-burguês, revolução dentro da ordem e revolução contra a ordem (FERNANDES, 1982, 1986 e 1987). O caráter sincrético do Estado burguês no Brasil é discutido em sua teoria do autoritarismo, em que Fernandes mostra como diversas formas de dominação podem combinar-se paralelamente dentro de um mesmo Estado e mesmo dentro de um mesmo sistema de hegemonia, contestando as visões lineares, de matriz liberal, que opõem fascismo, autoritarismo e democracia como formas estanques e sucessivas de dominação. Para Fernandes, o Estado autocrático-burguês brasileiro combina estas diversas formas de dominação e ainda agrega outras, de tipo tradicional, como o patrimonialismo, o paternalismo, o oligarquismo, etc. (FERNANDES, 1979 e 1987). Suas análises sobre os limites do processo de democratização ocorrido nos anos 70 e 80 possuem forte peso em nossa reflexão.

Com relação ao nosso método de compreensão e exposição do processo político em sua historicidade, basear-nos-emos no método inaugurado por Marx (1978 e 1982) e Engels (1982) e desenvolvido posteriormente por outros teóricos, como Gramsci (2000), Poulantzas (1977) e Anderson (1985 e 1987). Tal método, que é o das situações e correlações de força, permite a compreensão do processo político numa perspectiva dialética, ou seja, nem politicista, nem economicista; nem conjunturalista, nem estruturalista. Como sabemos, o politicismo e o economicismo são duas faces da mesma moeda. De um lado, tem-se a compreensão do processo político de modo absolutamente autônomo, como se as decisões e o processo político fossem fruto da vontade pessoal dos agentes políticos, ou impessoal, como resultado mecânico das estruturas e aparelhos de dominação, como se alguma força, ou "vontade de poder" operasse por cima das condições históricas, como um espectro, do bem ou do mal. Este é o politicismo. Por outro lado, tem-se a compreensão da política como derivação imediata e automática dos interesses e estruturas econômicos, numa relação meramente funcional entre política e economia. Este é o economicismo.

Sabemos, também, que o conjunturalismo e o estruturalismo aparentemente se contrapõem, mas ambos lidam com a realidade histórica de pontos de vista mecanicistas e auto-referentes. O conjunturalismo lida com a política como se esta fosse fruto das condições imediatas e do "fazer político" cotidiano, desprezando não só as limitações impostas pela materialidade social, como o peso das estruturas e aparelhos presentes na arena da disputa política, como se a ação política fosse um simples ato de vontade. Já o estruturalismo desconhece qualquer ação consciente e planejada no processo histórico e político. A negação que faz da existência de sujeitos históricos, mesmo que considerados como agentes coletivos, como as classes e grupos sociais, leva à elevação das estruturas e aparelhos à condição de mecanismos suficientes para definir a dinâmica histórica e os processos políticos. Esta não é nossa posição, apesar de nos apropriarmos da teoria do Estado capitalista de matriz poulantziana.

O método das situações e correlações de força permite compreender não só como os diversos atores políticos se colocam na arena da disputa política baseados em instrumentos e estruturas construídos historicamente, com uma dinâmica de funcionamento estável e em certa medida rotineira. Permite compreender também como os atores políticos possuem vínculos com as classes e grupos sociais, baseados em mecanismos de representação que aparecem em projetos, discursos e ações, mesmo considerada a margem de autonomia que a ação política necessariamente carrega, pois os sujeitos políticos atuam tendo à frente de si um "elenco de possibilidades", relativamente imprevisíveis e incontroláveis. Em segundo lugar, é importante frisar que a luta política é dinâmica, de modo que sua periodização não pode basear-se, exclusivamente, nas ações do Estado, à moda da antiga história política positivista; mesmo considerando-o como um agente político fundamental, senão o principal. Ao contrário, a ação do Estado é apenas um dos aspectos a se considerar na composição da arena da disputa política, em que os atores políticos se posicionam em lugares diferentes e avançam ou retrocedem conforme a dinâmica da luta política e da luta de classes, em última instância.

Deste modo, as etapas e fases conformam uma unidade e se definem conforme a correlação de forças dispõe os atores na arena de disputa, considerando tanto o peso das estruturas, quanto as possibilidades de mudança, lentas ou drásticas. Procuraremos definir nossa proposta de periodização e a própria estrutura narrativa de nosso trabalho de acordo com esta perspectiva.

Fontes e bibliografia

Em nossa pesquisa, trabalhamos com variado elenco de fontes, desde notícias e matérias de jornais e revistas, até documentos partidários, governamentais e de entidades da sociedade civil; passando por depoimentos, biografias de personagens políticos e relatos jornalísticos de determinados processos. Também nos utilizamos de dados e informações presentes na bibliografia acadêmica consultada, principalmente dados estatísticos. A consulta a esta variedade de fontes se justifica pela nossa proposta de abordagem da história política, que procura articular os fenômenos de conjuntura ou "superfície", em que a ação individual ganha visibilidade, aos fenômenos estruturais, definidos pela ação dos agentes coletivos e das estruturas sociais. Deste ponto de vista, há que se consultar tanto o relato de um acordo de bastidores envolvendo determinados personagens políticos, quanto um congresso partidário, um processo eleitoral ou dados estatísticos sobre a dinâmica econômica, cabendo ao historiador fazer a mediação entre eles para tornar o processo histórico compreensível.

Nossa pesquisa documental foi em grande parte baseada no arquivo do Centro de Pesquisa e Documentação Vergueiro (CPV), localizado na cidade de São Paulo, onde tivemos acesso a dezenas de dossiês relativos aos mais variados temas, processos e agentes políticos e sociais do período analisado. Cada dossiê foi organizado por ordem cronológica, contendo documentos e outros tipos de fonte, mas principalmente matérias de jornal e revista, notícias e reportagens. A maior liberdade de ação e a própria situação de crise de hegemonia vivenciada no período que analisamos determinaram que a imprensa da época acompanhasse o processo político e social com grande atenção, permitindo uma ampla cobertura dos fatos e processos em questão. Elevada à condição de um dos atores do processo político em curso, como o trabalho de Fonseca (2005) revela com brilhantismo e farto aporte documental, a grande imprensa procurou intervir através de sua capacidade de pressão política e de manipulação da opinião pública, o que foi importante em diversos episódios por nós estudados, dificultando a triagem das informações utilizadas e exigindo maior rigor no trabalho de crítica das fontes.

No entanto, a presença de matérias de vários veículos de imprensa nos dossiês, além da consulta a outros tipos de fonte, permitiu-nos compulsar as informações, desprezando aquelas de veracidade duvidosa e as interpretações direcionadas. Este procedimento também foi utilizado na consulta aos relatos jornalísticos, aos depoimentos e às biografias, muitas vezes vítimas de uma abordagem personalista e superficial do processo político ou alheios aos critérios de objetividade.

Um balanço da bibliografia existente sobre o nosso objeto de estudo impõe, de imediato, a constatação de que grande parte das abordagens, concepções metodológicas e objetos de pesquisa e reflexão adotados para a compreensão da Ditadura Militar são mantidos na análise do governo Sarney. Portanto, existe uma continuidade em termos de temas, objetos e abordagens na análise dos dois processos, que revela a hegemonia intelectual de uma "versão liberal" do processo de transição política da Ditadura Militar à Nova República, que, por sua vez, indica os próprios termos do debate político colocados pelo bloco no poder e a supremacia política dos "liberais" em todo o processo. Em outras palavras, a compreensão do processo de transição do chamado autoritarismo à democracia está baseada numa problematização de conteúdo liberal das relações entre Estado e sociedade e da caracterização dos regimes políticos, manifesta tanto ideologicamente, no debate político, quanto cientificamente, no debate acadêmico (SAES, 2001, p. 33- 47).

Um primeiro eixo de manifestação desta concepção está no entendimento das relações entre Estado e sociedade civil. À moda de Hobbes, dos iluministas e de Hegel, de um lado compreende-se o Estado como o ente representativo da totalidade dos cidadãos, da totalidade dos indivíduos, irmanados num ser abstrato como o Povo-Nação, como o árbitro que se coloca acima de todos (Leviatã), ou como aquele que realiza o espírito absoluto. De outro, compreende-se a sociedade civil como o reino das particularidades, dos conflitos entre os indivíduos, dos interesses corporativos, exclusivistas e excludentes. Como detentor do monopólio legítimo da lei e da força, cabe ao primeiro garantir as condições jurídicas e militares para o pleno desenvolvimento da segunda, em um ambiente de liberdade e segurança favorável ao desenvolvimento das potencialidades individuais. Esta é a única relação que se estabelece entre eles, nenhuma outra existe, separando em partes estanques a política da economia. Não aparecem o caráter de classe do Estado nem sua condição de aparelho político de dominação determinado por interesses particulares, classistas. Daí a dualidade entre Estado e sociedade civil (BOITO JR., 1999, p. 23- 30; MÉSZÁROS, 2002, p. 53-93).

Esta dualidade esteve presente na maioria dos trabalhos que analisaram a Ditadura Militar, pois na luta entre ambos o Estado aparece como um bloco fechado e monolítico autoritário, empalmado pelos militares e arredio aos clamores de liberdade e democracia da sociedade civil. Nesta leitura, a democratização foi fruto da vitória da sociedade civil contra o Estado, finalmente vencido graças a uma estratégia de desgaste e pressão permanente. As relações de simbiose entre o Estado, os aparelhos de hegemonia das classes dominantes, componentes da sociedade civil, e as empresas capitalistas, que apoiaram o golpe de 1964, que apoiaram a institucionalização do autoritarismo e que apoiaram a transição "lenta, gradual e segura" e a "conciliação pelo alto" que pôs fim à Ditadura Militar, não aparecem ou têm sua importância diminuída.

A principal e mais elaborada versão desta concepção é a chamada "teoria do autoritarismo", derivada da teoria do totalitarismo, presente tanto nos trabalhos acadêmicos de Cardoso (1973 e 1975) e Skidmore (1988), quanto no trabalho de O'Donnell, Schmitter & Whitehead (1988), este em sua teoria do Estado burocrático-autoritário, variante das duas primeiras. Os trabalhos jornalísticos de Chagas, relatando a crise do governo Costa e Silva (1979) ou as sucessões presidenciais durante a Ditadura (1985), e de Gaspari (2002a, 2002b, 2003 e 2004), que atribui a implantação e a queda da Ditadura aos desígnios de um grupo militar, entre outros, são expressões pioradas desta concepção, pois as classes e seus interesses simplesmente desaparecem do processo político. Os desdobramentos desta concepção são o politicismo e o economicismo, que já tratamos; uma noção abstrata e absoluta de democracia, identificada simplesmente com a democracia liberal (sistema de partidos, rotina eleitoral, Parlamento ativo, direitos individuais, etc.); uma concepção linear e estanque das articulações entre elementos autoritários, fascistas e democráticos no interior do Estado burguês; a desconsideração pelo tratamento das distintas relações entre o Estado e os aparelhos privados de hegemonia das diferentes classes e uma incompreensão das relações orgânicas entre Estado autocrático-burguês e padrão de transformação capitalista no Brasil.

Esta concepção foi duramente criticada por Fernandes (1979) e também por Chasin (2000a, p. 177-288, e 2000b, p. 79-90), entre outros, por desconsiderar o caráter de classe do Estado burguês, seu caráter sincrético, ao combinar várias formas de dominação, e trabalhar com uma distinção abstrata entre democracia, autoritarismo e totalitarismo, como se estas formas de Estado fossem parte de uma linha evolutiva, em que a relação inversamente proporcional entre liberdade civil e controle estatal variasse de acordo com o estágio da luta política.

Na análise da "segunda transição" esta concepção de matriz liberal e os seus desdobramentos aparecem da seguinte maneira nos trabalhos que analisamos:

(a) Os militares aparecem como os únicos guardiões do continuísmo autoritário no processo de criação da institucionalidade democrática, diante de políticos civis debilitados, fracos política e eticamente, apesar de comprometidos com os avanços democráticos. A preservação da autonomia e das prerrogativas militares na nova ordem institucional é vista muito mais como fruto da chantagem militar, da falta de vontade política e do despreparo dos civis para enfrentar o problema, do que propriamente como uma opção autocrática do bloco no poder. Citaríamos como representativo desta concepção os trabalhos de Stepan (1986), Zaverucha (1994) e, apesar dos seus inegáveis méritos, o trabalho de Oliveira (1994).

(b) Há uma leitura abstrata e politicista da democracia, identificando-a e classificando-a de acordo com o mero jogo eleitoral-partidário, com o grau de autonomia dos poderes Legislativo e Judiciário diante do Executivo ou com a inscrição de direitos e garantias sociais na Constituição. A maior parte dos trabalhos de ciência política dedica-se a analisar os diversos componentes do jogo político "oficial", como o processo eleitoral, a dinâmica partidária e parlamentar, o processo constituinte, entre outros, desconsiderando os interesses sociais presentes nestes fenômenos e/ou desprezando os outros aspectos da arena da disputa política.

Geralmente, predominam visões positivas com relação à consolidação da democracia brasileira, medida pelo grau de consolidação dos partidos, pelo comportamento "constitucional" dos poderes nas situações de crise ou de imprevisibilidade política, ou ainda pela rotinização do processo eleitoral.

O trabalho de Meneguello (1998) e aqueles organizados por Lamounier (1990), Jaguaribe (1992) e Vianna (2002), por exemplo, inserem-se neste campo analítico. Analisando a composição do governo Sarney ao longo dos seus cinco anos de duração, o trabalho de Meneguello (1998) classifica-o como um "governo partidário" pelo fato de os partidos da Aliança Democrática ocuparem a enorme maioria dos cargos ministeriais, o que revelaria sua força e a consolidação do sistema de partidos; o que, para nós, não revela absolutamente o conteúdo político do governo em suas várias fases nem a enorme crise vivida por estes partidos a partir de 1987. Os trabalhos organizados por Lamounier (1990) e Jaguaribe (1992), em que pesem a pluralidade de abordagens e a participação de diversos autores, também revelam esta perspectiva formalista, avaliando o grau de consolidação e estabilidade do processo democrático em função da observância dos procedimentos legalmente previstos no tocante à relação entre os poderes, ao processo eleitoral, ao funcionamento dos partidos, ao papel fiscalizador da justiça eleitoral, ou ainda ao grau de profissionalismo da burocracia estatal. Elementos que devem ser considerados na análise da forma política do Estado, mas insuficientes para compreender sua dinâmica como aparelho de classe. Por exemplo, questões fundamentais para definir o caráter autocrático do Estado burguês neste período não são abordadas, como a tutela militar, o caráter institucional dos partidos, a estrutura sindical estatal, etc. Mais recente e abordando a evolução posterior do processo democrático, em que seus limites se revelaram com maior clareza, o trabalho organizado por Vianna (2002) reconhece a existência de um "déficit democrático" no Brasil, mas conclui que há um processo de avanço significativo. Tal conclusão também se baseia numa análise predominantemente formalista da institucionalidade política, apesar da maior riqueza analítica que os trabalhos citados anteriormente.

(c) Por fim, há uma leitura bastante personalista e voluntarista do processo político, que atribui aos personagens políticos a capacidade de determiná-lo isoladamente em seus avanços e retrocessos, com forte viés conjunturalista. Daí a preocupação excessiva com a personalidade dos personagens, sua história de vida, seus vacilos e acertos, desconsiderando que os verdadeiros sujeitos históricos são coletivos. Apesar de predominarem trabalhos jornalísticos, biografias ou depoimentos pessoais neste tipo de abordagem, em grande medida descomprometidos com o rigor acadêmico, sua influência no debate político e intelectual é considerável. Entre os trabalhos jornalísticos, destacamos os de Dimenstein (1985) e de Pinto (1989), o primeiro tratando da eleição indireta de 1985 e o segundo da eleição presidencial de 1989. Ambos destacam os bastidores da luta política, as negociações, desacertos, dilemas pessoais e trapaças do processo eleitoral, porém os personagens em cena são tratados como os verdadeiros sujeitos do processo histórico, o que é um contra-senso para a análise social e histórica objetiva, particularmente aquela baseada no conceito de classe social.

As biografias de Jarbas Passarinho (1996), escrita por ele mesmo, de Ulysses Guimarães, por Luis Gutemberg (1994), e de Marco Maciel, por Rivaldo Paiva (1999), também se inscrevem nesta perspectiva, apesar de apresentarem dados importantes nem sempre captados pela imprensa ou por outros tipos de fonte. O trabalho de Couto (1995), tratando de episódios da vida de Tancredo Neves, também apresenta este tipo de contribuição, apesar da admiração e amizade do autor pelo retratado levarem-no a atribuir a Tancredo uma "matreirice" e sabedoria política que, na verdade, são consequência da opção do bloco no poder pela "conciliação pelo alto" no processo de transição, sendo Tancredo apenas um de seus veículos, e não o contrário. O trabalho organizado por Oliveira Bastos (2001) é uma tentativa de apresentar uma versão mais "isenta" sobre Sarney e seu governo, beneficiando-se da distância do tempo. Na verdade, a maioria dos textos tem um caráter laudatório, quase todos girando em torno da tese de que mesmo sob uma intensa crise e a incompreensão dos atores políticos e da sociedade, ávidos por liberdade, Sarney resistiu às tentações golpistas e conduziu a transição até seu final. Apesar disso, contém depoimentos de personagens políticos importantes do período como vários ministros do governo Sarney, não só trazendo informações não captadas pela imprensa, como suas impressões pessoais sobre vários episódios.

Entre os trabalhos de história ou que trazem uma abordagem histórica sobre o período que estamos estudando, mesmo sendo trabalhos de ciência política ou sociologia, predominam os estudos sobre aspectos particulares e específicos, geralmente de tipo monográfico, abordando um aspecto do processo ou uma instituição, como indica o exaustivo levantamento apresentado por Fico (2004). No entanto, alguns que trazem uma abordagem ampliada, não se limitando ao estudo monográfico de um ou outro aspecto do processo, mas tratando dos diversos aspectos da dinâmica social, existem em muito menor número. Ressalvando as obras de caráter mais didático, apesar do rigor acadêmico, como a organizada por Linhares (1996), destacamos dois estudos de história política: os trabalhos de Skidmore (1988) e de Couto (1999).

Apesar de focarem a maior parte de seu estudo na Ditadura Militar, ambas as obras também abordam a Nova República em seu início, tratando de problemas que abordamos em nosso trabalho. Contendo enorme volume de informações e dados, muitas vezes obtidos graças a contatos pessoais com autoridades do alto escalão estatal, o trabalho de Skidmore (1988) continua sendo a grande referência em história política do período. Em que pese a abrangência dos personagens e agentes inseridos em sua análise histórica, é um trabalho exclusivamente focado na "grande política", ou seja, sua noção de arena política se restringe ao que a legalidade considera como legítima ação política (partidos, eleições, governos, aparato estatal). Nesta abordagem, ficam excluídos ou diminuídos os atores e aparelhos de hegemonia que fazem política por outros meios, principalmente aqueles ligados às classes subalternas, o que é uma manifestação do politicismo da visão liberal já comentada anteriormente. Em segundo lugar, a obra trabalha com uma noção abstrata e formalista dos conceitos de autoritarismo e democracia, perdendo de vista o conteúdo de classe da dominação política e a imbricação de diversas formas políticas num mesmo aparato estatal. Finalmente, sua periodização do processo político revela uma concepção positivista fortemente arraigada, valorizadora do factualismo institucional em detrimento das mudanças na correlação de forças e do processo concreto de movimentação das classes sociais e dos atores políticos.

O trabalho de Couto (1999) apresenta variado e abundante aporte documental, enriquecido pelas entrevistas realizadas com os principais personagens políticos do período. Sua condição de ex-secretário do governo Tancredo Neves em Minas Gerais e de ex-ministro do governo Sarney facilitou-lhe o acesso privilegiado a fontes e depoimentos. No entanto, o trabalho também revela a perspectiva de abordagem que levantamos criticamente acima, com o reforço do viés personalista, pois, em que pese seu caráter acadêmico, a proximidade pessoal com diversos dos personagens tratados originou uma leitura diversas vezes isenta de objetividade e distanciamento.

Entre os trabalhos de tipo monográfico que perpassam a história política do período destacamos o de Figueiredo (2005), sobre a história do serviço secreto brasileiro, em que também aborda a trajetória do SNI no período, mostrando sua intervenção permanente no processo político. Amplo e também importante é o livro de Cervo & Bueno (2002) sobre a política externa brasileira, desde o período imperial até a atualidade, envolvendo não só as questões diplomáticas, políticas e militares, mas também as relações econômicas. Neste plano, sob o predomínio do viés sociológico, destacamos também os trabalhos de Rodrigues (1990) e Rodrigues (1997), sobre a trajetória da CUT, ambos abordando fatores importantes como composição social, formas de organização e orientações ideológicas. Ainda no campo da história dos movimentos sociais e também tangenciando o período que analisamos, levantamos a coletânea organizada por Boito Jr. (1991) sobre o movimento sindical brasileiro nos anos 80 e o seu trabalho individual sobre este mesmo tema, porém durante os anos 90, quando se revelam plenamente os efeitos da estratégia de passivização operada pelo Estado sobre o movimento sindical combativo (BOITO JR., 1999). O trabalho de Costa (1995) também aborda a trajetória das várias correntes, movimentos e centrais sindicais desde o final dos anos 70 até meados dos anos 90, relacionando-a à história política do período, apresentando documentos importantes e narrando os episódios significativos da luta sindical. No plano da luta social no campo, destacamos o trabalho de Medeiros (1989) sobre o movimento dos trabalhadores rurais e os de Rua (1990) e Bruno (1997) sobre a trajetória da UDR. A coletânea *História do Marxismo no Brasil* apresenta em seu volume 6, organizado por Ridenti & Reis (2007), importante painel das organizações e partidos políticos marxistas desde os anos 60 até os anos 2000, permitindo o acesso à trajetória política e teórica de forças importantes na luta popular e no processo de transição política.

Ainda no âmbito dos trabalhos monográficos que abordam a história do período, é importante o trabalho de Dreifuss (1989), que a partir de fontes jornalísticas reconstrói minuciosamente o processo de organização e mobilização das diversas frações do bloco no poder durante o governo Sarney, em especial durante a Constituinte e as eleições de 1989. Pela abrangência do objeto e pelo volume de dados e informações, é um trabalho de referência sobre o assunto. Outros trabalhos importantes, de economia, tratam da evolução econômica no período e da análise dos planos econômicos. O trabalho de Singer (1987) é uma avaliação crítica do Plano Cruzado sustentada no método da luta de classes, em que são mostrados os interesses e perspectivas em jogo, constituindo-se numa exceção entre os trabalhos que abordam a política econômica do período. Nestes predomina uma visão "técnica", em que as decisões e procedimentos adotados são avaliados à luz da simples racionalidade econômica, obscurecendo a dinâmica social e o próprio jogo de pressões e contrapressões próprio da luta econômica. Como exemplares desta perspectiva, encontram-se os trabalhos de Modiano (1992), principalmente, mas também o de Moura (1990) e, em certa medida, o de Gremaud, Saes & Toneto Jr. (1997). Na análise do Plano Cruzado, destaca-se ainda o relato jornalístico de Sardenberg (1987). Como assessor do Ministério do Planejamento, Sardenberg teve acesso privilegiado ao processo de elaboração e operacionalização do plano, revelando as ações dos respectivos personagens e os "bastidores" do processo, o que torna o trabalho uma fonte importante de consulta. No entanto, sua abordagem do processo econômico apresenta um viés personalista que já destacamos em outros trabalhos e a ausência de uma interpretação sociológica do processo econômico, em que aparecem os interesses de classe. Sua avaliação de que o plano fracassou devido aos erros de administração, às idiossincrasias dos seus gestores e à resistência de uma "cultura inflacionária" na sociedade brasileira revela a ausência desta perspectiva de abordagem. Finalmente, destacamos os trabalhos que tratam das relações entre economistas, projetos econômicos e classes sociais, como os de Cruz (1997) e Bier, Paulani & Messenberg (1987), que revelam a articulação entre a elaboração teórica no plano da ciência econômica e as distintas perspectivas políticas e sociais das classes e frações de classe, ressaltando a dimensão política do debate econômico.

Outros trabalhos também apresentam uma panorâmica histórica do período, apesar de não se caracterizarem estritamente como trabalhos de história. Neste plano, temos o trabalho de Souza (1988), que faz um balanço da Nova República, porém sob um viés fortemente marcado pela ciência política, e diversas coletâneas, algumas delas lançadas no "calor" dos acontecimentos, reunindo trabalhos de especialistas em diversas áreas e promovendo uma espécie de "balanço" do processo de democratização. Os mais importantes nesta perspectiva são os livros organizados por Stepan (1988), Selcher (1988), Moisés & Albuquerque (1989) e Reis & O'Donnell (1988). A variedade de perspectivas teóricas e metodológicas presente nestas coletâneas revela a riqueza do debate político e acadêmico ocorrido no período e, de forma indireta e mediada, a própria luta política em curso, pois diversos destes intelectuais eram engajados politicamente. No entanto, também aqui predomina a interpretação de matriz liberal. Apesar da óbvia ausência de trabalhos de história contemporâneos ao processo de transição, ainda hoje o debate acadêmico sobre este tema gira em torno, principalmente, da sociologia, da economia e da ciência política, em grande medida devido ao fato de o estabelecimento dos "marcos analíticos" de compreensão do assunto terem sido definidos na época, o que exige da historiografia atual uma necessária abordagem crítica.

Um dos mais importantes trabalhos de sociologia política sobre o processo de transição é o de Sallum Jr. (1996). Abordando a relação entre a crise do Estado e da aliança desenvolvimentista e o processo de democratização, Sallum Jr. afasta-se do politicismo predominante, procurando associar a dinâmica política ao processo da luta de classes. Em sua avaliação, a crise que perpassou o governo Sarney revela as dores do parto do nascimento de um novo pacto político-social, centrado na sociedade civil e não no Estado. Daí a sua conclusão de que a Nova República não foi uma mera tentativa de "congelar" a história e a própria dinâmica social capitalista, excluindo as classes populares do processo político, pois, segundo ele, houve uma real democratização para os "de baixo", desmentindo a tese predominante na esquerda brasileira de que existe uma dissociação estrutural entre capitalismo periférico e dependente e democracia.

Apesar dos inegáveis méritos do seu trabalho, superior em muitos aspectos às interpretações predominantes sobre a transição, Sallum Jr. revela-se, em certa medida, ainda preso à dicotomia Estado x Sociedade Civil. Na verdade, o autor vislumbra na crise do Estado desenvolvimentista, e da aliança que o sustentava, o fim do autoritarismo estatal e o fortalecimento da democracia e do pluralismo social e político nucleados pela sociedade civil, ao ponto da superação do caráter autocrático do Estado, tese da qual discordamos. Há que se considerar o fato de que este trabalho foi escrito em meados dos anos 90, como uma espécie de síntese de uma série de estudos desenvolvidos pelo autor anteriormente, quando ainda não eram claros todos os desdobramentos autocráticos das reformas neoliberais originadas justamente da forma de transição política operada desde a Ditadura e do próprio colapso da aliança desenvolvimentista. No entanto, em nossa avaliação, a simples análise do processo constituinte e da própria Constituição de 1988 não deixa dúvidas quanto à permanência da autocracia burguesa.

Estrutura do Trabalho

De acordo com o método das situações e correlações de forças, os períodos da história política apresentam uma unidade, que permitem a compreensão do nascimento, do desenrolar e da conclusão de um determinado processo político. Deste modo, os períodos e conjunturas políticos justificam-se não por qualquer datação derivada do calendário político, ou do calendário governamental, mas da disposição das forças políticas e sociais na arena da disputa política. Por tudo que já expusemos, consideramos que os anos de 1985 a 1990 configuram uma etapa do processo de transição política iniciado na Ditadura Militar, a última, não por coincidir com o mandato do presidente Sarney, mas por demarcar o processo final de substituição da institucionalidade autoritária por uma institucionalidade democrática nas condições de reforma do Estado autocrático-burguês. Deste modo, interessa-nos partir da composição do governo Tancredo Neves/José Sarney até a composição do governo Collor de Melo, pois no primeiro caso temos um retrato do processo de "conciliação pelo alto" que pôs fim à Ditadura Militar e iniciou o processo institucional que estamos considerando e, no segundo caso, temos um retrato da crise da hegemonia burguesa e do modo como o bloco no poder procurou superá-la na composição do novo governo.

Entretanto, dentro desta etapa, podemos destacar quatro conjunturas ou fases que, a nosso ver, explicitam quatro situações e correlações de forças relativamente distintas. A primeira, que trataremos no **Capítulo I**, desdobra-se da composição e início do governo Tancredo/Sarney, em 1985, até a reforma ministerial de fevereiro de 1986. Nesta etapa, o processo de transição foi dirigido pela agenda política negociada por Tancredo Neves, porém numa situação de acirramento dos conflitos políticos e sociais, o que levou o governo Sarney a criar uma *situação cesarista*, baseando-se na tutela militar e na unificação do campo político conservador em torno de uma perspectiva de contenção do processo de mudanças institucionais e econômico-sociais. Caracterizam esta fase a implementação da última reforma na institucionalidade autoritária, o fracasso do pacto social, o avanço e consequente recuo do governo na questão da reforma agrária e as dificuldades no controle da inflação e da dívida externa. A instabilidade desta situação levou o governo a buscar sustentação política na formação de um ministério mais afinado com a perspectiva política do presidente e do campo político conservador, formando a primeira versão do "Partido do Sarney", paralelamente à elaboração de um plano econômico de orientação heterodoxa, com vistas à legitimação do governo e à disputa para o Congresso Constituinte, a ser eleito em novembro de 1986.

A segunda fase, tratada no **Capítulo II**, desdobra-se da edição do Plano Cruzado, em fevereiro de 1986, até o seu colapso definitivo, no início de 1987. Entendemos que nesta conjuntura ocorreu o encaminhamento da última tentativa desenvolvimentista de superação da crise do padrão de acumulação dependente-associado. Tentativa esta de grande importância para a legitimação do governo e das forças que o apoiavam frente à sociedade e à disputa eleitoral de 1986. Graças ao sucesso inicial do plano, a situação cesarista atingiu seu auge, com a popularidade de Sarney chegando a altos níveis de aprovação. No entanto, o acirramento do conflito distributivo, a resistência das várias frações do grande capital à exacerbação do intervencionismo econômico do Estado e as reações negativas do capital externo, dos credores externos e do governo norte-americano, dificultando a renegociação da dívida externa e exigindo a abertura da economia brasileira, além das próprias divergências políticas e teóricas entre os condutores do plano, levaram ao fracasso do Cruzado. Não sem antes este garantir a vitória acachapante do governo e dos partidos da Aliança Democrática nas eleições para o Congresso Constituinte.

No **Capítulo III**, discutimos a terceira fase, que se desdobra durante o ano de 1987 e é marcada não só pelo processo constituinte, mas pela evolução da crise conjuntural para uma crise de hegemonia, em que as dissensões interburguesas chegam ao auge e as forças populares e antiautocráticas retomam a ofensiva após o recuo causado pelo Cruzado. A "batalha da constituinte" foi marcada pela introdução de uma série de direitos sociais e conquistas democráticas no anteprojeto constitucional, de um lado, e pela tentativa de impedir que a nova Constituição fosse além do que a última reforma na institucionalidade autoritária já havia definido. Ao mesmo tempo, era operada mais uma tentativa, tímida, de reativação do modelo desenvolvimentista por meio do receituário econômico heterodoxo: o Plano Bresser. As dificuldades externas, a resistência de setores do capital monopolista e do próprio governo, além da fragilidade política do "Partido do Sarney" (o "Centrão"), determinaram o fracasso da iniciativa e o início da "guinada neoliberal" no governo. Diante da resistência das forças populares na Constituinte, as diversas frações do bloco no poder intensificaram seu poder de mobilização e pressão, ativando suas entidades de classe e aliando-se ao "Centrão" para golpear o processo constituinte com a aprovação de um novo regimento interno. A partir de então, a batalha da Constituinte se daria em outros termos, inaugurando a última fase da transição.

Tratada no **Capítulo IV**, esta fase marcou a vitória da perspectiva conservadora na criação da nova institucionalidade, cujo núcleo legal foi a nova Constituição, e sua confirmação nas eleições presidenciais de 1989. O golpe dado na Constituinte pelas forças conservadoras surtiu efeito na medida em que anulou ou mutilou diversos direitos sociais e conquistas democráticas, garantindo a incorporação de elementos fundamentais da institucionalidade autoritária à nova institucionalidade. A operação política que viabilizou esta iniciativa foi dirigida pelo governo Sarney, porém, graças à exacerbação da tutela militar, o que fragilizou a situação cesarista, e à unificação das frações hegemônicas do bloco no poder em torno dela, o que não anulou suas contradições em aspectos pontuais da nova Constituição. A "guinada neoliberal" contribuiu para esta unidade, principalmente no tocante aos esforços para a redução do déficit público e a renegociação da dívida externa. A tutela militar exacerbou-se por meio dos constantes pronunciamentos militares contra a Constituinte e ameaçando as forças políticas para a possibilidade de um retrocesso político. A "chantagem militar" se completou com a intensificação da repressão aos movimentos sociais, em dinâmica ascendente desde 1987.

A ineficácia da orientação neoliberal na contenção do déficit público, na solução do problema externo e no controle da inflação diluiu rapidamente o já abalado prestígio do governo e dos partidos da Aliança Democrática, favorecendo a ascensão das forças antiautocráticas em termos eleitorais e de mobilização social. Já nas eleições de 1988, revelou-se esta ascensão, confirmada durante todo o ano de 1989, com o movimento grevista atingindo níveis jamais vistos, antes ou depois, e as candidaturas de esquerda liderando a campanha presidencial. Após a promulgação da nova Constituição, a unidade temporária conseguida pelo bloco no poder também se diluiu com a fragmentação de sua força eleitoral em quase uma dezena de candidaturas nas eleições presidenciais. Mais uma vez, a busca desesperada pela unidade e pela contenção do avanço antiautocrático foi favorecida pela tutela militar e pela institucionalidade recém-instalada. A unidade precária em torno da candidatura de Collor não foi o bastante para cessar a crise de hegemonia, mas suficiente para impedir a conquista do governo pela esquerda democrático-popular. Com a vitória de Collor, a transição democrática se encerrou, com o bloco no poder mantendo o controle do governo e do Estado em suas mãos.

Capítulo I

ASCENSÃO E LIMITES DO REFORMISMO PEEMEDEBISTA:
DA VITÓRIA DE TANCREDO AO "PARTIDO DO SARNEY" (1985-1986)

Da Ditadura Militar à Nova República

O objeto fundamental de nosso trabalho é o processo de substituição da institucionalidade autoritária pela institucionalidade democrática, ocorrido durante o governo Sarney, de 1985 a 1990. Este processo, chamado de "segunda transição", tem suas raízes nas sucessivas reformas da institucionalidade autoritária que marcaram a transição da Ditadura Militar à Nova República, a "primeira transição", herdando grande parte de seus problemas e, em linhas gerais, sendo a sua continuação. Deste modo, é importante retomarmos o processo político anterior, mesmo que brevemente, para situarmos as circunstâncias e os condicionantes que marcam a "segunda transição", pois eles são fundamentais para entendermos seu caráter e sua dinâmica. Neste breve histórico da "primeira transição", basear-nos-emos fundamentalmente em Maciel (2004).

A chamada transição democrática, ocorrida entre os anos de 1974 e 1990, foi resultado de um longo movimento de *revolução passiva*,[1] regida e determinada por

---

1 Aplicamos o conceito de revolução passiva, desenvolvido por Gramsci, para entender o processo de mudança histórica operado na passagem da Ditadura Militar à Nova República e durante o governo Sarney. Sabemos da utilização deste conceito por Gramsci para analisar processos de revolução burguesa que envolveram a passagem de um tipo de Estado a outro, como no caso do Estado absolutista-feudal para o Estado burguês no Risorgimento italiano. Mas consideramos que este método de interpretação também está presente em suas análises do Americanismo-Fordismo, nos EUA, e do Fascismo na Itália, quando houve a passagem de uma forma a outra do Estado burguês e a generalização das relações capitalistas de

uma perspectiva política *autocrático-burguesa*. Esta perspectiva foi definida nuclearmente pela institucionalidade política autoritária, criada e consolidada entre os anos de 1964 e 1974 como resposta do bloco no poder a uma situação de crise de hegemonia, em que as contradições interburguesas ameaçavam organicamente sua unidade interna e o movimento político e social das classes subalternas se colocava numa perspectiva progressiva de ruptura com a feição populista e paternalista da autocracia burguesa. Com a institucionalidade autoritária, criada pela Ditadura Militar nos seus primeiros anos, o *Estado autocrático-burguês*[2] atingiu a sua forma

---

produção. Nestes processos de mudança, o elemento revolução convive com a atualização do elemento restauração, numa espécie de "dialética mutilada" em que a perspectiva de ruptura é "passivizada", "domesticada", em favor de uma composição instável com a perspectiva de continuidade. Portanto, como "o critério interpretativo das modificações moleculares, que, na realidade, modificam progressivamente a composição anterior de forças e, portanto, transformam-se em matriz de novas modificações" (GRAMSCI, 2002, p.317), entendemos que o conceito de revolução passiva pode ser utilizado na análise dos processos de passagem de uma forma a outra do Estado burguês, o que se aplica em nosso caso. Esta segunda variante do conceito de revolução passiva enquadra-se no nosso objeto de análise, pois estamos tratando da passagem da forma autoritária para a forma democrática do Estado burguês. Ver Gramsci, 1976 e 2002.

2 Para Florestan Fernandes, o modelo autocrático-burguês de transformação capitalista é produto de uma dada combinação entre dominação burguesa e transformação capitalista, fundindo infra-estrutura e superestrutura, expressando um tipo de "Revolução Burguesa". Este tipo é distinto do tipo clássico, democrático-burguês, realizado em determinados países capitalistas, e específico de países de capitalismo dependente e subdesenvolvido, como o Brasil. Segundo ele, "essa combinação se processa em condições econômicas e histórico-sociais específicas, que excluem qualquer probabilidade de "repetição da história" ou de "desencadeamento automático" dos pré-requisitos do referido modelo democrático-burguês. Ao revés, o que se concretiza, embora com intensidade variável, é uma forte dissociação *pragmática* entre desenvolvimento capitalista e democracia; ou, usando-se uma notação sociológica positiva: uma forte associação *racional* entre desenvolvimento capitalista e autocracia. Assim, o que é "bom" para intensificar ou acelerar o desenvolvimento capitalista entra em conflito, nas orientações de valor menos que nos comportamentos concretos das classes possuidoras e burguesas, com qualquer evolução democrática da ordem social. A noção de "democracia burguesa" sofre uma redefinição, que é dissimulada no plano dos *mores*, mas se impõe como uma realidade prática inexorável, pela qual se restringe aos membros das classes possuidoras que se qualifiquem, econômica, social e politicamente, para o exercício da dominação burguesa. (...) A extrema concentração social da riqueza, a drenagem para fora de grande parte do excedente econômico nacional, a consequente persistência de formas pré ou subcapitalistas de trabalho e a depressão medular do valor do trabalho assalariado, em contraste com altos níveis de aspiração ou com pressões à democratização da participação econômica, sociocultural e política, produzem, isoladamente e em conjunto, consequências que sobrecarregam e ingurgitam as funções especificamente políticas da dominação burguesa (quer em sentido autodefensivo, quer numa direção puramente repressiva). Criaram-se e criam-se, desse modo, requisitos sociais e políticos da dominação burguesa que não encontram contrapartida no desenvolvimento capitalista das nações centrais e hegemônicas (mesmo onde a associação de fascismo

perfeita, nas condições de implantação do padrão de acumulação capitalista dependente-associado (OLIVEIRA, 1984; MANTEGA & MORAES, 1979). O golpe civil-militar de 1964, a edição do AI-5, em 1968, e a ascensão do general Médici à presidência da República, em 1969 são momentos decisivos no processo de constituição e consolidação de uma institucionalidade política autoritária, que aboliu a institucionalidade democrática herdada do período populista (1945-1964) e atribuiu às Forças Armadas a condição de grupo dirigente do bloco no poder.

Neste ponto é importante esclarecer o que entendemos por institucionalidade política. A institucionalidade política não se limita à legalidade instituída pelo Estado para regular o conflito político nem ao seu funcionamento como aparelho político principal, mas abrange também a própria configuração da arena da disputa política, ou seja, a composição das forças sociais que se colocam na disputa, o caráter de seus instrumentos de representação e aparelhos de hegemonia, suas perspectivas políticas e ideológicas e suas práxis políticas. A institucionalidade conforma esta série de problemas que, na verdade, configuram a arena da disputa política e definem a interseção entre Estado e sociedade (sociedade política e sociedade civil) e a própria possibilidade da hegemonia. Sendo assim, a arena da disputa política não se restringe ao Estado, em sentido estrito, pois envolve não só os instrumentos de poder e representação política do aparelho de Estado, mas também a ação dos aparelhos privados de hegemonia que, seja no plano econômico-corporativo, seja no plano político-ideológico, inserem-se no processo de disputa

---

com expansão do capitalismo evoca o mesmo modelo geral autocrático-burguês). Sob esse aspecto, o capitalismo dependente e subdesenvolvido é um capitalismo selvagem e difícil, cuja viabilidade se decide, com frequência, por meios políticos e no terreno político (FERNANDES, 1987, p. 292-293). Esta associação entre autocracia burguesa e modelo de transformação capitalista também é teorizada por José Chasin a partir do conceito de autocracia burguesa em articulação com o de via colonial de desenvolvimento capitalista. Guardadas as diferenças analíticas entre ambos, em Chasin a autocracia burguesa também é determinada pela incapacidade da burguesia colonial brasileira, como capital atrófico, de romper com sua integração subordinada ao capital externo, e enfrentá-lo para superar sua incompletude, e responder ao desafio proletário, alimentado pelo próprio dinamismo da sociedade de classes capitalista, de forma socialmente integradora e democrática. Em sua análise da Ditadura Militar, Chasin aplica o conceito de bonapartismo, o que se aproxima do nosso conceito de cesarismo militar, trabalhando a formulação de que a transição democrática reformou e institucionalizou a autocracia burguesa (CHASIN, 2000a, p. 177-288). Décio Saes também caracteriza a Ditadura Militar como um Estado autocrático, para o qual convergem os interesses das classes dominantes, ao mesmo tempo que se abandonam os mecanismos populistas de integração política das classes dominadas (SAES, 1984, p. 151-194).

política, direta ou indiretamente, como parte do processo da luta de classes. Nestes termos, a institucionalidade política, que abrange a arena da disputa política, ao mesmo tempo a "modela", na medida em que condiciona sua reprodução, e, assim, seus limites, sua formas de mobilização, organização e operacionalização e mesmo a dinâmica da luta política.

No contexto da institucionalidade política autoritária, o *cesarismo militar*[3] emerge como sua característica central, qualificando a autocracia burguesa em sua faceta mais exclusivista, auto-referente e aparelhada para defender e expandir a dominação burguesa no Brasil. O cesarismo militar se configura quando os militares assumem não só o comando do aparelho de Estado, mas a direção política do bloco no poder, protegendo seus interesses de classe, potencializando sua expansão e reprodução e resolvendo o conflito político em seu favor. As frações do grande capital (capital estatal, capital privado nacional e capital externo), pela ordem de importância localizadas na grande indústria, no setor bancário, no grande comércio e na nascente agroindústria, foram as principais beneficiadas pela política de concentração e centralização do capital, que deu origem ao capitalismo monopolista no país. No entanto, o controle do movimento operário e das classes trabalhadoras, a política de arrocho salarial e a preservação da concentração fundiária favoreceram segmentos subordinados do bloco no poder, como o médio e

---

[3] Aqui nos baseamos no conceito de cesarismo de Antonio Gramsci, aplicado por ele na análise de distintos tipos de Estado e de personalidades "heroicas" como César, Cromwell, Napoleão I e Napoleão III. Esta gama variada de personagens indica a utilização do conceito tanto nas passagens de um tipo de Estado a outro, quanto nos processos de preservação de determinado tipo de Estado e de manutenção da ordem. Neste caso, analisando o papel de Napoleão III na França, Gramsci considera que o cesarismo moderno assume um papel fundamentalmente regressivo na sociedade burguesa, atuando de modo "policial" na preservação da ordem vigente, seja mantendo a debilidade relativa da força progressiva antagônica, o proletariado, seja potencializando as possibilidades de desenvolvimento da referida ordem social que ainda não tinham se esgotado (GRAMSCI, 1976, p. 66). Neste aspecto, o papel cesarista exercido pelas Forças Armadas, em conjunto, em relação ao bloco no poder durante a instalação da institucionalidade autoritária se justifica pela necessidade de potencializar o desenvolvimento do capitalismo monopolista no Brasil, sufocando as perspectivas transformadoras representadas pela movimentação das classes subalternas e pelas próprias contradições interburguesas. A "solução arbitral" assumida pelos militares deu-lhes poder para assumir o núcleo do aparelho de Estado, recompondo a unidade entre as frações burguesas, aperfeiçoando o Estado autocrático-burguês e garantindo as condições políticas necessárias para a consolidação do capitalismo monopolista e do padrão de acumulação dependente-associado, configurando uma típica solução cesarista "sem um César", conforme Gramsci (p. 64-65). Ver ainda Maciel (2004).

o pequeno capital, distribuído pelos setores industrial e comercial, e os grandes e médios proprietários rurais. Segmentos das classes médias urbanas beneficiados pela expansão do mercado e pelo crescimento econômico do período, eles apoiavam os governos militares, mas não se inseriam no bloco no poder, figurando muito mais como base de apoio.

Mediada pelo cesarismo militar, a institucionalidade autoritária se consolidou a partir do AI-5 (1968) e da posse de Médici (1969), estabelecendo a supremacia da esfera de representação burocrática, baseada no burocratismo e no direito burguês – e, dentro desta, no Executivo Federal sob controle militar –, sobre a esfera de representação política, baseada em alguma forma de consulta política, localizada no Poder Legislativo, na estrutura partidária e no processo eleitoral (SAES, 1994, p. 13-51). Além disso, impôs a unidade, a disciplina e a hierarquia militar como requisitos básicos para a própria unidade do bloco no poder e amplificou a faceta repressiva do Estado por meio de um elenco variado de aparelhos e procedimentos políticos e jurídicos, fundamentados ideologicamente na Doutrina de Segurança Nacional, capazes de atrair a fidelidade dos aparelhos de hegemonia burgueses e de excluir da arena política institucionalizada os aparelhos vinculados às classes subalternas e orientados por uma perspectiva contra-hegemônica e antiautocrática. Estas características indicam que na institucionalidade autoritária predominavam os elementos políticos propriamente autoritários; daí a sua denominação, mas misturando-se com elementos fascistas e até mesmo democrático-representativos, pois não podemos nos esquecer de que, ao lado do cesarismo militar e da supremacia do Executivo, conviviam os mecanismos de repressão aberta e permanente e a Lei de Segurança Nacional, mas também o bipartidarismo, o Congresso Nacional e as eleições legislativas. Na verdade, com a noção de institucionalidade autoritária não estamos aderindo à "teoria do autoritarismo", mas à formulação sobre o caráter *sincrético* do Estado autocrático-burguês no Brasil.[4]

---

[4] Conforme conceituação de Florestan Fernandes, o Estado autocrático burguês brasileiro é sincrético, pois "sob certos aspectos, (...) lembra o modelo ideal nuclear, como se fosse um Estado representativo, democrático e pluralista; sob outros aspectos, (...) constitui a expressão acabada de uma oligarquia perfeita, que se objetiva tanto em termos paternalistas-tradicionais quanto em termos autoritários e modernos; por fim, vários aspectos traem a existência de formas de coação, de repressão e de opressão ou de institucionalização da violência e do terror , que são indisfarçavelmente fascistas" (1987, p. 350). Esta formulação é corolário da crítica da "teoria do autoritarismo" desenvolvida por Fernandes. Ver Fernandes (1979).

Na sucessão do general Médici, em 1974, o cesarismo militar estava suficientemente consolidado para permitir que a troca de comando na presidência da República ocorresse sem que as crises sucessórias de 1967 e 1969 se repetissem, e para tornar possível que o projeto de Distensão fosse patrocinado pelo próprio governo militar, desencadeando o processo de transição. Ao longo dos onze anos que marcaram a primeira transição, da Ditadura Militar à Nova República, a perspectiva autocrática do governo militar e do bloco no poder determinou o ritmo e a abrangência do processo de disputa política, mesmo diante das suas vicissitudes e contradições. Tendo na sua origem um novo processo de acirramento das contradições interburguesas e das relações entre Estado e bloco no poder, devido à crise do chamado "Milagre Brasileiro", o projeto distensionista deu início à transição, potencializando e dinamizando os canais de interlocução política previstos pela própria institucionalidade autoritária vigente. Deste modo, a chamada *Distensão* tinha por eixo estratégico a ampliação e diversificação dos canais de interlocução entre classes dominantes e Estado, por meio da dinamização da esfera de representação política, no interior da sociedade política.

Originalmente, o projeto distensionista carregava a perspectiva de transferência de parte das atribuições de defesa e salvaguarda da ordem social e do Estado para outras instâncias da sociedade política, além do Executivo Federal, dando uma nova dimensão para o cesarismo militar. Esta iniciativa implicava a dinamização da esfera de representação política, através do Congresso Nacional, dos partidos e das eleições, e a transferência para o poder Judiciário de prerrogativas legais concentradas no executivo em função do AI-5, marcando a primeira etapa da transição.

A crise do padrão de acumulação capitalista dependente-associado, aliada ao colapso da tentativa governamental de viabilizar outro padrão de acumulação por meio do II PND (Plano Nacional de Desenvolvimento), acirrou as contradições entre Estado e bloco no poder. O caráter socialmente desagregador e excludente do padrão de acumulação capitalista vigente determinava que o descontentamento político das classes subalternas fosse canalizado para a esfera de representação política reativada, através do crescimento do voto oposicionista nas grandes cidades, como nas eleições de 1974 e 1976, o que amplificava a legitimidade política do partido da oposição institucional, o Movimento Democrático Brasileiro (MDB).

Rapidamente, esta alternativa política apresentou-se claramente limitada para setores das classes subalternas, que emergiam na arena da disputa política carregando uma perspectiva claramente *antiautocrática*, desencadeando a emergência do protesto popular na etapa seguinte, pois, como partido institucional, o MDB cumpria a função de canalizar as demandas populares para uma arena de disputa política devidamente domesticada e imunizada diante de seus interesses.

Além disso, o aprofundamento das dissensões militares - evidência das contradições no interior do bloco no poder - colocava o próprio projeto distensionista em questão, na medida em que criava a possibilidade de ruptura da unidade militar, condição indispensável para a vigência do cesarismo militar. As dissensões militares se manifestaram nesta etapa com a resistência dos setores *duros* ao projeto distensionista, que previa a relativa desmobilização do aparato repressivo e de informações e seu recuo para a condição de "reserva" estratégica de poder, acionada apenas quando a situação exigisse. O conflito de autoridade entre o presidente da República e o ministro do Exército revelou a profundidade deste problema.

Deste modo, o próprio processo de reativação da esfera de representação política, desencadeado pelo projeto distensionista, colocava a institucionalidade autoritária e a autocracia burguesa sob o impacto de novas contradições, determinando que o processo de transição adquirisse uma dinâmica relativamente diferenciada em relação à expectativa original do governo. O Pacote de Abril, de 1977, que encerrava a primeira etapa da transição, foi a primeira correção de rota do projeto distensionista, criando as bases para as reformas institucionais de 1978-1979 e prorrogando o cesarismo militar para o próximo mandato presidencial.

A passagem da *Distensão* para a *Abertura*, que marcou a segunda etapa do processo de transição, ocorreu sob a possibilidade de evolução da *crise conjuntural* para uma *crise de hegemonia*,[5] determinando que o processo de *reforma da institu-*

---

5   Baseamo-nos nos conceitos de crise conjuntural e crise de hegemonia conforme elaborados por Gramsci. Segundo ele: "É o problema das relações entre estrutura e superestrutura que deve ser posto com exatidão e resolvido para que se possa chegar a uma justa análise das forças que atuam na história de um determinado período e de determinar a relação entre elas. É necessário mover-se no âmbito de dois princípios: 1) o de que nenhuma sociedade se põe tarefas para cuja solução ainda não existam as condições necessárias e suficientes, ou que pelo menos não estejam em vias de aparecer e se desenvolver; 2) e o de que nenhuma sociedade se dissolve e pode ser substituída antes que se tenham desenvolvido todas as formas de vida implícitas em suas relações. (...) Da reflexão sobre estes dois cânones pode-se chegar ao desenvolvimento

cionalidade autoritária fosse viabilizado pelo reforço, e não pela eliminação, do cesarismo militar. O processo de ampliação e pluralização da esfera de representação política, aliado à recomposição do governo militar com as frações hegemônicas do bloco no poder e à política de repressão e passivização dos movimentos sociais das classes subalternas, permitia que a disputa política se mantivesse nos limites estabelecidos pela institucionalidade autoritária reformada, viabilizando uma *estratégia de contenção da crise conjuntural*.

---

de toda uma série de outros princípios de metodologia histórica. Todavia, no estudo de uma estrutura, devem-se distinguir os movimentos orgânicos (relativamente permanentes) dos movimentos que podem ser chamados de conjuntura (e que se apresentam como ocasionais, imediatos, quase acidentais). Também os fenômenos de conjuntura dependem, certamente, de movimentos orgânicos, mas seu significado não tem um amplo alcance histórico: eles dão lugar a uma crítica política miúda, do dia-a-dia, que envolve os pequenos grupos dirigentes e as personalidades imediatamente responsáveis pelo poder. Os fenômenos orgânicos dão lugar à crítica histórico-social, que envolve os grandes agrupamentos, para além das pessoas imediatamente responsáveis e do pessoal dirigente. Quando se estuda um período histórico, revela-se a grande importância dessa distinção. Tem lugar uma crise que, às vezes, prolonga-se por dezenas de anos. Esta duração excepcional significa que se revelaram (chegaram à maturidade) contradições insanáveis na estrutura e que as forças políticas que atuam positivamente para conservar e defender a própria estrutura esforçam-se para saná-las dentro de certos limites e superá-las. Estes esforços incessantes e perseverantes (já que nenhuma forma social jamais confessará que foi superada) formam o terreno do 'ocasional', no qual se organizam as forças antagonistas que tendem a demonstrar (demonstração que, em última análise, só tem êxito e é 'verdadeira' se se torna nova realidade, se as forças antagonistas triunfarem, mas que imediatamente se explicita numa série de polêmicas ideológicas, religiosas, filosóficas, políticas, jurídicas, etc., cujo caráter concreto pode ser avaliado pela medida em que se tornam convincentes e deslocam o alinhamento preexistente das forças sociais) que já existem as condições necessárias e suficientes para que determinadas tarefas possam e, portanto, devam ser resolvidas historicamente (devam, já que a não-realização do dever histórico aumenta a desordem necessária e prepara catástrofes mais graves)" (GRAMSCI, 2000, p. 36-37). O fato de que nas condições particulares da autocracia burguesa brasileira só sejam possíveis hegemonias "imperfeitas", pois a capacidade de o bloco no poder conquistar o *consenso ativo* das classes subalternas é bastante limitada – o que configura o próprio caráter autocrático de sua dominação –, não impede que utilizemos esta problemática. Na verdade, de acordo com a problemática gramsciana, na história do Estado burguês brasileiro, mesmo nos momentos de maior qualificação da hegemonia burguesa, como no período populista ou no período neoliberal, o uso de mecanismos repressivos e coercitivos, típicos da situação de *dominação*, e não de *hegemonia*, nunca deixou de ocupar um papel importante na manutenção da ordem social, evidenciando os limites da hegemonia burguesa no Brasil. No entanto, o sentido de crise hegemonia em Gramsci indica que esta é também uma crise de dominação social, uma crise do *bloco histórico*, como a passagem acima revela, o que nos permite sua utilização no caso particular da Ditadura Militar e da Nova República no Brasil. Além disso, a partir da problemática poulantziana e dependendo do contexto, utilizamos também o conceito de hegemonia para indicar a supremacia do grande capital no interior do bloco no poder e no Estado – sua debilitação também é parte da crise de hegemonia. Ver Poulantzas (1977).

A reforma partidária, aliada à Lei de Anistia, que permitiu a volta de lideranças políticas cassadas, cumpriu um papel decisivo neste processo, na medida em que viabilizou a criação de partidos institucionais, ou seja, partidos vocacionados para canalizar o conflito político para uma arena de disputa altamente seletiva e controlada pelo governo militar, impedindo que a estrutura partidária reproduzisse plenamente e diretamente o aguçamento das contradições sociais.[6] Esta situação impôs aos partidos e setores partidários ligados às classes subalternas um forte *dilema institucional*, criando uma contradição entre a opção pelo crescimento eleitoral e parlamentar e o avanço da mobilização e da organização populares. Outra iniciativa importante foi a política de "abertura sindical", que reformou a estrutura sindical de Estado, reduzindo o aspecto repressivo e o controle do governo, mas não do Estado, sobre os sindicatos. Esta medida esvaziou parte da perspectiva crítica do "novo sindicalismo" diante da estrutura sindical, além de ter estimulado o desenvolvimento de elementos corporativistas e aparelhistas em seu interior, dificultando sua capacidade de mobilização e organização social.

Finalmente, a própria abolição do AI-5 no final de 1978, que atribuía ao presidente da República amplos poderes para o controle do conflito político, inseriu-se nas reformas institucionais do período. De acordo com a lógica do projeto distensionista, os poderes do AI-5 foram transferidos em parte para os poderes Legislativo e Judiciário, que passaram a determinar a aplicação do "estado de sítio" e do "estado de emergência", a cassação de direitos políticos, o enquadramento dos cidadãos nos crimes de segurança nacional, etc. Deste modo, as medidas de "salvaguarda da ordem" deixaram de ser atribuição exclusiva do Executivo Federal,

---

6   Chamamos "partidos institucionais" os partidos criados durante a Ditadura Militar a partir da legislação partidária e da relação entre esfera de representação burocrática e esfera de representação política definidas pela própria institucionalidade autoritária. Estes partidos se definem em sua universalidade como partidos burgueses, caracterizados pelo cupulismo, pelo comando de sua fração parlamentar, pela frouxidão organizacional e pelo eleitoralismo. No entanto, nas condições da autocracia burguesa brasileira, estes partidos adquirem a particularidade de serem altamente dependentes do Estado, reforçando os aspectos eleitoreiro, aparelhista, desmobilizador e burocrático. Na verdade, funcionam fundamentalmente como instrumentos de legitimação política do Estado junto à sociedade, e não como instrumento de organização dos grupos sociais para a conquista e o controle do Estado. Deste modo, são partidos que dependem muito mais da conquista de cargos políticos do que da mobilização social para sobreviver. Assim, são partidos que não podem manifestar inteiramente as contradições sociais e a radicalidade dos conflitos políticos, pois servem muito mais para "passivizá-los" do que para expressá-los na arena da disputa política.

desconcentrando o poder político e reforçando a esfera de representação política. Visando à adequação da Lei de Segurança Nacional a esta perspectiva, o governo alterou-a por duas vezes neste período, em 1978 e 1983.

As eleições de 1982 consolidaram a perspectiva autocrática presente na reforma da institucionalidade autoritária, na medida em que fortaleceram os partidos institucionais, colocaram a oposição antiautocrática sob forte dilema institucional e reafirmaram a estratégia política da oposição burguesa, de ascensão ao governo federal por dentro e por causa da institucionalidade autoritária, consolidando um *campo de interlocução liberal*, formado pelos representantes políticos das classes e grupos sociais que compunham o bloco no poder, inseridos na sociedade política por meio da esfera de representação política, através dos partidos, das eleições e da posse de mandatos e cargos públicos.

Na última etapa do processo de transição, ocorrida entre os anos de 1982 e 1985, a crise conjuntural vivenciada desde o início voltou a recrudescer, impulsionada pela crise econômica. O ciclo de crescimento econômico, mesmo que descendente, foi rompido com a crise econômica combinando inflação e recessão. Pressionado pelos compromissos externos derivados da gigantesca dívida e pelo crescente déficit público, o governo desencadeou a "ciranda financeira", permitindo a especulação com seus títulos e protegendo os aplicadores da corrosão inflacionária, o que favoreceu a concentração de renda e o achatamento da renda salarial. As contradições entre as frações hegemônicas do bloco no poder e o governo militar voltavam a se intensificar, determinando a decomposição de sua capacidade de direção política e a crise do cesarismo militar. Por outro lado, as classes subalternas radicalizavam sua postura oposicionista retomando sua capacidade de mobilização e organização. A fundação da CUT, em 1983, e a campanha das "Diretas Já", entre 1983 e 1984, foram resultados deste processo.

O fortalecimento da capacidade dirigente do campo de interlocução liberal nesta etapa foi efeito do próprio processo de ampliação e pluralização da esfera de representação política, ocorrido na etapa anterior, pois este se espalhava por diversas de suas instâncias, como os governos estaduais diretamente eleitos, o Congresso e os partidos institucionais. A perspectiva autocrática do campo de interlocução liberal permitia que a crise do cesarismo militar não se desdobrasse numa situação de ruptura com a institucionalidade autoritária reformada, pois a recomposição entre as diversas frações do bloco no poder e o Estado exigia um movimento de acomodação política definido pela sucessão presidencial e pela definição do futuro governo.

A campanha das "Diretas Já" feria a lógica deste movimento de acomodação, determinando que o campo governista e a própria oposição burguesa se comportassem no sentido de esvaziar, senão eliminar, sua potencialidade *antiautocrática* e *antiinstitucional*. Mesmo derrotada, a campanha determinou a inviabilidade política da perspectiva de continuidade do *cesarismo militar*, abrindo caminho para que o movimento de acomodação se consolidasse através de uma alternativa política francamente definida pela composição entre as diversas frações do bloco no poder e entre os mais variados setores da oposição autocrática e do campo governista. A vitória da Aliança Democrática na sucessão presidencial permitiu que o cesarismo militar fosse superado sem que a institucionalidade autoritária reformada também o fosse. Apesar de amputada de sua principal característica, a preservação da institucionalidade autoritária permitiu que o governo da Nova República se definisse autocraticamente e que o cesarismo militar moribundo pudesse metamorfosear-se em *tutela militar*, garantindo que o caráter *autocrático-burguês* do Estado fosse mantido. Novamente, as diversas frações do bloco no poder poderiam exercer diretamente o poder político, sem depender de soluções cesaristas para reproduzir sua dominação social, mas resguardando-se de qualquer eventualidade que o processo de disputa política posterior à Ditadura Militar pudesse gerar.

O papel da institucionalidade autoritária em todo este processo de transição foi decisivo para que a perspectiva política autocrática fosse dominante em seu interior e para que o seu desfecho ocorresse com base em um movimento de acomodação interburguesa ampla, de "composição pelo alto", e não através de um movimento de ruptura antiautocrático, que sedimentasse uma *revolução democrática*, em que as classes subalternas pudessem inserir-se na arena da disputa política, preservando sua independência e autonomia e universalizando, na prática, o estatuto da cidadania política.

Deste modo, a institucionalidade autoritária exerceu a função de *domesticação* do conflito político, amortecendo as contradições sociais que dividiam a sociedade de alto a baixo, através da relativa imunização da arena da disputa política diante delas. Esta, por sua vez, adquiria progressiva capilaridade e permeabilidade diante dos diversos interesses presentes no bloco no poder, limitando-se ao seu horizonte histórico e impedindo que suas contradições internas explodissem numa crise de hegemonia de consequências imprevisíveis para o caráter autocrático do Estado e do padrão de transformação capitalista. Isto explica por que o governo militar exerceu a direção política do bloco no poder durante quase todo o tempo, e por que as frações burguesas hegemônicas limitaram-se a acomodar-se com a institucionalidade autoritária nos momentos mais agudos de contradição com o cesarismo militar. O isolamento do governo na última etapa da transição não foi suficiente para determinar a eclosão da referida crise de hegemonia, pois o fortalecimento do campo de interlocução liberal indicava o próprio êxito da institucionalidade autoritária na definição da arena da disputa política.

Paralelamente, a institucionalidade autoritária adquiria a capacidade de excluir ou *passivizar* a perspectiva política antiautocrática das classes subalternas na arena da disputa política, limitando sua ação política a uma postura meramente corporativista, francamente debilitada em termos de disputa de hegemonia. A institucionalidade autoritária sempre se moveu no sentido de passivizar as demandas políticas das classes subalternas, principalmente de seus setores mais combativos e organizados, ou de simplesmente excluí-las. Os métodos desenvolvidos neste sentido iam desde a repressão pura e simples, até a canalização das demandas populares para a esfera de representação política institucionalizada, ou para a esfera de representação burocrática. De todo modo, a identidade entre interesses particulares e interesses universais, base concreta da conquista da hegemonia, ficava inviabilizada ou era dificultada pela separação orgânica entre economia e política. Deste modo, a institucionalidade autoritária distribuía as demandas populares conforme a esfera de representação adequada, dificultando enormemente a possibilidade de construção de um movimento *contra-hegemônico*. O caráter transformista deste processo é evidente, particularmente em seu sentido ampliado.[7]

---

[7] De acordo com Gramsci, o transformismo se manifesta em situações históricas em que as forças oponentes são decapitadas e/ou absorvidas pelo Estado e pelas forças dominantes em determinado processo de mudança histórica regido pelo "método das modificações moleculares", o método da revolução passiva ou revolução-restauração; de modo que seu antagonismo fica esvaziado ou, até mesmo, anulado. Este processo pode-se dar de forma "molecular", segundo termos de Gramsci, ou ampliada (GRAMSCI, 2002, p. 62-66, 98 e 100-105). A utilização de uma forma de transformismo não exclui a outra, sendo comum o uso de ambas nos processos de revolução passiva. Em suas análises do Risorgimento italiano, Gramsci destaca principalmente a forma

O papel da política de abertura sindical na contenção do "novo sindicalismo" e o dilema institucional colocado permanentemente diante do PT, principalmente, e do conjunto da oposição antiautocrática indicam com clareza a importância decisiva deste método político ao mesmo tempo *politicista* e *economicista*, de matriz liberal, porém fundamentado ideologicamente pela Doutrina de Segurança Nacional, base ideológica do cesarismo militar. Especialmente após a *emergência do protesto popular*, nos anos de 1978 e 1979, este método tornou-se crucial para a preservação da autocracia burguesa, pois esta era novamente questionada, depois de uma década de refluxo, mas numa perspectiva muito mais ofensiva, que colocava concretamente a possibilidade de eclosão de uma crise de hegemonia. Na medida em que a unidade orgânica entre as diversas frações das classes subalternas não se concretizava politicamente, através de um instrumento imune diante da influência passivizadora da institucionalidade autoritária, constituindo um bloco contra-hegemônico sólido e perene, estas poderiam tornar-se base social dos setores políticos autocráticos, tanto no governo, quanto na oposição burguesa.

"molecular" de transformismo, presente na cooptação das forças "jacobinas" envolvidas na unificação italiana pelo governo do Piemonte e pelo Partido Moderado, "decapitando-as", pois suas lideranças foram agregadas às forças dominantes. Mas ele também aborda a forma que aqui estamos chamando de "ampliada", quando destaca a importância do Estado piemontês como estrutura burocrática, diplomática e militar para anular a força cultural e a resistência da Igreja Católica, anexar o Reino de Nápoles ao novo país, conquistar a hegemonia cultural sobre a população e configurar o aparelho do novo Estado. No entanto, é nas análises sobre o Americanismo-Fordismo, nos EUA, e o Fascismo, na Itália, que Gramsci dá destaque ao transformismo ampliado, quando ressalva a importância da adoção dos métodos fordistas/tayloristas de organização da produção para a anulação da combatividade operária; ou da ética puritana, apoiada pelo Estado na forma de leis proibicionistas, para conquistar ideologicamente os trabalhadores; ou, ainda, na política de "destroncamento" dos sindicatos. Na Itália, o Fascismo também adotou o transformismo ampliado ao modelar a arena da disputa política impondo o corporativismo aos trabalhadores, ou ao aplicar os métodos fordistas de organização da produção (GRAMSCI, 1976, p. 375- 413). O transformismo de tipo "ampliado" configura-se como um método muito mais duradouro e eficaz, pois permite a preservação das forças oponentes na arena da disputa política, porém anulando progressivamente seu caráter contra-hegemônico, sem necessariamente "decapitá-las". Neste caso, uma série de operações de ordem econômico-social, ideológica e política podem ser desenvolvidas para viabilizar a revolução passiva, ligadas, fundamentalmente, a um processo de redefinição do "modo de ser e agir" das forças oponentes, diretamente relacionado à alteração de sua práxis social e consequentemente de sua práxis política, numa verdadeira "luta à distância" em que o oponente é derrotado sem que haja contato físico. Consideramos que a institucionalidade autoritária exerceu este papel sobre as forças oponentes surgidas ao longo da "primeira transição", delimitando a arena da disputa política e assim condicionando sua praxis e seu projeto político, de modo a esvaziar seu conteúdo antiautocrático e antiinstitucional.

É importante destacar que este processo também se deveu às debilidades e limitações dos movimentos sociais das classes subalternas, muitas vezes incapazes de romper com a lógica política vigente na arena política. Daí a relativa imunização da arena da disputa política diante das demandas das classes subalternas e da perspectiva crítica desenvolvida por elas.

A chamada "segunda transição" – ou seja, o processo de substituição definitiva da institucionalidade autoritária pela institucionalidade democrático-liberal no Estado autocrático-burguês – perpassaria todo o governo Sarney (1985-1990), concluindo-se com as eleições presidenciais de 1989 e a posse de Collor no ano seguinte. Era a última etapa do processo de transição política iniciado em 1974. Em sua primeira fase, que começou com a vitória de Tancredo Neves no Colégio Eleitoral, em janeiro de 1985, e foi até o anúncio do Plano Cruzado, em fevereiro de 1986, as contradições geradas pela crise do padrão de acumulação dependente-associado se intensificaram, na medida em que a ampla composição política operada para viabilizar o fim da Ditadura Militar impôs uma forte indefinição sobre os rumos a serem seguidos no plano econômico.

Além disso, o conteúdo fortemente limitado das mudanças institucionais com as quais Tancredo se comprometeu revelava, ao mesmo tempo, a perspectiva autocrática alimentada pelas diversas frações do bloco no poder e a própria debilidade da tática política da oposição burguesa, representada pelo PMDB, de tentar a substituição da institucionalidade autoritária "por dentro" dela mesma. O resultado foi um importante descompasso entre as perspectivas de mudança alimentadas pelas classes subalternas, em particular pelos trabalhadores, e a realidade política de uma institucionalidade preservada no essencial, gerando um aguçamento dos conflitos sociais como não se via desde o final dos anos 70. Nestas condições, a legitimidade obtida com a "solução negociada" que pôs fim à Ditadura desgastou-se rapidamente, exigindo do governo da Aliança Democrática correções de rumo, avanços e recuos, ameaças e chantagens para cumprir o "cronograma" da transição negociado por Tancredo.

No entanto, neste cenário de dificuldades, um detalhe sobressai: a constituição da tutela militar sobre o governo e a unificação de um campo conservador em seu interior, cuja perspectiva fundamental era a operacionalização da transição democrática nos marcos da preservação da institucionalidade autoritária e da autocracia burguesa. Ou seja, as mudanças democráticas seriam implementadas dentro das possibilidades previstas pela própria institucionalidade autoritária, e não à sua revelia. A substituição institucional definitiva seria transferida para outro momento, o da Constituinte, quando as condições políticas fossem mais estáveis e favoráveis para os interesses do bloco no poder.

Deste modo, o governo Sarney se baseava nos mecanismos institucionais ao seu dispor (e herdados da Ditadura Militar) para criar uma *situação cesarista*, ou seja, uma condição na qual o governo "arbitrava" precariamente os conflitos interburgueses, porém, sem conquistar a direção política do bloco no poder, pois a sua legitimidade frente às frações dominantes se devia muito menos à proposição e operacionalização *do que fazer* – substituir a institucionalidade autoritária pela democrática – e muito mais a *do que não fazer* – permitir a prevalência da perspectiva antiautocrática das classes subalternas no processo de transição. Mesmo com o colapso do cesarismo militar, esta situação cesarista foi favorecida e impulsionada por elementos da institucionalidade autoritária, como a autonomia política dos militares diante do conjunto da sociedade política; o aparato repressivo e de informações sob controle militar; a supremacia do Executivo sobre o Legislativo e o Judiciário no interior do aparelho de Estado, fundamentada na figura do Decreto-Lei e no poder de "atração" do governo sobre os partidos; o próprio caráter institucional dos partidos, que lhes conferia enorme fragilidade em sua capacidade de direção política. A centralidade destes elementos para a manutenção do caráter autocrático-burguês do Estado tornava-os permanentes – não podiam ser anulados como, de fato, não foram.

A composição do novo governo, seus compromissos políticos e a morte de Tancredo Neves

Entre os meses de janeiro e março de 1985, após sua vitória no Colégio Eleitoral, Tancredo Neves compôs e anunciou paulatinamente seu governo. Em linhas gerais, seu governo baseado na Aliança Democrática, foi composto majoritariamente por setores autocráticos – tanto do PMDB quanto do PFL – e limitadamente por setores antiautocráticos. No campo autocrático, destacaram-se primeiramente os setores políticos oriundos do regime militar que, junto aos ministros militares, formaram o núcleo conservador do novo governo. Além do vice-presidente José Sarney, ex-presidente do PDS e político cuja carreira se devia em grande parte ao apoio irrestrito que prestou aos sucessivos governos militares, integraram este campo os ministros do PFL Aureliano Chaves (Minas e Energia), vice-presidente de Figueiredo; Marco Maciel (Educação); Olavo Setúbal (Relações Exteriores) e Paulo Lustosa (Desburocratização e Descentralização). Do PDS integrou o ministério Antonio Carlos Magalhães (Comunicações). Do PMDB, Afonso Camargo (Transportes), ex-senador biônico pelo PDS, e Carlos Santana (Saúde), também um ex-membro do PDS. Nos ministérios militares, Tancredo indicou oficiais que contaram com o apoio do ex-presidente Ernesto Geisel, como Leônidas Pires Gonçalves (Exército), Ivan de Souza Mendes (SNI), oficiais que foram negociados com os ministros militares que saíam, como Henrique Saboia (Marinha), Moreira Lima (Aeronáutica) e José Maria do Amaral (Estado Maior das Forças Armadas), ou que tinham vínculos pessoais com ele, como Rubens Denis (Casa Militar). Apesar de não possuir vinculação partidária, Francisco Dornelles (Fazenda) também compôs o núcleo conservador por ter trabalhado na Secretaria da Receita Federal no governo Figueiredo e por possuir ligações com os ex-ministros Delfim Netto e Mário Henrique Simonsen. Sua indicação se deveu aos laços de parentesco com Tancredo Neves (sobrinho) (JP,[8] 21.3.1985).

Também integraram o campo autocrático setores da oposição à Ditadura que compunham as alas "moderada" e "conservadora" do PMDB, como Roberto Gusmão (Indústria e Comércio), Pedro Simon (Agricultura), Renato Archer (Ciência e Tecnologia), Aluízio Alves (Administração), Flávio Peixoto (Habitação, Saneamento e Urbanismo); além daqueles que eram diretamente ligados a Tancredo, como Ronaldo Costa Couto (Interior), Mauro Salles (Assuntos Extraordinários), José Hugo Castelo Branco (Casa Civil) e José Aparecido (Cultura); e o próprio Tancredo Neves. Entre os setores considerados "progressistas" pela imprensa e que poderíamos incluir no campo antiautocrático do governo, pois compunham a chamada ala "esquerda" do PMDB ou

---

8   A abreviatura JP faz referência a *Jornal do País*. Os jornais, revistas e documentos políticos e de partidos serão citados no corpo do texto da presente tese sempre partindo de uma abreviatura que achamos conveniente criar para cada caso. Tais referências serão sempre encontradas no item 3 das Referências Bibliográficas – Jornais, revistas e documentos políticos e partidários (sem autoria expressa) – constantes ao final deste trabalho.

com ela tinham vínculos, citaríamos Fernando Lyra (Justiça), um dos fundadores do grupo dos deputados "autênticos" do antigo MDB; João Sayad (Planejamento), professor da FEA-USP, indicado pelo governador Franco Montoro, mas membro da ala de economistas "críticos" do PMDB; Waldir Pires (Previdência Social), tradicional liderança da esquerda peemedebista; Nelson Ribeiro (Assuntos Fundiários), indicado pelo governador Jader Barbalho, mas apoiado pelos setores vinculados à luta pela reforma agrária; e Almir Pazzianotto (Trabalho), ex-secretário do Trabalho do governo Montoro, deputado estadual e com relações privilegiadas junto ao sindicalismo do ABC Paulista, além de ter sido advogado do Sindicato dos Metalúrgicos de São Bernardo e Diadema (JP, 21.3.1985). Para atuar no parlamento em nome do governo, Tancredo indicou os "moderados" Pimenta da Veiga, líder do governo na Câmara dos Deputados, Humberto Lucena, líder do governo no Senado, e Fernando Henrique Cardoso, senador por São Paulo, também ligado à esquerda peemedebista como líder do governo no Congresso (POLÍTICA GERAL, 1985, p. 4-16).

Do total de 33 cargos de primeiro escalão, incluindo a presidência e a vice-presidência da República, todos os ministérios e as lideranças do governo no parlamento, os setores autocráticos ocupavam nada menos que 27 cargos, cabendo aos setores antiautocráticos apenas seis. Isto evidencia que o governo Tancredo Neves podia até ser considerado um governo de coalizão se levarmos em conta a composição entre os setores dissidentes do regime militar (PFL e PDS) e os setores de oposição (PMDB). No entanto, se considerarmos o conteúdo político do governo, para além das formalidades partidárias, concluiremos tratar-se de um governo francamente autocrático, comprometido com um processo de mudanças extremamente limitado e em cujo núcleo destacava-se um campo conservador comprometido em preservar, o máximo possível, a antiga institucionalidade política, ocupando nada menos que 15 cargos.

No Congresso Nacional, o governo da Aliança Democrática contava com ampla base de apoio e detinha sua direção. Em março de 1985, Ulysses Guimarães, presidente nacional do PMDB e um dos principais articuladores da Aliança Democrática, foi eleito presidente da Câmara dos Deputados, tornando-se o terceiro na linha sucessória presidencial, apesar da forte resistência de setores da esquerda do partido, que apoiaram a candidatura do deputado Alencar Furtado (GUIMARÃES, 5.3.1985; GUTEMBERG, 1994, p. 209-213). No senado, foi eleito presidente José Fragelli, político conservador ligado a Tancredo, ex-udenista, ex-membro do PP e na ocasião senador peemedebista pelo Mato Grosso do Sul, vencedor graças a uma aliança PMDB-PFL que desbancou Fernando Henrique Cardoso, também postulante à presidência do Senado e apoiado pela ala esquerda do partido (JT, 25.2.1985). Na Câmara dos Deputados, o novo governo contaria com o apoio de 201 deputados do PMDB e 107 do PFL, totalizando 308 deputados num total de 480, percentual bastante próximo do suficiente para aprovar reformas constitucionais (320 deputados). Afora isso, havia também 138 deputados do PDS e nove do PTB, com quem o governo poderia negociar. No Senado, o PMDB possuía 24 senadores e o PFL 17, totalizando 41 num total de 69, além dos 26 do PDS e um do PTB (FREITAS, 21.4.1985).

Ao longo da "campanha eleitoral", desde a indicação de seu nome para a disputa da presidência pela Aliança Democrática, em agosto de 1984, até às vésperas da posse, em meados de março de 1985, Tancredo Neves fez uma série de declarações, por meio de discursos e entrevistas, em que apresentou publicamente seu programa de governo. Para além da miríade de problemas e assuntos para as quais o candidato deu respostas suficientemente genéricas a fim de manter a ampla aliança de apoio ao seu nome, em alguns pontos Tancredo definiu claramente qual seria sua política. Seu plano de governo foi anunciado em fevereiro de 1985, tendo sido elaborado pela Comissão para o Plano de Ação do Governo (Copag), presidida por José Serra, secretário do Planejamento do governo de São Paulo e ligado à ala de economistas "críticos" do PMDB (FSP, 25.2.1985).

Em primeiro lugar, a questão da crise econômica foi tratada numa perspectiva ortodoxa, combinando o gradualismo monetarista no combate à inflação, e não um "choque" de conteúdo heterodoxo, o corte de gastos públicos visando ao saneamento do déficit público e a negociação da dívida externa. Esta teria como pré-requisito o fortalecimento das reservas cambiais – particularmente por meio das exportações, com vistas à conquista de condições melhores para fazer frente à pressão do FMI e negociar o desconto de parte da dívida –, a incorporação de metade dos juros no principal da dívida e carência de quatro a cinco anos para a retomada do pagamento, descartando peremptoriamente a moratória. Esta orientação se baseava no diagnóstico de que a crise econômica era fruto, principalmente, de problemas políticos derivados do caráter autoritário do regime, como a má administração e o patrimonialismo, passíveis de solução por um governo com legitimidade "democrática", capaz de "moralizar" a administração pública. É interessante observar que, neste ponto, o diagnóstico e a proposta econômica do candidato Tancredo contrariavam o diagnóstico e algumas das propostas para a solução da crise apresentadas por economistas notoriamente ligados ao PMDB na época, como João Manoel Cardoso de Melo e Luiz Gonzaga Belluzzo, principais membros do grupo de economistas "críticos" (CRUZ, 1997, p. 59-60), indicando a relativa autonomia de Tancredo diante do partido nesta questão. Não é estranho que para dirigir este processo o presidente eleito tenha descartado todos os economistas do PMDB para o Ministério da Fazenda, principalmente José Serra, tido como favorito ao cargo, ou conhecidos economistas de oposição como Celso Furtado, indicando Francisco Dornelles. Com Dornelles, Tancredo visava não apenas manter uma ponte com quadros da equipe econômica do governo Figueiredo, como Delfim Netto e Mário Henrique Simonsen, a quem atribui-se papel decisivo na escolha da equipe econômica do novo governo, mas também ter o controle pessoal da área, graças aos laços pessoais que possuía com o ministro indicado e à confiança que depositava nele (MARTINS, 24.2.1985; OLIVEIRA, 15.3.1985).

A perspectiva de Tancredo para a questão econômica revela o desejo de composição com as várias frações do capital monopolista, porém, sob a primazia dos interesses do capital bancário e do capital externo, principais beneficiários do "gradualismo ortodoxo", como vinha ocorrendo desde o final do governo Figueiredo. O ponto de unidade era o combate à inflação, considerado por todos o "nó górdio" da crise, indicando sua sintonia com os interesses dominantes, mesmo com setores do grande capital industrial, interessados, *a priori*, numa política econômica expansionista. A exemplo disso, tanto o presidente da Federação das Indústrias do Estado do Rio de Janeiro (FIRJAN), Artur João Donato, quanto o presidente da Federação das Indústrias do Estado de São Paulo (FIESP), Luis E. Vidigal, defenderam o controle da inflação como pré-requisito para a retomada do desenvolvimento. O último foi mais além, sugerindo não só o controle da inflação, mas o controle do déficit público, a renegociação da dívida externa e a adoção de reformas nas áreas monetária, fiscal, financeira e salarial (HOLANDA et al., 17.1.1985).

No entanto, a forma como o combate à inflação seria travado, se de modo "ortodoxo-monetarista" ou de modo "heterodoxo", com seus respectivos desdobramentos nas questões externa, fiscal e monetária, é que gerava divergências, como a posição do presidente da Fiesp, exposta acima, indica. Como se sabe, o grande capital industrial privado nacional foi a fração do bloco no poder que mais se aproximou das perspectivas da oposição burguesa e do PMDB, além das frações do médio e do pequeno capital industrial que já o apoiavam, na fase final da Ditadura Militar, justamente em função de suas discordâncias, relativas, com a "ciranda financeira" prevalecente no período (CRUZ, 1988, p. 256-281; GOLDENSTEIN, 1994).

O destaque a estas clivagens no bloco no poder é importante, pois evidencia que o desejo de composição com os interesses das várias frações do capital monopolista foi tentado por Tancredo, porém, numa perspectiva de continuísmo com relação ao que vinha sendo feito. Ou seja, em curto prazo a política econômica adotada por seu governo manteria a orientação geral do governo anterior. As mudanças de orientação talvez viessem numa segunda fase, após a superação dos problemas mais imediatos, principalmente a inflação, tendo o Ministério do Planejamento como seu grande *locus* de irradiação, como a recomendação de Sayad parece indicar. Esta parece ter sido a perspectiva também adotada pela cúpula do PMDB, pois o próprio presidente do partido, deputado Ulysses Guimarães, ao assumir o cargo de presidente da Câmara dos Deputados, discursou afirmando que a situação de desordem econômica exigia que na primeira fase de sua administração Tancredo fosse "mais Campos Sales do que Juscelino Kubistchek", ou seja, que priorizasse o saneamento da economia e o combate à inflação, manifestando publicamente seu apoio à orientação econômica proposta pelo presidente eleito (GUIMARÃES, 1985). No entanto, jamais saberemos se Tancredo faria tal mudança.

A segunda proposta apresentada por Tancredo ao longo de sua "campanha" tratou da questão institucional, ou seja, a substituição da institucionalidade autoritária pela institucionalidade democrática, ponto nevrálgico da nova etapa da transição que então se iniciava. Neste ponto, destacavam-se a remoção do chamado "entulho autoritário", a questão da Constituinte e o tratamento dado aos membros dos governos militares acusados por crimes contra os direitos humanos, corrupção, etc. Para todos estes problemas a proposta de Tancredo foi cautelosa e moderada. Em vez da anulação imediata e da substituição dos diversos institutos jurídicos e aparelhos que deram sustentação à institucionalidade autoritária – como o SNI, a Lei de Segurança Nacional, a Lei de Greve, a Lei de Imprensa, a legislação partidária, a legislação eleitoral, entre outras –, Tancredo propunha mais uma reforma nesta legislação, basicamente atenuando seu caráter mais autoritário, dando continuidade prática ao reformismo institucional iniciado pela própria Ditadura Militar. Na questão do papel dos militares, Tancredo defendeu a definição constitucional de suas atribuições, mas entre elas constava não só a defesa externa, como também a defesa interna do país, numa demonstração de aceitação do papel tutelar das Forças Armadas sobre o processo político. Após estas reformas, a grande mudança institucional ficaria para uma nova Constituição, a ser elaborada pelo Congresso Nacional, que assumiria poderes constituintes e seria eleito apenas em 1986, mas não por uma Assembleia Nacional Constituinte, especificamente eleita para isto, antiga bandeira do MDB, do PMDB e da maior parte da oposição durante a Ditadura Militar. Finalmente, em nome da conciliação nacional, Tancredo defendeu o "não-revanchismo" em relação aos governos militares e criticou o "radicalismo", considerado agressivo aos sentimentos e tradições nacionais, endossando na prática a manobra operada pelo governo Figueiredo na Lei de Anistia, de 1979, para inocentar os próprios militares e demais agentes de repressão responsáveis por crimes de tortura e assassinato de presos políticos (HOLANDA et al., 17.1.1985; DELGADO, 1988, p. 281-283, 325, 330-331 e 338).

Na questão institucional, a proposta de Tancredo Neves expressava tanto sua visão pessoal acerca do processo de transição, quanto as negociações realizadas no interior da Aliança Democrática e com os militares, em especial, ganhando a adesão de diversas forças do campo autocrático, como o PDS, além do próprio PFL (ROSSI, 6.1.1985). No PMDB, apesar de haver consenso quanto à necessidade de reformar a institucionalidade antes da nova Constituição, as posições acerca da Constituinte eram divergentes, pois havia desde os que propunham um Congresso Constituinte eleito em 1986, a exemplo do deputado Alberto Goldman, ligado ao PCB (FSP, 4.3.1985), e do senador Fernando Henrique Cardoso (ROSSI, 6.1.1985), até os que se mantinham fiéis à tradicional bandeira do partido, de convocação de uma Assembleia Constituinte, a exemplo do próprio Ulysses Guimarães e de setores de esquerda do partido (GUIMARÃES, 1985; FSP, 4.3.1985). Como se verá, o partido se rendeu à agenda política de Tancredo.

Por outro lado, entre as outras forças políticas e sociais, a proposta de Tancredo era tida como conservadora, sendo consensual a proposta de eleição de uma Assembleia Constituinte específica, autônoma e soberana. Já em janeiro de 1985, foi lançado o Movimento Nacional pela Convocação da Assembleia Constituinte, que reuniu desde partidos como PT, PDT, PCB, setores do PMDB e do PTB, até entidades da sociedade civil – como a Ordem dos Advogados do Brasil (OAB), a Associação Brasileira de Imprensa (ABI), a Associação Nacional dos Docentes do Ensino Superior (Andes), a União Nacional dos Estudantes (UNE) – e setores da Igreja Católica, como o bispo de Duque de Caxias (RJ) D. Mauro Morelli, além das centrais sindicais Central Única dos Trabalhadores (CUT) e Conferência Nacional da Classe Trabalhadora (Conclat) (ALBUQUERQUE, 28.1.1985). Entre os meses de janeiro e março de 1985, a campanha cresceu atraindo outros setores, como a Conferência Nacional dos Bispos do Brasil (CNBB), a Arquidiocese de São Paulo, o PC do B, o MR-8, e dando origem a uma ação mais articulada, principalmente entre os sindicatos, com algumas forças como o PT, propondo eleições constituintes e presidenciais já em 1985. Apesar de defendida desde muito por diversos setores, a tese da Assembleia Constituinte só venceu no interior do PT após a derrota da emenda das "Diretas Já", em 1984, e o favoritismo da candidatura de Tancredo no Colégio Eleitoral, colocando o partido na campanha (ROSSI, 6.1.1985; FSP, 9.2.1985 e 4.3.1985; ARNS, 17.3.1985).

A terceira proposta levantada por Tancredo abordou a questão social, em geral, e a agrária, em particular. Neste ponto, o principal interlocutor de Tancredo foi a Igreja Católica, que manteve sua postura de defesa da reforma agrária e de uma política social voltada para a educação, a saúde e a resolução dos problemas da fome e do desemprego. As principais respostas de Tancredo foram a apresentação do plano de governo, elaborado pelo Copag, e a defesa do Estatuto da Terra. O plano do Copag previa uma série de iniciativas nas áreas de educação, saúde, geração de empregos e distribuição de alimentos, otimizando administrativamente os programas já existentes nestas áreas e racionalizando os recursos disponíveis. Na questão agrária, Tancredo descartava a reforma agrária, defendendo que a aplicação do Estatuto da Terra seria suficiente para resolver os conflitos no campo e estimular a produção agrícola (FSP, 25.2.1985 e 26.2.1985). Cientes de que a questão agrária seria encaminhada no âmbito do que a própria legislação já definia, rapidamente, os militares do Conselho de Segurança Nacional e do Ministério Extraordinário de Assuntos Fundiários do governo Figueiredo, para quem a questão da terra era um problema de segurança nacional, tentaram pautar a política agrária do novo governo. Anteciparam-se e elaboraram um Novo Estatuto da Terra a ser proposto a Tancredo, reforçando seu caráter empresarial e dificultando o acesso dos trabalhadores rurais à terra. Esta postura antecipava o comportamento dos militares do novo governo frente à questão agrária (MARTINS, 1986, p. 35-38).

No plano geral, a Igreja, particularmente a Conferência Nacional dos Bispos do Brasil (CNBB), recusou a adesão ao governo, preferindo manter uma postura amistosa; no entanto, alguns de seus setores alinharam-se com as forças oposicionistas na defesa da Assembleia Constituinte e na aceitação condicionada do pacto social proposto por Tancredo (FSP, 22.1.1985 e OG, 27.2.1985). No movimento de trabalhadores rurais, as posições acerca da proposta de Tancredo foram diferentes, reproduzindo, em linhas gerais, as clivagens existentes no movimento sindical. Enquanto a Contag (Confederação dos Trabalhadores na Agricultura) alimentava uma expectativa positiva em relação ao novo governo, considerando o Estatuto da Terra como um ponto de partida para a reforma agrária e colaborando na elaboração da proposta de reforma agrária do Ministério Extraordinário de Assuntos Fundiários (MEAF) com a indicação de diversos membros da equipe, o MST (Movimento dos Trabalhadores Rurais Sem Terra) e a CUT rejeitavam terminantemente o Estatuto da Terra. Em seu I Congresso Nacional, realizado em janeiro de 1985, o MST defendeu a extinção do Estatuto da Terra, indo muito além em sua proposta de reforma agrária, defendendo o combate a qualquer tipo de latifúndio, produtivo ou não. Todas as propriedades de multinacionais e todas as terras com tamanho superior a 500 hectares deveriam ser desapropriadas; as terras em poder dos Estados e da União deveriam ser distribuídas; os trabalhadores deveriam ter o controle do processo de reforma agrária e as ocupações de terra seriam um dos seus principais instrumentos de realização. No plano sindical, o MST defendia a liberdade, a autonomia e a pluralidade sindicais, questionando o monopólio da representação corporativa exercido pelos sindicatos de trabalhadores rurais e pela própria Contag. Apesar de ser um movimento social e não uma federação sindical, o MST atuava em diversos sindicatos de trabalhadores rurais e oposições sindicais, alinhando-se ao lado da CUT no movimento sindical. Já a Contag optou por não aderir à CUT, em 1983, e, apesar de ter grande proximidade com a Conclat, particularmente nas questões sindicais e na postura positiva frente ao governo de Tancredo, alimentava a perspectiva de se transformar na grande central sindical camponesa do país (MEDEIROS, 1989, p. 166-174; NOVAES, 1991).

O pacto social foi o quarto ponto da proposta de Tancredo. Desde 1983, quando assumiu o governo de Minas Gerais e tornou-se um dos "presidenciáveis", ele passou a pregar a tese da união nacional, a partir da qual adotou uma linha política de acomodação com o governo Figueiredo e qualificou-se como candidato da oposição "responsável" à sua sucessão. Entre agosto de 1984 e março de 1985, Tancredo estabeleceu conversações com diversos setores políticos e sociais e apresentou algumas das suas propostas para o pacto. O núcleo fundamental do pacto proposto por ele era uma "trégua" entre empresários e trabalhadores em nome do controle da inflação e do ordenamento da economia. Em linhas gerais, a proposta de Tancredo era a seguinte: para os trabalhadores, suspensão do direito de greve e aceitação de reajustes de, no máximo, 100% do INPC (Índice Nacional de Preços ao Consumidor), por seis meses; para os patrões, em geral, garantia de redução dos lucros e compromissos com não-demissões por seis meses; para os banqueiros, redução dos juros com reformulação dos prazos de vencimento e dos juros dos títulos da dívida pública (BARDAWIL, 16.1.1985). Esta proposta confluía para o gradualismo ortodoxo proposto para a economia, dando ao governo condições estáveis para controlar a inflação. Na prática, se o pacto funcionasse, seria como uma espécie de "congelamento branco" dos preços, sem a necessidade de adoção de medidas drásticas.

As reações à proposta foram variadas, indo da aceitação cética, mediada pela incorporação de reivindicações político-institucionais na negociação, à recusa total. Entre os empresários, a postura geral foi mais favorável, apesar do descontentamento relativo dos banqueiros com a renegociação dos títulos da dívida. Já entre os trabalhadores, as opiniões se dividiram, mas, em geral, a postura foi de desconfiança e resistência (BARDAWILL, 16.1.1985). No plano sindical, as distintas posições reproduziram a divisão entre as forças do sindicalismo tradicional e do chamado "novo sindicalismo". O próprio Tancredo procurou estimular esta divisão, como forma de atrair os setores identificados com a posição tradicional e fortemente inseridos na estrutura sindical oficial, e isolar os setores mais radicalizados do "novo sindicalismo". Já em novembro de 1984, Tancredo iniciou uma série de encontros, que se reproduziriam nos meses seguintes, com os dirigentes das principais federações e confederações sindicais, em grande parte ligados à Conclat, além de diversos secretários estaduais do trabalho. A exclusão da CUT foi sintomática da tentativa de isolamento de certos setores sindicais. A postura geral dos dirigentes sindicais convidados foi de aceitação da negociação, porém, com a incorporação na pauta de uma série de reivindicações, como a participação dos trabalhadores na direção dos fundos que tivessem recursos dos trabalhadores, o compromisso do novo governo em não intervir nos sindicatos e sua participação na elaboração do plano de governo de Tancredo (VU, 23.11.1984; MARQUES, 8.1.1985).

A postura dos setores do chamado "novo sindicalismo", particularmente da CUT, foi de recusa e denúncia do pacto como tentativa de cooptação dos trabalhadores para a transição conservadora, exigindo em troca da negociação uma série de novas reivindicações. Ainda em janeiro, quando Tancredo não havia sido eleito, o presidente nacional da entidade, Jair Meneguelli, afirmou que a CUT não participaria do pacto por manter-se fiel à crítica quanto à ida da oposição ao Colégio Eleitoral na sucessão de Figueiredo e por não apoiar nenhum candidato indireto, alegando que só iria reunir-se com Tancredo após a posse, para evitar qualquer tipo de cooptação. Mais ainda, denunciou os sindicalistas que se reuniram com o candidato como "pelegos" comprometidos com os patrões, com o governo e com o Ministério do Trabalho, e não com a organização da classe trabalhadora (TM, jan. 1985). Mais tarde, em fevereiro, a CUT conseguiu atrair a Conclat para uma postura mais crítica, juntamente com o Dieese (Departamento Intersindical de Estatística e Estudos Sócio-econômicos), passando as três entidades a defender os reajustes salariais trimestrais e a redução da jornada de trabalho para 40 horas semanais, o que contrariava frontalmente a proposta de "trégua" de Tancredo. Além disso, a CUT criticou duramente a composição do novo ministério e o plano apresentado pela Copag (KUNTZ, 24.2.1985; OESP, 27.2.1985). No encontro que teria com o presidente eleito, agendado para o final de fevereiro e adiado a pedido da entidade, a CUT sistematizou melhor e ampliou sua proposta, exigindo ainda liberdade e autonomia sindicais, rompimento com o FMI, não-pagamento da dívida externa, punição aos mandantes e assassinos de sindicalistas e trabalhadores rurais (FSP, 28.2.1985).

No plano político-partidário as posições reproduziram a divisão existente no meio sindical. Os partidos da esquerda marxista que atuavam na Conclat e no interior do PMDB e apoiaram a candidatura de Tancredo, como o PCB, o PC do B e o MR-8, aceitavam o pacto, porém, inserindo diversas reivindicações. Em documento divulgado em fevereiro de 1985 pela Comissão Nacional pela Legalidade do PCB, o partido confirmou o apoio ao pacto e à Aliança Democrática, mas defendeu a incorporação de questões políticas como a eliminação dos dispositivos legais antidemocráticos, com a realização de reformas constitucionais e de leis ordinárias restabelecendo as liberdades democráticas, a convocação de uma Assembleia Nacional Constituinte em 1986, precedida de ampla liberdade partidária, a criação de um governo de ampla coalizão democrática, além da unicidade sindical, da reforma agrária e da retomada do crescimento econômico com distribuição de renda (PCB, 1985a, p. 57-69). Em artigos do jornal ligado ao partido, *Voz da Unidade*, outras reivindicações eram feitas, como a reformulação da Lei de Greve, a participação dos sindicatos nas instâncias decisórias nacionais e nos fundos detentores de recursos dos trabalhadores, além de concessões imediatas aos trabalhadores, como correção salarial de 100% do INPC, auxílio-desemprego e melhoria das condições dos mutuários do BNH, e, ainda, críticas à posição das forças que se recusavam a participar do pacto, considerado "absenteísmo maquilado por retórica radical" (VU, 23.11.1984 e 30.11.1984; SADY, 15.12.1984).

No entanto, o apoio ao governo Tancredo Neves não era consensual no PCB, pois se as correntes majoritárias ligadas à direção nacional e à "ala renovadora" defendiam a inserção do partido na grande "frente democrática" liderada pela Aliança Democrática, os setores de esquerda defendiam uma postura de maior autonomia e aliança com as forças de esquerda, e não com o PMDB e o PFL, defendendo inclusive a adesão à CUT, e não à Conclat. Além disso, criticavam o que consideravam uma excessiva preocupação com a legalização do partido, em detrimento do trabalho de organização popular. Esta discordância política levou alguns segmentos da ala esquerda em São Paulo a afastarem-se do partido e filiarem-se ao PT (DORNELLES, s. d).

No PC do B, o deputado Aurélio Peres, parlamentar do partido no PMDB, defendeu a participação dos trabalhadores no pacto, porém, sob algumas condições, como jornada de trabalho de 40 horas semanais, comissões de fábrica, estabilidade no emprego, reajustes trimestrais de salários e acima do INPC, direito de greve e liberdade e autonomia sindicais (BDAP, mar. 1985). Haroldo Lima, também do partido e vice-líder do PMDB na Câmara dos Deputados, exigiu ainda a remoção do entulho autoritário como pré-condição para o processo de discussão e negociação, mas defendeu que a convocação da Assembleia Nacional Constituinte ocorresse somente em 1986. Esta posição expressa a preocupação do partido em apresentar-se para a disputa em torno da Constituinte devidamente legalizado e com tempo de mobilização suficiente (TO, 21.1.1985 a 27.1.1985).

A postura de recusa do pacto foi adotada pelo PT. Desde o início das conversas de Tancredo em torno da questão, o partido denunciou sistematicamente a proposta do pacto como lesiva aos trabalhadores por significar, na prática, uma trégua na luta popular e sindical, exigindo dos trabalhadores mais sacrifícios. Além disso, criticava a proposta do pacto como uma manobra para legitimar a transição conservadora e um governo considerado ilegítimo, eleito pelo Colégio Eleitoral, apostando na política de oposição ao governo e de mobilização popular. Esta posição foi generalizada no partido, adotada tanto pelos setores majoritários, ligados à Articulação, conforme declarações de Lula (presidente nacional), Francisco Weffort (secretário-geral) e Eduardo Suplicy (deputado federal), quanto pelos setores da esquerda marxista, como a Convergência Socialista e a Causa Operária (OESP, 6.1.1985; WEFFORT, 12.2.1985; SUPLICY, 30.12.1984; CS, 7.12.1984; *Causa Operária*, mar. 1985).

A oposição ao governo da Aliança Democrática contribuiu para atenuar a disputa no interior do partido entre a corrente majoritária, Articulação, e as correntes da esquerda marxista. Isto porque o isolamento político do partido nesta fase, devido à sua recusa em eleger Tancredo no Colégio Eleitoral, tornou prioridade a manutenção da posição política de oposição ao governo da aliança Democrática, ficando secundarizado o debate relativo ao caráter da revolução brasileiro e ao papel do PT na mesma. Isto porque, enquanto a Articulação defendia a transformação do PT num partido de massas, recusava a polaridade entre reforma e revolução e tinha uma visão indefinida do socialismo, as correntes da esquerda marxista definiam-se como leninistas e defendiam a necessidade de construção de um partido revolucionário e socialista, que tivesse alguma inserção institucional, mas atuasse fundamentalmente no plano da organização dos trabalhadores. A partir de 1986, estas divergências vão recrudescer e acirrar a disputa interna.

Entre as correntes marxistas, havia as que defendiam que o PT era um instrumento estratégico, podendo transformar-se no partido revolucionário desejado, cabendo a estas forças atuar em seu interior com vistas à conquista de sua direção, como o Partido Comunista Brasileiro Revolucionário (PCBR), a Organização Comunista Democracia proletária (OCDP), a Organização Revolucionária Marxista-Democracia Socialista (ORM-DS) e o Movimento dos Trabalhadores. Enquanto isso, outras vislumbravam o PT apenas como um espaço de atuação, como instrumento tático, próprio para a captação de militantes e veículo de contato com as massas trabalhadoras devido ao seu vínculo com os movimentos sociais, porém incapaz de tornar-se o partido da revolução brasileira por conta de seu perfil reformista. As correntes identificadas com esta segunda posição eram o Partido Comunista Revolucionário (PRC), a Convergência Socialista (CS), a Organização Socialista Internacionalista (OSI), conhecida pelo jornal O *Trabalho*, a Causa Operária e o Movimento de Emancipação do Proletariado (MEP) (MACIEL, 2004, p. 253-261).

A postura consensual de crítica à proposta do pacto social não impediu o partido de impor pré-condições para negociar, como a criação da liberdade de organização sindical e partidária, e propor o combate à inflação, um programa econômico gerador de empregos, a reforma agrária, a distribuição de alimentos aos carentes pelo Estado, a criação de um fundo-desemprego, a convocação de uma Assembleia Constituinte e mudanças na política habitacional e nas legislações partidária e sindical (JT, 28.2.1985). Em fevereiro, Lula e membros da direção do partido reuniram-se com Tancredo, mas não houve nenhum acordo efetivo, com este último evitando mencionar a questão do pacto social e reafirmando seu compromisso com a aplicação do Estatuto da Terra para resolver a questão agrária e com a eleição de um Congresso Constituinte, prevista para novembro de 1986 (MARQUES, 1.3.1985).

As resistências de diversos setores ao pacto social levaram o ministeriável Almir Pazzianotto, que teria uma posição central na negociação do pacto dentro do novo governo, a assumir teses do movimento sindical, como a necessidade de realização de uma reforma sindical anterior às negociações do pacto (RR, 21.1.1985). Porém, ao ser indicado ministro, Pazzianotto sugeriu que após a posse do novo governo as greves deveriam ocorrer somente em casos extremos e que a criação de uma nova legislação sindical deveria ser tarefa da Assembleia Constituinte, dando a entender que neste aspecto o governo apenas reformaria a legislação sindical vigente (IÉ, 13.3.1985). Em seu discurso de posse, já como ministro, Pazzianotto voltou a defender a liberdade e a autonomia sindicais e a reforma na CLT, mas não como condição para o pacto social (FSP, 16.3.1985).

Tudo pronto para a posse, Tancredo sofreu uma crise aguda de "diverticulite de Meckel", segundo divulgado no dia. Foi internado e operado na noite de 14 de março, no Hospital de Base de Brasília. O período entre a internação de Tancredo e a transferência do cargo para Sarney, na manhã do dia 15, demonstra muito o caráter da articulação política que viabilizou a ascensão do governo civil. Tancredo protelou o máximo possível submeter-se a um tratamento médico adequado, inclusive com a operação, para garantir a posse e a transferência de governo sem nenhum problema. Só o faria empossado presidente. No entanto, seus problemas de saúde agravaram-se nos dias anteriores à posse, tornando inevitáveis a internação e a operação no dia 14. Uma vez configurada a impossibilidade de Tancredo tomar posse no dia seguinte, já na noite do dia 14 iniciaram-se as conversações que permitiram que Sarney fosse empossado em seu lugar. O próprio Tancredo indicou esta solução a Ulysses Guimarães no hospital, antes ainda de ser submetido à cirurgia. Daí em diante, esta passou a ser a tese fundamental apoiada e defendida pela cúpula civil e militar do novo governo e aceita pelo governo que partia, mesmo que sua legalidade fosse altamente questionável, pois, a rigor, o sucessor legal do presidente e do vice-presidente que terminavam seus mandatos era o presidente da Câmara dos Deputados, Ulysses Guimarães, que deveria convocar novas eleições em 30 dias (GUTEMBERG, 1994, p. 214-221).

Todavia, caso isto acontecesse, o próprio Ulysses tornava-se inelegível na eleição presidencial seguinte, o que era francamente contrário às suas pretensões pessoais. Já tendo sido "ultrapassado" em 1984 por Tancredo como candidato do PMDB, Ulysses postulava sê-lo, como o foi, na eleição seguinte. De modo que, para ele, dar posse a Sarney era a solução ideal. Mais tarde, Ulysses afirmou que aceitou a tese favorável a Sarney porque o general Leônidas Pires Gonçalves, futuro ministro do Exército, "estava lá fardado e com a espada me cutucando que quem tinha que assumir era o Sarney" (COUTO, 2001, p. 101). De fato, o general Leônidas acompanhou o presidente do PMDB nas conversações daquela noite e era claramente favorável a que se desse posse a Sarney. Aliás, segundo o próprio

Sarney, foi o general quem lhe assegurou do desenlace do dia seguinte, confirmando-lhe a solução adotada em seu favor e "intimando-o" a aceitá-la (SARNEY, 2005, p. 48-49). No PMDB, a posse de Sarney era recusada terminantemente por setores da esquerda, como Waldir Pires, futuro ministro da Previdência, e Mário Covas; ambos defendiam a ascensão de Ulysses, que era do partido. Mais uma vez, prevaleceu a solução política e não a legal, com a adesão a esta tese, até mesmo por parte do líder do PDS na Câmara, deputado Prisco Viana (RAMOS, 2001, p. 119; GUTEMBERG, 1994, p. 220-221).

No governo que saía, as reações foram diversas, indo desde a irritação de Figueiredo com a possibilidade de passar o cargo para Sarney, sugerindo a posse de Ulysses ou até mesmo do presidente do Supremo Tribunal Federal, e num arroubo o uso da força contra a posse de Sarney pelo ministro do Exército, general Walter Pires, até a concordância com a tese de Tancredo, como no caso do ministro da Casa Civil, Leitão de Abreu, com quem se acertaram, na prática, os detalhes da transferência do cargo (GUTEMBERG, 1994, p. 219-220). No Supremo Tribunal Federal, também houve discordâncias. Numa reunião informal, os ministros do Supremo adotaram majoritariamente posição favorável à posse de Sarney, apesar do voto contrário de dois ministros (SARNEY, 2005, p. 48).

No dia seguinte, com Tancredo ainda sob efeito de anestesia, Sarney tomou posse em seu lugar, como se nele se transformasse, empossando os ministros e dando início a um novo mandato presidencial. Um último desaforo do regime que acabava coube a Figueiredo, que se recusou a passar-lhe a faixa presidencial e saiu do Palácio do Planalto pela porta dos fundos para não se encontrar com o vice tornado presidente. Na verdade, a posse de Sarney foi a solução política, e não legal, para uma articulação política sujeita a um imprevisto importante, porém, insuficiente para desfazer a ampla conciliação conservadora que lhe deu sustentação. Mesmo sem a presença de seu *condottieri*, que ainda se imaginava que seria temporária, a coalizão autocrática seguiu em frente, apesar da contrariedade saudosa dos que saíam e da incredulidade dos tinham que aceitar mais uma concessão aos beneficiários da Ditadura que acabava, vendo o governo do maior partido da oposição ser chefiado pelo ex-presidente do partido do governo militar.

Esta situação de acefalia do novo governo perdurou pelas cinco semanas seguintes, enquanto durou a agonia de Tancredo Neves, sendo atenuada, em certa medida, pela iniciativa política de Ulysses Guimarães, presidente e principal liderança do PMDB. Como "eminência parda" do novo regime, ele assumiu o comando do governo, eclipsando a posição de Sarney e dando início a uma disputa política entre este e o PMDB que perduraria pelos próximos anos. Na prática, Ulysses operava a instalação do novo governo, reunindo-se com ministros e deputados e comunicando as decisões a Sarney quem de fato, guardava a vaga para a volta de Tancredo. No entanto, a situação de Tancredo piorava a cada dia, apesar do otimismo dos boletins médicos, exigindo sua transferência para o Instituto do Coração, em São Paulo, onde realizou mais cinco operações, de um total de sete. A escalada da doença de Tancredo, a respeito da qual Ulysses tinha pleno conhecimento, devido às informações passadas diretamente pelo chefe do SNI a ele, levantou novamente a questão da legitimidade de Sarney na presidência e, por via de consequência, do próprio governo da Aliança Democrática (GUTEMBERG, 1994, p. 218 e 222-237). À direita e à esquerda, não foram poucos os que levantaram a necessidade de novas eleições em caso de morte de Tancredo, como os deputados Gastone Righi (PTB) e Álvaro Valle (PFL) e o jurista e ex-membro da Comissão de Justiça e Paz da Arquidiocese de São Paulo, Dalmo de Abreu Dallari (HOLANDA, 27.3.1985; DALLARI, 22.3.1985). PDT, PT e CUT manifestaram apoio à interinidade de Sarney para se evitar um retrocesso político, mas, em caso de morte de Tancredo, deveriam realizar-se eleições diretas para presidente e a Assembleia Constituinte deveria ser convocada (MARQUES, 18.4.1985; OESP, 27.3.1985; FSP, 12.4.1985).

O medo do renascimento da campanha das Diretas levou o governo e os partidos da Aliança Democrática a reafirmarem a solução adotada na posse, aventando que, em caso de morte de Tancredo, Sarney assumiria definitivamente a presidência. Tal tese foi defendida unanimemente, mesmo pelos setores de esquerda do PMDB, e, principalmente, pelos militares e pelo PFL. A postura de apoio do ministro do Exército foi decisiva para abafar possíveis resistências a Sarney em setores militares, como se comentava à época. Os líderes do PFL, Aureliano Chaves e Jorge Bornhausen, chegaram sugerir a Sarney que se aliasse a Ulysses Guimarães, que comandava o governo de fato, como forma de se fortalecer politicamente. No entanto, a tese de que os ministros de Tancredo deveriam se autodemitir para facilitar a composição do governo por Sarney gerou forte controvérsia, pois foi rechaçada por setores do PMDB, particularmente por Fernando Lyra e Waldir Pires (HOLANDA, 27.3.1985; ALVES, 13.4.1985). Na verdade, começava a disputa pela direção política do novo governo entre o PMDB e os dissidentes do regime militar agrupados em torno de Sarney e dos militares. A morte de Tancredo Neves, em 21 de abril, confirmou o que ainda era uma hipótese, gerando uma enorme comoção popular e dando início, de fato, ao governo Sarney.

Há um debate entre políticos, médicos e familiares de Tancredo sobre as circunstâncias de sua doença e morte. Não poucas vozes, principalmente de familiares, sugerem que por trás da fatalidade houve uma ação intencional para dificultar seu tratamento médico e assim facilitar sua morte. Argumentos como a presença de dezenas de pessoas, muitas delas estranhas, nos ambientes restritos do Hospital de Base de Brasília acompanhando a internação e a primeira operação de Tancredo, os erros médicos e as próprias condições hospitalares inapropriadas são utilizados pelos que sugerem uma ação intencional. No entanto, apesar de tudo isso, não apareceram ainda provas e/ou depoimentos que confirmem a tese da intencionalidade da morte. Se de fato ela ocorreu, foi extremamente facilitada pelo estado de saúde do presidente eleito, bastante debilitado, e pelas próprias circunstâncias em que seu tratamento ocorreu: condições hospitalares inapropriadas, açodamento político e profissional, etc. (COUTO, 1998, p. 424-432). Os possíveis beneficiados com sua morte, setores do aparelho repressivo e de informações e/ou grupos políticos saudosos do regime que acabava, interessados em instabilizar o processo de transição ou facilitar uma "virada de mesa", tiveram ganhos nulos, pois as condições políticas que possibilitaram a formação da Aliança Democrática e o fim do regime militar eram já, a esta altura, sólidas e suficientes para consumar o que fora negociado e "transado", mesmo na ausência do seu principal negociador.

A afirmação do general Leônidas Pires Gonçalves, futuro ministro do Exército, feita ao então jurista Saulo Ramos na véspera da posse e com Tancredo internado, de que não havia possibilidade de uma "virada de mesa" por parte do ministro do Exército que saía, pois "a tropa já está sob meu comando e meus comandantes. A posse será simples formalidade para ratificar o que já providenciamos" evidencia o que estamos afiançando" (RAMOS, 2001, p. 118).

A instalação do governo Sarney
e a herança de Tancredo

Apesar de não ser suficiente para romper a aliança política criada em torno de sua eleição e configurada na composição de seu governo, ou mesmo favorecer um retrocesso institucional, o desaparecimento de Tancredo Neves gerou uma mudança relativa no equilíbrio entre as forças políticas que o apoiavam, com o fortalecimento ainda maior do campo conservador em detrimento do campo progressista, no interior do governo, e dos militares em detrimento do PMDB, na Aliança Democrática. A partir de sua ascensão definitiva à presidência, Sarney iniciou um movimento para fortalecer-se politicamente no governo em relação ao PMDB, tentando colocar-se como o executor do programa de Tancredo e estreitando seus laços com os militares, particularmente com o ministro do Exército, e com seus ex-companheiros de PDS. Por outro lado, iniciou-se no período um processo de ascensão do movimento sindical que desencadeou uma escalada grevista, como não se via desde 1979, testando os compromissos do novo governo com as mudanças e com seu ritmo. Além disso, a efetivação de Sarney na presidência deu novo fôlego às forças que defendiam eleições presidenciais diretas já em 1985 ou, no máximo, em 1986, questionando francamente sua legitimidade política. Esta situação acirrou as divisões no PMDB, aprofundando seu dilema institucional. Nestas circunstâncias, o reformismo do governo seria bastante limitado, exercendo muito mais um papel de contenção do que de aceleração das mudanças.

A tutela militar como primeiro passo na unificação do campo conservador no governo

Poucos dias após assumir a presidência interinamente, Sarney leu na íntegra o discurso de posse preparado por Tancredo, comprometendo-se em executar sua plataforma política (FSP, 18.3.1985). No sepultamento deste, reafirmou sua fidelidade à memória e ao programa do líder morto, colocando-se como seu herdeiro no governo (COUTO, 1999, p. 433). O compromisso em manter a equipe de governo montada por Tancredo era outra manifestação de fidelidade, apesar das inúmeras sugestões em contrário, inclusive provenientes de setores do PMDB, como

Fernando Henrique Cardoso e Raphael Almeida Magalhães, e do PFL, como Carlos Chiarelli, líder do partido no Senado (COELHO FILHO, 18.4.1985; FSP, 20.4.1985).

Paralelamente, Sarney aproximou-se mais ainda do ministro do Exército, com quem mantinha relações pessoais de várias décadas, tornando-o o verdadeiro "condestável" do regime e sua principal base de apoio junto aos militares. Nisto afirmou estar seguindo a estratégia política do próprio Tancredo na questão militar, mas, na verdade, Sarney foi além do ponto em que este poderia ter ido, submetendo seu governo a uma verdadeira tutela militar que, como veremos, perduraria por todo o seu mandato. Isto demonstra a manutenção da supremacia da esfera de representação burocrática sobre a esfera de representação política, herdada da Ditadura. Segundo o próprio Sarney, em depoimento concedido recentemente:

> Eu estava, na verdade, condenado à fragilidade. Naquele momento, é certo, não havia outra opção senão a de assumir a minha fraqueza para conduzir o país naquela terrível travessia. Ser fraco era o preço para tornar-me cada vez menos fraco. Até poder traçar um plano realista de legitimação, sem o qual inevitavelmente eu seria expelido do cargo, colocando o país numa terrível encruzilhada. O primeiro passo consistia, obviamente, em buscar apoio nas Forças Armadas. O general Leônidas foi muito importante nesta fase e socorri-me de nossa velha amizade. (...) Fui um dos que articularam, juntamente com José Richa e Afonso Camargo, sua aproximação com Tancredo. (...) No governo, de saída, estabeleci as diretrizes que guiariam minha ação na área militar e que consistiam, basicamente, em dois pontos inegociáveis: "A transição será feita com as Forças Armadas, e não contra elas. Não admitir revanchismo. Se o comandante-em-chefe sou eu, é meu dever zelar pelos comandados". (SARNEY, 2001, p. 27)

A postura tutelar dos militares sobre o governo explicitara-se já em maio de 1985, logo após a morte de Tancredo e no momento de retomada das greves pelo movimento sindical, quando, em ordem do dia, divulgada em comemoração ao aniversário de 40 anos da vitória dos aliados na Segunda Guerra Mundial, os ministros militares advertiram que as Forças Armadas estavam em estado de prontidão e que agiriam se "um dia a força de nossos argumentos tiver que ser substituída pelos argumentos de nossa força" (FSP, 9.5.1985). Tal recado reforçava a posição de intransigência e endurecimento dos setores conservadores do governo, do PFL e do PMDB, ávidos por utilizar e preservar os instrumentos autoritários herdados do regime anterior diante dos movimentos sindical e popular e dos partidos de esquerda, cimentando sua unidade em torno do combate ao que consideravam uma tentativa de desestabilização da transição, deixando pouco espaço para mudanças mais ousadas e efetivas e chantageando as forças democráticas contra a possibilidade de "retrocesso". A necessidade de manutenção desta unidade política, vital para Sarney, iria pautar sua postura diante do pacto social, das reformas institucionais, da política econômica e da questão agrária nesta primeira fase.

A ofensiva do movimento sindical e o Pacto Social que ninguém quis

Como vimos, a proposta de pacto social de Tancredo Neves vislumbrava apenas a discussão e negociação de temas econômico-sociais e não dos temas institucionais ligados à substituição da institucionalidade autoritária. Esta proposta colidia com a perspectiva dos partidos e forças políticas de esquerda e dos movimentos sindical e popular. Além disso, para Tancredo o pacto social tinha a dimensão de uma verdadeira "trégua" no conflito distributivo entre os agentes econômicos, dando ao governo tempo e condições para controlar a inflação e sanear a economia por meio de sua política econômica gradualista. No entanto, nos primeiros meses do novo governo, a perspectiva de Tancredo para o pacto, de "congelamento" dos conflitos sociais e políticos, seria seguida e reforçada por Sarney, tanto para legitimá-lo politicamente, quanto para isolar e enfraquecer os setores antiautocráticos.

Os longos anos de arrocho salarial, a expectativa de mudanças criada com o fim da Ditadura Militar e a ascensão da Nova República e a direção política do PT e da CUT somaram-se para desencadear uma nova onda de mobilização social das classes subalternas, em geral, e dos trabalhadores, em particular. O movimento sindical, especialmente os setores ligados ao "novo sindicalismo" e à CUT, retomou sua ofensiva desencadeando uma série de greves pelo país, mobilizando inúmeras categorias de trabalhadores e recolocando-os na cena política.

Para uma transição política operada "por cima" e, até então, exitosa, mesmo diante das dificuldades, a irrupção dos trabalhadores foi uma surpresa. Ao longo de 1985, seriam contabilizadas 927 paralisações, um aumento de 50% em relação às 618 do ano anterior. No entanto, só estes números não dão uma dimensão suficiente do tamanho das mobilizações grevistas de 1985. Primeiramente, o número de trabalhadores envolvidos era imensamente superior ao do ano anterior, pois em 1984 foram perdidas 14 milhões de jornadas de trabalho, ao passo que em 1985 foram 76,6 milhões. Em segundo lugar, houve um grande aumento nas paralisações no setor público, que em 1984 representaram 23 % do total das paralisações e, em 1985, 31,2 %, particularmente os assalariados de classe média (professores, médicos, bancários, etc.) e os trabalhadores de base (correios, motoristas, comerciários, funcionários de estabelecimentos de saúde, de escolas e universidades, etc.) (NORONHA, 1991, p. 130-131, 133-134). Calcula-se que o número de trabalhadores envolvidos nas greves do ano ultrapassou a cifra de 5,3 milhões (TO, 16.12.1985 a 6.1.1986). No campo, os conflitos sociais também se intensificaram, atingindo o total de 712 em 1985, sendo que destes 636 eram relativos à disputa pela terra e 76 de caráter trabalhista, mobilizando trabalhadores rurais e pequenos proprietários e envolvendo 564 mil pessoas (MEDEIROS, 1989, p. 194).

Estes dados indicam a propagação da mobilização grevista e sindical por outros setores sociais, além do operariado industrial, principal base social do "novo sindicalismo". Ao longo da década, estas tendências seriam reforçadas. Mais que isto, indicariam que os limites à mobilização grevista impostos pela lei de greve seriam ultrapassados, na prática, demonstrando sua caducidade para o movimento sindical e as esperanças democráticas criadas com o novo regime.

Alguns dados indicam o processo de acentuação do arrocho salarial nos anos finais do governo Figueiredo. No plano geral, o salário-mínimo real se desvalorizou em 10,2% em 1983; 8,8%, em 1984 e 10,1%, em 1985, atingindo todas as faixas de renda salarial, pois o salário-mínimo era a referência de reajuste para todas, desde as mais baixas (um a três salários mínimos, com direito a reajuste de 100% do INPC) até as mais altas (20 salários mínimos, com reajuste de 83% do INPC) (ABREU, 1992, p. 142). Outros dados também indicam esta tendência de arrocho, por exemplo, na Região Metropolitana de São Paulo, centro nevrálgico das greves do período, onde o rendimento médio dos trabalhadores empregados caiu de Cr$ 4795,00 em dezembro de 1981 para Cr$ 3024,00 em dezembro de 1984 e Cr$ 2311,00 em abril de 1985 (NORONHA, 1991, p. 135). Segundo relatório do

Dieese, elaborado a partir de dados fornecidos pela Fenaban (Federação Nacional dos Bancos) e reproduzidos por Morais (1986, p. 52), na categoria dos bancários, a massa salarial subiu do índice 100, no segundo semestre de 1979, para o índice 133, 37 no segundo semestre de 1982, caindo vertiginosamente para o índice 85,46 no segundo semestre de 1984. Em compensação, a massa de lucro subiu do índice 100 no segundo semestre de 1979 para 206,61 no segundo semestre de 1984, evidenciando um processo acelerado de acumulação de capital. Ainda segundo Morais (1986, p. 48), nas categorias de metalúrgicos de São Paulo, metalúrgicos de São Bernardo-SP, químicos de São Paulo e bancários de São Paulo, que promoveram grandes greves em maio/junho e setembro/outubro de 1985, o salário médio real caiu do índice 100 no ano de 1980 para os índices 90,1, 96,5, 89,3, e 100, respectivamente, no ano de 1984. Ou seja, destas grandes categorias, só os bancários conseguiram manter um salário médio, em 1984, equivalente ao do ano de 1980. Deste modo, a escalada grevista teve como principal consequência a política de arrocho salarial encetada pelo último governo militar e mantida pelo novo governo, pois a fórmula dos reajustes semestrais foi mantida por Dornelles e sua equipe.

Apesar de a onda grevista ter-se iniciado já no primeiro trimestre, contabilizando cerca de 100 movimentos só no Estado de São Paulo, a greve dos metalúrgicos do ABC Paulista, cujos sindicatos eram controlados pela CUT, em abril galvanizou o movimento sindical, espalhando-se entre os metalúrgicos de outras cidades do interior e diversas outras categorias, como os químicos, professores, trabalhadores nos setores de energia elétrica, transportes, correios, totalizando 142 greves entre abril e junho, 58 delas em São Paulo (OLIVEIRA,1987, p. 51). A participação da Conclat no movimento grevista permitiu a definição de pontos comuns de reivindicação e a articulação conjunta das comemorações do 1º de maio com a CUT, em São Paulo (SP), unificando momentaneamente as duas centrais sindicais. A greve dos metalúrgicos do ABC Paulista, berço do "novo sindicalismo", estendeu-se por longos 54 dias, havendo inclusive a ocupação da fábrica da General Motors em São José dos Campos por parte de setores ligados à tendência trotskista Convergência Socialista, do PT, o que exigiu a intermediação do ministro do Trabalho. Por outro lado, a Fiesp também procurou unificar a ação de seus associados neste e em outros setores. A postura geral, tomada com o apoio das multinacionais da indústria automobilística, foi de endurecimento e recusa de acordos por empresa, como vinha ocorrendo nas indústrias de autopeças e em outras de pequeno porte, exigindo um acordo geral que envolvesse o governo. O ponto principal para o empresariado era o repasse dos reajustes salariais ao preço dos produtos, o que o governo rejeitou devido à orientação da política econômica, dificultando o acordo geral, que acabou não ocorrendo (IÉ, 8.5.1985). Apesar do fracasso relativo da greve, o exemplo dos metalúrgicos se reproduziu por outras categorias do país pelo restante do ano, colocando em xeque o pacto social e os compromissos democráticos do novo governo e transformando os reajustes trimestrais numa realidade para muitas categorias.

A postura crítica da CUT e do PT diante do novo governo e da perspectiva de pacto social, como já vimos, também foi um componente decisivo na movimentação grevista do período. A ascensão definitiva de Sarney reforçou esta postura crítica, tanto para marcar uma posição política de oposição quanto para viabilizar sua própria sobrevivência política. Na CUT, a opção pela tática grevista, em vez da tática da negociação, serviu não só para reforçar suas posições no interior do movimento sindical e pressionar a Conclat, mas também para dar visibilidade às suas propostas, que iam desde reivindicações de cunho corporativo e sindical – como reajustes salariais trimestrais, jornada semanal de 40 horas, direito à greve, liberdade e autonomia sindicais, etc. – à propostas mais amplas, como não-pagamento da dívida externa, reforma agrária, eleições diretas, Assembleia Constituinte exclusiva, remoção imediata do "entulho autoritário", entre outras (COSTA, 1995, p. 90-91). Esta pauta de reivindicações e propostas era muito próxima daquelas do PT, que iria recusar qualquer tipo de adesão e apoio ao novo governo, principalmente com a ascensão definitiva de Sarney.

Para demarcar claramente sua perspectiva oposicionista, o partido desligou os três deputados federais que votaram em Tancredo no Colégio Eleitoral, Aírton Soares, Bete Mendes e José Eudes, desobedecendo a orientação da direção partidária pela abstenção. Além disso, relançou a campanha das diretas para presidente, junto à própria CUT e ao PDT, já em abril.

A postura de oposição e recusa do pacto social adotada pelo PT se justificava como tentativa de sobrevivência política diante de um processo avassalador de conciliação política e cooptação, que privilegiou, fundamentalmente, a esfera de representação política, instância na qual o partido tinha pouca força, com cinco deputados federais, 13 deputados estaduais, duas prefeituras e 118 vereadores (LAMOUNIER, 1990, p. 187). Conforme avaliação do seu secretário-geral, Francisco Weffort, para o PT, aderir ao pacto social seria "a morte" (WEFFORT, 12.2.1985). Ao contrário, o partido apostou na mobilização social como meio para sair do isolamento e se inserir no processo de disputa política, ambiente mais favorável à sua intervenção política, devido às ligações orgânicas com os movimentos sindical e popular. O avanço eleitoral do partido em 1985 parece indicar o acerto desta orientação, como veremos.

Na verdade, PT e CUT apenas radicalizaram uma perspectiva crítica frente ao pacto também presente em outros setores políticos e sociais, principalmente nos movimentos sociais e nos partidos de esquerda, mesmo aqueles que apoiavam a Aliança Democrática, como o PCB e o PC do B. Como vimos, diversas forças sociais e políticas insistiam na incorporação dos temas institucionais à agenda do pacto, divergindo fundamentalmente da proposta de Tancredo Neves. Com a morte deste, ao mesmo tempo que todas as forças políticas concordaram com a ascensão definitiva de Sarney à presidência, em nome da legalidade e do cumprimento da regra constitucional, algumas delas levantaram a bandeira das eleições "diretas já", questionando a legitimidade do Colégio Eleitoral e da própria circunstância política de o presidente da Nova República ser um egresso dos quadros de apoio à Ditadura Militar. PDT, PT e CUT, principalmente, levantaram esta tese e tentaram recriar o movimento das diretas, reduzindo o mandato de Sarney (FSP, 22.4.1985). No PDT, tal proposta era bastante condizente com os interesses de sua principal liderança, Leonel Brizola, na época governador do Rio de Janeiro, com mandato até março de 1987. Sua proposta, de eleições diretas para presidente em 1986, se realizada, permitiria-lhe cumprir quase todo o mandato, tendo que se desincompatibilizar do cargo apenas no final, para disputar as eleições. Ou seja, disputaria as eleições controlando uma máquina administrativa estadual importante, inegável fonte de potencialização de sua candidatura. Aliás, Brizola manobrava esta tese desde 1984, quando propôs a prorrogação do mandato de Figueiredo por dois anos, seguida de eleições diretas para presidente. Nesta perspectiva, Brizola e o PDT condicionaram o apoio ao pacto à aprovação desta e de outras mudanças institucionais, porém, trataram de distanciar-se da mobilização social desencadeada no período pelo PT e a CUT com a retomada das greves, com receio de antagonizarem-se com os militares (ED, 19.4.1985 a 25.4.1985; ALVES, 2.5.1985).

Diante das greves, o governo agiu de forma autocrática, defendendo o respeito às leis herdadas do regime anterior, fazendo uso dos mecanismos repressivos ao seu dispor e chantageando as forças de oposição contra a ameaça de retrocesso, como a nota emitida pelos ministros militares em maio indica claramente. Os ministros militares não aceitavam, principalmente, as greves no serviço público, proibidas pela Lei de Greve em vigor, exigindo sua aplicação pelo governo e pela Justiça do Trabalho (IÉ, 8.5.1985). No SNI, o diagnóstico era de que as greves poderiam levar à desestabilização do regime, devendo ser contidas repressivamente (KUCINSKI, junho de 1985). Entre os ministros civis, a crítica ao "grevismo", a exigência pelo respeito à lei e pelo final das greves como condição para a negociação foram verbalizadas tanto pelo ministro da Casa Civil, José Hugo Castelo Branco, quanto pelo ministro da Indústria e Comércio, Roberto Gusmão. Este chegou, inclusive, a criticar publicamente, em entrevista a uma rede nacional de televisão, a postura de mediação assumida pelo ministro do Trabalho, Almir Pazzianotto, em diversos conflitos, considerada como desnecessária, pois bastaria o cumprimento da Lei de Greve. Tal disputa interna no governo deu origem a uma nota negociada também com o ministro da Justiça, Fernando Lyra, e o chefe do SNI, general Ivan de Sousa Mendes, em que o governo dizia respeitar a greve reivindicatória, rejeitando a greve "política", porém, alegando que os movimentos grevistas não poderiam exceder o limite da lei; o que na prática significava não reconhecer a legalidade e a legitimidade da enorme maioria dos movimentos grevistas. Pazzianotto recusou-se a ler a nota, demonstrando sua contrariedade com seu teor conservador, o que foi feito pelo ministro da Casa Civil. Em contrapartida, Pazzianotto elaborou um projeto de Lei de Greve bastante avançado, com vistas à sua aprovação pelo Congresso, mas que também seria alvo dos ataques conservadores (SEVERO, 3.5.1985; MARQUES, 15.5.1985; RODRIGUES, 22.5.1985).

Em junho, foi a vez de o ministro das Comunicações, Antonio Carlos Magalhães, criticar duramente a "infiltração esquerdista" no governo, o predomínio das "esquerdas" no pacto social, além dos projetos de Lei de Greve e de reforma agrária do governo, no que foi seguido por outras figuras notoriamente ligadas aos governos militares, como o ex-presidente Geisel, o ex-ministro da Justiça Armando Falcão, o proprietário das

Organizações Globo, Roberto Marinho, e por colegas de governo, como o ministro da Administração, Aluísio Alves, do PMDB (FSP, 12.6.1985; ALVES, 15.6.1985; MARINHO, 23.6.1985; OESP, 30.7.1985). A postura de endurecimento frente às greves e de chantagem contra a ameaça de retrocesso irradiou-se por outros setores do campo conservador nos partidos e no Congresso. Desde Pimenta da Veiga, PMDB-MG, líder do governo na Câmara dos Deputados, passando por Flávio Marcílio, deputado federal pelo PDS e candidato a vice-presidente na chapa de Maluf ao Colégio Eleitoral, até Carlos Chiarelli, líder do PFL no Senado, todos criticaram o "grevismo", sendo que o último endossou a exigência de fim das greves como condição para negociação (OESP, 3.5.1985; JT, 17.5.1985; FSP, 21.5.1985). Entre os empresários, a postura geral também foi favorável ao endurecimento, demonstrando a identidade entre as perspectivas do campo conservador e as do bloco no poder (SEVERO, 3.5.1985).

Além da postura de endurecimento frente às greves, a própria política econômica adotada pelo Ministério da Fazenda funcionou como empecilho para a viabilização do pacto, pois na perspectiva do gradualismo ortodoxo adotado, como veremos, os aumentos salariais constituíam um elemento acelerador da inflação. Daí a manutenção da política de reajustes salariais semestrais, adotada em 1979, e a recusa em aceitar as demandas dos sindicatos e centrais sindicais pelos reajustes trimestrais.

Por fim, os próprios partidos da Aliança Democrática, especialmente o PMDB, trataram o pacto com desinteresse, pois a perspectiva da negociação pactada de diversos temas da pauta da transição significava o reconhecimento de diversos outros atores políticos além dos partidos. Em outras palavras, significava transferir autoridade e poder da alçada da sociedade política (partidos, Congresso, governo), na qual os partidos tinham o monopólio da representação política, pelo menos formalmente, para entidades da sociedade civil (sindicatos, associações, Igreja, OAB, etc.). Na perspectiva de Tancredo Neves, o pacto era uma forma de fortalecer sua posição cesarista diante dos diversos atores políticos e sociais por fora e por cima do PMDB, adquirindo grande autonomia em relação ao partido e seu programa para costurar os apoios necessários a seu governo. No entanto, Sarney não tinha a mesma margem de ação, devido à sua fragilidade inicial, o que o fez convocar Ulysses Guimarães para assumir a coordenação do pacto por diversas vezes, tentando atrair a adesão da principal liderança do PMDB e jogar sobre ele a responsabilidade pelo desgaste inerente a tal empreitada (FSP, 20.5.1985). É interessante perceber que no próprio PMDB não faltaram vozes favoráveis a que os partidos da Aliança Democrática assumissem a direção do pacto junto com o governo. A exemplo disso, Fernando Henrique Cardoso propunha que Ulysses e Aureliano Chaves coordenassem o pacto junto com Sarney, mas também envolvendo a negociação em torno de um calendário para a remoção do "entulho autoritário" (CARDOSO, 6.6.1985). A perspectiva de Fernando Henrique era a de fortalecimento da direção política do PMDB no interior da Aliança Democrática e do próprio governo na condução do pacto, exercendo sua vocação hegemônica sobre a sociedade civil, incorporando outros atores na negociação. Esta posição explica sua postura crítica diante das greves, em maio, quando considerou legítimas as reivindicações dos trabalhadores, mas acusou o movimento sindical de radicalização e de colocar em xeque a democratização e o pacto social, desqualificando as lideranças grevistas (ligadas à esquerda do PT) e acusando-as de estranhas aos trabalhadores e aos seus interesses (OESP, 3.5.1985).

Por outro lado, a postura de Ulysses foi de omissão, não se comprometendo com a responsabilidade que lhe foi atribuída e não caindo na "armadilha". Ao contrário, como presidente da Câmara, Ulysses teve papel decisivo na comissão interpartidária encarregada de discutir e encaminhar no Congresso as reformas institucionais aprovadas ao longo de 1985, deixando a iniciativa do pacto para Sarney e o governo (OESP, 8.6.1985; ALVES, 9.6.1985).

Conforme já assinalamos, no governo, a própria efetivação do pacto só foi tentada por alguns setores; particularmente pelos ministros da Justiça, Fernando Lyra, e do Trabalho, Almir Pazzianotto, que vislumbravam, inclusive, a incorporação de questões institucionais à negociação, porém, sofrendo forte resistência e sabotagem política dos setores conservadores do próprio governo (SIMONETTI, 3.7.1985). Além de defender que um "pacto político", envolvendo a remoção do "entulho autoritário", deveria preceder o "pacto social", Lyra foi o principal fiador da criação da Comissão Constitucional junto a Sarney, que era inicialmente contrário, como Ulysses, mas acabou aderindo à proposta, por considerar que isto era função dos partidos e do Congresso (JT, 29.5.1985; CHAGAS, 29.5.1985; GM, 30.5.1985). Para Lyra, ao contrário, a comissão poderia fortalecer o clima de discussão e negociação necessário ao pacto, devido à sua pluralidade social (continha representantes dos mais diversos setores políticos e sociais) e à sua amplitude temática (tinha a função de tratar dos mais diferentes problemas e assuntos), sendo um elemento de intermediação entre o pacto político e o pacto social (JT, 17.5.1985). Além disso, tentou avançar na remoção do "entulho autoritário" propondo a substituição da Lei de Segurança Nacional por uma nova Lei de Defesa do Estado, em janeiro de 1986, devidamente engavetada por Sarney (ZAVERUCHA, 1994, p. 177-178). No Ministério do Trabalho, além de reformar alguns aspectos do modelo ditatorial da estrutura sindical – como o reconhecimento das centrais sindicais, a anulação das medidas repressivas sobre os dirigentes sindicais e a recusa em intervir nos sindicatos –, Pazzianotto assumiu uma postura francamente mediadora diante dos conflitos trabalhistas do período, recusando-se a utilizar os mecanismos repressivos à sua disposição para conter as greves e favorecendo a negociação.

Esta postura lhe rendeu a hostilidade dos setores conservadores do governo, civis e militares, adeptos de medidas mais duras contra os movimentos grevistas. Além disso, Pazzianotto elaborou um projeto de Lei de Greve, que continha diversas reivindicações do movimento sindical, como o reconhecimento das comissões de fábrica e do fundo de greve, a proibição dos atos de coação e intimidação por parte dos patrões e a redução do número de categorias enquadradas como serviços essenciais e, portanto, proibidas de fazerem greve. Mesmo mantendo o princípio da greve ilegal com o conceito de greve "improcedente" e a "improcedência" das greves de servidores públicos e nos serviços essenciais, o projeto também foi bombardeado pelos empresários, particularmente pela Fiesp, que chegou a elaborar documento condenando-o. Esta situação contribuiu para manter o projeto "na gaveta" por meses, só sendo aprovado no ano seguinte, mas bastante desfigurado em relação à proposta original (MARQUES, 15.5.1985; TO, 3.6.1985 a 9.6.1985; BORGES, 8.7.1985 a 14.7.1985).

Deste modo, da parte do governo, as únicas medidas que lembravam um pacto, mesmo que "por cima", foram as tentativas de atração do PDS para o governo e a Aliança Democrática e a reunião entre Sarney e os 26 governadores, realizada em julho, em Brasília. Além de contar com a presença de liderança expressiva do PDS no seu governo, caso do ministro das Comunicações Antonio Carlos Magalhães, Sarney buscou aproximar-se dos ex-companheiros de partido logo no início do governo, em nome da "unidade nacional". Apesar da recusa de lideranças do PMDB, como Humberto Lucena (líder do governo no Senado), e do PFL, como o deputado José Lourenço (líder do PFL na Câmara), o acordo não saiu mesmo devido à resistência dos setores malufistas predominantes no partido, preocupados com a possibilidade de isolamento político. Ao contrário, o partido afirmou reiteradas vezes sua postura de oposição, denunciando o pacto como manobra diversionista do governo, promovendo uma relativa "limpeza" dos setores vacilantes de posições de liderança e chegando a divulgar nota exigindo a fixação de eleições diretas para presidente, com mandato de quatro anos, e para os prefeitos das capitais, estâncias hidrominerais, áreas de segurança nacional e municípios novos em 15 de novembro de 1985. No entanto, ainda assim isto não impediu a saída de diversos setores e lideranças, principalmente no Ceará e na Bahia (OESP, 27.1.1985; FSP, 19.4.1985; JT, 17.5.1985). Apesar da postura oposicionista, no plano geral o PDS apoiou a perspectiva autocrática defendida pelo campo conservador e adotada pelo governo tanto no tratamento do movimento grevista como no plano das reformas institucionais.

Na reunião com os governadores, Sarney levantou a necessidade de um pacto envolvendo políticos, empresários e trabalhadores, para evitar o imprevisível, obtido o compromisso dos governadores em apoiá-lo. Estes se comprometeram a apoiar a pauta de reformas institucionais proposta pelo próprio governo, sendo que, a esta altura, alguns pontos já haviam sido aprovados; um programa de reforma agrária baseado no Estatuto da Terra, o que significava um recuo em relação a diversos aspectos do recém-proposto PNRA; a negociação da dívida externa sem sacrifício ao crescimento econômico e à soberania nacional; e o combate à inflação. Em contrapartida, Sarney comprometeu-se a liberar cinco trilhões de cruzeiros para os Estados no segundo semestre de 1985. Entre os governadores, apenas Leonel Brizola, governador do Rio de Janeiro, propôs eleições presidenciais diretas já em 1986, condicionando seu apoio ao pacto à aprovação desta medida. No entanto, o restante descartou tal proposta, alegando que se deveria dar tempo a Sarney (FSP, 18.7.1985). Na verdade, com a reunião, Sarney buscava o respaldo dos governadores para seu governo, a esta altura bastante criticado por diversos segmentos sociais e políticos, buscando fortalecer sua base de apoio no Congresso diretamente com as bancadas estaduais.

Desta forma, a proposta de pacto social do governo limitou-se à retórica, posto que "engolida" pelo acirramento da luta de classes no período e pelas próprias contradições políticas da Aliança Democrática, havendo poucas iniciativas concretas. Em vez de ser o germe de um novo padrão de disputa e negociação política, capaz de viabilizar as mudanças econômico-sociais e institucionais esperadas, a proposta de pacto do governo serviu muito mais para reforçar a unidade do campo conservador e sua capacidade de direção política sobre o governo e a Aliança Democrática.

Reformando a institucionalidade autoritária mais uma vez

De março a julho de 1985, o governo Sarney desencadeou uma nova onda de reformas na institucionalidade autoritária, aprofundando a perspectiva iniciada com o projeto distensionista do governo Geisel, quando as primeiras reformas institucionais foram viabilizadas. A orientação geral da perspectiva reformista eram a ampliação e a pluralização da esfera de representação política em relação à esfera de representação burocrática, fortalecendo os partidos, o processo eleitoral, o poder Legislativo e o poder Judiciário no processo de tomada de decisões. Nas condições de vigência do cesarismo militar, isto significava transferir poder e a responsabilidade política pela manutenção da ordem dos militares (parte da burocracia não-eleita), encastelados no Poder Executivo, para o Judiciário (também parte da burocracia não-eleita) e os chamados "políticos civis" (burocracia eleita).

Significava, também, estabelecer uma maior seletividade sobre o controle do conflito político, privilegiando os setores não-hegemônicos do bloco no poder e seus aliados entre as classes subalternas, representados pela chamada "oposição consentida", em detrimento do conjunto das classes subalternas, particularmente as classes trabalhadoras, representadas politicamente pela "oposição popular" e pelos movimentos sociais (MACIEL, 2004). Nas atuais condições de vigência de um governo civil sob tutela militar, as reformas institucionais visavam, principalmente, canalizar o conflito político para a esfera de representação política e submetê-lo à sua lógica de funcionamento, autocrática, sem tirar do governo e do Estado capacidade de continuar intervindo seletivamente no mesmo, particularmente numa situação de acirramento do conflito político, como em 1985. Desta forma, o caráter democrático das medidas reformistas limitou-se a estabelecer mudanças secundárias na institucionalidade política, sem alterar-lhe a essência. Como veremos, esta orientação era frontalmente contrária à perspectiva de diversos setores sociais e forças políticas, inclusive componentes do governo da Aliança Democrática, que pretendiam o fim da institucionalidade autoritária, e não sua terceira reforma.

Entendendo que as reformas institucionais deveriam ser objeto de discussão e negociação no Congresso e entre os partidos, e não dos componentes do pacto social, o governo e os partidos da Aliança Democrática criaram já em março uma Comissão Interpartidária, com 21 membros, encarregada de viabilizar as mudanças nas legislações eleitoral e partidária. Na comissão, as posições majoritárias eram ocupadas pelos partidos do governo, PMDB (com oito membros) e PFL (com quatro membros), seguidos pelo PDS (seis membros); os outros partidos, PDT, PTB e PT, tinham apenas um representante cada (*Tribuna Operária*, 18.3.1985 a 24.3.1985). Obviamente, esta maioria esmagadora facilitou enormemente a aprovação das propostas do governo, derrotando as propostas mais avançadas. Nos primeiros meses do novo governo, uma série de reformas foi implementada por meio de diversas leis e de uma Emenda Constitucional (EC nº 25, de maio de 1985). Atendendo ao clamor popular, o governo extinguiu o Colégio Eleitoral e aprovou eleições diretas para presidente, mas sem data especificada, o que era um forte indício de que Sarney pretendia cumprir seu mandato de seis anos, na pior hipótese. Ocorreram também mudanças na legislação eleitoral com a criação do voto do analfabeto, a convocação de eleições municipais para novembro de 1985 nas capitais de Estado, nos novos municípios e naqueles considerados áreas de segurança nacional ou estâncias hidrominerais, totalizando 201 cidades. O Distrito Federal passou a ter eleições para Assembleia Distrital e direito à representação no Congresso Nacional. No entanto, a representação proporcional dos Estados na Câmara dos Deputados não foi alterada (mínimo de 8 e máximo de 60 deputados), mantendo a forte disparidade criada pelos governos militares para privilegiar os Estados menos povoados e mais conservadores politicamente (Norte, Nordeste e Centro-Oeste), bastante dependentes do governo e controlados pelas oligarquias rurais, onde a antiga Arena e o seu sucessor, o PDS, eram mais fortes, em detrimento dos Estados com forte tendência ao "voto de protesto" (Sudeste e Sul). Nas condições da Nova República, tal legislação favoreceria o PFL e os setores conservadores do PMDB.

Uma nova lei, apelidada de Lei Ulysses pela oposição, passou a regular o acesso dos partidos ao horário eleitoral gratuito na campanha de 1985, substituindo a antiga Lei Falcão. Pela nova lei, o acesso dos partidos ao horário gratuito era definido por sua representação parlamentar, favorecendo francamente os partidos governistas, PMDB e PFL, majoritários no Congresso juntamente com o PDS. Mais tarde, por pressão de Sarney e dos militares, o Tribunal Superior Eleitoral regulamentou a lei proibindo a presença de líderes nacionais que não fossem candidatos nas respectivas campanhas municipais e a realização de entrevistas com os candidatos por 90 dias antes das eleições, dificultando o debate e a politização da campanha. O alvo indiscutível era Leonel Brizola, temido como forte presidenciável, capaz de utilizar as campanhas municipais de seu partido para se referenciar politicamente e atacar o governo (SOUZA, 1988, p. 599-600).

Na questão partidária, foi instituída a liberdade de organização partidária, abolindo-se as restrições de cunho ideológico que havia anteriormente. Esta mudança permitiu a legalização dos partidos comunistas, PCB e PC do B, além da criação de diversos novos partidos. Também foi conferida às Comissões Executivas Nacionais a atribuição de convocação de eleições partidárias, dando maior autonomia interna para os partidos diante da Justiça Eleitoral. O índice de 5% de votos nacionais, exigido para que os partidos tivessem direito à representação na Câmara dos Deputados e registro definitivo, foi rebaixado para 3%, dando ainda aos eleitos pelo partido que não atingisse tal índice o direito de mudarem de partido em 60 dias, preservando seus mandatos. Porém, a fidelidade partidária foi abolida, dificultando a consolidação ideológica dos partidos e favorecendo o poder de co-optação dos Executivos, essencial para o governo Sarney naquelas circunstâncias. Além disso, a Lei Orgânica dos Partidos, criada em 1965 e reformada ao longo dos anos, que definia a forma de organização e funcionamento dos partidos, foi mantida. Esta lei favorecia francamente as tendências burocratizantes, autoritárias e eleitoreiras presentes nos partidos políticos, estimulando seu caráter autocrático e institucional (SOARES, 1984).

A legalização dos partidos comunistas sofreu resistências por parte de setores militares, mas prevaleceu a tese defendida pelo general Golbery do Couto e Silva ainda nos anos 70, segundo a qual, uma vez legalizados e participando do processo eleitoral, estes partidos demonstrariam sua verdadeira debilidade. Na verdade, a aprovação da lei foi um dos elementos de negociação do governo com estas forças, que atuavam no interior do PMDB e que apoiavam o governo da Nova República.

Entretanto, na prática, alguns setores preferiram continuar no PMDB devido à sua viabilidade eleitoral. Nas eleições de 1986, parlamentares como Alberto Goldman (PCB) que concorreram por suas próprias legendas não conseguiram se reeleger. Para Goldman, o lançamento de candidaturas próprias pelo PCB foi uma precipitação e um erro (TAVARES, 22.11.1986).

Na questão sindical, a presença de Almir Pazzianotto no comando do Ministério do Trabalho permitiu inovações, como a anistia para os dirigentes sindicais punidos pelo governo anterior, a revogação da portaria que proibia a formação de entidades intersindicais, além das já reconhecidas federações e confederações, o que permitiu o reconhecimento de centrais sindicais como a CUT (criada em 1983), a USI (União Sindical Independente, criada em 1985) e a Conclat – que formalizou-se como central sindical com a criação da CGT (Central Geral dos Trabalhadores) em 1986 – e o compromisso político de não-intervenção do governo nos sindicatos. De fato, durante sua gestão no ministério, Almir Pazzianotto recusou-se a usar a Lei de Greve como elemento de repressão aos sindicatos e seus dirigentes, resistindo a grandes pressões de setores do próprio governo, como já vimos (PAZZIANOTTO, 2001, p. 185-195). No entanto, legalmente, a autonomia e a liberdade sindicais, antiga reivindicação dos sindicalistas, continuaram inexistentes, pois a legislação sindical herdada da Ditadura continuou em vigor. Em maio de 1985 Pazzianotto chegou a elaborar proposta para uma nova lei de greve, que só foi aprovada em junho de 1986, bastante modificada devido às posições contrárias no próprio governo, ampliando o direito de greve, mas ainda assim impondo muitas limitações, principalmente aos servidores públicos. A verdadeira reforma da legislação sindical ficou para a Constituição de 1988.

Na questão da Constituinte, em julho de 1985 o governo deu seguimento à orientação de Tancredo Neves e constituiu uma Comissão Provisória de Estudos Constitucionais, formada por 50 "notáveis" e encarregada de elaborar um anteprojeto constitucional que deveria orientar a elaboração da nova Constituição pela Assembleia Constituinte. A comissão era composta por juristas, a maioria, intelectuais, representantes de entidades corporativas, empresários e políticos. Alguns tinham sido perseguidos pela Ditadura Militar ou ligados à oposição democrática, como Celso Furtado, Barbosa Lima Sobrinho, Walter Barelli, Raphael de Almeida Magalhães, Paulo Brossard, entre outros. Mas na Comissão predominavam apoiadores dos governos militares, como os empresários Luís Eulálio Bueno Vidigal (presidente da Fiesp) e Antonio Ermírio de Moraes, o intelectual Gilberto Freyre e outros com longa militância política ao lado da Ditadura Militar, como Afonso Arinos (presidente da Comissão), Célio Borja, Josaphat Marinho, Miguel Reale e Eduardo Portella, com uma clara composição autocrática (FERREIRA, 1989, p. 17-21). Se a perspectiva do ministro da Justiça, com a criação da Comissão Constitucional, era criar uma instância de discussão e negociação que pudesse fortalecer o pacto social, a perspectiva de Sarney era de pautar a Assembleia Constituinte com uma proposta completa, retirando dos partidos e dos movimentos sociais a primazia na sua elaboração. Isso porque, segundo ele, "o que faz a autenticidade das constituições não é a forma de convocar-se o colégio constituinte: é a submissão do texto fundamental à fé e à vontade dos cidadãos" (SARNEY, 1985, p. 233); particularmente, completamos, se esta fé e vontade são interpretadas por uma elite de notáveis. Mesmo assim, como veremos, em alguns pontos a proposta da comissão foi muito mais avançada do que o aprovado na Constituição de 1988.

O restante do chamado "entulho autoritário" continuou intocado pelo governo Sarney e pelos partidos da Aliança Democrática, que tinham a maioria do Congresso, como a Lei de Segurança Nacional, o instituto do Decreto-Lei, a Lei de Imprensa e o Decreto 1077, que autorizava a censura prévia nos órgãos de comunicação. Apesar de não abolir a censura prévia, o ministro da Justiça Fernando Lyra comprometeu-se publicamente, em março de 1985, a não utilizá-la, declarando a sua revogação prática. evogaçe 1985, declarando a sua misso assumido pelo ministro Fernando Lyra prensa e o decreto 1077, que autorizava a censura prNo entanto, a sua não- revogação formal permitiu que em janeiro de 1986 o mesmo ministro censurasse a exibição do filme *Je vous salue, Marie*, de Jean-Luc Godard, seguindo orientação do presidente, que atendeu a pressões da cúpula da Igreja Católica. Quanto à LSN, Sarney optou por mantê-la, desprezando o projeto de uma nova lei tratando da questão, Lei de Defesa do Estado, apresentado por Fernando Lyra e que deveria substituí-la (ZAVERUCHA, 1994, p. 177-178).

No Congresso, as reações ao caráter limitado e autocrático das reformas institucionais aprovadas partiram do PT, do PDT, dos setores de esquerda do PMDB e dos partidos comunistas recém-legalizados. No PT, a crítica partia da constatação de que não se revogara o entulho autoritário, particularmente com a

Emenda Constitucional nº 25. Daí a proposta alternativa de revogação das leis de exceção restantes (LSN, Lei de Greve e Lei de Imprensa), a revogação de qualquer exigência para o reconhecimento da vida legal dos partidos, o estabelecimento da proporcionalidade direta entre o número de eleitores e a representatividade dos Estados na Câmara Federal, o direito de voto aos cabos, soldados e marinheiros, a igualdade de acesso de todos os partidos aos meios de comunicação e a proibição de financiamento dos partidos pela iniciativa privada, além da convocação de Assembleia Constituinte exclusiva precedida da revogação do entulho autoritário (DEUS, 1985 e BOM, 1985). O PDT acusou os partidos da Aliança Democrática, incluindo o PTB, que apoiou as reformas institucionais, de traição ao povo pelo abandono da tese das eleições diretas para presidente, cuja data não fora definida, e da proposta de convocação da Assembleia Constituinte exclusiva. Acusou a Lei Ulysses de ser pior que a Lei Falcão por estabelecer uma distribuição desigual do horário eleitoral para os partidos, além de ter defendido a liberdade sindical, o direito de greve e a trimestralidade dos reajustes salariais (PDT, 1985, p. 2-3).

No PMDB, a aprovação das reformas criou um sério dilema institucional para os seus setores de esquerda, apesar de o governo ter seguido a agenda de Tancredo, pois, em questões como convocação da Assembleia Constituinte exclusiva e remoção do "entulho autoritário", sua perspectiva era diferente. Com presença no governo e no Congresso, a esquerda peemedebista dividiu-se entre a adesão e o apoio crítico às propostas do governo, a fim de que se evitasse o retrocesso político e se garantissem o avanço democrático, mesmo que bastante lento, e a postura de oposição e denúncia, alinhando-se com as bancadas do PT e do PDT. Esta situação enfraqueceu o grupo, composto por aproximadamente 64 deputados na Câmara, tornando-o refém do governo e da direção moderada do partido, exercida por Ulysses, principalmente, e impossibilitando-o de viabilizar uma perspectiva alternativa. Pior do que isto, o grupo passou a ser abertamente hostilizado pelos setores mais governistas do partido, perdendo espaço para os conservadores na composição das chapas que disputariam as eleições de 1985. No PCB e no PC do B, recém-legalizados e saídos do PMDB, tal dilema também se apresentou, apesar da postura de apoio crítico em nome da manutenção da frente democrática (OESP, 26.5.1985 e 12.6.1985; FSP, 14.7.1985a; TO, 17.6.1985 a 23.6.1985; PCB, 1985a, p. 71-80).

O reformismo "impertinente": a proposta do Plano Nacional de Reforma Agrária

Na questão agrária, o governo Sarney também foi pautado pela agenda de Tancredo Neves. Como vimos, para Tancredo a reforma agrária poderia ser viabilizada através da aplicação do Estatuto da Terra, conciliando a modernização agrícola com a resolução dos conflitos sociais no campo, mas isso não seria objeto de negociação do pacto social. Para tanto, Tancredo nomeou para o Ministério Extraordinário para Assuntos Fundiários (MEAF) Nelson de Figueiredo Ribeiro, advogado ligado ao PMDB do Pará, indicado pelo governador Jader Barbalho. A nomeação de Figueiredo obedeceu aos critérios clientelísticos e oligárquicos que atribuíam a responsabilidade pela indicação do titular da pasta aos governadores da região amazônica, onde os conflitos de terra eram mais agudos. A CPT (Comissão Pastoral da Terra), órgão da CNBB, e a Contag acabaram apoiando a indicação, mas, na verdade, Nelson Ribeiro foi escolhido após a rejeição de três outros nomes. Para o Incra, Tancredo nomeou José Gomes da Silva, tradicional ativista da reforma agrária, fundador da Associação Brasileira de Reforma Agrária (ABRA), um dos redatores do Estatuto da Terra do governo Castello Branco e posteriormente secretário do governo Montoro (PMDB-SP). Na montagem da equipe encarregada de elaborar a proposta do governo, foram incorporados diversos quadros técnicos defensores da reforma agrária, além de diversos sindicalistas e assessores ligados aos movimentos dos trabalhadores rurais, que passaram a constituir 17 "grupos de ação" (MEDEIROS, 1989, p. 174; MARTINS, 1994, p. 88-89). Esta situação tornou o projeto PNRA aquele que contou com a maior participação, mesmo que indireta, dos movimentos sociais dos trabalhadores, entre todos os projetos do governo Tancredo/Sarney, contribuindo bastante para seu caráter avançado, se comparado aos outros projetos em pauta.

Já em maio de 1985, surgia o primeiro esboço da política agrária da Nova República, com a Proposta de Plano Nacional de Reforma Agrária, apresentada no IV Congresso Nacional dos Trabalhadores Rurais, da Contag, pelo próprio Sarney. A proposta concebia a reforma agrária como assunto prioritário do novo governo e mantinha, fundamentalmente, a orientação de Tancredo, inspirando-se no antigo Estatuto da Terra, e não no "Novo", elaborado pelo governo anterior, mas radicalizando seu viés reformista. Esta orientação expressa a presença de técnicos ligados aos movimentos de trabalhadores rurais nos grupos de trabalho que elaboraram o plano e a incorporação de algumas de suas reivindicações. A principal inovação era a possibilidade de desapropriação da terra por interesse social, o que tornava alvos de desapropriação não só o latifúndio improdutivo ou as áreas de conflito de terra, mas também as empresas rurais e áreas produtivas que entrassem neste critério. Além disso, a proposta priorizava a política de assentamento, em lugar das políticas tradicionais, que valorizavam a colonização, a regularização fundiária e a tributação. Por fim, a proposta previa a participação dos trabalhadores em todas as fases do processo de reforma agrária, reconhecendo-os como sujeitos políticos do processo. Para combater a especulação fundiária e penalizar os latifúndios improdutivos, forçando-os a assumirem sua função social através da produção, as desapropriações seriam pagas de acordo com o valor do imóvel rural declarado para a cobrança do imposto territorial rural (ITR), e não de acordo com os preços de mercado (MEDEIROS, 1989, p. 175-176). As propostas de priorização da política de assentamento e de desapropriação por interesse social davam ao processo de ocupação de terras pelos trabalhadores uma grande importância como elemento definidor das áreas a serem desapropriadas, pois o conflito social era forte indício do não-cumprimento da função social pela terra em questão. Tal situação potencializava a força dos movimentos de trabalhadores rurais, além de tentar atrair sua adesão à proposta oficial.

As reações dos movimentos de trabalhadores rurais à proposta do PNRA oscilaram do apoio à desconfiança e intensificação da mobilização, expressando as divergências entre a Contag, de um lado, e a CUT e o MST, de outro. Entre os proprietários rurais, as reações predominantes foram de recusa, com grande hostilidade ao MEAF, ao Incra e aos movimentos de trabalhadores rurais. Mas também houve quem tentou negociar "por dentro" com o governo.

Em linhas gerais, a proposta de PNRA combinava-se com a perspectiva da Contag de considerar o Estatuto da Terra como um ponto de partida para a reforma agrária, porém, indo além dele. No entanto, no próprio congresso da Contag em que a proposta do governo foi anunciada, aprovou-se uma pauta que invertia o sentido empresarial do Estatuto da Terra e ia muito além do PNRA. Entre as principais medidas, sugeriam-se a possibilidade de desapropriação de empresas rurais e de propriedades com tamanho superior a três módulos que tivessem 50% de sua área agricultável improdutiva; o estabelecimento de um tamanho máximo para as propriedades; o pagamento das benfeitorias das áreas desapropriadas com títulos da dívida agrária do governo; o confisco das terras griladas ou com titulação duvidosa; a distribuição gratuita para os trabalhadores das terras utilizadas para a reforma agrária e a proibição da compra e venda das áreas de assentamento. Esta pauta foi fruto de uma composição entre as posições divergentes que polarizaram o congresso, expressando um meio-termo entre as propostas da Contag e as da CUT/MST. Deste modo, a Contag optou por dar um "crédito" ao governo, defendendo o PNRA e evitando ações que pudessem instabilizar a aplicação do plano, como ocupações de terra. Já o MST e a CUT optaram por manter o diálogo com o governo sem abrir mão das ocupações de terra e da mobilização no campo, aliás, utilizando-as como instrumento de aceleração da reforma agrária, como as ocupações de escritórios do Incra pelo país (MEDEIROS, 1989, p. 166-177; NOVAES, 1991, p. 186-189).

Entre os proprietários rurais, as reações contra o PNRA foram imediatas, demonstrando seu descontentamento. No próprio mês de maio, a Confederação Nacional da Agricultura (CNA) organizou um encontro dos auto-intitulados "produtores rurais", em que manifestou vivamente sua desaprovação diante da proposta do governo, mas também a relativa incapacidade das entidades representativas do setor para impedi-la (MEDEIROS, 1989, p. 176-177; RUA, 1990, p. 286). Em resposta a esta relativa incapacidade, no próprio encontro surgiu a proposta de articular a União Democrática Ruralista (UDR), entidade para-corporativa voltada para mobilizar os proprietários rurais por fora de suas entidades tradicionais. Segundo depoimento de Ronaldo Caiado, seu presidente nacional, a UDR surgia em reação ao PNRA e aos dados oferecidos por entidades como ABRA, Contag e Comissão Pastoral da Terra (CPT) para a formulação do plano (FSP, 7.6.1986). Em seus documentos, a entidade orientava seus associados a não permitirem a invasão de suas terras, pois isto criaria o conflito social e a possibilidade de desapropriação (UDRa, s. d.), o que significava um estímulo ao confronto.

Esta reação teve um efeito impactante no conjunto das entidades agrárias, que se reuniram em junho, em Brasília, no Congresso Brasileiro de Reforma Agrária, patrocinado pela CNA. No congresso, deliberou-se pela defesa intransigente da propriedade privada e pela criação de uma comissão encarregada de acompanhar os trabalhos de revisão da proposta do PNRA (MENDONÇA, s. d., p. 12). A ofensiva das classes dominantes agrárias desdobrou-se em duas frentes. De um lado, intensificaram-se o combate às ocupações de terra e a violência contra os trabalhadores rurais com a formação de milícias armadas e o assassinato de várias lideranças e militantes. A UDR tornou-se ponta de lança deste processo, orientando seus associados a contratarem "vigilância rural" para a defesa de suas propriedades (UDRa, s. d.) e assessoria jurídica para regularização de terras e dos contratos de trabalho, arrendamentos e parcerias (UDRb, s. d.). De outro, realizou-se uma operação de desqualificação da proposta do PNRA, do MEAF e do Incra por meio de intensa propaganda junto à opinião pública e de articulações políticas com outros setores do governo.

No entanto, é necessário ressalvar que as diversas entidades representativas dos interesses dominantes no campo não agiram em uníssono. Apesar da defesa comum da propriedade privada como princípio inquestionável, havia posições diferentes quanto à postura mais correta a ser seguida, evidenciando uma disputa pela hegemonia no setor. Entre as entidades mais antigas, representativas do grande capital agrário e dos grandes proprietários rurais, principalmente dos segmentos agro-exportadores, a CNA e a Sociedade Rural Brasileira (SRB) eram francamente contrárias ao PNRA, descartando-o completamente, ao passo que a Sociedade Nacional de Agricultura (SNA), por exemplo, defendia uma postura mais conciliadora, enxergando aspectos positivos na proposta do governo e propondo a sua complementação com a criação de uma justiça agrária, específica para os conflitos no campo, e de uma política de apoio ao cooperativismo. Nesta última questão, a SNA contava com o apoio da Organização das Cooperativas Brasileiras (OCB), que defendia uma política de incentivos e subsídios estatais para o setor. Por outro lado, condenava a violência no campo, hostilizando a UDR, considerada uma entidade defensora de quem temia a aplicação da lei. Politicamente, vislumbrava influenciar o governo "por dentro" apoiando a Aliança Democrática, declarando apoio ao ministro Nelson Ribeiro e ao superintendente do Incra, José Gomes da Silva, que inclusive co-patrocinaram o Seminário Nacional de Reforma Agrária/Justiça Agrária promovido pela SNA em julho/agosto de 1985. Na verdade, a SNA defendia uma perspectiva de reforma agrária bastante próxima do antigo

Estatuto da Terra, valorizadora da empresa rural e da modernização no campo, que em sua visão resolveriam naturalmente os conflitos sociais no campo e o problema dos latifúndios improdutivos (MENDONÇA, s. d.). A visão empresarial da SNA também era compartilhada pela OCB, entidade criada nos anos 70, com base social fortemente assentada entre os pequenos e médios proprietários cooperativados, mas dirigida pelos interesses do grande capital. Dialogando com as entidades do setor e procurando diferenciar-se da UDR, a OCB também apostava na modernização do campo como mecanismo de solução dos conflitos agrários (BRUNO, 1997, p. 56; MENDONÇA, s. d.).

A UDR, ao contrário, surgia como alternativa de representação paralela a estas entidades. Com base social assentada primeiramente entre os pecuaristas tradicionais, setor econômico baseado na criação extensiva em que são necessárias grandes porções de terra, a UDR se organizava originalmente nas regiões de maior conflito de terras, justamente onde predominava este tipo de produção (BRUNO, 1997, p. 52-56). Daí sua postura extremamente radicalizada, não só diante da proposta do PNRA, mas diante do movimento social dos trabalhadores rurais. Utilizando-se da retórica da modernidade, da defesa intransigente da propriedade privada e da unidade do "produtor rural autêntico", a UDR procurou combinar o uso e abuso da violência, inclusive com assassinatos de lideranças dos trabalhadores rurais, com pressão política e uma campanha agressiva de divulgação de suas posições (OESP, 12.10.1986). Deste modo, tornou-se uma entidade diferente e alternativa em relação às existentes, pois articulou-se como um movimento, ultrapassando as clivagens setoriais e corporativas e os limites tradicionais de representação das classes agrárias.

Rapidamente, tornou-se uma entidade policlassista no segmento social dos proprietários rurais, ganhando a adesão das bases sociais e até de diretores das outras entidades, do pequeno ao grande proprietário, do moderno ao tradicional, chegando a atingir a cifra de 150 mil filiados em dois anos de funcionamento (CB, 12.7.1987; RB, 12.2.1987 a 18.2.1987). Com base em dados fornecidos pela entidade, estima-se que, em 1989, 50% dos associados fossem não-proprietários, o que pode indicar a presença de trabalhadores rurais, mas evidencia fundamentalmente sua forte inserção em segmentos sociais médios urbanos, esparramados pelas pequenas e médias cidades, não ligados diretamente à produção agrária, mas hegemonizados por sua ideologia de defesa da propriedade rural e da ordem social no campo. Além disso, dos outros 50%, compostos por proprietários rurais, apenas 6% eram grandes proprietários, 38% eram médios e nada menos que 66% eram pequenos proprietários rurais, o que expressa sua vocação hegemônica (RUA, 1990, p. 305).

O "levante" dos proprietários de terra colocou o governo, particularmente seus setores conservadores, numa situação difícil, que desencadeou um processo interno de reversão da proposta do PNRA e de isolamento da equipe do MEAF e do Incra. Já em junho de 1985, o ministro Nelson Ribeiro foi transferido do Ministério Especial de Assuntos Fundiários (extinto), para o recém-criado Ministério da Reforma e do Desenvolvimento Agrário (MENEGUELLO, 1998, p. 190-191). Se esta iniciativa demonstra a consolidação da problemática da reforma agrária na agenda política do governo, por outro lado, especifica-a diante da questão fundiária mais ampla, em que também se inseria a problemática da ocupação da Amazônia, altamente sensível para os militares, particularmente após a Guerrilha do Araguaia. Durante o governo Figueiredo, o MEAF foi criado e vinculado ao Conselho de Segurança Nacional, evidenciando uma perspectiva de militarização da questão agrária e de resolução dos conflitos sociais no campo por meios repressivos (LINHARES & TEIXEIRA DA SILVA, 1999, p. 192; MARTINS, 1994, p. 85-86). Não é de se estranhar que o próprio ministro do Exército tenha dado ordens ao SNI e ao Centro de Informações do Exército (CIEx) para que investigassem a identidade ideológica dos funcionários do MIRAD envolvidos no processo de reforma agrária, chegando, inclusive, a comunicar o ministro Nelson Figueiredo de sua decisão, numa clara tentativa de intimidação e pressão política (TO, 22.7.1985 a 27.7.1985).

A sensibilidade do governo Sarney à questão agrária, nesta conjuntura, explica-se por diversos fatores. Primeiramente, para os militares, que tutelavam o governo, a questão agrária era vista como um problema militar, principalmente com a intensificação da violência no campo e a constituição de milícias armadas. Em segundo lugar, os dois partidos governistas tinham forte presença dos grandes proprietários rurais em sua composição social, particularmente o PFL. Em terceiro lugar, no ministério havia notórios latifundiários e empresários rurais, inclusive acusados de facilitar ou praticar grilagem de terras – como era o caso do próprio presidente da República quando governador do Maranhão e posteriormente –, que iriam desqualificar o plano publicamente, como vimos no caso do ministro Antonio Carlos Magalhães (ASSELIM, 1982, p. 128-132; MARTINS, 1994, p. 88). Por fim, a defesa da propriedade privada pelos proprietários rurais ganhou as simpatias de outros setores do bloco no poder, com interesses econômicos na agricultura ou não, assustados com a possibilidade de que a pretensa "guinada" à esquerda do governo na questão agrária se reproduzisse numa postura econômica estatizante. Na verdade, a proposta do PNRA gerou maior instabilidade ainda para o governo, particularmente nas suas relações com o bloco no poder. Como veremos, a reversão da proposta de reforma agrária na fase seguinte seria implacável e definitiva, contribuindo para o fortalecimento e a unidade do campo conservador do governo.

A política econômica de Dornelles: sob o signo do continuísmo

Outro ponto de grande instabilidade política no período foi a questão da política econômica. A equipe ministerial da área econômica, indicada por Tancredo Neves, expressava a perspectiva de composição entre as diversas frações do bloco no poder que o seu próprio governo procurava contemplar. No Ministério da Fazenda e na presidência do Banco Central, os titulares, respectivamente Francisco Dornelles e Antônio Carlos Lemgruber, tinham uma posição ortodoxa e monetarista em termos de política econômica, francamente favorável aos interesses do capital financeiro (interno e externo), ao passo que, no Ministério do Planejamento e na presidência do BNDES, os titulares - respectivamente João Sayad e Dílson Funaro - tinham uma posição heterodoxa, mais condizente com a perspectiva do capital industrial. Inicialmente, a intenção de Tancredo era criar uma equipe mais coesa, mais afim com sua própria visão da política econômica, pois, segundo relato do ex-ministro Ronaldo Costa Couto, a primeira opção de Tancredo para a Fazenda era Olavo Setúbal – dono de um dos maiores bancos privados do país, ex-prefeito de São Paulo e sucessivamente militante da Arena, do PP, do PDS e do PFL, legítimo representante do grande capital financeiro nacional – e para o Planejamento, o próprio Costa Couto, tecnocrata que participou dos governos de Faria Lima, no Rio de Janeiro e do próprio Tancredo, em Minas Gerais. No entanto, foi obrigado a atender às pressões do PMDB paulista e do governador

Franco Montoro, indicando para o Planejamento o secretário da Fazenda deste, que, como já assinalamos, era ligado aos chamados economistas de oposição (COUTO, 1995, p. 45; MELHEM, 1998, p. 177). Para a presidência do BNDES foi indicado Dílson Funaro, industrial paulista do setor de plásticos e brinquedos, ativo dirigente da Fiesp, na qual participou do Conselho Superior de Economia, órgão responsável pela aproximação entre os industriais e os economistas de oposição (CRUZ, 1997, p. 58-59).

Porém, apesar da "coabitação difícil", conforme expressão de Cruz, entre as áreas da Fazenda e do Planejamento, a condução da política econômica nos primeiros meses do governo Sarney ficou claramente a cargo de Francisco Dornelles e seus auxiliares. Os três principais problemas eram a inflação, o déficit público e a renegociação da dívida externa, sendo que para as três questões havia divergências de diagnóstico e de prognóstico entre Fazenda e Planejamento. As três questões estavam articuladas e, portanto, as medidas adotadas se articulariam a todas. Para controlar a inflação, diminuir o déficit público e, consequentemente, criar um ambiente interno mais favorável em relação aos agentes externos, Dornelles e Lemgruber adotaram medidas tipicamente ortodoxas, de austeridade fiscal e monetária, dando continuidade, em linhas gerais, à política adotada no final do governo Figueiredo. Tais medidas basearam-se, fundamentalmente, na busca do superávit da balança de pagamentos com a redução do déficit público através do corte de gastos públicos, a priorização das exportações em detrimento das importações com o controle da moeda e uma redução relativa da atividade econômica, seguindo o próprio receituário do FMI. Nesta perspectiva, imaginava-se criar condições mais favoráveis de negociação da dívida externa, diante da extrema pressão exercida pelo FMI, pelos credores internacionais e outros agentes externos, como o Bird (Banco Mundial), o Gatt (atual OMC) e, principalmente, o governo norte-americano (FILGUEIRAS, 2000, p. 71-83; LIMA, 1988, p. 200-228). As pressões externas passaram a se dar cada vez mais não só em defesa do pagamento dos compromissos com os credores e da manutenção de uma política de "austeridade", mas também de uma plataforma genuinamente neoliberal, de abertura comercial, desregulamentação da atividade empresarial e privatização das empresas estatais. A Lei de Informática, que criava uma reserva de mercado no setor para as empresas nacionais, foi duramente combatida pelo governo norte-americano ao longo de

1985 e 1986, em nome da proposta de abertura comercial. No entanto, durante a gestão de Dornelles na Fazenda, a renegociação da dívida externa ficou paralisada, tanto porque o país em parte aplicava o receituário do FMI, como porque os acordos em vigor com os bancos credores foram prorrogados ou, ainda, porque os saldos da balança comercial, obtidos pelo crescimento das exportações, dispensaram a obtenção de novos empréstimos e a necessária aceitação das pressões externas que isto implicaria (CRUZ, 1997, p. 71-74; MODIANO, 1992, p. 356).

Entre as medidas mais importantes tomadas nesta direção, destacaram-se um corte de 10% no orçamento de 1985, o que inviabilizou a proposta do Copag, a proibição de novas contratações para o funcionalismo da administração pública, o aumento da taxa de juros e um congelamento de preços que incidiu, basicamente, sobre tarifas públicas e preços das empresas estatais, devido à dificuldade de controle dos preços privados pelo governo. Seguiram-se mudanças na fórmula de cálculo da correção monetária e de desvalorização da moeda, que passaram de mensais para trimestrais. O objetivo era atenuar o impacto da inflação presente na inflação futura, baseando o cálculo na média dos últimos três meses, e assim diminuir o impacto de altas bruscas de um mês para o outro. Dentro desta lógica gradualista, em vez de desvalorizações cambiais pontuais e definidas previamente, o governo adotou minidesvalorizações diárias da moeda, com vistas a diminuir a especulação e o impacto inflacionário da mesma. Nos primeiros meses, tais medidas tiveram como efeito uma redução na taxa de inflação, que caiu de 12,6% em janeiro, 10,2% em fevereiro e 12,7% em março, respectivamente, para 7,2% em abril, 7,8% em maio e 7,8% em junho. No entanto, a partir de julho, diversos fatores pressionaram a inflação para cima, como a necessidade de recomposição dos preços e tarifas públicos e as pressões do setor privado por reajustes de preços, levando ao fim do congelamento. O governo autorizou reajustes em diversos setores, mas os preços de produtos industriais tiveram reajustes menores, devido ao receio de um repique inflacionário, gerando a insatisfação do empresariado do setor. Em agosto, um choque de oferta agrícola gerou alta nos preços dos produtos alimentícios, particularmente a carne e o leite, o que se refletiu na elevação das taxas de inflação para 8,9% em julho e 14% em agosto, evidenciando o fracasso das medidas gradualistas tomadas por Dornelles.

A política econômica ortodoxa de Dornelles e sua equipe estava em franco descompasso com a perspectiva e as expectativas do grande capital industrial com o novo governo. Em pontos cruciais – como o tratamento da dívida externa e do FMI, a forma de controle da inflação e a questão da taxa de juros –, as divergências eram gritantes. A visão geral da grande burguesia industrial era mais condizente com a perspectiva desenvolvimentista e heterodoxa esposada pelos economistas "críticos", ligados à oposição durante a Ditadura, contrários à ortodoxia monetarista. Por meio de pronunciamentos de lideranças empresariais, dos documentos de entidades corporativas, como a Fiesp, ou de grandes encontros de discussão e proposição, como o Encontro Nacional da Indústria, realizado no Rio de Janeiro, os empresários do setor propunham o endurecimento com o FMI e com os credores na negociação da dívida externa, a queda drástica da taxa de juros e a criação de uma política de controle da inflação que não sacrificasse o crescimento econômico (CRUZ, 1997, p. 65-67).

Além de esta não ter sido a orientação seguida pela equipe econômica, o acirramento do conflito social com a escalada das greves, a recusa em autorizar o repasse dos reajustes salariais para os preços devido ao congelamento e a própria ineficácia no controle da inflação contribuíram para isolar politicamente o ministro da Fazenda e seus auxiliares frente ao grande capital industrial.

O papel negativo exercido pela política econômica na viabilização do pacto social e no desencadeamento dos movimentos grevistas, somado às duras críticas provenientes do movimento sindical e dos partidos de esquerda, além daquelas feitas pela própria equipe do Ministério do Planejamento – incluído o ministro, que oferecia uma perspectiva alternativa a Sarney –, criaram as condições favoráveis para a "fritura" de Dornelles e sua equipe dentro do próprio governo, já iniciada em julho (OESP, 6.7.1985). Em agosto, em entrevista coletiva concedida por ocasião de sua visita ao Uruguai, Sarney endossou seus pronunciamentos anteriores, questionando duramente a postura do FMI como "auditor internacional" das economias nacionais, afirmando divergir dos seus critérios e admitindo que as negociações com o fundo estavam difíceis porque o Brasil não aceitava uma política recessiva. Mais ainda, defendeu que a negociação da dívida também se desse num patamar político, não só no patamar financeiro, criticando o aumento unilateral dos juros da dívida brasileira pelos países ricos e seu protecionismo, reagindo publicamente às pressões dos credores internacionais e do governo norte-americano (SARNEY, 1985, p. 159-179). No entanto, a postura de Dornelles foi a de repetir que não havia divergências entre o país e o FMI, em vez de reforçar o discurso do presidente. Num almoço oferecido pela Federação Brasileira dos Bancos (Febraban) a Dornelles, demonstração inequívoca de apoio dos banqueiros ao ministro, o secretário-geral do ministério responsabilizou o "populismo" do governo com os gastos públicos pelas dificuldades econômicas do país. O resultado foi a demissão de Dornelles e sua equipe no final de agosto, juntamente com Antonio Carlos Lemgruber, e sua substituição por Dílson Funaro. No Banco Central, assumiu Fernão Bracher, alto executivo do Bradesco, maior banco privado nacional (JOFFILY, 2.9.1985 a 8.9.1985; MODIANO, 1992, p. 352-354).

A dinâmica da *situação cesarista*: rumo ao Cruzado e ao "partido do Sarney"

A demissão de Francisco Dornelles foi o primeiro ato de um processo, que se estenderia até maio de 1986, de reformulação do governo conforme a perspectiva de Sarney, marcando uma nova fase dentro desta etapa. Em outras palavras, o governo legado por Tancredo seria trocado em grande medida, tanto porque parte de sua agenda já havia sido cumprida como porque o aguçamento das contradições sociais e dos conflitos políticos exigia correções de rumo e, ao mesmo tempo consolidação do que vinha sendo feito. As correções de rumo dar-se-iam no plano das políticas econômica e social; a consolidação se daria no plano da situação cesarista, baseada no reforço da tutela militar, e do campo conservador, com a criação do "partido do Sarney". A aliança de Sarney com os militares e com o campo conservador deslocou relativamente o PMDB do eixo de poder, colocando o partido sob o dilema de ter que apoiar as medidas do governo, mesmo aquelas em que havia um retrocesso em relação ao programa partidário, aceitar os vetos e chantagens dos setores conservadores, particularmente dos militares, e arcar com o ônus político de ser o maior partido governista sem deter o poder em sua plenitude. Foi nesta situação que o pacto social foi tentado pela primeira vez, as reformas institucionais se completaram e o PNRA foi descaracterizado e anulado.

Rumo ao Cruzado: corrigindo a política econômica e tentando o pacto social

A ascensão de Funaro ao Ministério da Fazenda deu maior unidade à equipe econômica do governo, agora sob orientação heterodoxa. Como seus assessores principais, o novo ministro nomeou dois economistas "críticos", professores da Unicamp (Universidade Estadual de Campinas-SP), historicamente ligados ao PMDB e identificados com as teses estruturalistas/pós-keynesianas, Luiz Gonzaga Belluzzo e João Manuel Cardoso de Mello. Paralelamente, no Ministério do Planejamento fortalecia-se a posição de João Sayad e de sua equipe, cujas divergências com Francisco Dornelles vinham-se acentuando e tornando-se públicas ao longo dos meses. Além das críticas à política econômica vigente feitas diretamente a Sarney, segundo seu próprio depoimento, Sayad lançou em maio um documento intitulado "Notas para o 1º Plano Nacional de Desenvolvimento da Nova República", que ia na contramão do que o Ministério da Fazenda vinha operando. Em linhas gerais, o documento possuía um viés keynesiano, que propunha como estratégia para a estabilização econômica o combate aos déficits público e previdenciário, aos subsídios e às altas taxas de juros numa primeira fase; e um amplo pacto social, que definiria a política de preços e rendas, na segunda fase. Além disso, propunha a renegociação da dívida externa, e não a postura passiva adotada pelo governo, e o tratamento político de assuntos econômicos correlatos (SAYAD, 2001, p. 158; BRAGA, 23.5.1985). Na verdade, a proposta do Ministério do Planejamento tinha como premissa uma solução política para a crise econômica, o que implicaria negociação, acordos e, principalmente, o reconhecimento político de diversos atores sociais, e não simples aplicação "técnica" de medidas econômicas.

Além de identificado com posições econômicas heterodoxas, Sayad ainda era adepto das teses inercialistas, que, em linhas gerais, consideravam que o processo inflacionário brasileiro havia adquirido uma dinâmica própria, pois devido à indexação generalizada dos preços, viabilizada pela correção monetária, grande parte da taxa de inflação era formada pela expectativa futura dos agentes econômicos, os quais, antecipando-se a possíveis perdas, aumentavam os seus preços. Ou seja, a inflação passada era basicamente corrigida pelos mecanismos da correção monetária, mas havia uma "inflação da inflação" que a reproduzia numa escala ampliada, de modo que a ameaça da hiperinflação era constante. Esta situação era extremamente prejudicial aos trabalhadores, que, pela lei salarial vigente, tinham direito apenas a reajustes semestrais, o que lhes tirava o poder de antecipação detido pelos outros agentes econômicos. Segundo o próprio Sayad, esta situação fez da política salarial a verdadeira "âncora" adotada pelos governos militares para conter a inflação desde 1964. Daí seu caráter extremamente restritivo vigente durante a Ditadura Militar (SAYAD, 2001, p. 155-165).

Nesta situação, as teses inercialistas vislumbravam, em linhas gerais, um processo de sincronização dos reajustes de todos os preços, de modo a apagar a "memória" inflacionária passada da inflação futura. Havia duas propostas para viabilizar tal processo em discussão entre os economistas, ambas nascidas no departamento de Economia da PUC-RJ: a proposta "Larida", de André Lara Resende e Pérsio Arida, que propunham uma reforma monetária, em que uma "moeda indexada" correria paralelamente à moeda oficial indexando os reajustes de todos os preços até a sua sincronização, o que se concluiria com a troca definitiva da moeda; e a proposta de Francisco Lopes, que propunha esta mesma sincronização por meio de um congelamento temporário dos preços, em que a "memória" passada da inflação seria apagada e a inflação futura, anulada (GREMAUD, SAES & TONETO JR., 1997, p. 232-234).

A política econômica "gradualista" adotada por Funaro e sua equipe, entre os meses de setembro de 1985 e fevereiro de 1986, foi orientada pelas teses inercialistas de combate à inflação. É importante frisar que a concepção dos principais assessores econômicos de Funaro, Belluzzo e Cardoso de Mello, era diferente das teses inercialistas defendidas pelos assessores do Ministério do Planejamento, apesar de também se colocarem no campo dos economistas heterodoxos. Sua visão estruturalista/pós-keynesiana considerava o fenômeno inflacionário como fruto de um processo estrutural criado pela ruptura do padrão monetário internacional nos anos 70, em virtude do fim da conversibilidade do dólar – o que gerou grande instabilidade nos mercados financeiro, de câmbio, de bens e serviços – e da reação defensiva do capital oligopólico, que passou a formar seus preços de modo inflacionário, como forma de garantir suas margens de lucro neste ambiente instável. O caráter oligopolizado da economia brasileira facilitava a irradiação da inflação por outros setores econômicos, generalizando-a. Além disso, a debilidade financeira do Estado, devido às suas dívidas interna e externa, e a adoção das políticas de ajuste inspiradas no FMI, com a elevação dos juros e a recessão, agravavam o quadro (FILGUEIRAS, 2000, p. 78-79). Ou seja, nesta visão, o fenômeno inflacionário era resultado do caráter oligopólico e dependente da economia brasileira e da crise financeira do Estado, devendo ser combatido nestes planos. Daí a proposta radical de saneamento financeiro do setor público, feita pelos dois economistas já em 1983 e baseada na renegociação da dívida pública, com destaque para o reescalonamento compulsório da parte da dívida com origem nos fundos especulativos, segundo seus próprios termos, "sonegados à circulação industrial" (CRUZ, 1997, p. 59-60). São notórias nesta proposta a valorização do capital produtivo em detrimento do capital financeiro e a centralidade da recuperação da capacidade financeira do Estado – o que estava muito além do simples congelamento de preços ou da reforma monetária –, as quais, na verdade, eram medidas de caráter monetarista. Porém, devido à necessidade de legitimação política do governo e à urgência do combate à inflação, as teses inercialistas também determinaram a ação da equipe econômica de Funaro e do restante do governo.

Segundo Sayad, já em abril, após a morte de Tancredo, Sarney concordou com a integração de Pérsio Arida à equipe do Ministério do Planejamento, e este assumiu a missão de visitar Israel para estudar o plano de desindexação e reforma monetária adotado no país. Esta nomeação rompeu o verdadeiro "veto" imposto por Tancredo a Arida e Lara Resende na montagem do governo, devido à sua identificação com as teses inercialistas, vistas como geradoras de hiperinflação e mais instabilidade. Ainda segundo Sayad, com a demissão de Dornelles, Sarney começou a preocupar-se com a possibilidade de as eleições para o Congresso Constituinte realizarem-se sob uma situação de inflação alta, admitindo que "alguma coisa" deveria ser feita se a situação continuasse a piorar e indicando que a questão passaria fundamentalmente por uma decisão "política", e não meramente técnica (SAYAD, 2001, p. 158). A partir de agosto, a política econômica começou a sofrer as primeiras correções de rota, rumo à indexação generalizada da economia e ao reequilíbrio dos preços.

Já em setembro, a fórmula de cálculo das correções monetária e cambial deixou de basear-se na média trimestral para voltar a ser mensal. O objetivo era evitar a propagação do índice de 14% da inflação de agosto para o índice de setembro e permitir que os índices de correção monetária e cambial acompanhassem a inflação mais de perto, orientando reajustes mais constantes, porém, menores. Nesta perspectiva, a recuperação dos preços públicos, bastante prejudicados pelo congelamento de abril, poderia se dar de forma mais suave. Como consequência disso, o controle da base monetária se afrouxou e a taxa de juros caiu, demonstrando uma reversão nas prioridades da nova equipe econômica em comparação com a anterior. As variações da ORTN (Obrigações Reajustáveis do Tesouro Nacional) passaram a orientar os reajustes de preços, a taxa de câmbio e os ativos financeiros, funcionando como germe de uma futura moeda indexada. Na questão salarial, apesar de também não alterar a legislação que estabelecia reajustes semestrais, criada ainda em 1979, a equipe econômica autorizou reajustes salariais alternativos, na forma de abonos, adiantamentos e outros, desde que não repassados para os preços, o que possibilitou o aumento da renda salarial e o crescimento do consumo, principalmente dos produtos industriais, como bens duráveis. O impacto destas medidas sobre a taxa de inflação foi visível, promovendo-se queda de 9,1% em setembro e 9% em outubro. Em dezembro, o governo aprovou um "pacote fiscal" com vistas a resolver o problema do déficit público para o ano seguinte, eliminando a necessidade de financiamento do setor público e excluindo as correções monetária e cambial da dívida projetada para 1986. Ou seja, o governo criava as condições para a implantação de um "choque heterodoxo". Enquanto isso, a renegociação da dívida externa continuou "congelada", na medida em que a manutenção das condições favoráveis da balança comercial tornou desnecessários novos empréstimos, adiando o enfrentamento da questão (MODIANO, 1992, p. 354-360).

Com as mudanças na orientação da política econômica e com parte das reformas institucionais já aprovadas, o governo iria tentar estabelecer o pacto social pela primeira vez, particularmente porque o movimento grevista continuou na ofensiva. Em setembro, as greves reacenderam com muita força, fazendo o número de trabalhadores envolvidos saltar de, aproximadamente, 358 mil em julho e 342 mil em agosto para 808 mil. O principal movimento deste mês foi a greve nacional dos bancários, envolvendo 700 mil trabalhadores, 150 mil só em São Paulo, indicando a mobilização dos trabalhadores assalariados de classe média. O resultado da paralisação foi considerado satisfatório, pois os trabalhadores conquistaram diversas reivindicações. Em novembro, o número de trabalhadores paralisados voltou a subir, de, aproximadamente, 378 mil, em outubro, para 768 mil. A greve unificada entre diversas categorias, principalmente operárias, ocorrida em São Paulo e em 27 cidades do interior, envolvendo desde os metalúrgicos e químicos até padeiros, metroviários e médicos, foi o principal movimento, demonstrando grande capacidade de ação conjunta entre CUT e Conclat. O resultado da greve também foi considerado satisfatório para diversas categorias (TO, 18.11.1985 a 24.11.1985 e 16.12.1985 a 6.1.1986; OLIVEIRA, 1987, p. 51).

No cômputo geral, a tendência de desvalorização do salário mínimo real, vivenciada desde os últimos anos do governo Figueiredo continuou, sofrendo uma queda de 10,1% de 1984 para 1985 (ABREU, 1992, p. 142). No entanto, algumas categorias tiveram aumentos salariais reais, principalmente aquelas que lideraram a escalada grevista ao longo do ano. Tomando a média salarial do ano de 1980 como base igual a 100, se em 1984 os metalúrgicos de São Paulo, os metalúrgicos de São Bernardo, os químicos de São Paulo e os bancários de São Paulo tiveram, respectivamente, médias salariais de 90,1, 96,5, 89,3 e 100, em 1985 estas mesmas categorias conseguiram aumentar suas médias salariais, respectivamente, para 101,1, 105,1, 98,7 e 109,6, evidenciando o resultado positivo de seus movimentos grevistas (MORAIS, 1986, p. 48). Na região da Grande São Paulo, disparadamente aquela onde ocorreram as mais importantes e numerosas greves de 1985, o rendimento médio dos trabalhadores subiu de Cr$ 2.311 em abril para Cr$ 3.325 em dezembro de 1985 (NORONHA, 1991, p. 135).

Nesta mesma época, refletindo o processo de articulação e unificação entre os sindicatos e os próprios ganhos de diversas categorias mobilizadas, surgiu uma nova central sindical, denominada União Sindical Independente (USI). Tendo os comerciários como principal base corporativa, a USI se diferenciava da CUT e da Conclat por ser uma central de federações e confederações, por ter uma postura "apoliticista" e por seu arraigado conservadorismo, o que indica que os setores mais tradicionais e "pelegos" do movimento sindical também buscaram organizar-se neste período (RODRIGUES, 1991, p. 36-37).

Apesar das intensas pressões dos setores conservadores do governo por conta de sua postura de intermediação nas greves e de recusa à adoção de ações repressivas, Pazzianotto conseguiu manter-se no cargo e iniciar efetivamente a primeira tentativa de viabilização do pacto social (JT, 16.9.1985). Nesta tarefa, contou com a colaboração do ministro da Fazenda, Dílson Funaro, que passou a ter inserção ativa nas discussões. Desta vez, tanto a Conclat quanto a CUT participaram das conversações, apesar das clivagens de sempre. Enquanto a primeira tinha uma postura mais favorável ao entendimento, chegando, inclusive, a participar da primeira reunião formal promovida pelo governo, em outubro, a CUT concordava em discutir a tese de uma política de reajustes gradualista, proposta por Funaro, mas insistia na defesa do direito de greve e dos reajustes salariais trimestrais, como pontos inegociáveis, além de propor a jornada semanal de trabalho de 40 horas e uma política de reforma agrária que fosse além do Estatuto da Terra, prevendo a desapropriação de qualquer tipo de latifúndio, produtivo ou não (FSP, 3.10.1985a).

Na reunião com o governo, ocorrida em outubro, a Conclat defendeu os reajustes trimestrais, principal ponto de sua proposta, além da estabilidade no emprego, da legalização das comissões de fábrica, de aumentos reais de salários, da redução da jornada de trabalho, da criação de empregos, da moratória da dívida externa e da aplicação do PNRA. O governo comprometeu-se com aumentos reais de salários, redução do imposto de renda para os assalariados e aumento da oferta de empregos por meio do crescimento econômico. Apesar da postura favorável à obtenção de aumentos reais para os trabalhadores nas negociações entre os movimentos grevistas e os empresários, o governo, principalmente o ministro Funaro, posicionou-se terminantemente contrário aos reajustes trimestrais de salário, o que contribuiu poderosamente para o fracasso do pacto (JT, 15.10.1985).

Entre os empresários, a posição foi favorável ao pacto, mas sem comprometimento com grandes concessões. Em outubro, Albano Franco, senador pelo PFL-SE e presidente da Confederação Nacional da Indústria (CNI), entidade máxima da estrutura sindical do setor industrial, manifestou firme disposição dos empresários em negociar, porém, apesar de afirmar que no pacto os trabalhadores não tinham quase mais nada a ceder, exigiu a queda nos juros como pré-condição para negociação e defendeu o fim do controle de preços, ambos considerados causa dos prejuízos dos empresários. Além disso, mostrou-se contrário aos reajustes salariais trimestrais, pois estes eram causadores de inflação, defendendo, em vez disso, que o governo criasse benefícios sociais como o vale-transporte e subsídios à alimentação. Outros setores do empresariado, como os representados pela Associação dos Dirigentes Cristãos de Empresas, ligada à CNBB, também tinham postura favorável ao pacto, mas

aos empresários na negociação do pacto, comparativamente com a CUT, mesmo a Conclat não pôde fugir desta realidade, também assumindo uma postura de endurecimento. Da parte dos empresários, a equação do pacto era muito simples: menos intervenção do Estado na regulamentação dos preços; direito de repasse aos preços dos reajustes salariais concedidos; não-negociação de nenhuma das questões institucionais no âmbito do pacto, mesmo aquelas de caráter sindical e trabalhista, sendo todas remetidas para o governo, os partidos e o Congresso; controle do déficit público sem aumento de impostos e não-reconhecimento das greves como um instrumento de luta dos trabalhadores. Nestas condições, o pacto social, mesmo quando efetivamente tentado, não passou de boas intenções.

Ao longo do ano de 1985, a economia brasileira manteve a tendência de elevação do PIB iniciada em 1984, ocorrendo um crescimento de 8,4%. O principal fator responsável por este crescimento foi o superávit da balança comercial, pois, apesar de ocorrer uma ligeira queda no valor das exportações, as importações caíram mais ainda, de modo que houve um superávit de US$ 12,4 bilhões. No entanto, o balanço de pagamentos fechou o ano com um déficit de US$ 3,2 bilhões, enquanto a dívida externa subiu de US$ 91 bilhões para US$ 95,8 bilhões, indicando seu peso negativo e a fragilidade externa da economia brasileira (ABREU, 1992, p. 408-409). Apesar de todos os esforços da política econômica gradualista do governo, sob Funaro, a taxa de inflação retomou uma tendência de alta a partir de novembro, com os índices subindo para 14% neste mês, 15,1% em dezembro, 14,4% em janeiro e 12,7% em fevereiro. Desta vez, um novo choque de oferta agrícola puxou os preços para cima, juntamente com pressões para aumentos nas tarifas públicas, com preços ainda reprimidos devido ao congelamento de abril a julho, além da própria indexação generalizada da economia, adotada como estratégia pela equipe econômica, que por si só poderia estimular a aceleração da inflação. A retomada da tendência de alta levou o governo a mudar o índice oficial de medição da inflação. O IGP-DI (Índice Geral de Preços), medido pela Fundação Getúlio Vargas (FGV), foi substituído pelo IPCA (Índice de Preços ao Consumidor Amplo), medido pelo Instituto Brasileiro de Geografia e Estatística (IBGE), que registrava uma inflação menor em novembro: 11,1%. Mesmo assim, a inflação acumulada no ano foi de 222% (MODIANO, 1992, p. 354-357). O fracasso do "gradualismo" da política econômica acelerou a opção pela adoção do choque heterodoxo em fevereiro, que, afinal, já vinha sendo preparado desde antes. Começaria a Era do Cruzado.

Consolidando a tutela militar e o campo conservador

A aliança de Sarney com os militares se intensificou no segundo semestre de 1985. Foi operada na prática através da adoção e radicalização da posição de não-revanchismo já vislumbrada por Tancredo; da identidade de posições em torno das principais reformas institucionais estabelecidas nesta fase e da manutenção e reforço da autonomia operacional das Forças Armadas, não só com a preservação de suas posições no aparato repressivo e de informações, mantendo-as como uma reserva de poder para o controle do conflito político, bem como com a liberação de verbas para seu aparelhamento e ampliação. A postura de não-revanchismo pôde ser exercitada em diversas ocasiões, frustrando os setores que esperavam a punição dos envolvidos nos crimes cometidos pelo aparelho repressivo e de informações durante a Ditadura Militar e preservando o *status quo* dos militares. Em agosto de 1985, a deputada Bete Mendes (PMDB) denunciou ao presidente e ao Congresso Nacional o coronel Carlos Alberto Brilhante Ustra, adido militar da Embaixada Brasileira no Uruguai, como seu torturador quando foi presa por participar da organização guerrilheira VAR-Palmares, no início dos anos 70, exigindo sua exoneração. Tal atitude foi suficiente para gerar a imediata reação do ministro do Exército, que em nota não só confirmou a manutenção do coronel no posto como elogiou os que atuaram no combate à "subversão". Segundo seu próprio depoimento, Sarney defendeu esta posição junto a Ulysses Guimarães, que queria a exoneração do coronel para dar uma satisfação à opinião pública, evidenciando sua identidade com as posições militares (SARNEY, 2001, p. 27-28).

Isto ocorreu num momento em que se dava ampla divulgação aos nomes dos torturadores e assassinos do sistema repressivo por meio da publicação do livro *Brasil: nunca mais*, organizado pela Comissão de Justiça e Paz da Arquidiocese de São Paulo. Episódio semelhante ocorreu no início de 1986, quando João Batista Xavier, recém-nomeado superintendente da Polícia Federal no Ceará, foi denunciado como torturador, mas continuou no posto, apesar da contrariedade do ministro da Justiça Fernando Lyra com a situação, o que antagonizou-o mais ainda

e do Planalto), foi criado o Comando Militar do Oeste, abrangendo os Estados do Mato Grosso e do Mato Grosso do Sul e desmembrando o antigo II° Exército, agora denominado Comando Militar do Sudeste e restrito ao Estado de São Paulo. Em dezembro, foi aprovado o primeiro programa de expansão e aparelhamento do Exército (Força Terrestre 1990), que previa não só o aumento dos efetivos, mas a ampliação dos regimentos, a modernização de armas e equipamentos e o fortalecimento da Imbel (Indústria de Material Bélico do Exército), visando ao atendimento das necessidades da própria Força. Isto evidencia que, na questão da indústria bélica, os militares mantiveram e ampliaram seu controle, mantendo o Brasil na posição de grande exportador de armas. Em 1986, Sarney fortaleceu mais ainda a autonomia dos militares na questão nuclear, transferindo o controle da Comissão Nacional de Energia Nuclear (CNEN) do Ministério das Minas e Energia para a presidência da República. Na prática, o controle do setor seria feito pelo secretário do Conselho de Segurança Nacional, ministro do Gabinete Militar, general Bayma Denis (ZAVERUCHA, p. 169-181; STEPAN, 1986, p. 81-108; OESP, 12.10.1985; JT, 11.12.1985).

Finalmente, nas questões fundamentais envolvendo a substituição da institucionalidade autoritária pela democrática, o governo aprovou a proposta e a pauta dos militares, dando continuidade à perspectiva meramente reformista iniciada com o projeto distensionista (MACIEL, 2004, p. 85-205). Além das estruturas burocráticas e jurídicas preservadas do regime anterior, houve identidade entre o governo e os militares na tese que transferia a criação da nova institucionalidade para a Constituinte, adiando a remoção do chamado "entulho autoritário", na proposta de transformação de convocação do Congresso Constituinte, em vez de Assembleia Constituinte específica, livre e soberana, sendo este eleito e regido por regras eleitorais e partidárias oriundas, basicamente, do regime militar e de caráter fortemente autocrático. Nestas condições, o poder constituinte refletiria, fundamentalmente, uma correlação de forças favorável aos setores autocráticos, comprometidos com a transição conservadora.

Ainda conforme a plataforma de Tancredo e a posição dos militares sobre o assunto, em novembro de 1985, através da Emenda Constitucional n° 26, o governo aprovou a transformação do Congresso Nacional a ser eleito em 15 de novembro de 1986 em Assembleia Constituinte, para discussão e elaboração da nova Constituição durante o ano de 1987. Também participariam da Assembleia parlamentares que não foram eleitos para ela: os 25 senadores eleitos em 1982 e ainda na metade do mandato de oito anos. No Congresso, a EC26 foi aprovada por 50 senadores (22 do PMDB, dez do PFL, 14 do PDS, um do PTB, um do PDT e dois sem partido) e, na Câmara, por 325 deputados (170 do PMDB, 78 do PFL, 70 do PDS, um do PDC e dois de cada um dos seguintes partidos: PTB, PC do B, PCB). Dias depois, nova Emenda Constitucional foi aprovada, esta de nº 27, eliminando a restrição de prazo anteriormente estabelecida (FERREIRA, 1989, p. 17-21; CPVDOC, 1986).

A aprovação das duas emendas foi controversa, apesar da ampla maioria, gerando descontentamento no próprio PMDB, particularmente porque mantinha a desproporção na representatividade dos Estados na Câmara dos Deputados e dava poderes constituintes aos senadores eleitos em 1982. Para combater estas distorções, surgiram desde propostas de convocação de um plebiscito para decidir se a Constituinte deveria ser congressual ou exclusiva, até a eleição de 100 constituintes avulsos, além dos congressistas, indicados por entidades da sociedade civil, e não pelos partidos, e distribuídos de modo a favorecer os Estados mais prejudicados pela representação desproporcional. Além da proposta de Assembleia Constituinte, exclusiva e soberana, defendida pelo PT e pelo PDT. Todas derrotadas. Apesar da exigência de fidelidade por parte do governo, setores da esquerda do PMDB não votaram na emenda, agravando mais ainda as divisões internas no partido. Esta divergência levou à saída dos deputados Artur Virgílio e Mário Frota dos cargos de vice-líderes do partido na Câmara, por pressões dos setores governistas, como o próprio líder do governo, Pimenta da Veiga, e o deputado Roberto Cardoso Alves, que exigiu a renúncia dos descontentes (TO, 26.8.1985 a 1.9.1985; MARTINS, 21.10.1985 a 27.10.1985; FREITAS, 31.10.1985). Apesar do caráter francamente autocrático da proposta de Congresso Constituinte, PCB e PC do B a apoiaram.

Após a aprovação da emenda propondo Congresso Constituinte, Sarney se regozijou, afirmando que "no setor institucional, todos os compromissos políticos foram cumpridos. Os compromissos das mudanças foram implantados", indicando claramente os limites das reformas institucionais para o governo (SARNEY, 1990, p. 37).

Outro elemento fundamental na composição e unificação do campo conservador foi o processo de descaracterização e anulação da proposta do PNRA. Os resultados da ofensiva das classes dominantes agrárias sobre a proposta do PNRA já se faziam sentir em agosto de 1985, com a criação de um grupo de trabalho interministerial, subordinado ao Conselho de Segurança Nacional, incumbido de propor ações para fixação do homem no campo. Em setembro, Sarney afirmou que as terras produtivas e as empresas rurais estariam imunes à reforma agrária, limitando a aplicação do critério de função social da terra para efeito de desapropriação. Na mesma época, o ministro Nelson Ribeiro foi convocado pelo ministro do Gabinete Militar e pelo chefe do SNI (Serviço Nacional de Informações) para esclarecimento quanto aos objetivos do PNRA (RUA, 1990, p. 288-289).

Em outubro, o PNRA foi instituído por decreto presidencial, porém, totalmente alterado em relação à sua proposta original. Entre as principais medidas contraditórias com relação ao plano original, constavam o privilegiamento das soluções negociadas para cada caso de desapropriação, a isenção dos "latifúndios produtivos", que cumprissem sua função social ou que tivessem grande incidência de arrendatários e parceiros da possibilidade de desapropriação, e a subordinação da aplicação do PNRA aos Planos Regionais de Reforma Agrária (PRRA's), a serem elaborados em cada Estado e posteriormente apresentados para aprovação presidencial (MEDEIROS, 1989, p. 196-197). Consta que tais alterações foram realizadas sem o conhecimento do Mirad ou do Incra por um advogado ligado aos interesses latifundiários sob a tutela do Conselho de Segurança Nacional, seguidas de pequenas correções feitas pelo próprio presidente. A consequência política imediata deste decreto foi a demissão do superintendente do Incra, José Gomes da Silva, enfraquecendo ainda mais o grupo reformista dentro do governo. Em abril de 1986, foram apresentados os PRRA's para aprovação presidencial, mas o presidente não os assinou alegando sua necessária revisão. As alterações feitas nos planos levaram o ministro Nelson Ribeiro a se demitir, em maio (RUA, 1990, p. 289). Estas alterações abriam brechas para que os proprietários com terras em vista de desapropriação pudessem obstacularizar o processo por meio de diversos mecanismos, como veto na indicação de áreas desapropriáveis pelas Comissões Agrárias estaduais, órgãos técnico-consultivos com poder de indicá-las; pressão política sobre o governo e ações administrativas junto ao Incra ou mesmo na Justiça para reverter processos de desapropriação (MEDEIROS, 1989, p. 197-198).

Com o esvaziamento da proposta original do PNRA e o desmantelamento da equipe que o elaborara, a questão da reforma agrária foi praticamente "congelada" dentro do governo. Ora cedendo a pressões dos setores dominantes agrários, ora inviabilizando na prática as iniciativas reformistas, o governo adotou uma postura cada vez mais conciliadora diante da grande propriedade rural. Neste período, o Incra foi obrigado a estabelecer novos procedimentos para a desapropriação de terras, pois o Supremo Tribunal Federal começou a conceder liminares aos proprietários suspendendo processos já iniciados, e o próprio ministro do Mirad, Dante de Oliveira (PMDB-MT), ligado à esquerda peemedebista, admitiu erros no encaminhamento dos processos, o irrealismo do programa de assentamentos do instituto e a existência de obstáculos financeiros para a execução do PNRA (RUA, 1990, p. 291). Na mesma época, o Gabinete Civil da Presidência da República boicotou sistematicamente os pedidos de desapropriação de terras feitos pelo Mirad e pelo Incra e que dependiam de aprovação presidencial, "engavetando-os" sem apresentá-los ao presidente ou mesmo não os publicando no Diário Oficial após assinatura. Como se sabe, a partir de fevereiro de 1986, a chefia do Gabinete Civil passou a ser ocupada por Marco Maciel, representante político das oligarquias do Nordeste, liderança nacional do PFL e um dos principais representantes do campo conservador dentro do governo (MARTINS, 1994, p. 89-90). Aliás, dentro do governo Marco Maciel foi o responsável pela elaboração do chamado "Plano Mestre", que conduzia na prática a política de reforma agrária privilegiando a conciliação com os proprietários (MEDEIROS, 1989, p. 198). O próprio presidente da UDR, Ronaldo Caiado, reconheceu em entrevista que as alterações nos PRRA's feitas pelo ministro Marco Maciel, em consonância com a orientação da entidade, foram uma vitória política (FSP, 7.6.1986).

Os resultados deste processo de reversão da proposta do PNRA foram o desmantelamento da equipe envolvida em sua elaboração e execução, a recomposição do governo com as classes dominantes agrárias e o deslocamento da perspectiva de reforma agrária do arco de compromissos políticos da Nova República. Em termos numéricos, isto se evidenciava na enorme distância entre o pretendido e o realizado. Segundo dados do Incra, a previsão do PNRA era de desapropriação de uma área de 43 milhões de hectares e de assentamento de 1,4 milhão de famílias durante todo o governo Sarney. Até 1989, haviam sido desapropriados 4,5 milhões de hectares e assentadas 90 mil famílias, aproximadamente um décimo do previsto (CNASI, 1994, p. 9).

Os partidos e as eleições municipais de 1985

Com as mudanças operadas nas legislações partidária e eleitoral, surgiram mais 24 partidos entre maio e outubro de 1985. Esta hiperpluralização do espectro partidário explica-se em função de alguns fatores. Em primeiro lugar, expressa o redimensionamento das forças políticas causado pelo fim da Ditadura e pela ascensão do governo da Aliança Democrática. Em segundo lugar, é resultado da flexibilização das condições legais exigidas para a formação de novos partidos. A relativa rigidez da reforma partidária de 1979 foi consideravelmente diminuída em 1985. Em terceiro lugar, também é fruto da emergência de clivagens regionais e de interesses particularistas e até pessoais no interior dos partidos existentes, favorecendo divisões e recomposições. Por fim, é consequência do processo de privilegiamento dos partidos e do aparelho de Estado como *locus* exclusivo de ação política organizada, em detrimento dos movimentos sociais e das entidades corporativas. Este processo se iniciou com o projeto distensionista do governo Geisel e perpassou toda a transição da Ditadura Militar à Nova República, cujas reformas institucionais visavam ao fortalecimento da esfera de representação política e do método politicista, traduzido pela Doutrina de Segurança Nacional, que remetia as demandas e interesses das classes sociais para a esfera de representação burocrática, enquanto a "política" era entendida como *locus* de representação dos "interesses nacionais". Com a ascensão da Nova República, o método politicista e o exclusivismo dos partidos continuaram, apesar de sua debilidade diante dos militares e do próprio governo. A noção predominante no governo e na Aliança Democrática de que o pacto social, que envolveria os movimentos sociais e entidades corporativas, deveria limitar-se aos temas econômicos e sociais, enquanto as reformas institucionais continuariam sendo operadas no plano da sociedade política, pelos partidos e pelo governo, reforçava a perspectiva de democratização inaugurada pela Distensão de Geisel. Deste modo, a pluralização do conflito social possibilitada pelo próprio fim da Ditadura Militar teria como consequência necessária a própria pluralização do espectro partidário.

Assim, além dos partidos já existentes e situados na esfera de representação política – PDS, PMDB, PTB, PDT e PT –, o TSE reconheceu mais dez partidos em julho e outros 14 em agosto. Em julho, foram reconhecidos o Partido da Frente Liberal (PFL), o Partido Liberal (PL), o Partido Social Cristão (PSC), o Partido Democrata Cristão (PDC), o Partido do Povo Brasileiro (PPB), o Partido Tancredista Nacional (PTN), o Partido Humanista (PH), o Partido Municipalista Comunitário (PMC) e os clandestinos Partido Comunista Brasileiro (PCB) e Partido Comunista do Brasil (PC do B). Em agosto, foram reconhecidos o Partido Comunitário Nacional (PCN), o Partido Democrático Independente (PDI), o Partido da Juventude (PJ), o Partido Liberal Brasileiro (PLB), o Partido da Mobilização Nacional (PMN), o Partido Municipalista Brasileiro (PMB), o Partido Nacionalista (PN), o Partido Nacionalista Democrático (PND), o Partido da Nova República (PNR), o Partido Renovador Progressista (PRP), o Partido Socialista Brasileiro (PSB), o Partido Socialista Agrário e Renovador Trabalhista (PASART), o Partido Renovador Trabalhista (PRT) e o Partido Trabalhista Renovador (PTR) (FSP, 10.7.1985 e 2.8.1985). De todos estes a maioria era composta de partidos efêmeros, de pequena expressão social e baseados, fundamentalmente, em lideranças individuais motivadas por interesses fisiológicos e personalistas, geralmente preteridas como candidatos nos outros partidos. Nas eleições para as prefeituras das capitais, em 1985, que envolveram 15,4 milhões de eleitores, apenas dez partidos ultrapassaram a cifra de 100 mil votos. Entre os partidos que elegeram prefeitos, sozinhos ou em coligação, constam apenas PMDB, PFL, PDS, PTB, PDT, PT, PSB, PCB e PC do B. Nas eleições para o Congresso Constituinte, de 1986, além dos partidos supracitados, apenas PL, PSC, PDC e PMB conseguiram eleger deputados federais (TSE, 1985; LAMOUNIER, 1990, p. 188-189).

Além do PFL, cujo reconhecimento pelo TSE apenas legalizou uma estrutura política estabelecida e atuante no governo e no Congresso, dos novos partidos criados os mais significativos e com maior impacto na estrutura partidária existente eram o PL, o PSC, o PDC, o PSB, o PCB e o PC do B. Presidido pelo deputado federal Álvaro Valle, o PL aglutinou setores não-malufistas do PDS, mas que também não aderiram ao PFL e ao governo Sarney. Em seu manifesto de fundação, o PL apresentou-se como defensor da propriedade privada como um "direito natural", afirmou que era papel do Estado defender a empresa nacional, particularmente a pequena e a média empresa, dos oligopólios e monopólios, propôs uma reforma tributária que impedisse os excessos da carga tributária e uma reforma agrária que penalizasse o latifúndio improdutivo (PL, 2004, p. 7-9). Tal proposta expressava a perspectiva política das frações do pequeno e médio capital, principal base social do partido, que tinha maior presença no Rio de Janeiro e em São Paulo, Estados onde o PDS e o PFL encontravam-se bastante desgastados.

Tendo também o pequeno e o médio capital como sua principal base social, surgiram dois partidos oriundos da tradição democrático-cristã: o PSC e o PDC. A perspectiva dos seus organizadores era o restabelecimento do antigo PDC, partido surgido com a redemocratização de 1945 e baseado na doutrina social da Igreja Católica. No entanto, as disputas internas, que levaram ao surgimento dos dois partidos, a adesão da maior parte do clero católico à perspectiva político-social da Teologia da Libertação e a ausência de sua principal liderança do passado ainda viva, o governador Franco Montoro, há muito no PMDB, fizeram do PDC e do PSC partidos pequenos, com inserção fundamentalmente em São Paulo. Com base nos princípios corporativistas de negação da luta de classes e de defesa da harmonia entre capital e trabalho, os partidos democrático-cristãos propuseram-se como um terceiro caminho entre o liberalismo e o comunismo, porém, a defesa da propriedade privada e da livre iniciativa, aliada à valorização da família e de uma pretensa comunidade nacional, colocavam-nos no campo dos partidos conservadores (CHACON, 1998, p. 215, 497-510; PSDC, 2006).

O Partido Socialista Brasileiro também surgiu com a perspectiva de resgate de uma herança política do período anterior à Ditadura, no caso a do antigo PSB, fundado nos anos 40. Diversos intelectuais presentes no antigo partido e que militavam no MDB participaram ativamente da fundação do novo, como Evandro Lins e Silva, Rubem Braga, Joel Silveira e Antonio Houaiss, reivindicando o programa de 1947, elaborado por João Mangabeira. No entanto, rapidamente o partido absorveu elementos dissidentes do PDT, como Sebastião Nery e Rogê Ferreira, e do PMDB, como Jarbas Vasconcelos. Defendendo uma perspectiva socialista distante do marxismo, particularmente do leninismo e do classismo operário, e próxima das posições da social-democracia europeia do pós-Segunda Guerra, o PSB propunha a socialização gradual e progressiva dos meios de produção de forma pacífica e legal, e não pela via revolucionária, e defendia o funcionamento e o aperfeiçoamento da democracia. Sua postura de oposição ao governo da Aliança Democrática granjeou-lhe apoio em setores do funcionalismo público, dos assalariados de classe média e do pequeno capital. Os Estados nos quais apresentava maior inserção eram Rio de Janeiro, de onde saiu a maioria dos seus quadros fundadores, e Pernambuco, principalmente com a conquista da prefeitura de Recife em 1985 por Jarbas Vasconcelos. No espectro político, o partido colocou-se no campo da esquerda moderada, próximo do PDT e de setores de esquerda do PMDB (CHACON, 1998, p. 421-428, NP, 16.7.1985; PSB, 2006).

Entre os partidos da esquerda marxista que atuavam clandestinamente no PMDB, o PCB e o PC do B foram então legalizados. O MR8 fez a opção de continuar no PMDB atuando como bloco político. Com inserção nos movimentos sociais, particularmente no movimento sindical, com forte atuação na Conclat, inserção institucional, com dezenas de parlamentares, e milhares de militantes, PCB e PC do B optaram cada qual por fortalecer-se enquanto partidos legalizados, apesar de ambos defenderem a manutenção da frente democrática que sustentava o governo da Nova República, apoiando inúmeras iniciativas do governo Sarney, e coligarem-se com o PMDB em inúmeros municípios nas eleições de 1985 (A, 7.5.1985).

Dos partidos já existentes, o PDS era o que sofria a maior sangria e foi o grande derrotado nas eleições de 1985, mesmo considerando que nelas a disputa ocorreu justamente nas cidades onde não houve eleição para prefeito em 1982 (capitais de Estado, áreas de segurança nacional, estâncias hidrominerais e municípios novos), o que é uma diferença importante, mas não ao ponto de invalidar a comparação. Se compararmos seu desempenho em 1985, em que conquistou apenas 22 (10,9%) das 201 prefeituras em disputa, com o de 1982, em que conquistou 2533 (64,3%) de um total de 3941 prefeituras em disputa, o PDS regrediu fortemente como grande partido do bloco no poder, enraizado em praticamente todos os municípios brasileiros. Esta situação colocou o partido sob a ameaça de sofrer defecções cada vez maiores, o que ocorreu, e sob intensas pressões para que aderisse à Aliança Democrática e apoiasse o governo Sarney. As principais resistências a estas pressões partiram dos setores malufistas do partido, praticamente os únicos que ficaram. O principal beneficiário do espólio eleitoral do PDS foi o PFL, que conquistou 24 prefeituras (11,9%); no entanto, em nenhuma capital de Estado, mesmo as das regiões Norte e Nordeste, de onde provinha a maioria das principais lideranças do partido (TSE, 1985; LAMOUNIER, 1990, p. 186-188).

Na verdade, o resultado do PFL também foi decepcionante, pois sua forte presença dentro do governo e no Congresso, a herança de grande parte da estrutura organizativa do PDS e o próprio *aggiornamento* promovido por suas lideranças com o apoio a Tancredo deveriam render mais votos. Isto não ocorreu, tanto devido à identificação do partido com a face mais conservadora e continuísta do governo, como porque o PMDB é que passou a ser o grande partido do bloco no poder.

As cisões sucessivas ocorridas no PDS tornaram o PMDB o maior partido nacional, aquele com maior enraizamento nos municípios. Além do fato de ser o maior partido governista, tal situação permitiu ao PMDB concorrer em todos os municípios onde houve eleições, fosse sozinho, fosse coligado com outros partidos. O resultado foi a conquista de 129 prefeituras (64,17%), sendo que dessas 19 foram em capitais de Estado. Em 1982, o PMDB conquistou 1377 (34,9%) das 3941 prefeituras em disputa (TSE, 1985; LAMOUNIER, 1990, p. 186-188).

Comparando-se os dois pleitos, mesmo considerando suas diferenças, o crescimento eleitoral do partido foi avassalador. No entanto, apesar destes resultados, é necessário considerar algumas questões. Em primeiro lugar, o partido perdeu em cinco capitais, algumas delas importantes e redutos tradicionais do voto oposicionista, como Rio de Janeiro, São Paulo e Porto Alegre. Em segundo lugar, perdeu para partidos de oposição ao governo, como o PDT (Rio de Janeiro e Porto Alegre) e o PT (Fortaleza), ou que assumiram este discurso durante a campanha, como PTB (São Paulo) e PDS (São Luiz). Em terceiro lugar, os setores conservadores do partido saíram das eleições fortalecidos, enquanto sua ala esquerda foi a grande derrotada. Aliás, a derrota da esquerda peemedebista já vinha ocorrendo desde o processo de indicação das candidaturas partidárias, em que os setores moderados ou com origem no antigo PP conseguiam vencer a disputa interna. Esta foi a principal razão da saída do deputado Jarbas Vasconcelos, liderança expressiva da esquerda do partido em Pernambuco, com apoio de outras estrelas da esquerda peemedebista, como Fernando Lyra, Miguel Arraes e Marcos Freire, mas derrotado pelo ex-pepista Sérgio Murilo na indicação para a candidatura à prefeitura do Recife. Candidato pelo PSB, Vasconcelos venceu a eleição (JP, 11.7.1985 a 17.7.1985; FSP, 14.7.1985b).

Na eleição para a prefeitura de São Paulo, a derrota da esquerda peemedebista foi ainda maior, pois uma de suas principais lideranças nacionais, o senador Fernando Henrique Cardoso, perdeu para ninguém menos que o ex-presidente Jânio Quadros, do PTB. Aliado ao PFL e apoiado pelo PDS, Jânio venceu com um discurso conservador, capitalizando o descontentamento com o governo do PMDB no Estado e com o governo federal. A candidatura de Eduardo Suplicy pelo PT contribuiu para a derrota do PMDB, pois atraiu parte substancial do voto de esquerda; no entanto, a candidatura de Fernando Henrique foi boicotada por setores do próprio partido, ligados ao vice-governador Orestes Quércia, interessado em enfraquecer a ala esquerda nos planos estadual e nacional. Assim sendo, o PMDB saiu das eleições mais fortalecido, porém mais conservador e mais governista do que antes (FSP, 14.7.1985b; MELHEM, 1998, p. 177).

Além da cidade de São Paulo, o PTB ganhou em mais 11 cidades (5,97%), evidenciando um crescimento relativo em relação às eleições de 1982, quando conquistou apenas sete (0,2%) das 3941 prefeituras (TSE, 1985; LAMOUNIER, 1990, p. 186-188).

No entanto, das 12 cidades em que venceu, dez foram no interior da Bahia, o que demonstra sua qualificação como opção do voto conservador, particularmente em um Estado onde as disputas entre PFL e PDS ainda eram intensas, pois Antonio Carlos Magalhães só se tornaria pefelista posteriormente, apesar de sofrer fortes resistências de pefelistas baianos, como o deputado José Lourenço.

O PDT ganhou em 12 cidades (5,97%), sendo duas capitais de Estado: Rio de Janeiro, com Saturnino Braga, e Porto Alegre, com Alceu Collares, e com grande votação em Curitiba e Recife. Das outras dez prefeituras conquistadas, o partido ganhou oito no Rio Grande do Sul e duas no Rio de Janeiro. A vitória nestas cidades demonstra o peso do Rio de Janeiro e do Rio Grande do Sul no mapa de votos pedetistas e na própria estrutura do partido. Em 1982, o partido conquistou 22 (0,6%) das 3941 prefeituras, o que demonstra o rendimento eleitoral de sua postura oposicionista diante do governo (TSE, 1985; LAMOUNIER, 1990, p. 186-188; RODRIGUES, 20.11.1985).

Finalmente, o PT conquistou uma única prefeitura (0,49%), a de Fortaleza, capital do Ceará, apesar de ter recebido votações expressivas em São Paulo, Porto Alegre e Goiânia, onde ganhou a eleição, mas a vitória não se confirmou devido à fraude nos processos de votação e apuração (o "eleito" foi o candidato do PMDB). Comparativamente às eleições de 1982, quando conquistou apenas duas (0,1%) das 3941 prefeituras onde houve eleições, o partido cresceu um pouco. No entanto, nas capitais o partido conquistou 11,2% do total dos votos, o que indica o crescimento do voto petista nas grandes cidades e o resultado favorável da postura oposicionista adotada pelo partido diante do governo Sarney e da Aliança Democrática, particularmente depois do isolamento político sofrido durante a campanha e a eleição de Tancredo (TSE, 1985; LAMOUNIER, 1990, p. 186-188).

O saldo geral das eleições indica o crescimento relativo do voto oposicionista nas grandes cidades, o fortalecimento dos partidos que mantiveram uma postura de oposição ao governo Sarney (PDT e PT), o crescimento do PMDB como o maior partido institucional do país e o enfraquecimento eleitoral dos partidos oriundos do apoio à Ditadura Militar (PDS e PFL). O fortalecimento eleitoral do PT e do PDT, somado à aprovação da emenda do Congresso Constituinte e ao fracasso da tentativa de pacto social, fez com que os dois partidos, em aliança com a CUT, relançassem, mais uma vez, a tese de eleições "diretas já". Já em novembro, o PT lançou a campanha das diretas, alegando que o Congresso Constituinte não teria legitimidade para definir o mandato de Sarney. Em dezembro, PT e PDT oficializaram a aliança pelas eleições diretas para presidente e para a Assembleia Constituinte exclusiva, prevista para 15 de novembro de 1986, admitindo o direito de Sarney disputar a reeleição sem abandonar o cargo. Em entrevista, Lula rejeitou a aliança com o PMDB, proposta por Fernando Henrique, pelo fato de o partido fazer parte da Aliança Democrática, que dava sustentação ao governo, mas afirmou que o apoio de Ulysses, da esquerda do partido e dos novos partidos de esquerda seria aceito. Em janeiro de 1986, ainda limitada a PT e PDT, começou a nova campanha das diretas, porém, desta vez, ela seria atropelada por um choque heterodoxo na economia, o Plano Cruzado (FSP, 28.11.1985b, DGABC, 3.12.1985; OESP, 17.12.1985).

Se de um lado o PMDB cresceu como o grande partido do bloco no poder, com grande interlocução com as frações nacionais e externas do capital monopolista, enraizado nacionalmente, particularmente nas pequenas cidades e com grande presença no aparelho de Estado, de outro lado, o partido começou a perder parte de seu caráter original, herdado do antigo MDB, ou seja, um partido pluriclassista e reformista, com forte identificação com as frações pequena e média do capital e com os trabalhadores urbanos e com grande peso do voto urbano, particularmente das grandes cidades, nos seus resultados eleitorais. Estas mudanças não se esgotaram nesta conjuntura; ao contrário, perpassariam todo o governo Sarney, mas, de imediato, causaram algumas modificações. Em primeiro lugar, um recuo de seus setores de esquerda, identificados com uma postura anticesarista (durante a Ditadura Militar), mas também antiautocrático. Estes setores perderam força política e institucional no interior do partido, tanto com a saída da esquerda marxista do PCB e do PC do B e dos setores que engrossavam o PSB, como principalmente pelos dilemas da participação no governo Sarney e na Aliança Democrática.

Em segundo lugar, o PMDB passou a disputar com o PDS e com o PFL a condição de principal partido do bloco no poder. Este processo já havia começado durante a crise da Ditadura Militar, mas se intensificou na Nova República, na medida em que o partido fortaleceu sua postura autocrática e arrefeceu seu ímpeto reformista. A adesão à agenda de reformas de Tancredo e a acomodação com o conservadorismo de Sarney em aliança com os militares e com o PFL indicam a crescente afinidade do partido com as posições das frações do grande capital que, apesar de suas contradições (capital nacional x capital externo, capital industrial x capital financeiro, etc.), tinham unidade em torno da manutenção da autocracia burguesa, mesmo num regime democrático representativo. Este processo deslocou progressivamente o PDS e o PFL, principalmente para as "franjas" do bloco no poder, ou seja, para crescente identificação com os setores subalternos das classes dominantes, como os grandes proprietários de terras e os setores do médio capital (industrial e comercial). Isto evidencia a grande resistência do núcleo duro do PDS, o setor malufista, para aderir ao governo Sarney e à Aliança Democrática, correndo o risco de perder sua identidade na "geleia conservadora governista" e as acirradas disputas entre PMDB e PFL nas eleições de diversas cidades, em algumas delas causando traumas irreversíveis, como em São Paulo.

A ameaça de rompimento da Aliança Democrática gerou movimentos de acomodação de um lado e de outro, principalmente por parte de Ulysses e de Aureliano

Chaves, que se comprometeram a "conversar mais"; no entanto, fracassou a tentativa de se formar um "partido de centro" inspirada por Sarney, fundindo o PFL e o PDS e atraindo os setores conservadores do PMDB, para dar sustentação ao governo. Mais uma vez, as resistências partiram dos setores malufistas do PDS, mas a tentativa indicou claramente a intenção de isolar o PMDB dentro do governo, principalmente sua ala esquerda (JT, 27.11.1985; MOSSRI, 27.11.1985). Mesmo não se constituindo como tal, o "partido do Sarney" acabou sendo criado, só que não como um partido formal, mas como o partido dos aderentes ao governo na reforma ministerial de fevereiro de 1986.

A reforma ministerial e a formação do "partido do Sarney"

A primeira reforma ministerial do governo Sarney ocorreu em fevereiro de 1986 e expressou claramente uma tendência conservadora, resultando no fortalecimento do campo conservador no interior do governo. Em primeiro lugar, esta reforma foi fruto do que o governo considerava o cumprimento da agenda de Tancredo, ou seja, a aprovação das reformas institucionais, o lançamento do plano de reforma agrária e a tentativa, fracassada, de viabilização do pacto social. A partir de então, o governo se preocuparia, fundamentalmente, com a Constituinte. Em segundo lugar, foi consequência dos resultados eleitorais de 1985 e evidenciou a vitória do PFL e dos setores conservadores e moderados do PMDB, em detrimento de sua ala esquerda. Com esta reforma ministerial Sarney se desvencilhou do governo deixado por Tancredo e o moldou mais de acordo com suas convicções. Grosso modo, a reforma havia sido iniciada com a ida de José Aparecido do Ministério da Cultura para o governo do Distrito Federal, em maio, sendo substituído por Aloísio Pimenta, também do PMDB de Minas Gerais, e com a substituição de Dornelles por Funaro na Fazenda, em agosto de 1985. No entanto, agora eram feitas 17 alterações, mudando substancialmente a composição ministerial.

Primeiramente, na Justiça e na Previdência Social, Fernando Lyra e Waldir Pires, representantes da ala esquerda do PMDB, foram substituídos, respectivamente, por Paulo Brossard, conservador do PMDB gaúcho, e Rafael de Almeida Magalhães (PMDB-RJ), moderado, ligado a Ulysses. Na Agricultura, o moderado Pedro Simon (PMDB-RS) foi substituído pelo conservador Íris Rezende

(PMDB-GO), governador licenciado de Goiás, berço da UDR. No Gabinete Civil, saiu o ex-pepista, homem de confiança de Tancredo, José Hugo Castelo Branco (PMDB-MG), e entrou Marco Maciel, do PFL de Pernambuco. Por sua vez, Castelo Branco substituiu Roberto Gusmão (PMDB-SP) no Ministério da Indústria e Comércio e Maciel foi substituído na Educação por outra liderança pefelista nacional, Jorge Bornhausen (PFL-SC). Na Saúde, o ex-pedessista e ex-pepista Carlos Santana (PMDB-BA) foi substituído pelo ex-pedessista Roberto Santos (PMDB-BA); Olavo Setúbal (PFL-SP) foi substituído nas Relações Internacionais por outro banqueiro, Roberto de Abreu Sodré (PFL-SP), ex-arenista e ex-governador de São Paulo, e Flávio Peixoto (PMDB-GO), aliado de Íris Rezende, foi substituído no Ministério do Desenvolvimento Urbano e Meio Ambiente por Deni Schwartz (PMDB-PR), ligado à esquerda peemedebista. Nos Transportes, Afonso Camargo (PMDB-PR) foi substituído por José Reinaldo Tavares, ligado pessoalmente a Sarney. Os ministérios da Administração, dos Assuntos Extraordinários e da Desburocratização foram extintos, sendo os dois primeiros do PMDB e o último do PFL, ao passo que o Ministério da Irrigação foi criado, ocupando-o Vicente Fialho, do PFL-CE. A única mudança em direção à esquerda foi a substituição de Aloísio Pimenta por Celso Furtado no Ministério da Cultura, numa espécie de concessão honorífica e prêmio de consolação para quem deveria estar, na verdade, no comando da área econômica. Finalmente, em maio Nelson Ribeiro foi substituído por Dante de Oliveira (PMDB-MT) no Mirad, conforme já assinalamos, indicado de acordo com o critério clientelístico de entrega do controle da pasta para políticos da região amazônica. No saldo geral, o PMDB perdeu dois ministérios, enquanto o PFL ganhou mais um, evidenciando que a diminuição de seu peso eleitoral não era correspondente ao crescimento de sua força política dentro do governo (MENEGUELLO, 1998, p. 188-191). Em tempo, os ministérios militares continuaram intocados.

No PMDB, as reações ao anúncio da reforma ministerial foram intensas, particularmente de sua ala esquerda, inconformada com o que parecia ser a ressurreição de um governo da velha Arena. Lideranças como Miguel Arraes, Aírton Soares e Alencar Furtado, que esperavam ser indicadas para ministérios, não esconderam sua insatisfação. Tampouco o fez Fernando Lyra, demitido do Ministério da Justiça logo após ter entregado ao presidente o projeto de Lei de Defesa do Estado

(DIMENSTEIN, 19.2.1986; DALTRO, 27.2.1986). Até Pimenta da Veiga, líder do governo na Câmara, veio a público afirmar que o "PMDB é mais importante que o governo", defender a separação entre a liderança do governo e a liderança do partido na Câmara, ambas ocupadas por ele, e revelar sua crença de que o partido romperia com o governo na próxima reunião do Diretório Nacional, marcada para março (FSP, 20.2.1986). Sarney, por sua vez, tentou aparar as arestas defendendo a unidade de ação do novo ministério e condenando o que considerava "reivindicações impossíveis", particularmente na questão dos reajustes salariais, o que gerou o apoio dos empresários, mas duras críticas dos sindicalistas e da esquerda peemedebista. Chegou a dizer ao deputado Aírton Soares que "reformas progressistas se fazem com ministros conservadores", numa manifestação explícita do "transformismo à brasileira" (FSP, 21.2.1986). No entanto, a manifestação mais contundente de desagrado e ruptura com o governo partiu de Fernando Henrique Cardoso, que abandonou o cargo de líder do governo no Congresso, no final de fevereiro. Em entrevista concedida na ocasião, Fernando Henrique afirmou que a Aliança Democrática estava rompida, que a ala moderada do Exército (Leônidas Pires Gonçalves e Ivan de Souza Mendes), a ala liberal do "antigo regime" e os "amigos do presidente" dirigiam o governo, pois o PMDB tinha virado um simples "acréscimo", e que o PMDB errou ao assumir a condução da transição com o fim da Ditadura Militar – tal tarefa deveria ter sido deixada para o próprio governo militar. Além disso, defendeu que o PMDB saísse à rua em defesa de eleições presidenciais diretas, reverberando a tese do PT, da CUT e do PDT, que se criasse uma "frente progressista" com o PDT em torno desta bandeira e ameaçou, vislumbrando a ruptura irreversível com o governo e a formação de um novo partido com aproximadamente 60 deputados, caso o PMDB não se desvinculasse de suas posições conservadoras até a Constituinte (PIRES, 27.2.1986). No entanto, este e outros arroubos de crítica e independência diante do governo, por parte dos setores de esquerda do PMDB, foram completamente esvaziados com o anúncio do Plano Cruzado. O PMDB ia tentar colher os dividendos da condição de maior partido governista e, assim, manter a transição nos trilhos conservadores que ela vinha seguindo.

Capítulo II

O CRUZADO E O "PACTO SOCIAL PELO ALTO". DO REFORMISMO BEM INTENCIONADO AO COLAPSO DO ESTADO DESENVOLVIMENTISTA (1986-1987)

ESTA fase começa com a edição do Plano Cruzado, em fevereiro de 1986, perpassa as eleições de novembro de 1986 e se encerra com o colapso do Cruzado, com a posterior reformulação de toda a equipe econômica do governo, já em março/abril de 1987. Em fevereiro de 1987, também começaram os trabalhos do Congresso Constituinte, o que igualmente sinaliza o início de uma nova fase. Nessa conjuntura, o conflito distributivo foi temporariamente "congelado", dando ao governo a legitimidade política necessária para "ungir" Sarney na presidência da República e garantir a vitória acachapante dos partidos governistas nas eleições de 1986. O fracasso do pacto social, impossível de se efetivar devido aos fatores que já mencionamos, levou o governo a tentar um "pacto social pelo alto", ou seja, de cima para baixo, por meio da reforma monetária e do congelamento de preços. O Cruzado foi também a última tentativa de superação da crise do padrão de acumulação dependente-associado nos marcos da aliança desenvolvimentista (SALLUM JR., 1996).

Os grupos sociais mais favorecidos pelo Cruzado foram os trabalhadores do setor "informal", beneficiados pelo congelamento de preços e cujos rendimentos salariais aumentaram, e as diversas frações do capital produtivo (industrial e agrário), que passaram a atender ao crescimento avassalador da demanda. Os setores pequeno e médio do capital industrial e do capital comercial saíram-se particularmente bem, pois as dificuldades de fiscalização de preços nestes setores davam-lhes uma maior margem de manobra. Os setores mais prejudicados foram os trabalhadores assalariados do setor formal, cujos rendimentos salariais eram definidos por grandes negociações coletivas mediadas pelos sindicatos, que teriam grandes dificuldades para conseguir aumentos reais devido à enorme resistência do patronato; o grande capital monopolista, sujeito à maior fiscalização por parte do governo e do capital financeiro, que perdeu com a queda nas taxas de juros (SINGER, 1987). O acirramento do conflito distributivo poucos meses após a edição do plano, somado à sua própria debilidade, como medida de fundo "monetarista", para resolver a crise econômica, levou ao seu "bombardeamento" por diversos setores sociais. Seu fracasso definitivo gerou uma nova "explosão" dos conflitos sociais, com uma escalada grevista maior ainda do que em 1985.

Antes disso, o Cruzado garantiu a legitimação do governo e das forças que o apoiavam frente à sociedade e no interior do Congresso Constituinte, fundamental para o controle autocrático do processo de substituição da institucionalidade autoritária pela institucionalidade democrática, que se daria a partir de então. Mantido artificialmente após o mês de julho, o congelamento de preços viabilizou a vitória acachapante dos partidos governistas nas eleições para governadores e para o Congresso Constituinte de 1986. Paralelamente, as diversas frações do bloco no poder articularam-se para influenciar o processo constituinte, desenvolvendo novos instrumentos de mobilização e articulação (DREIFUSS, 1989). Deste modo, o peso das forças conservadoras na Constituinte seria majoritário, determinando o caráter da institucionalidade democrática criada (SOUZA, 1992, p. 172-173).

O Plano Cruzado, o "pacto social pelo alto" e a "unção" de Sarney

A montagem do Cruzado

Em 28 de fevereiro de 1986, Sarney anunciava e editava o Plano Cruzado por meio do velho instituto do decreto-lei, tantas vezes utilizado pelo regime militar. Segundo a argumentação do governo, a emergência da situação e o necessário sigilo da operação, com decretação de feriado bancário e interferência drástica na economia nacional, impossibilitavam o envio de projeto de lei para discussão e aprovação no Congresso, que poderia alertar os agentes econômicos e anular os efeitos esperados (FSP, 2.3.1986a). Assim sendo, o Cruzado já nascia como fato consumado.

Em termos práticos, o Cruzado era fruto da fusão entre a proposta de congelamento de preços de Francisco Lopes e a proposta de reforma monetária e indexação generalizada de Pérsio Arida e André Lara Resende. A proposta "Larida" previa a indexação generalizada de todos os preços com base na ORTN (Obrigações Reajustáveis do Tesouro Nacional), que anularia as pressões inflacionárias passadas, equilibrando todos os preços num novo patamar, representado na nova moeda. Ao contrário, a proposta de Francisco Lopes previa a desindexação total viabilizada com o congelamento de todos os preços por um prazo determinado. Ao longo do debate que ocorreu em 1985, Francisco Lopes absorveu a necessidade de uma reforma monetária, mas o congelamento continuou como parte da proposta, apesar do menor peso que passou a ter. No entanto, apesar dos prognósticos opostos, entre desindexação total ou indexação total, por razões políticas, na edição do plano prevaleceu a desindexação, com a fusão entre reforma monetária e congelamento.

Em primeiro lugar, a equipe que preparou o plano considerou que era muito grande o risco político de ter a inflação disparada por três ou quatro meses seguidos, enquanto durasse a indexação total pela ORTN (Obrigações Reajustáveis do Tesouro Nacional), para só depois ocorrer a sua queda brusca e o cumprimento da promessa do plano. As reações do movimento sindical, dos partidos de oposição e até mesmo do PMDB seriam fortes demais. Em segundo lugar, ao ser consultado pela equipe econômica sobre as possíveis reações dos trabalhadores à indexação generalizada, Pazzianoto admitiu que esta dificilmente seria aceita pelos sindicatos. Aliás, como já assinalamos, o congelamento dos preços de primeira necessidade era uma das bandeiras da CUT na negociação do pacto social (SARDENBERG, 1987, p. 224-226). Em terceiro lugar, o apelo político ao congelamento foi decisivo para o amplo apoio popular ao plano. Segundo depoimento de João Sayad, o congelamento foi incluído no plano por decisão exclusiva de Sarney, tomada na última reunião preparatória antes do anúncio, evidenciando seu caráter político (SAYAD, 2001, p. 159-160). Mais ainda, no discurso feito à nação em que anunciou o novo plano, Sarney saiu do texto original e fez um chamamento à população para que esta fiscalizasse o congelamento de preços. Criava-se, assim, a figura dos "fiscais do Sarney", tornando-o a "pedra de toque" de todo o plano e garantindo a adesão popular imediata (SARDENBERG, 1987, p. 231-262).

De fato, o Cruzado foi fruto de um processo de discussão e elaboração relativamente tortuoso e politicamente indefinido. Em razão dele, encontraram-se economistas de matrizes teóricas diferentes (inercialistas e estruturalistas/pós-keynesianos), que, por trabalharem num governo fortemente pressionado e acusado de não saber resolver a questão inflacionária, passaram a se reunir para definir uma ação drástica contra a inflação. A partir de setembro, membros dos ministérios da Fazenda (Funaro, Belluzzo, Cardoso de Mello e Luiz Carlos Mendonça de Barros), do Planejamento (Sayad, Arida, e Andrea Calabi, secretário-geral), do Banco Central (Bracher e Lara Rezende), do IBGE (Edmar Bacha, presidente) e economistas ligados às teses inercialistas (Francisco Lopes e Eduardo Modiano) começaram a se reunir frequentemente, elaborando estudos e simulações em torno de questões como déficit público, reajustes salariais, congelamento de preços, reforma monetária, entre outros problemas. A ideia de uma medida forte contra a inflação era consensual, mas a tese de choque heterodoxo amadureceu lentamente. Ainda assim, havia divergências quanto à melhor oportunidade para sua aplicação. Os economistas vinculados ao Ministério da Fazenda, particularmente aqueles ligados à perspectiva estruturalista/pós-keynesiana – em especial Cardoso de Melo e o próprio Funaro –, apostavam na administração de preços, no pacto social e no gradualismo. Ainda em fins de janeiro, quando a grande maioria do grupo já havia aderido ao choque heterodoxo (até mesmo Belluzzo), Funaro e Cardoso de Melo propunham um "plano B": redução da inflação, não eliminação, com a administração da correção monetária e das desvalorizações cambiais a prazos mais espaçados. Em fevereiro, quando a inflação dava claros sinais de estar em ascensão e o próprio Sarney já tinha se decidido pelo choque heterodoxo, Funaro ainda tentou adiar a edição do plano obtendo autorização do presidente para continuar a política de controle de preços e outros mecanismos de desindexação, como o pacto social, sem a aplicação do choque (SARDENBERG, 1987, p. 174-181, 209-213). Sarney negou pelas razões políticas que adiante explicitaremos, mas isto evidencia não só a permanência de perspectivas diferentes na equipe econômica, como o caráter precipitado da edição do plano.

De fato, os estruturalistas/pós-keynesianos concordaram com as teses inercialistas de reforma monetária e congelamento porque vislumbravam promover reformas estruturais que desatassem os nós da economia brasileira, dentre os quais a inflação era apenas o fenômeno mais visível. Para tanto, o choque serviria como uma "freada de arrumação", segundo expressão de Bier, Paulani & Messenberg (1987, p. 108), que possibilitaria a estabilização dos juros, favorecendo os investimentos produtivos e restabelecendo regras estáveis para o processo de formação de preços, eliminando os aspectos inerciais presentes. Ademais, as condições externas favoráveis, com o superávit da balança comercial e com a renegociação da dívida externa, possibilitariam a estabilização da taxa de câmbio, criando um ambiente mais favorável aos investimentos produtivos, e não à especulação financeira, e à reestruturação do sistema financeiro nacional, tornando-o auto-suficiente e endógeno. Mas, para tanto, faziam-se necessária a redução do déficit público e a retomada da capacidade de investimentos do Estado, o que se tornaria possível com os efeitos do pacote fiscal aprovado em dezembro. Portanto, segundo Bier, Paulani e Messenberg, em cujas teses nos apoiamos nesta questão, os economistas de matriz estruturalista/pós-keynesiana do Ministério da Fazenda apoiaram o Cruzado vislumbrando ir muito além do choque heterodoxo em si. Até porque, pelo fato de todos os principais instrumentos de política econômica estarem sob controle do Ministério da Fazenda, eles é que conduziriam o plano, e não os inercialistas do Planejamento, por assessorarem Funaro, e não Sayad (BIER, PAULANI & MESSEMBERG, 1987, p. 97-123).

De fato, com a ascensão de Funaro ao Ministério da Fazenda, Sayad começou a perder espaço e poder na equipe econômica do governo. Além de Funaro conseguir reforçar sua posição institucional, transferindo para suas mãos os principais instrumentos de política econômica, Sarney o considerava um ministro "seu", enquanto Sayad era considerado "ministro do PMDB". Isto explica a participação direta de Funaro na articulação da reforma ministerial de fevereiro de 1986 e a intenção de Sarney em utilizar Sayad como "moeda de troca" junto ao PMDB paulista. Segundo Sardenberg (1987), à época assessor de imprensa do Ministério do Planejamento e observador privilegiado dos "bastidores" do Cruzado, foi Funaro quem defendeu e conseguiu a permanência de Sayad no Planejamento, alegando afinidades entre os dois e suas respectivas equipes. Nem Ulysses Guimarães, cujo cargo Sayad colocou à disposição para facilitar as negociações com Sarney, nem Franco Montoro, de quem Sayad foi secretário de governo, esforçaram-se pela sua permanência. De modo que Funaro, e não o PMDB, foi o avalista da permanência de Sayad, reforçando sua ascendência sobre a equipe econômica do governo (SARDENBERG, p. 197-201).

No entanto, a edição do Cruzado no fim de fevereiro foi precipitada, pois segundo as teses inercialistas, algumas das condições cruciais para o êxito do plano ainda não estavam dadas (BIER, PAULANI & MESSENBERG, 1987, p. 102-106). Em primeiro lugar, os efeitos positivos do pacote fiscal de novembro para a redução/eliminação do déficit público ainda não se faziam sentir, como a recomposição programada dos preços e tarifas públicas e a taxação dos ganhos de capital no mercado financeiro. Em segundo lugar, se de um lado o pacote fiscal procurou controlar o crescimento da demanda com medidas restritivas ao crédito, por outro lado a estimulou com a redução do Imposto de Renda Retido na Fonte, que incide principalmente sobre os assalariados, liberando renda para o consumo. Finalmente, as pressões inflacionárias derivadas do choque agrícola do final do ano ainda não haviam sido absorvidas totalmente, influenciando a inflação para cima. Provavelmente, só em meados do ano, a situação se tornaria propícia para a aplicação do plano. Porém, segundo Sardenberg (1987, p. 209-210), a data do choque foi decidida e anunciada por Sarney a Funaro a poucos minutos da posse dos novos ministros, no dia 14 de fevereiro, colocando a equipe econômica em polvorosa e trabalhando "a toque de caixa", pois diversos estudos preparatórios e aspectos do plano estavam incompletos. O dia 28 de fevereiro era duplamente decisivo. Em primeiro lugar, despistaria os que imaginavam que o choque viria no meio do mês, quando os índices de inflação são definidos. Em segundo lugar, antecipar-se-ia à reabertura do Congresso, prevista para três de março, onde havia diversas propostas prevendo reajustes salariais trimestrais e até mensais, como Pimenta da Veiga (líder do governo e do PMDB na Câmara) tinha intenção de propor (SAYAD, 2001, p. 160), com razoável chance de aprovação, o que tornaria o plano inviável em qualquer tempo. Esperava-se, também, que o Congresso pudesse ser o palco onde o PMDB – ou pelo menos suas alas descontentes – assentaria suas baterias contra o governo.

Um possível rompimento do PMDB com o governo devido à reforma ministerial, defendido por diversas lideranças do partido, como já vimos, colocava em risco a perspectiva de controle autocrático da transição democrática pelo campo conservador. Na oposição, o PMDB fatalmente transformaria o Congresso

Nacional numa instância de poder hostil ao governo, com quem ele teria que negociar constantemente, pois teria perdido a maioria parlamentar. Mais do que isso, os partidos e o Congresso poderiam assumir a direção política da transição, colocando o governo mais ainda na condição de resquício do passado e de ameaça à democratização. Se isso ocorresse, as condições políticas da transição seriam fundamentalmente alteradas, ampliando-se o espaço para a intervenção de uma perspectiva anti-autocrática. O PMDB poderia recuperar seu projeto reformista e assumir a condição de partido dirigente da transição, e não de simples base de apoio do governo junto ao Congresso e à sociedade, como vinha se portando desde o fim da Ditadura Militar. O Congresso, por sua vez, poderia transformar-se numa instância de poder mais autônoma diante do Executivo, fortalecendo sua posição política e dinamizando o processo partidário e a disputa eleitoral. Isto evidencia que o Plano Cruzado foi utilizado politicamente pelo governo como um instrumento fundamental para sua sobrevivência política e para o controle da transição pelo campo conservador. A vitória nas eleições constituintes de 1986 seria uma mera conjectura se o governo não recuperasse o apoio popular e recompusesse a Aliança Democrática. O Cruzado criaria as condições para isto.

O Plano Cruzado

Por meio de diversos decretos, portarias e instruções, o plano foi implementado de uma só vez. As principais medidas foram: a reforma monetária, o congelamento de preços, o "gatilho" salarial e o seguro-desemprego.

A reforma monetária estabeleceu uma nova moeda nacional, o Cruzado, que substituiu o Cruzeiro na base da conversão de mil cruzeiros (Cr$ 1000,00) para um cruzado (Cz$ 1,00), cortando-se três zeros da moeda. A base do IPCA foi transferida para o dia 28.2.1986, apagando a inflação contada a partir de meados do mês e iniciando uma nova contagem a partir do zero. Os preços foram convertidos em cruzados pelo valor do dia 27.2.1986 e congelados, com exceção das tarifas de energia elétrica, reajustadas em 20% e congeladas. Com isso, pretendia-se um "choque neutro", ou seja, os padrões de distribuição de renda e riqueza vigentes antes do plano seriam mantidos, já que estabilizados independentemente de estarem atualizados ou defasados em relação à inflação. Devido às sucessivas políticas de contenção da inflação por meio da compressão dos preços públicos, estes foram congelados defasados em relação aos seus custos de produção, funcionando como um fator de alimentação do déficit público. Os salários foram congelados, na prática, pela média dos últimos seis meses acrescidos, porém, de um abono de 8%. O salário mínimo foi reajustado em 16%. A lei ainda previa a escala móvel, ou seja, o reajuste automático dos salários quando a inflação acumulada após o plano atingisse o índice de 20%, funcionando como um "gatilho" salarial. Deste índice acumulado, 60% seriam reajustados automaticamente, enquanto os 40% restantes seriam negociados com os patrões em suas datas-base anuais de reajuste. A taxa de câmbio, valorizada em relação ao dólar, às moedas europeias e à moeda japonesa, foi congelada sem qualquer desvalorização e as ORTN's foram substituídas pelas OTN's (Obrigações do Tesouro Nacional), cujo valor nominal foi congelado por 12 meses. Os contratos para pagamento futuro, aluguéis, títulos pré-fixados e outros foram convertidos por meio de tabelas diárias, que buscavam anular a inflação futura embutida nos preços. Proibiu-se a indexação dos ativos financeiros com prazo inferior a um ano. No plano das políticas monetária e fiscal, não se definiu uma orientação fixa, cabendo aos seus responsáveis conduzi-las conforme as necessidades do programa de estabilização, apesar de, no primeiro momento, terem prevalecido taxas de juros baixas e a expansão da base monetária. Finalmente, foi criado o seguro-desemprego, que, mediante alguns critérios, garantia aos trabalhadores desempregados o recebimento de 70% do salário-mínimo por um período de até quatro meses após a demissão (MORAIS, 1986, p. 75-80; MODIANO, 1992; PAZZIANOTTO, 2001, p. 191).

Como já adiantamos, para além das medidas de cunho "monetarista", inspiradas principalmente pelos economistas que trabalhavam no Ministério do Planejamento e no Banco Central, os "estruturalistas/pós-keynesianos", do Ministério da Fazenda, imaginavam que o choque heterodoxo criaria condições para reformas estruturais, rompendo o círculo vicioso no qual o setor público brasileiro tinha entrado, em que os encargos financeiros do Estado e o endividamento externo alimentavam-se mutuamente, pois haveria queda na inflação e crescimento da demanda. A ruptura viria com a remonetização da maior parte da dívida pública, devido à demanda por moeda, com o próprio alongamento da dívida interna e com a renegociação da dívida externa, o que daria fôlego para o governo retomar uma política de investimentos e favoreceria a entrada de recursos externos diretos (GREMAUD, SAES & TONETO JR., 1997, p. 235-237).

As reações ao Plano Cruzado foram variadas, mas, no plano geral, o governo recebeu forte apoio. Em primeiro lugar, por parte da grande mídia houve uma verdadeira onda de adesão e apologia ao plano, apesar de algumas ressalvas pontuais, de caráter liberal, que apareceram em alguns dos grandes jornais (FSP, 2.3.1986b e OESP, 30.3.1986). Já na televisão, principal meio de comunicação de massas, dia após dia sucediam-se os membros da equipe econômica do governo, a explicar os detalhes e regras do plano, seguidos pelos ditos "jornalistas econômicos" a lhes dar razão através de comentários pretensamente "técnicos" e de reportagens que tratavam das maravilhas de se viver numa sociedade com inflação zero. Sarney participou diretamente do trabalho de convencimento e conquista da adesão do plano por parte dos proprietários dos grandes meios de comunicação, reunindo-se pessoalmente com os principais deles, especialmente com Roberto Marinho, dono da maior rede de televisão do país (Rede Globo), de quem obteve apoio total (SARDENBERG, 1987, p. 276-281).

O clima de apoio generalizado, fabricado em grande parte pelo discurso fatalista e infalível de que a única e certeira solução para o problema da inflação seria o choque heterodoxo, deu a Sarney a popularidade e a legitimidade que ele nunca teve, antes ou depois. Logo surgiram os "fiscais do Sarney", respondendo à convocação do próprio presidente (SARNEY, 1990, p. 73-75), com as tabelas de preços emitidas pelo governo nas mãos, a denunciar os que infringiam o congelamento e a garantir o espetáculo televisivo diário das donas-de-casa e de pessoas comuns cheias de entusiasmo cívico a chamar a polícia ou os fiscais da Sunab para prender ou autuar algum gerente de loja ou supermercado. Como num passe de mágica, as críticas ao conservadorismo do governo e da reforma ministerial desapareceram por completo, o pacto social saiu da agenda política e Sarney se transformou no grande "cabo eleitoral" das eleições de 1986. A popularidade de Sarney subiu. Segundo pesquisa do Ibope, em 28 de fevereiro 27% dos entrevistados consideravam sua administração ótima, enquanto 26% consideravam regular; em 17 de abril, estes índices mudaram, respectivamente, para 38% e 18%. A peregrinação de políticos, principalmente do PMDB, ao Palácio do Planalto aumentou imensamente, todos querendo tirar uma foto com o presidente para elaborar seu material de campanha (OG, 20.4.1986). O PMDB, que ainda não tinha ido embora do governo, já estava de volta.

Sarney não se fez de rogado. Em mensagem enviada ao Congresso Nacional por ocasião da abertura do ano legislativo, afirmou que sob seu governo a democracia estava restaurada com as reformas institucionais aprovadas no ano anterior; o crescimento econômico seria o caminho para a superação da desigualdade e da pobreza e o controle de preços e salários era crucial para conter a inflação inercial, justificando a implantação do Cruzado e conclamando a colaboração de todos. Mais ainda, afirmou que 1986 era o ano de consolidação da "conciliação nacional", pois através da constituinte o pacto político e social seria livre e soberanamente convencionado pelos representantes do povo brasileiro (FSP, 2.3.1986a). Ou seja, em primeiro lugar, o compromisso democrático do governo estava cumprido, de modo que de sua parte não seria promovida nenhuma outra reforma institucional que abolisse o que restava do chamado "entulho autoritário". Em segundo lugar, o pacto social que se vinha tentando estabelecer nos últimos meses, envolvendo o governo, os trabalhadores e os empresários, seria transferido para a constituinte e limitado aos parlamentares e partidos que a comporiam, pois, na prática, o que se pretendia com o pacto social, conter o aumento de preços e salários por meio de um acordo, o próprio Cruzado já tinha feito. Deste modo, Sarney admitia, implicitamente, o fracasso do pacto social, por um lado, e sua imposição "de cima para baixo", por outro, sem negociar com os partidos, com os movimentos sociais, com as entidades representativas e com o Congresso. Além disso, sugeria qual seria o centro estratégico do seu governo na conjuntura que se iniciava: ganhar as eleições de 1986.

Cruzado: quem ganhou e quem perdeu?

Segundo Singer (1987, p. 21-51), apesar das intenções de neutralidade de seus autores, o Cruzado interveio no conflito distributivo herdado da crise recessiva de 1981-1984. O governo Figueiredo procurou resolver a crise por meio de medidas ortodoxas e de apoio às exportações, por meio de máxis e mini-desvalorizações da moeda, que estimularam a especulação financeira e "rolavam" a dívida pública, melhorando o balanço de pagamentos. Os principais beneficiários foram os banqueiros, os que Singer chama de "capital portador de juros", que envolve desde o capital financeiro até os grandes capitais (industrial, comercial e agrário) que atuam no sistema financeiro e os setores exportadores (industrial e agrário). A política de reajustes salariais semestrais prejudicava diretamente os trabalhadores.

Com o Plano Cruzado, ocorreram algumas mudanças importantes na dinâmica econômica e no conflito distributivo, determinando as posições das distintas frações e classes sociais diante do plano. Assim que foi implantado, o Cruzado ocasionou um processo de crescimento acelerado da demanda em função da redução da perda salarial dos trabalhadores de baixa renda, comparativamente com os demais segmentos, e da expectativa de anulação da inflação, que liberou para o consumo rendimentos antes retidos no sistema de poupança popular. Além disso, contraditoriamente, a expectativa inversa, de fim do congelamento e retorno da inflação, também aumentou o consumo, pois as famílias e as empresas passaram a formar estoques com receio de aumentos de preços futuros. O crescimento generalizado da demanda levou ao aumento da produção e da taxa de emprego, com a consequente redução da capacidade ociosa das empresas, principalmente aquelas de pequeno e médio capital (BIER, PAULANI & MESSENBERG, 1987, p. 130-131).

Na questão do conflito distributivo, o Plano Cruzado acirrou a disputa entre as diversas frações do capital, particularmente entre os setores industrial e comercial, pois a prática de inclusão da inflação futura nos contratos a prazo criou uma situação conflituosa, exigindo sua renegociação, com pressões de parte a parte. A incapacidade de o governo controlar absolutamente o sistema de preços e fiscalizar o congelamento tornou-se visível em relação aos setores do pequeno e médio capital e ao setor de serviços (médicos, dentistas, prestadores de serviço autônomos, etc.), que puderam aumentar seus preços com maior margem de liberdade, criando uma situação de transferência de renda dos setores monopolistas para estes, além de favorecer seu crescimento (SINGER, 1987, p. 106-110). Além disso, alguns preços de difícil fiscalização, como de vestuários e de carros usados, continuaram sendo majorados em função do aumento da demanda, pressionando a inflação e gerando novos desequilíbrios (MODIANO, 1992, p. 361).

No plano dos ganhos e perdas específicos, o Cruzado também causou alterações. Em primeiro lugar, o plano congelou a taxa de câmbio, sem desvalorização prévia, adotou uma política de juros baixos e proibiu a indexação de ativos financeiros com prazo inferior a um ano, prejudicando diretamente o capital "portador de juros", principalmente os bancos e os setores exportadores. Apesar das contrapartidas criadas, como o surgimento de um mercado inter-bancário, que flexibilizou e barateou o acesso dos bancos à liquidez; a autorização para cobrança dos serviços bancários; a recompra pelo governo dos títulos públicos e o próprio aumento relativo dos depósitos bancários devido à diminuição da velocidade de circulação da moeda; no geral, os bancos perderam. Particularmente porque, com o fim da inflação, eliminou-se uma fonte importante de recursos do sistema financeiro, em especial com o saque da maior parte dos depósitos em poupança, gerando até mesmo desvalorização patrimonial das instituições bancárias. Em segundo lugar, o próprio governo saiu perdendo, na medida em que ao eliminar a correção monetária, afetou diretamente a atualização da carga tributária e, além disso, congelou por baixo os preços de diversos preços e tarifas públicas, que ainda não haviam se recuperado da compressão do ano anterior, e de diversos artigos de consumo com forte tributação ou que eram subsidiados. Finalmente, o plano comprimiu o mercado de capitais, sobre o qual incidia a maior parte dos impostos criados com o pacote fiscal do ano anterior. Nestas condições, a pretensão de reduzir ou anular o déficit público, uma das condições do sucesso do plano, ficou seriamente comprometida (BIER, PAULANI & MESSENBERG, 1987, p. 104-111). Em terceiro lugar, ao congelar os preços, o plano estabeleceu uma disputa acirrada entre fornecedores e distribuidores, cada qual querendo aumentar seus lucros por meio da redução de custos em cima do outro setor. O conflito entre capital industrial e capital comercial se acirrou, gerando perdas de ambos os lados (SINGER, 1987, p. 63-91).

Na questão dos salários, a situação é mais complexa. Entre os elaboradores do plano, originalmente pensava-se que o congelamento dos salários pela média seria suficiente para manter a neutralidade do choque na questão da distribuição de renda e evitar perdas para os trabalhadores, pois o simples fim da inflação garantiria isto. No entanto, ao longo dos meses, a importância política da questão salarial ganhou visibilidade, particularmente com o fracasso do pacto social. Mais ainda, com vistas a garantir o apoio do PMDB e do ministro do Trabalho, Pazzianoto, a quem caberia convencer o movimento sindical a aderir ao plano, concordou-se em concederem-se os abonos de 8% para os salários em geral e de 16% para o salário-mínimo em cima do valor congelado pela média. Nesta mesma perspectiva, também foram criados o seguro-desemprego e o gatilho salarial, ou seja, a escala móvel dos salários, segundo a qual haveria reajuste salarial quando a inflação acumulada pós-Cruzado atingisse 20% (SARDENBERG, 1987, p. 239-253). Esta última decisão feria claramente a coerência teórica do plano, pois inseria um elemento instabilizador no processo de formação de preços e na taxa de inflação, "encurtando" os períodos de reajuste. No entanto, a necessidade de sustentação política autorizou a medida (BIER, PAULANI & MESSENBERG, 1987, p. 113-118).

Assim sendo, os salários foram congelados pela média dos últimos seis meses, com um abono de 8% para os salários em geral e de 16% para o salário-mínimo. Os abonos e o próprio fim da inflação permitiram que na conjuntura econômica imediata os trabalhadores, em geral, conquistassem ganhos, reforçados pelo crescimento da renda, do emprego e dos salários nos meses subsequentes (BIER, PAULANI & MESSENBERG, 1987, p. 19-121). No entanto, em termos de médio e longo prazo, o congelamento prejudicou diretamente o conjunto dos trabalhadores, pois apagou da memória inflacionária todo o histórico de arrocho salarial herdado da Ditadura Militar e interrompeu um movimento de recuperação da renda salarial que se desdobrava desde o ano anterior como resultado da luta grevista e sindical. Além disso, confiscou do cálculo da média salarial parte do índice inflacionário de fevereiro, prejudicou categorias de trabalhadores que teriam reajuste em março e maio pelo valor inflacionário de pico ou que conseguiram reajustes em dezembro e janeiro, mas que tiveram o valor de seus salários reduzido pela média dos últimos meses. O operariado dos setores de ponta da indústria, justamente os mais mobilizados sindicalmente, foi o mais afetado, mas também o foram os trabalhadores qualificados do setor não-produtivo, como profissionais liberais, funcionários públicos, etc. (SINGER, 1987, p. 63-91 e 139-161).

Alguns segmentos de trabalhadores foram indiretamente beneficiados, principalmente os setores de baixa qualificação, baixo nível de organização/mobilização sindical e/ou baixo nível de regulamentação profissional, para quem o aumento do salário mínimo representou uma perda menor, em comparação com os outros segmentos de trabalhadores. Isto porque estes setores tinham sua remuneração salarial fundamentalmente regida pelas variações do salário-mínimo, em função das características sócio-políticas levantadas acima. Além disso, o crescimento da demanda, gerado pelo Cruzado, levou ao aumento das taxas de emprego, particularmente entre os trabalhadores domésticos, da construção civil e do setor de serviços. Finalmente, os trabalhadores empregados nas empresas de pequeno e médio capital e no setor de serviços, que sofreram menos os rigores do congelamento, puderam barganhar aumentos salariais independentemente do sistema de gatilho salarial. Estas frações do capital, dispersas por milhares de empresas e negócios, não sofreram os rigores do congelamento como as frações do capital monopolista, devido à própria debilidade da capacidade do aparelho de Estado em fiscalizar os preços. Em todo o território nacional, a Sunab tinha pouco menos de 200 fiscais. Deste modo, tais setores puderam repassar para os preços os aumentos de seus custos ou de seus lucros, sendo os mais beneficiados pelo Cruzado e tornando-se a base social de massa dos "fiscais do Sarney" (SINGER, 1987, p. 63-91).

As reações ao Cruzado

Em termos gerais, o Cruzado teve o impacto de um verdadeiro furacão na dinâmica política e econômica da Nova República, alterando posições e redefinindo a postura dos diversos agentes sociais e políticos diante do governo, mesmo que provisoriamente. Na conjuntura imediata, significou uma vitória acachapante do governo, garantindo o enorme apoio popular, aumentando enormemente o poder de atração do Executivo sobre os partidos, o Congresso e o Judiciário, colocando as variadas frações burguesas numa postura defensiva e desarticulando a oposição anti-autocrática, particularmente aquela ligada à CUT e ao PT.

Entre as diversas frações burguesas, em especial as do grande capital, inicialmente predominou uma postura de ceticismo e desconfiança, quando não de crítica. Para além dos interesses específicos atingidos pelo plano, que também deram motivo a críticas e reclamos, prevaleceu uma visão liberal "instrumental", em que se exigia que o governo primeiro cumprisse sua parte antes de fazer qualquer exigências ao setor privado, ao passo que também se requisitava sua intervenção equilibradora. Mesmo entre os setores industriais, que tinham um histórico de aproximação e afinidade com as posições dos economistas "críticos", particularmente com os estruturalistas/pós-keynesianos que anteriormente militavam na oposição e agora estavam na equipe econômica do governo, o apoio contido veio acompanhado de fortes preocupações com as questões do déficit público, da emissão de moedas e do controle do congelamento, quando não de propostas francamente neoliberais, como a de desestatização. Na verdade, a postura anti-estatista da burguesia, manifestada já nos anos 70 contra o II PND do governo Geisel (MACIEL, 2004, p. 112-124), foi aguçada pelo congelamento de preços, considerado uma intervenção drástica do governo nas leis do mercado, e pela sanha fiscalizadora dos "fiscais do Sarney", vista como espetacular e ameaçadora ação popular contra o "princípio sagrado" da gestão privada do capital. Em certa medida, o comportamento da grande mídia diante do plano ao longo dos meses foi expressivo desta posição geral das frações do grande capital, variando entre o liberalismo tradicional do jornal *O Estado de São Paulo*, a volatilidade ideológica da *Folha de São Paulo* e o oportunismo governista do jornal *O Globo* (FONSECA, 2005, p. 105-192).

Para Boris Tabacof, diretor do departamento de economia da Federação das Indústrias de São Paulo (Fiesp), um choque heterodoxo, como o Cruzado, era inevitável, sem o qual não se poderia "retreinar" a sociedade, desacostumada a conviver com um ambiente econômico estável, nem acabar com as "distorções extraordinárias" existentes na área empresarial devido à especulação financeira. Segundo ele,

> o lucro apresentado nos balanços era menos afetado pela realização de operações normais da empresa – fabricar, transformar, montar, prestar serviços, vender – do que pelas influências ativas e passivas da correção monetária. Empresas há que aparecem como altamente lucrativas, apesar de deficitárias nas operações para as quais foram criadas. E vice-versa. A febre financeira contagiava a todos, na ânsia de escapar da verdadeira doença degenerativa que atacava os ativos monetários. O resultado foi desviarem-se as poupanças, grandes e pequenas, dos investimentos reprodutivos, cujo retorno era mais lento, menor e até mais arriscado que a mera especulação financeira. (TABACOF, 1.3.1986)

Daí o elogio ao governo pela extinção da correção monetária, saudada pelo empresário como a medida mais importante do plano e pelos "progressos consideráveis" na aplicação das medidas preparatórias do plano. Ainda assim, ele adverte para o possível radicalismo e a insensibilidade do movimento sindical, que poderia colocar tudo a perder, sob a alegação de que, além dos ganhos salariais já obtidos pelos trabalhadores, os empresários já vinham operando com margens de lucro achatadas (TABACOF, 1.3.1986).

Esta posição de Tabacof é expressiva da sua condição de dirigente da Fiesp, entidade dirigida pelo grande capital, mas cuja base sindical era formada pela imensa massa de pequenas e médias empresas industriais, as quais, como vimos, foram relativamente beneficiadas pelo plano. Expressa, também, a tradicional posição crítica dos industriais contra a especulação financeira, que os aproximava dos economistas "críticos", em favor de melhores condições para o investimento produtivo, além de antecipar a acusação, bastante utilizada no futuro, de que se algo desse errado no congelamento seria por culpa do movimento sindical e não do comportamento especulativo dos empresários. Em geral, o capital industrial foi mais solidário com o plano do que outras frações, como indica a posição da Fiesp e de outras entidades do setor como a Federação das Indústrias do Estado do Rio de Janeiro (Firjan) e da Confederação Nacional da Indústria (CNI). O que não impediu Luis E. Bueno Vidigal, presidente da Fiesp, de propor um "descongelamento administrado" já em março (BIANCHI MENDEZ, 2004, p. 208-209).

Já Laerte Setúbal, representante do grande capital industrial e exportador (diretor da Duratex) e ex-presidente da Associação de Comércio Exterior do Brasil, manifesta entusiasmo menor, particularmente quando se refere aos "excessos" gerados pela massiva adesão popular ao plano – como a prisão de comerciantes, o "quebra-quebra" de lojas e as denúncias à Sunab –, além do açodamento de setores políticos com a prorrogação do mandato de Sarney, diante da enorme popularidade conquistada pelo presidente. Considera, ainda, que este mesmo apoio popular era fundamental para o sucesso do plano, ainda que insuficiente. Segundo ele,

> zerar a inflação é um passo de extrema coragem, mas não é dado de forma isolada. Compete, agora, administrar com mão de ferro os gastos das 186 empresas estatais e iniciar a promoção efetiva do programa de desestatização, em busca de melhores condições para assegurar o desenvolvimento através do progresso harmônico nos campos econômicos, político e social. (...) Moeda forte, o cruzado habilitará a canalização natural de recursos para os investimentos produtivos, em um novo ambiente de segurança e de confiança no sistema. (SETÚBAL, 9.3.1986)

Aqui aparece também a preocupação com a questão do financiamento da produção, mas já numa postura que poderíamos considerar neoliberal, implicando uma clara redução do setor produtivo do Estado.

Também numa postura mais cautelosa, Luiz Paulo Rosemberg, representante do grande capital industrial (vice-presidente do grupo Sharp), considera que "o plano Cruzado é uma obra-prima da terapia de combate à componente inercial da inflação". No entanto, diante das dificuldades já evidentes em julho com o aquecimento da demanda e as pressões inflacionárias, das quais trataremos adiante, propõe medidas de caráter ortodoxo, como "uma adicional sobre o imposto de renda das pessoas físicas, a redução do saldo comercial, a elevação das taxas de juros, o congelamento seletivo de preços, a redução dos gastos públicos ou uma combinação destas medidas" (ROSEMBERG, 3.7.1986). Ou seja, as medidas corretivas para as contradições que o Cruzado já apresentava passavam em grande parte pelo receituário tradicional de corte das despesas públicas, aumento de impostos e dos juros.

O grande capital comercial adotou uma postura bem mais crítica diante do plano Cruzado, particularmente diante do congelamento de preços, pois, devido ao fato de o tabelamento da maioria dos produtos ocorrer na ponta do consumo, os grandes comerciantes ficavam impedidos de aumentar suas margens de lucro pela majoração dos seus preços. Daí a necessidade de uma "queda de braço" com os fornecedores, particularmente com os industriais. Em relação a diversos alimentos de grande consumo popular, os preços praticados pelo comércio varejista ficaram muito próximos do atacado e dos preços mínimos, diminuindo francamente a rentabilidade deste setor (SARDENBERG, 1987, p. 302). Mesmo o crescimento da demanda gerado pelo Cruzado não foi suficiente para arrefecer a postura crítica, principalmente depois que o desabastecimento e a cobrança de ágio tornaram-se uma realidade. Guilherme Afif Domingos, deputado federal pelo PL-SP, ex-presidente da Associação Comercial de São Paulo (ACSP) e da Federação das Associações Comerciais do Estado de São Paulo (Facesp) e conhecido representante do capital comercial, condenou duramente o plano, questionando as teses inspiradoras do choque, como a do caráter inercial da inflação, a do alinhamento dos preços relativos e a de que bastaria eliminar a correção monetária e congelar os preços para se desindexar a economia, sem levar em conta o déficit público e a emissão de moeda como causas da inflação. Além disso, acusou o governo de tornar o choque "necessário" por ter perdido completamente o controle sobre o processo inflacionário, devido ao aquecimento da demanda gerado pela política econômica adotada desde agosto de 1985, aos efeitos do pacote fiscal de novembro e à expansão do déficit público e da emissão de moeda. Por fim, acusou o congelamento de "congelar" o desequilíbrio entre os preços e salários, afirmando que os trabalhadores sofreram evidentes perdas salariais com o plano (AFIF DOMINGOS, 2.3.1986).

Antonio Carlos Borges, superintendente-técnico da Federação e do Centro do Comércio do Estado de São Paulo, elogiou o crescimento da demanda gerado pelo plano, permitindo ao comércio recuperar-se em relação às perdas acumuladas desde 1979. No entanto, alertou para o excessivo crescimento da demanda, causado por fatores diversos, mas principalmente pelo excesso de liquidez gerado pela perda de controle do déficit público e pela emissão de moedas, o que inibia os investimentos e estimulava o desabastecimento (BORGES, 10.6.1986). César Rogério Valente, presidente da Federação das Associações Comerciais do Rio Grande do Sul, condenou o congelamento por princípio, pois era "prática insustentável com o princípio da livre iniciativa", apesar de admitir sua justeza como mecanismo conjuntural para "apagar a memória do passado" e eliminar o componente inercial da inflação. Porém, diante dos problemas enfrentados pelo plano em julho, defendeu a imediata adoção do congelamento seletivo, com uma política de revisão de preços, seguida do descongelamento gradual pra impedir a manifestação da "inflação reprimida" (VALENTE, 19.7.1986).

Entre os representantes do capital bancário e especulativo, a posição frente ao Cruzado foi de crítica permanente. Como vimos, a tentativa de romper com a especulação financeira e de reverter o sistema financeiro com medidas drásticas, como a eliminação da correção monetária e o congelamento da taxa de juros a nível baixo, além dos próprios efeitos do fim da inflação no volume das contas e depósitos, geraram perdas para o capital "portador de juros", o bancário em particular. Isto explica as críticas ao caráter heterodoxo do plano e a proposição de medidas ortodoxas, além dos ataques ao governo pelo congelamento, pelo déficit público e pela excessiva remonetização da economia. João Luiz Mascolo, diretor do Centro de Estudos Econômicos do Instituto Brasileiro de Mercado de Capitais (IBMEC), afirma que a inevitável remonetização da economia, causada pela queda abrupta da expectativa inflacionária com o plano, não poderia vir acompanhada, como o foi, pelo congelamento da taxa de juros, pois somente ela serviria de termômetro para o governo avaliar seu impacto inflacionário. Além disso, para evitar que a remonetização gerasse excesso de liquidez e tivesse um efeito inflacionário, o autor sugeria que o governo substituísse os títulos da dívida pública que venciam a cada mês por moeda. Porém, segundo ele,

> para que não houvesse pressão sobre as taxas de juros e sobre a taxa de inflação, o encaminhamento deste processo deveria ocorrer através da substituição por moeda dos títulos da dívida pública que vencem a cada mês, isto é, deveria proceder-se ao resgate da dívida pública, sem que houvesse rolagem da mesma, ou seja, sem que houvesse colocação de novos papéis. Para que isto fosse possível, no entanto, seria necessário que não houvesse déficits novos a financiar a cada mês. (...) Em resumo, o processo de monetização não irá pressionar as taxas de juros ou taxa de inflação, na medida em que se obteve austeridade do governo na administração de suas contas. Esse, então, é o principal condicionante para o sucesso do plano. (MASCOLO, 19.6.1986)

Outro banqueiro, Antonio Carlos Lemgruber, vice-presidente do Banco Boa Vista e ex-presidente do Banco Central, também fez duras críticas ao plano Cruzado. Fazendo uma avaliação do plano quase um ano depois de sua adoção, atribuiu ao dogmatismo heterodoxo dos seus autores a principal responsabilidade pelos erros que seguiram à sua edição. Segundo ele,

> costuma-se dizer que o Plano de 28/02/86 foi uma cirurgia bem feita, mas que o pós-operatório não teria sido bem realizado. Na verdade, a não-adoção de várias medidas (que eram necessárias) indica que não chegou a haver uma cirurgia em 28/02/86, mas sim uma anestesia. (...) As seguintes medidas não foram adotadas: 1. Desvalorização cambial; 2. Elevação da taxa de juros "real"; 3. Inflação corretiva, com realinhamento de vários preços e eliminação de subsídios; 4. Redução do déficit fiscal, com corte de gastos públicos (nem sequer um anúncio); 5. Controle da base monetária (nem sequer um anúncio). A não adoção destas cinco providências caracteriza, sem dúvida alguma, um

> autêntico horror à chamada ortodoxia e uma forte preocupação no sentido de se ser mais "heterodoxo". Nada de austeridade monetária e fiscal. Nada de juros reais elevados. Nada de realismo cambial. Nem medidas concretas nem mesmo anúncios de intenções de austeridade. (LEMGRUBER, 11.1.1987)

Entre as classes dominantes agrárias, prevaleceu a postura crítica desde a implantação do plano, em fevereiro, apesar da enorme vitória política que foi o esvaziamento do PNRA (Plano Nacional de Reforma Agrária), tanto porque os exportadores perderam com o congelamento do câmbio, ou porque o congelamento dos preços, em fevereiro, barrou a tendência de alta dos preços agrícolas devido à queda da safra no final do ano. Os grandes proprietários rurais ligados aos setores mais tradicionais, como a pecuária, em que a UDR tinha forte presença, foram os que mais reclamaram, partindo para uma "queda de braço" com o governo na crise de abastecimento do leite e da carne, agravada a partir de maio (SARDENBERG, 1987, p. 327-329). Mesmo mais tarde, Ronaldo Caiado, presidente da UDR, ainda acusaria o governo de incompetência por não se preparar para a redução da oferta de carne no período de estiagem, além de reclamar do preço da arroba do boi, reivindicando o reajuste dos preços, inocentar os pecuaristas pela crise de abastecimento e sugerir a imposição de um racionamento em vez do confisco do gado (OESP, 12.10.1986).

A posição predominantemente crítica do conjunto das frações do grande capital e, em especial, dos banqueiros permitiu que os representantes do pensamento ortodoxo e conservador, derrotados no governo com a ascensão de Funaro, mantivessem suas trincheiras e sua audiência na disputa ideológica em torno da questão econômica, dirigindo duras críticas ao plano como um todo. Antonio Delfim Netto, que ocupou os ministérios da Fazenda nos governos militares de Costa e Silva e Médici e os ministérios da Agricultura e do Planejamento no governo de Figueiredo, acusou o Cruzado de ser uma medida tempestiva, tomada quando as condições mínimas para o seu sucesso não estavam garantidas, numa tentativa de correção das medidas do pacote fiscal de novembro de 1985, que ampliaram a demanda global. Diante da situação, Delfim propôs:

façamos um movimento nacional para cortar as despesas públicas. O Congresso não tem prerrogativa para aumentar as despesas, mas tem para cortá-las! Vamos aprovar uma lei que torne o financiamento do déficit público responsabilidade pessoal da diretoria do Banco Central e proíba o Banco do Brasil e os bancos estaduais de fazê-lo a qualquer título. (NETTO, 7.6.1986)

Affonso Celso Pastore, ex-presidente do Banco Central no governo Figueiredo, também criticou asperamente a incapacidade do governo em conter a demanda, criticando a excessiva monetização da economia, a expansão monetária e os juros baixos e defendendo o corte das despesas do governo (PASTORE, 28.9.1986). Henry Maksoud, proprietário da revista *Visão* e um dos expoentes da "campanha anti-estatista" nos anos 70, defendeu a visão liberal mais ortodoxa, ao considerar que o Cruzado "revogou" a lei da oferta e da procura com o congelamento, mas sem atacar os reais causadores da inflação: o déficit público e a expansão monetária (MAKSOUD, 24.4.1986).

Finalmente, Mário Henrique Simonsen, ex-ministro da Fazenda dos governos Geisel e Figueiredo, adotou uma posição alternativa, sugerindo uma combinação entre medidas heterodoxas e ortodoxas, sem, porém, deixar de criticar o déficit público e a expansão monetária. Segundo ele, o Cruzado foi uma cirurgia para desencadear um processo necessário de desindexação. Entretanto,

> o complemento indispensável a uma cirurgia heterodoxa é um pós-operatório ortodoxo. [Por isto], o governo precisa cortar seus déficits e conter a política monetária para garantir que o Cruzado não será uma mera reedição do cruzeiro", com a volta da inflação. (SIMONSEN, 6.7.1986)

Entre os trabalhadores, o Plano Cruzado teve um impacto ao mesmo tempo sedutor e desmobilizador, colocando na defensiva o movimento sindical e isolando seus setores mais combativos. Isto se explica pelo impacto positivo do congelamento de preços, dos abonos salariais, da escala móvel dos salários e do seguro-desemprego sobre o conjunto dos trabalhadores; medidas que atendiam relativamente a antigas reivindicações. Além disso, o congelamento esvaziou a tese dos reajustes trimestrais, principal bandeira do movimento sindical na questão salarial. Mas, por outro lado, ao interromper o processo de recuperação dos salários e "apagar" o histórico de arrocho salarial herdado da Ditadura, com o congelamento, o plano Cruzado prejudicou o conjunto dos trabalhadores, abrindo brecha também para críticas. A questão salarial tornou-se, então, o alvo principal do movimento sindical contra o plano.

Logo após o anúncio do plano, Walter Barelli, presidente do Dieese (Departamento Intersindical de Estatística e Estudos Sócio-Econômicos), entidade ligada aos sindicatos de trabalhadores, elaborou uma crítica ao Plano Cruzado que, em linhas gerais, foi assumida pelas diversas tendências do movimento sindical. Sustentou que os trabalhadores assalariados saíram perdendo com o Cruzado por causa da conversão pela média, pela insuficiência dos abonos, pelo confisco da inflação de fevereiro, pela proibição legal de os trabalhadores conquistarem reajustes superiores à inflação pós-Cruzado (recuperando as perdas passadas) e pela tese ilusória de que após a edição do plano a inflação estaria zerada em função do congelamento, impedindo os trabalhadores de manterem até mesmo a média salarial, que se tornou o novo pico, definida em 28 de fevereiro de 1986. Além disso, o Cruzado prejudicou diretamente categorias que tiveram reajustes pouco antes do plano, cujo salário seria nominalmente reduzido na conversão pela média. Quanto ao seguro-desemprego, Barelli criticou a proibição de o trabalhador desempregado obter o benefício antes de um ano e meio do último recebimento, lembrando que havia alta rotatividade de mão-de-obra na economia brasileira e que o empresariado utilizaria francamente este recurso para reduzir seus custos. Considerou, ainda, claramente insuficiente o abono concedido ao salário-mínimo, lamentando a oportunidade perdida de elevá-lo realmente a patamares condizentes com o que definia a própria Constituição. Barelli criticou também o privilégio concedido a militares e magistrados, que foram excluídos da regra de conversão dos salários pela média devido à garantia constitucional da irredutibilidade de seus vencimentos (BARELLI, 8.3.1986).

Em linhas gerais, as grandes centrais sindicais assumiram estas críticas; porém, mais uma vez, suas diferenças táticas e estratégicas apareceram na definição da postura contra o governo. A postura mais favorável e aberta à negociação partiu da CGT (Central Geral dos Trabalhadores), que chegou a ser acusada pela CUT de apoiar e estimular entre os trabalhadores a ação dos "fiscais do Sarney". Fundada dias após a edição do plano, em março, a nova central aglutinava os setores que compunham a Conclat (Conferência Nacional da Classe Trabalhadora): representantes do velho peleguismo, como Joaquim dos Santos Andrade (Sindicato dos Metalúrgicos de São Paulo), sindicalistas do PMDB, sindicalistas do PCB, do PC do B e do MR-8, a Contag (Confederação dos Trabalhadores na Agricultura) e até representantes da nova direita sindical, como Antonio Rogério Magri (Sindicato dos Eletricitários de São Paulo) e Luis Antonio Medeiros. Em seu congresso de fundação, a nova central apoiou o congelamento de preços, o fim da correção monetária e o combate à especulação financeira, mas criticou o congelamento dos salários pela média, alegando que a maioria dos preços foi congelada pelo "pico" e que os abonos concedidos eram insuficientes para reparar este problema; denunciou, ainda, a proibição de os trabalhadores lutarem para recuperar as perdas salariais passadas. Na questão da escala móvel dos salários, apoiou a iniciativa, mas questionou o índice de 20% para o disparo do "gatilho" com reposição de apenas 60% do índice, ficando os 40% restantes a serem definidos por livre-negociação na data-base de cada categoria. Em lugar disso, a CGT propôs seu disparo com 5% de inflação e a reposição integral. Parabenizou, também, a criação do seguro-desemprego, embora tenha considerado os critérios para obtenção do benefício muito rígidos. Finalmente, lamentou que o plano não resolveu satisfatoriamente a questão da dívida externa, propondo a moratória (JT, 21.3.1986 e 24.31986; IÉ, 26.3.1986; CGT, 1986).

Poucas semanas antes do anúncio do plano, a CUT realizou em São Bernardo do Campo-SP sua Plenária Nacional, que aprovou uma Campanha Nacional de Lutas para 1986 com reivindicações como redução da jornada de trabalho para 40 horas semanais, salário-desemprego, reajustes trimestrais de salário, salário-mínimo real (o calculado pelo Dieese) e congelamento dos preços dos gêneros de primeira necessidade, dentre outras. O calendário aprovado previa ainda a entrega do conjunto das reivindicações da entidade a Sarney, em março, e grandes manifestações no dia 1º de maio, quando também se completariam cem anos do Dia do Trabalho (PACHALSKI, 1986). O Cruzado atropelou este calendário de lutas e aspectos centrais da própria pauta de reivindicações com a implantação do congelamento e do seguro-desemprego.

A reação da CUT foi dura. Além de vaiar Funaro na cerimônia de apresentação do plano ao Congresso, criticou o Cruzado como manobra do governo para recompor a Aliança Democrática e sua base política com vistas à continuação da transição conservadora. Acusou-o ainda de não tratar das causas reais da inflação, limitando-se ao congelamento e à desindexação da economia e de submeter-se à perspectiva do capital monopolista, com a manutenção do pagamento da dívida externa, além de promover arrocho salarial. Em lugar do índice de 20% para o disparo do "gatilho" da escala móvel dos salários, propôs reajustes mensais e integrais do índice inflacionário, a estabilidade no emprego, a reformulação do seguro-desemprego, com a ampliação das condições de acesso e o aumento do valor, além do aumento do salário-mínimo, dos investimentos e financiamentos públicos em áreas econômicas estratégicas e do não-pagamento da dívida externa. Buscando manter sua influência política e contrapôr-se aos efeitos fortemente passivizadores do Cruzado sobre o movimento sindical, a CUT defendeu uma postura de enfrentamento contra o governo e de mobilização dos trabalhadores contra o que considerava uma nova política de arrocho salarial (FSP, 2.3.1986b; JT, 24.3.1986; COSTA, 1995, p. 94-97).

No entanto, os meses iniciais do plano foram de isolamento político das centrais sindicais, mas principalmente da CUT, pois houve um arrefecimento da combatividade das grandes categorias por ela representadas, engessadas pela sedução popular do plano, mas também por uma postura mais intransigente do empresariado, particularmente nos setores que sofriam maior fiscalização do congelamento de preços. A proposta de realização de uma greve geral contra o plano, em maio, fracassou totalmente. As greves ocorridas nos primeiros meses foram rápidas e localizadas, atingindo principalmente setores econômicos nos quais o congelamento era mais frouxo, como nas pequenas e médias empresas, e/ou os níveis de emprego cresciam permitindo aos trabalhadores facilidade maior para a conquista de reajustes. A retomada das grandes greves e da mobilização sindical ainda iria esperar pelo segundo semestre, quando a crise do Cruzado anulou as ilusões dos trabalhadores. Porém, apesar de o número total de greves ter crescido em relação ao ano anterior (de 927 para 1665), o número de jornadas de trabalho perdidas em todo o ano de 1986 caiu razoavelmente (de 76,6 milhões para 53,1 milhões), indicando a prevalência de greves localizadas e curtas (SARDENBERG, 1987, p. 300 e 308; SINGER, 1987, p. 67, 245-250; NORONHA, 1991, p. 114, 131 e 134).

Entre os partidos mais ligados aos movimentos populares e ao movimento sindical dos trabalhadores, o Cruzado gerou críticas por intervir na questão econômica numa perspectiva pontual, o combate à inflação, mas sem romper com o modelo econômico vigente, considerado dependente do capital externo e concentrador de renda, e por gerar arrocho salarial. A coerência da crítica ao plano em relação ao seu projeto histórico levou a maior parte destes partidos ao isolamento político nos meses iniciais do plano, com seus efeitos negativos vigorando ainda nas eleições de novembro. A proposta de desencadeamento de uma campanha pelas eleições presidenciais diretas, encampada pelo PT, pela CUT, pelo PDT e por setores do PMDB era completamente esvaziada com a enorme popularidade conferida a Sarney pelo plano Cruzado. Esvaziavam-se também as tentativas de aproximação entre PMDB e PDT, principalmente articuladas pelo ex-ministro Fernando Lyra e por Leonel Brizola, com vistas à formação de um bloco de oposição (SARDENBERG, 1987, p. 219).

O PT dirigiu duras críticas ao plano, assumindo a maior parte das questões levantadas pelo movimento sindical e positivando, basicamente, o congelamento e a possibilidade de retomada dos investimentos produtivos. Em reunião do Diretório Nacional, realizada logo após o anúncio do plano, o partido criticou o congelamento dos salários pela média; o disparo do "gatilho" da escala móvel somente quando a inflação acumulada atingisse os 20%; a livre-negociação dos 40% restantes do índice inflacionário sem que houvesse alteração na legislação sindical; as condições para a obtenção do seguro-desemprego, consideradas severas e restritivas; a não-redução maior ainda da taxa de juros; a arbitrariedade do pacote econômico, imposto por decreto-lei. Além disso, alertou para a possibilidade de desabastecimento, de ágio e especulação e denunciou o Cruzado como manobra política do governo e da Aliança Democrática para isolarem os setores combativos e retomarem a iniciativa política com vistas às eleições constituintes. Além das críticas, o PT propôs uma pauta bastante próxima daquela defendida pela CUT, com a revisão da política salarial do Cruzado e sua negociação com o movimento sindical, a redução do índice de inflação para o disparo do "gatilho" da escala móvel dos salários, a ampliação do seguro-desemprego para que atendesse a todos os desempregados e a criação de Conselhos de Congelamento de Preços. Como proposta inovadora com vistas a garantir o controle popular do congelamento de preços e alternativa ao caráter inorgânico e despolitizante dos "fiscais do Sarney", os conselhos seriam compostos pelos sindicatos, associações de moradores, movimentos populares, cooperativas, entre outros, com poder para fixar os preços, fiscalizar o congelamento, receber e averiguar denúncias e encaminhar sanções aos que violassem o congelamento (PT, 1986a).

O PDT também questionou o plano por este se limitar a resolver a crise econômica brasileira atacando a inflação, e não seus problemas estruturais. Brizola foi o principal porta-voz das críticas ao plano, considerado por ele como gerador de recessão, arrocho salarial e desemprego (SARDENBERG, 1987, p. 299), mas outras lideranças também se manifestaram, expondo as propostas do partido. Perguntado se Sarney vinha fazendo um bom governo, Francisco Julião, famoso líder das Ligas Camponesas nos anos 50 e 60 e atualmente membro do Diretório Nacional do PDT, respondeu que não, por considerá-lo conciliador demais para dar consequência plena ao Cruzado e tomar as medidas necessárias à consolidação da soberania econômica, política e social do país. Segundo Julião, estas medidas seriam o congelamento dos juros da dívida externa brasileira pelo prazo de um a cinco anos; a retenção de 10% do lucro das empresas estrangeiras para reinversões no país; a reforma agrária efetiva e real; a defesa do salário como principal alavanca do desenvolvimento econômico e a estatização dos bancos privados surpreendidos especulando com juros e tarifas após o plano (JULIÃO, 24.3.1986). César Maia, na época deputado federal pelo partido (RJ), adotou uma posição mais favorável, ainda que também crítica, considerando que o plano continha méritos parciais. Primeiramente, acusou o Cruzado de tratar fundamentalmente do passado, por conta da visão inercialista sobre a inflação, e de não ter uma proposta para o futuro. Além disso, considerou que o salário-mínimo foi congelado num patamar muito baixo e que a escala móvel dos salários era um elemento disfuncional para a perspectiva de inflação zero. Para tanto, sugeriu que o governo promovesse uma reforma do sistema financeiro, privilegiando os bancos públicos e sua função social; aprofundou o processo de administração dos preços para sanar as distorções que já apareciam, em vez de abolir o congelamento, como muitos reivindicavam, porém punindo com rigor os casos de ágio e desabastecimento forjado. E, ainda, que se promovesse a elevação vigorosa do valor do salário-mínimo, que, combinada com a liberdade sindical e com a liberdade de negociação salarial, poderia substituir a escala móvel dos salários (MAIA, 28.8.1986).

Entre os partidos de esquerda que apoiavam o governo da Nova República, o PC do B foi o que apresentou a posição mais crítica diante do plano Cruzado, por este não afetar o pagamento dos juros da dívida externa nem a espoliação do país pelo capital estrangeiro, apesar de apoiar o congelamento de preços e reconhecer nas ações massivas para garanti-lo um alento para o movimento popular. Todavia, o PC do B defendeu que o combate à inflação não podia ser feito às expensas do povo; por isso, defendeu o combate à inflação à custa dos ricos, e não dos trabalhadores, o reajuste dos salários para recompor o poder de compra dos trabalhadores, além da estabilidade no emprego, da jornada semanal de 40 horas, da liberdade sindical, da não-privatização das empresas estatais e da ampliação e implantação do PNRA – Plano Nacional de Reforma Agrária (PC do B, 1.4.1986).

O PCB adotou uma postura mais contemporizadora, em nome da unidade das forças democráticas contra as ameaças conservadoras. Na Conferência Nacional Sindical do partido, ocorrida em março em São Paulo, foi aprovada uma resolução que considerava que o plano criava condições para a alteração do modelo econômico, fortalecendo o mercado interno, uma política de investimentos e de distribuição de renda e a própria transição democrática, pois foi um "golpe vigoroso desfechado contra alguns mecanismos inflacionários" que geravam instabilidade política e riscos de retrocesso. Por isso, apoiou o plano e sua melhoria, desde que não houvesse recessão, com a adoção de um novo modelo econômico gerador de emprego e sintonizado com os interesses nacionais; um programa de aumento real dos salários, principalmente do salário-mínimo; o expurgo dos custos financeiros extintos com o plano dos preços das mercadorias; uma reforma tributária que taxasse os grandes lucros e favorecesse Estados e municípios; nova lei de greve que eliminasse as restrições ao direito de greve; redução da semana e da jornada de trabalho para 40 horas; redução do índice de 20% de inflação para o disparo do "gatilho" da escala móvel dos salários; ampliação do acesso dos trabalhadores ao seguro-desemprego; renegociação da dívida externa; data-base única para reajuste de todos os salários; reforma bancária, com fortalecimento do sistema financeiro estatal e política social para o crédito (PCB, 1986).

O MR-8 que atuava no interior do PMDB manifestou seu apoio por meio de sua principal liderança, Cláudio Campos, candidato a deputado federal. Segundo ele,

> pela primeira vez um plano de combate à inflação é dirigido contra a especulação financeira e não contra os trabalhadores. Pela primeira vez o povo foi investido de autoridade para usar o poder de polícia contra grandes proprietários e especuladores. A contenção da inflação e a energia liberada pelas medidas cria condições extremamente favoráveis para que a questão essencial do estancamento da sangria de nossos recursos e seu aproveitamento para a construção de uma economia autocentrada seja colocado na ordem do dia. (...) Mesmo não tendo ainda assumido de maneira explícita a bandeira da moratória, o governo passou a uma postura mais enérgica de cobrança nas negociações da dívida externa. (PMDB, 1986)

Assim, a moratória seria o passo seguinte necessário para dar continuidade às mudanças inauguradas pelo Cruzado.

Entre os partidos da Aliança Democrática, o Cruzado foi bem recebido, permitindo sua recomposição e reforçando seu apoio ao governo. O forte apelo popular do plano tornou-se um motivo irresistível para o apoio, particularmente em ano eleitoral. No PFL, cujo peso político no governo cresceu com a reforma ministerial, houve quem saudasse o Cruzado por sanear a crise com o PMDB e salvar a Aliança Democrática, a exemplo de Marco Maciel. Na verdade, para o PFL a ruptura do PMDB com o governo seria desastrosa, pois solaparia definitivamente o resto de legitimidade "democrática" e "mudancista" que o governo da Nova República ainda tinha, tornando irresistível um movimento para a redução do mandato de Sarney. Até Paulo Maluf, candidato a governador de São Paulo, declarou seu total apoio de olho nas eleições de novembro (FSP, 2.3.1986b; KUSANO, 25.5.1986).

Com o PMDB a questão foi mais complexa, pois sua absoluta exclusão do processo de elaboração e preparação do plano evidenciou claramente a perda de força política dentro do governo. No entanto, era inegável a presença de figuras próximas (como Funaro) ou de quadros do partido (como Sayad, Belluzzo e Cardoso de Melo) na equipe econômica do Cruzado e de um viés reformista no plano muito sintonizado com diversas teses peemedebistas, como o combate à inflação e à especulação financeira, o seguro-desemprego, os abonos salariais, a escala móvel dos salários, etc. Deste modo, a postura do PMDB foi ambígua. Inicialmente, o plano não era seu, mas do governo, porém, com o sucesso popular do mesmo, passou a assumi-lo plenamente e a defendê-lo como seu, recompondo-se com Sarney, abdicando da autonomia que pretendia construir frente ao governo e beneficiando-se eleitoralmente dos seus resultados.

Apenas nos dias imediatamente anteriores à edição do plano, a cúpula dirigente do PMDB teve conhecimento pleno do que se passava. Segundo Sardenberg (1987), Ulysses Guimarães, presidente do partido e da Câmara dos Deputados, recebeu os primeiros sinais de Sayad e de Funaro, separadamente, apenas no dia 25. Mas o relato completo só lhe foi feito por Sarney no dia seguinte, quando, então, combinaram a estratégia de despistamento operada a seguir. Sarney solicitou o apoio do PMDB para o plano, com o qual Ulysses concordou; no entanto, contra-argumentou que, se assumisse publicamente que tinha conhecimento do mesmo, teria que notificar a Câmara e o partido das mudanças drásticas que o governo pretendia fazer na economia. Então, oficialmente Ulysses declarou só ter ficado sabendo do plano minutos antes do seu anúncio, não perdendo a oportunidade de reputá-lo como iniciativa do governo e de criticar o uso do decreto-lei para sua implantação. Afinal, se o plano desse errado, o PMDB poderia isentar-se de culpa. Foi por iniciativa de Belluzzo e de Luciano Coutinho – professor da Unicamp-SP –, do grupo dos economistas "críticos", recém-integrado à equipe que preparou o Cruzado e também militante do PMDB, que as lideranças da bancada do partido na Câmara tomaram conhecimento do plano na véspera do seu anúncio, apoiando-o. Pimenta da Veiga, líder do partido e ainda do governo na Câmara, chegou a comentar que o plano seria aprovado e reconhecido como sendo obra do partido (SARDENBERG, 1987, p. 281-291), expressando o açodamento e o oportunismo que o PMDB desenvolveria em relação ao plano até as eleições de novembro. Com o apoio maciço do PMDB e do PFL, os decretos do Cruzado seriam aprovados sem modificações pelo Congresso. Na Convenção Nacional do PMDB, em abril, a recomposição com o governo foi coroada; Sarney, o campeão de popularidade, foi aclamado e recebeu a presidência de honra do partido. De sua parte, reafirmou o compromisso de governar com o PMDB (FSP, 6.4.1986 e 7.4.1986).

Do "Cruzadinho" às eleições de 1986

O "Cruzadinho": uma correção de rota incompleta

Três meses após a implantação do Plano Cruzado, os desequilíbrios criados em seu nascedouro e surgidos no processo de reconversão da economia já eram evidentes. Pelas razões expostas acima, o Cruzado gerou um excesso de demanda, que permitiu o crescimento acelerado da economia, com aumentos na produção industrial, no nível de emprego e nas vendas; porém, causando escassez de alguns produtos essenciais, como carne e leite, e também de automóveis novos, já nesta fase. Segundo Singer (1987, p. 99-102), o desequilíbrio entre os preços e o desabastecimento permitiu o surgimento de uma inflação oculta, criada com a prática crescente da cobrança de ágios, e de uma inflação reprimida – devida à perda de tempo nas filas, ao lado da inflação registrada, o IPC oficial –, esta oscilando entre a deflação, em março e as taxas de inflação entre 0% e 1% em abril e maio. Além disso, havia excesso de liquidez com a expansão da oferta de moeda gerada pela remonetização acelerada da economia e o aumento dos gastos do governo, com salários, subsídios a determinados produtos para manter o congelamento e transferências para estatais, Estados e municípios, com óbvias finalidades eleitorais. Finalmente, havia desequilíbrio fiscal, juros nominais negativos e déficit público muito além do previsto, de 0,5% do PIB, estimado no fim de 1985 para o ano seguinte, para a estimativa de 2,5% até o final de 1986 (SINGER, 1987, p. 99-102; MODIANO, 1992, p. 360-362). Além disso, havia fortes pressões de diversos setores econômicos pelo descongelamento ou, no mínimo, por realinhamentos de preços na maior parte das vezes adiados. Expressivo deste tipo de pressão foi o comportamento do setor pecuarista que, orientado pela UDR, passou a reter o envio de boi gordo para o abate com vistas à obtenção de melhores preços. Somada à natural redução do plantel de boi gordo no período do inverno, devido à estiagem, esta postura gerou uma séria crise de abastecimento no mercado de carne, tornando-se um dos principais problemas de administração do Cruzado e dando origem a uma "queda de braço" entre o governo e os pecuaristas, vencida pelos últimos (DREIFUSS, 1989, p. 79-81).

Diante desta situação, o governo teria que promover mudanças de rota, ou a inflação explodiria novamente. O fim do congelamento, abrupto ou administrado, ou a adoção de medidas recessivas que desaquecessem a demanda eram as medidas economicamente indicadas, porém ambas de caráter impopular. Apesar disso, mais uma vez prevaleceu o interesse eleitoral do governo e dos partidos da Aliança Democrática em manter o apoio popular por meio do congelamento, tornado o elo mais frágil do plano na medida em que os desequilíbrios aumentavam. Na equipe econômica que elaborou e conduzia o Cruzado, a preocupação com esta questão era generalizada desde o primeiro mês, apesar de Funaro e Sayad acharem que o aumento da demanda era positivo para o crescimento econômico e que ainda havia tempo para medidas corretivas. Por isto, em março, quando esteve em visita ao Congresso Nacional, Funaro anunciou que o congelamento era temporário, devendo durar em torno de noventa dias. Imediatamente foi desmentido pelo porta-voz da presidência da República e, em seguida, desautorizado pelo próprio presidente a falar de descongelamento, por óbvias razões políticas. Portanto, tudo ficaria como estava (SARDENBERG, 1987, p. 303-309).

No final de maio surgiu uma oportunidade para a discussão dos rumos do plano entre a equipe econômica e o presidente, quando este a convocou, com mais alguns ministros, para uma reunião conjunta em Carajás-PA. Sabendo disso, a equipe se reuniu previamente para acertar o discurso e propor as soluções. Duas questões emergiram como essenciais: o déficit público e a dívida externa. Para ambas houve veto de Funaro para que se abordassem os dois problemas de forma realista e dura, pois no primeiro caso, levantar a questão do déficit público seria admitir que o discurso adotado pelo governo de que ele estava zerado era enganoso e, no segundo caso, temia-se que Sarney fosse tentado a propor uma moratória da dívida externa, medida de forte apelo popular e condizente com declarações de endurecimento que o próprio presidente já havia feito, o que acabaria anulando a já difícil negociação que vinha sendo feita com os credores externos. De fato, os credores externos, apoiados pelo governo norte-americano e pelo FMI (Fundo Monetário Internacional), endureciam sua posição na negociação, criando dificuldades para o alongamento dos prazos e a entrada de novos recursos. Deste modo, o cenário apresentado na reunião pela equipe econômica foi menos tenebroso, mas, ainda assim, Sarney insistia no sucesso do plano e na manutenção do congelamento. Por isso, acertou-se que se tomariam medidas para desaquecer a demanda e reduzir o déficit público, por um lado, mas que, por outro, permitissem ao governo lançar um plano de investimentos, o "Plano de Metas" de Sarney. Quase dois meses depois, no final de julho, saía o novo pacote de medidas, apelidado de "Cruzadinho", sem descongelamento (SARDENBERG, 1987, p. 309-313).

O "Cruzadinho" foi uma modesta tentativa de desaquecer o consumo adotando-se elementos do receituário ortodoxo, bem aquém do que se imaginara inicialmente. Originalmente, pretendia-se retirar 150 bilhões de cruzados de circulação através da criação de empréstimos compulsórios sobre vários produtos de consumo de massa, de combustíveis e automóveis, até energia elétrica, telefone e eletrodomésticos. Também pretendia-se promover uma reforma administrativa, com previsão de demissões no setor público; uma reforma bancária, visando reduzir os gastos dos bancos estaduais; uma reforma fiscal para controle do déficit público e o corte dos subsídios do trigo. No entanto, o impacto negativo destas medidas na estratégia eleitoral do governo e da Aliança Democrática determinou que apenas os empréstimos compulsórios fossem aprovados, porém atingindo muito menos produtos e com alíquotas mais baixas, o que permitiu que apenas 40 bilhões de cruzados fossem retirados de circulação (SARDENBERG, 19877, p. 311-319).

Assim, o novo pacote do governo implicou a criação de impostos indiretos, na forma de empréstimos compulsórios, apenas sobre combustíveis e os automóveis, e de impostos novos sobre a compra de moeda estrangeira para viagens e passagens internacionais. O impacto inflacionário destas medidas foi devidamente expurgado do IPC (Índice de Preços ao Consumidor) para evitar a disparada do "gatilho" salarial. O dinheiro arrecadado com os empréstimos comporia o Fundo Nacional de Desenvolvimento, criado para financiar diversos investimentos em infra-estrutura, reunidos em torno do "Plano de Metas" do governo, e elevar o crescimento do PIB a 7%. A perspectiva anunciada de um programa de investimentos financiado pelos novos recursos e de controle do déficit público não se efetivou, apesar de os investimentos feitos alavancarem as candidaturas governistas nos Estados. Além disso, os recursos retirados de circulação não foram suficientes para restringir o consumo e desaquecer a demanda. Ao contrário, com o "Cruzadinho", a demanda continuou bastante aquecida, pois a expectativa de um descongelamento próximo estimulou o aumento do consumo e do produto industrial. O imobilismo do governo, preocupado com as eleições de 1986, piorou a situação, pois, apesar da desvalorização do cruzado, com vistas a estimular as exportações e manter a balança de pagamentos superavitária, a perspectiva de novas desvalorizações levou ao adiamento das exportações e à antecipação de importações, gerando o efeito contrário ao que se queria. As contas externas começaram a ficar deterioradas (MODIANO, 1992, p. 362-363).

Em segundo lugar, a retomada da escalada inflacionária prejudicou o conjunto dos trabalhadores, mesmo os setores de baixa renda, que só poderiam ter aumentos salariais quando o índice "oficial" de inflação, devidamente expurgado do ágio, atingisse o patamar de 20%. A partir daí, de um lado intensificaram-se movimentos reivindicatórios entre os trabalhadores, principalmente entre os qualificados e de renda superior (operariado dos setores de ponta, funcionários públicos, profissionais liberais, etc.), iniciando uma escalada de greves que atingiria o auge após o Cruzado II. De outro lado, as diversas frações do grande capital, mesmo o industrial, aumentaram as pressões sobre o governo em favor do descongelamento, sem falar na pressão indireta, por meio do processo de desabastecimento, intencional em vários casos, como no setor de alimentos. Assim, segundo Singer, ao lado da inflação *registrada*, ou seja, o índice oficial, surgiam duas outras: a *oculta*, fundamentada na cobrança de ágios, e a *reprimida*, cuja existência se deve à escassez de mercadorias e às filas (SINGER, 1987, p. 245-250).

Na verdade, o "Cruzadinho" foi o resultado da percepção tardia pelo governo das providências que deveriam ter sido tomadas desde o início, só que agora numa situação muito mais difícil. O "Plano de Metas" e os empréstimos compulsórios foram tentativas infrutíferas e insuficientes para a retomada dos investimentos com vistas a reverter o padrão de financiamento vigente, além de instabilizar francamente as expectativas dando a impressão de que o plano fazia água. Isto porque se evidenciou que não ocorreu o equacionamento das contas públicas, gerando a necessidade de um novo choque de juros; que o novo ativo financeiro oriundo dos empréstimos compulsórios carregava um valor de mercado e que a inflação não só não tinha sido abolida, como ameaçava explodir novamente (BIER, PAULANI & MESSENBERG, 1987, p. 125-132). Por outro lado, o processo de escassez de mercadorias e matérias-primas intensificou-se, afetando a economia de duas formas: reativando a inflação por meio do ágio e sufocando a dinâmica expansionista dos setores de pequeno e médio capital e do setor de serviços. Apesar de a demanda ainda continuar bastante aquecida, preservando o crescimento econômico, a consequência foi sinalizar para uma tendência de recessão futura, pois o atendimento da demanda aquecida exigiria a retomada do processo de investimentos, muitas vezes com resultados somente a médio e a longo prazo. Além disso, a incerteza quanto ao fim do congelamento inibiu os investimentos na medida em que as empresas prefeririam recompor seus ganhos por meio da cobrança de ágio, favorecida pela crise de abastecimento. Desta forma, muitas empresas passaram a criar situações artificiais de desabastecimento, com vistas a ganhos futuros.

Em vez de ampliar os estoques de capital fixo por meio de novos investimentos produtivos, o empresariado reagiu especulativamente, principalmente o grande capital, driblando o congelamento por meio do ágio e do desabastecimento intencional e esperando pelo seu fim. Os resultados do "Cruzadinho" foram o inverso do que se pretendia, pois, em vez de resolvidos, os desequilíbrios existentes foram ampliados. A balança comercial começou a deteriorar-se, com a redução crescente do superávit conseguido no ano anterior, tornando a questão externa mais grave ainda, e o surgimento de um movimento especulativo contra a moeda, devido à expectativa de uma maxidesvalorização, que, de fato, levou o governo a desvalorizar o cruzado em 1% em outubro (BIER, PAULANI & MESSENBERG, 1987, p. 125-132). De um lado, as reformas pretendidas pelos estruturalistas/pós-keynesianos da equipe econômica tornaram-se cada vez mais irrealizáveis; de outro, o fim do componente inercial da inflação e a resolução do déficit público, como queriam os "inercialistas", mostraram-se impossíveis, pois o próprio pacote estimulava sua permanência. O resultado foi que o Plano Cruzado entrou em sua fase terminal.

O caráter limitado do "Cruzadinho" evidencia que o governo abriu mão da adoção de medidas realmente corretivas que implicariam o descongelamento, reavivando a inflação, ou medidas fortes de restrição da demanda, desencadeando a recessão. Ao contrário, optou-se por uma "fuga para frente". Ou seja, manter o congelamento e baixos índices de "inflação oficial", mesmo com o crescimento das inflações *oculta* e *reprimida*; adotar medidas moderadas de restrição da demanda, os empréstimos compulsórios, porém, abdicando de seu impacto nos bens de consumo popular em desfavor da classe média; e estimular o crescimento econômico com uma nova onda de investimentos públicos, mesmo que à custa do aumento do déficit público e da deterioração do balanço de pagamentos. Aos que o acusavam de prejudicar os trabalhadores expurgando os aumentos de preço gerados pelos empréstimos compulsórios do IPC, o governo respondia que, por tratarem-se de empréstimos que seriam devolvidos em três anos na forma de ações do FND (administradas pelo BNDES) e não de tributos, não haveria por que incluí-los no índice. Aos que denunciavam que a inflação voltava na forma de ágios e desabastecimento, o governo contra-argumentava responsabilizando os especuladores, não sem razão; convocava a população para fiscalizar o tabelamento e promovia ações espetaculares, como o confisco de cabeças de gado para abastecer o mercado da carne (RB, 8.10.1986). Para os políticos da Aliança Democrática e governadores aliados o governo liberava verbas para obras de evidente impacto eleitoral (FREITAS, 15.1.1987 a 21.1.1987). Ao movimento sindical e à esquerda antiautocrática, que retomam as mobilizações, o governo respondeu com repressão e com o tradicional discurso conservador de que havia uma "conspiração contra o Cruzado", tendo o ministro da Justiça, Paulo Brossard, e o das Comunicações, Antonio Carlos Magalhães, como os principais porta-vozes (MORAIS, 1986, p. 82-83).

Entre as diversas frações do capital, o "Cruzadinho" pareceu confirmar o acerto das principais críticas e alertas em torno da questão do déficit público, da necessidade do descongelamento e da excessiva remonetização da economia, reforçando e ampliando a audiência dos que defendiam as teses ortodoxas, estimulando o descumprimento do congelamento e a inação do governo no tocante à fiscalização. Delfim Netto, por exemplo, voltou a bater na tecla dos efeitos negativos do déficit público, culpou o governo por prorrogar o congelamento demasiadamente e por não ter feito ajustes corretivos nos preços. Finalmente, rechaçava como oportunistas as denúncias do governo quanto ao comportamento ganancioso dos empresários na questão do ágio e do desabastecimento, afirmando:

> (...) é preciso que o governo reconheça que o setor privado fez tudo o que dele se esperava. (...) Ele cumpriu, afinal de contas, o seu papel. (...) quem não cumpriu o papel foi o próprio governo. Quem continuou gastando de maneira desordenada foi o governo; quem fez intervenções inteiramente desnecessárias foi o governo. Quem substituiu a política econômica pela polícia econômica foi o governo. (NETTO, 5.10.1986).

Esta também é a tese principal de Afonso Celso Pastore, que culpabilizou o governo, e não os empresários pelas dificuldades do Cruzado (PASTORE, 28.9.1986). Mário Henrique Simonsen defendeu a necessidade de correções baseadas no receituário ortodoxo afirmando que, no afã de evitar a recessão, a heterodoxia tinha ido longe demais, pois, na prática, o congelamento já havia acabado, devido ao ágio e ao desabastecimento (SIMONSEN, 14.9.1986). Antonio Carlos Lemgruber criticou a permanência do congelamento das taxas de juros, consideradas baixas para uma inflação que já sinalizava um índice de 2% ao mês, sugerindo seu aumento como solução para desaquecer a demanda juntamente com uma política de desvalorizações cambiais (LEMGRUBER, 28.10.1986). Roberto C. Vidigal, presidente da Associação para o Desenvolvimento das Indústrias de Base (ABDIB), entidade representativa do grande capital privado nacional localizado no setor de bens de produção, defendeu a preservação do Cruzado por este ter criado novos empregos e estimulado investimentos produtivos e o consumo, mas atacou o que considerava agentes desestabilizadores, capazes de detonar a volta da inflação: os empresários que se utilizavam da prática do ágio para aumentar seus lucros e os setores trabalhistas ligados à CUT e ao PT que, movidos por finalidades políticas, estimulavam movimentos reivindicatórios que extrapolavam em muito os acréscimos de produtividade e a capacidade de as empresas suportarem estes reajustes sem repassarem para os preços (VIDIGAL, 6.9.1986). Esta posição de Vidigal é dissonante em relação à crítica generalizada do empresariado ao comportamento do governo, porém, faz coro ao discurso conservador contrário aos movimentos sociais proveniente do próprio governo, mas com forte ressonância entre os empresários e a grande mídia desde o início do plano (OESP, 30.3.1986).

Entre os trabalhadores, particularmente no movimento sindical, o "Cruzadinho" foi alvo de críticas, marcando um processo de retomada das lutas e de mobilização. O expurgo dos aumentos de preços gerados pelos empréstimos compulsórios do índice oficial da inflação foi entendido como um golpe nos trabalhadores para evitar o disparo do "gatilho" salarial. Além disso, o avanço das inflações *oculta* e *reprimida*, com a generalização da cobrança de ágios e o desabastecimento, estimulou a busca de aumentos salariais, por meio de greves e negociações. As condições para a conquista de aumentos eram mais favoráveis do que antes, na medida em que a manutenção da demanda aquecida e do ritmo de geração de empregos, além da perspectiva de cobrança de ágio, permitia às empresas maior margem de manobra para concederem reajustes salariais (SARDENBERG, 1987, p. 323-325).

O receio da equipe econômica de que a generalização dos reajustes salariais e da cobrança de ágios reindexassem a economia reativando a ciranda inflacionária levou o governo a radicalizar o discurso conservador e alarmista contra a esquerda, além de intensificar a repressão ao movimento sindical. Os alvos prioritários eram o PT e a CUT, mas também Brizola, principais opositores do plano desde seu início. Já em abril, militantes do Partido Comunista Brasileiro Revolucionário (PCBR), organização marxista que atuava no interior do partido, foram presos numa tentativa de expropriação de um banco em Salvador-BA, com vistas à arrecadação de fundos, engrossando as acusações de apoio à luta armada e de desrespeito à ordem constitucional contra o PT. Na ocasião, o ministro da Justiça, Paulo Brossard, chegou a levantar a hipótese de enquadramento dos militantes na Lei de Segurança Nacional (FSP, 18.4.1986). Segundo o jornalista Hélio Fernandes, a imprensa aderiu à campanha difamatória responsabilizando a direção do PT pela iniciativa (FERNANDES, maio de 1986). No mesmo mês, a Lei de Segurança Nacional foi utilizada para condenar Vicente Paulo da Silva, o "Vicentinho", presidente do Sindicato dos Metalúrgicos de São Bernardo do Campo e Diadema, a um ano de prisão por ter acusado o governo Figueiredo de "roubo" contra os trabalhadores por ocasião da aprovação de um decreto-lei sobre questão salarial, em 1983. Sua condenação só foi anulada dias mais tarde, pelo Superior Tribunal Militar (DANTAS, maio de 1986). Em julho, na greve dos canavieiros ocorrida na cidade de Leme-SP, diversas pessoas foram feridas e duas foram mortas à bala nos confrontos com a polícia. Porém, a Polícia Federal no Estado e o governo federal, com apoio massivo da imprensa, responsabilizaram militantes do PT pelos disparos (DREIFUSS, 1989, p. 101-102). Mais tarde, apurou-se que os tiros foram disparados pelos policiais, mas ninguém foi punido. Em setembro, em pronunciamento na televisão, o ministro Paulo Brossard acusou o movimento sindical de conspiração contra o governo e o Cruzado devido às greves e ameaçou com a tomada de medidas duras (GREENHALGH, 15.10.1986). Na conspiração, Brossard incluiu até mesmo o Incra por este ter realizado desapropriações de terras consideradas produtivas por ele (RB, 8.10.1986). Em outubro, o próprio Sarney convocou o ministro do Exército para solicitar-lhe ação repressiva contra o avanço do movimento sindical e das greves, além de vetar abertura de arquivos do SNI aos cidadãos (RB, 6.11.1986).

Começa a batalha da Constituinte: as eleições de 1986

As eleições de 1986 tinham um caráter estratégico para o processo da luta de classes na sociedade brasileira e para os rumos da própria transição democrática. Além da disputa pelos governos dos 23 Estados, pelas vagas de 2/3 do Senado Federal, pela totalidade das cadeiras da Câmara Federal e das Assembleias Legislativas, as eleições de 1986 definiriam também a composição da Constituinte, encarregada de elaborar a nova constituição, já que o Congresso Nacional assumiria esta função. Na nova Constituição, seriam estabelecidos os contornos definitivos da forma democrática do Estado burguês, completando a substituição da institucionalidade autoritária. O futuro do governo Sarney também dependia desta eleição.

Ciente do que estava em jogo, o bloco no poder se preparou como nunca para a disputa eleitoral, avançando enormemente em sua capacidade de mobilização, organização e articulação. Com vistas à disputa dos rumos da constituinte, surgiram diversas entidades e movimentos de caráter para-sindical, ideológico-cultural, policlassista e/ou parapartidário, que articularam e mobilizaram classes, frações e setores específicos de forma combinada ou isoladamente. O surgimento desses novos aparelhos privados de hegemonia, localizados na sociedade civil, mas com inúmeros pontos de interseção com a sociedade política (governo, partidos, Congresso, etc.), é um dos resultados do caráter da transição democrática operada desde a Ditadura Militar, que fortaleceu partidos de tipo institucional, manteve a estrutura sindical atrelada ao Estado, criou uma arena da disputa política em grande parte regida por uma lógica institucional voltada para legitimar e conquistar adesão ao Executivo Federal. Deste modo, as diversas classes e frações do bloco no poder procuraram ampliar sua capacidade de interlocução com o aparelho de Estado e de determinação de suas políticas num ambiente de crise de hegemonia e de avanço do movimento antiautocrático das classes subalternas, cujas formas de mobilização e organização serviram de inspiração, em certa medida, para este processo de avanço associativo das classes dominantes. Assim sendo, novos aparelhos da sociedade civil burguesa surgiram nesta etapa, ampliando e pluralizando a arena da disputa política.

Segundo Dreifuss (1989), o aspecto limitado dos *lobbies* como instrumento de pressão, a "pobreza" política e inoperância dos partidos conservadores e a fraqueza das associações e federações sindicais levaram as "classes empresariais" a buscarem novas formas de organização e ação política. Uma iniciativa que viria inspirar diversas outras neste sentido ocorreu quando a Câmara de Estudos e Debates Econômicos e Sociais (Cedes), entidade de caráter ideológico-cultural surgida em 1980 e que reunia empresários de diversos setores e entidades (Fiesp, Sociedade Rural Brasileira , Febraban, ACSP, etc.), resolveu intervir nas eleições de 1986 apoiando a candidatura do ex-ministro Delfim Netto para a Câmara Federal. A formulação sobre a necessidade de intervenção no processo político elegendo parlamentares comprometidos com a perspectiva do empresariado, em vez do instrumento do *lobby*, levou a entidade a apoiar diversos candidatos a governador, deputado e senador, nos mais variados Estados e por diferentes partidos, como PMDB, PFL, PDS, PTB, etc. A partir daí, formou-se um "esquema" para apoiar e financiar diversas campanhas eleitorais, com a participação de empresários de diversas áreas econômicas, dirigentes de entidades representativas e intelectuais, mobilizados ideologicamente em torno de uma plataforma neoliberal para a constituinte. Plataforma esta que defendia desde a abertura ao exterior com o apoio às exportações, a atração de capital externo e o abandono do protecionismo nas importações, até a desregulamentação da economia, passando pela redução do déficit orçamentário e do papel do Estado na economia (DREIFUSS, 1989, p. 49-56). O apoio a candidatos de diferentes partidos indicava claramente a estratégia de criar o "partido da burguesia" passando por cima das clivagens partidárias e regionais e polarizando seu "bloco parlamentar" em torno de bandeiras gerais, de caráter ético-político, mas que pudessem abarcar e contemplar as propostas específicas concernentes aos interesses de cada fração burguesa.

Este "método" foi adotado por diversas outras articulações e iniciativas, mesmo aquelas de caráter social mais específico, como a Confederação Nacional das Instituições Financeiras. Entidade sindical surgida no final de 1985 sob os auspícios da CNI, a CNF congregava as diversas federações e sindicatos do setor financeiro e defendia bandeiras como a livre iniciativa e a redução do Estado na economia (DREIFUSS, 1989, p. 57-59). Também nesta direção moviam-se a UDR e outras entidades ligadas aos proprietários rurais.

Com o esvaziamento da perspectiva reformista dentro do governo na questão agrária, obtida com a "revisão" do Plano Nacional de Reforma Agrária (PNRA) e o desmantelamento da equipe ministerial que o elaborou, as classes dominantes agrárias começaram a movimentar-se para garantir a defesa dos seus interesses na constituinte. A partir de 1986, as classes dominantes agrárias buscaram ampliar sua capacidade de interlocução política junto à sociedade e junto às outras classes do mundo rural, combinando os contatos com os partidos, o governo e o Congresso com a criação de articulações suprasetoriais e grandes manifestações públicas. Além da defesa do direito de propriedade, centro de sua estratégia ofensiva contra a perspectiva das desapropriações e ocupações de terras, as entidades representativas das classes dominantes agrárias passaram a defender a criação de uma política agrícola pelo governo, que implicasse uma política de financiamento e uma política de preços.

Em 1986, foi criada a Frente Ampla para a Agropecuária Brasileira (FAAB), entidade supra-setorial proposta pela OCB, que contou com o apoio da CNA e da SRB, que defendia uma solução negociada para a questão da reforma agrária, priorizando as áreas de conflito, mas também garantindo a modernização da agricultura brasileira, a criação de uma política agrícola, o combate ao protecionismo dos países ricos e a profissionalização do trabalho rural. Buscando apoio para esta agenda, a FAAB convidou até mesmo a Contag para participar, porém a entidade recusou o convite, e procurou recuperar para as entidades corporativas e extra-corporativas o espaço perdido para a UDR, o que explica sua exclusão do arco de entidades participantes. Vista como exclusivamente comprometida com a defesa do direito de propriedade, não dando atenção a outros pontos da questão agrária e organicamente envolvida com o uso da violência, a UDR era considerada um fator limitador para a realização dos interesses dominantes agrários (BRUNO, 1997, p. 90-91).

De fato, contando com o apoio do governo, a FAAB expressava a perspectiva política dos setores mais modernizados da agricultura brasileira, ligados à agroindústria e à exportação, interessados em tratar os conflitos sociais no campo de modo "técnico" – ou seja, excluindo as empresas rurais e os latifúndios produtivos das desapropriações – e em restaurar os privilégios e benefícios subsidiados pelo Estado através de uma política agrícola (idem, ibidem).

Nesta conjuntura, a UDR também iniciou uma nova fase, ampliando suas formas de atuação (BRUNO, 1997, p. 58-59). Além da defesa intransigente da propriedade privada, da livre iniciativa, do combate à "esquerda radical", do uso da violência e da campanha junto à mídia, a UDR passou a organizar grandes manifestações públicas, com participação massiva. Foi criada ainda uma equipe de assessoria jurídica, para fundamentar as ações judiciais de seus associados e assessorar seus constituintes, e incorporada a seu discurso a necessidade de criação de uma política agrícola. Em fevereiro de 1986, a UDR propôs o Dia Nacional em Defesa da Propriedade Privada, realizado paralelamente ao Dia Nacional de Ocupação, organizado pelos movimentos de trabalhadores rurais (RUA, 1990, p. 290). Ao mesmo tempo, a entidade intensificou a violência contra os trabalhadores rurais envolvidos em conflitos agrários, especialmente contra as lideranças do movimento. Segundo dados da CPT, o número de assassinatos no campo aumentou de 261, em 1985, para 298, em 1986, indicando o recrudescimento na violência no campo (SIMÕES, 12.2.1987 a 18.2.1987).

No plano eleitoral, a UDR passou a orientar seus associados a se envolverem na eleição de candidatos à constituinte comprometidos com as propostas da entidade, também independente de filiação partidária, mas de preferência produtores rurais, contribuindo com recursos e com sua estrutura organizacional (UDRb, s. d.; FSP, 7.6.1986). Por meio de leilões de gado para arrecadar fundos e de amplo trabalho de proselitismo, a UDR apoiou a campanha de candidatos do PMDB, do PFL, do PL, do PDC, do PDS e do PTB, entre outros, na maioria dos Estados. Além disso, participou de outras articulações empresariais como a União Brasileira de Empresários (DREIFUSS, 1989, p. 69-85).

De fato, nada menos que 290 dos 559 parlamentares federais seriam identificados como vinculados aos interesses agrários dominantes durante os trabalhos da Constituinte (RUA, 1990, p. 292), distribuídos por um largo leque de partidos de direita, que ia desde o PDS e o PFL até o PTB, o PDC e o PMDB. Estes parlamentares viriam a constituir-se na principal referência política do chamado Centrão e, posteriormente, no núcleo da Bancada Ruralista (BRUNO, 1997, p. 66-68, 78 e 87). Aliás, em fevereiro de 1987, sob inspiração da UDR, foi criada a Frente Parlamentar de Apoio à Agricultura, reunindo parlamentares de diversos partidos, como PFL, PMDB, PDS, PDC e PL, para atuar no Congresso (SIMÕES, 12.2.1987 a 18.2.1987).

Outra entidade de caráter ideológico-cultural no campo do ideário liberal, que também contou com o apoio material de inúmeros empresários, principalmente dos setores comercial, financeiro e agro-exportador, foi o Instituto Liberal (IL). Surgido em 1983 no Rio de Janeiro e com filiais em Porto Alegre e São Paulo, o IL atuava na área da formação ideológica e da arregimentação política, contando com a colaboração de diversos intelectuais, muitos deles com forte inserção nos meios acadêmicos e realizando cursos e conferências, além da edição de livros, tarefas intensificadas durante a campanha eleitoral (BIANCHI MENDEZ, 2004, p. 200-201; DREIFUSS, 1989, p. 56-57). No campo ideológico mais conservador e anticomunista, aglutinando os saudosos da Ditadura Militar, tanto civis (principalmente empresários e políticos), quanto militares (muitos deles ainda exercendo funções nas Forças Armadas), surgiram ou renasceram outras entidades de caráter ideológico-cultural, como a Associação Brasileira de Defesa da Democracia (ABDD), a União Nacional de Defesa da Democracia (UNDD) e o Movimento de Defesa do Brasil (MDB). Ainda no campo da extrema-direita, organizaram-se entidades como o Partido de Ação Nacionalista (PAN), que tinha o apoio do "Seita Moon", o Partido Nacional Socialista (Panaso) e a velha Ação Integralista Brasileira (AIB), reestruturada em 1985 (DREIFUSS, 1989, p. 85-99).

De todas as experiências de articulação e mobilização desenvolvidas pelas frações burguesas com vistas à intervenção nas eleições e no processo constituinte, a mais abrangente e com maior vocação hegemônica foi a União Brasileira de Empresários (UB). Verdadeira "central única dos empresários", aliás um dos nomes sugeridos quando da sua fundação, a UB visava coordenar os esforços ainda dispersos das várias entidades empresariais, com vistas à convergência de objetivos e atração dos setores empresariais ainda omissos. Seu principal inspirador, segundo seu próprio depoimento, foi ninguém menos que Jorge Oscar de Mello Flôres, um dos principais articuladores do golpe de 1964 junto ao empresariado através do Instituto de Pesquisas Econômicas e Sociais (Ipes), do qual foi fundador, e assessor de Golbery do Couto e Silva nas reformas institucionais de 1977-1980 (FLÔRES, 1998, p. 240-245). Deste modo, após um ano de articulações, e sob o patrocínio de diversas federações e confederações sindicais patronais, como Fiesp, Febraban, CNI, a Confederação Nacional do Comércio (CNC), a Confederação Nacional das Associações Comerciais (CNAC), a CNF, a Confederação Nacional dos Transportes Rodoviários e Carga (CNTR) e a CNA, surgiu a UB no início de 1986, reunindo mais de 100 entidades patronais. O envolvimento de entidades representativas dos mais variados setores econômicos (da indústria e das finanças ao comércio, à agricultura e ao setor de serviços) indica a perspectiva hegemônica da UB e a unificação do empresariado em torno de bandeiras comuns, como o combate às esquerdas e a defesa da livre iniciativa, da propriedade privada e da redução do intervencionismo estatal. Apoiando candidatos de diferentes partidos e para todos os cargos em disputa, a UB, juntamente com outras entidades patronais, visava eleger 70% dos constituintes (DREIFUSS, 1989, p. 58-65).

Além da intervenção no processo eleitoral, a UB também atuava no sentido de criar uma "linha auxiliar" no interior do movimento sindical dos trabalhadores, fortalecendo as correntes identificadas com a colaboração entre capital e trabalho: o velho peleguismo (Joaquim dos Santos Andrade, Ary Campista, José Calixto Ramos) e o chamado "sindicalismo de resultados" (Antonio Rogério Magri e Luis Antonio Medeiros), presentes na USI (União Sindical Independente) e na CGT (Central Geral dos Trabalhadores). A nova direita sindical, representada pela corrente do "sindicalismo de resultados", era bastante identificada com os valores da livre iniciativa e do pragmatismo empresarial, com fortes vínculos com o sindicalismo norte-americano e o apoio da AFL-CIO. Além de apoio financeiro, a UB também respaldava a presença destas lideranças sindicais na mídia e nas instâncias e cargos representativos do movimento sindical no interior do aparelho de Estado (DREIFUSS, 1989, p. 65-69).

Quanto à estrutura partidária, o principal desaguadouro dos esforços do bloco no poder para interferir nas eleições e no processo constituinte foi o PMDB. Partido com vocação hegemônica, espalhado pela quase totalidade dos municípios brasileiros, com enorme máquina burocrática e grande inserção na esfera de representação política, o PMDB ampliou enormemente sua capacidade de interlocução e representação junto ao bloco no poder com a ascensão ao governo federal em 1985. Na conjuntura aberta com a edição do Cruzado, sua recomposição com o governo tornou-o o principal beneficiário da popularidade do plano e da onda conservadora promovida contra a esquerda. A própria ala esquerda do partido sofreu um enfraquecimento com este processo. Criticando o que consideravam um processo de descaracterização do partido, com a perda de seu caráter popular e reformista, os setores de esquerda eram os que mais defendiam uma ruptura com o governo antes do Cruzado. Com o sucesso popular do plano, estes setores passaram a denunciar que o partido ficara a "reboque" do governo, porém começaram a sofrer um relativo isolamento, perdendo espaço na direção do partido, liderada pelos setores liberal-moderado e conservador; particularmente, governadores de Estado e ministros que ganharam assento cativo no Diretório Nacional.

Na Convenção Nacional, em abril, a recomposição com o governo foi consolidada, com o partido assumindo a defesa do plano e respondendo positivamente à conclamação de Sarney para ganhar as eleições constituintes como o maior partido de seu governo. Os setores mais à esquerda, representados, por exemplo, por Fernando Henrique Cardoso, denunciaram a crise de identidade e a perda de metas programáticas, que permitissem ao partido ficar um passo à frente do governo. No entanto, na convenção prevaleceu o adesismo ao governo, com a expressiva intervenção dos ministros do partido no governo, como Brossard e Pazzianoto (FSP, 6.4.1986 e 7.4.1986).

O resultado deste processo foi o predomínio de candidatos de perfil liberal moderado e, principalmente, conservador para disputar as eleições aos governos estaduais. Dos 23 candidatos, metade encaixava-se no perfil conservador como Orestes Quércia (SP), Wellington Moreira Franco (RJ), Newton Cardoso (MG), Epitácio Cafeteira (MA), Fernando Collor de Mello (AL), Tasso Jereissati (CE) e Amazonino Mendes (AM). Os candidatos ligados aos setores de esquerda do partido, como Waldir Pires (BA) e Miguel Arraes (PE), limitavam-se a menos de 1/4. Em geral, esta composição também se reproduziu nas indicações para senadores e deputados federais e estaduais. Em São Paulo, onde os setores de esquerda eram mais fortes e contavam com lideranças nacionalmente expressivas como Fernando Henrique Cardoso e Mário Covas, Quércia conseguiu impor a sua candidatura ao governo estadual, compondo uma chapa majoritária de consenso, negociada por Montoro. Covas, indicado pela esquerda para a candidatura a governador, e Cardoso tiveram que se contentar com a indicação para o senado (FSP, 7.4.1986; OESP, 11.10.1986; MELHEM, 1998, p. 177-179).

Paralelamente, o PMDB passou a ter cada vez mais influência na condução do plano Cruzado e em momentos decisivos esta interferência foi importante. Já vimos o impacto da perspectiva eleitoreira na manutenção do congelamento e na recusa em se adotarem medidas mais duras e impopulares com o "Cruzadinho". Após o "Cruzadinho", o PMDB vetou a adoção de medidas corretivas, como a substituição da escala móvel dos salários por uma nova regra que permitiria reajustes de, no máximo, 6% de ganho real ao ano. Esta proposta, proveniente do ministro do Planejamento, buscava evitar que o disparo do "gatilho", que talvez ocorresse antes do final do ano devido à retomada da inflação, reindexasse a economia novamente. Na verdade, como já assinalamos, o fim da escala móvel eliminaria um componente claramente desestabilizador nas expectativas inflacionárias, incoerente com a perspectiva teórica inercialista. No entanto, devido ao seu impacto francamente negativo junto aos trabalhadores, a escala móvel foi mantida. Os interesses eleitorais do PMDB também influenciaram claramente a atitude do governo de confiscar as cabeças de gado estocadas pelos pecuaristas. Medida inócua e de difícil execução, mas de forte apelo popular. Finalmente, quando a equipe econômica concluiu que as condições econômicas exigiam um novo pacote, o que viria a ser o Cruzado II, a posição do PMDB, particularmente de Ulysses Guimarães, foi decisiva para adiar sua divulgação para depois das eleições e para que fosse adotada a proposta advinda do Ministério da Fazenda, elaborada por João Manoel Cardoso de Melo, o mais ligado ao partido na equipe econômica que conduzia o plano (SARDENBERG, 1987, p. 324, 325, 329 e 336-340). Deste modo, o PMDB, que só tomou conhecimento do Cruzado nas vésperas de sua implantação, tornar-se-ia o seu "tutor" durante a campanha eleitoral.

    Nas vésperas das eleições e prevendo a vitória esmagadora do partido, Ulysses Guimarães considerava positiva a hegemonia do PMDB na Constituinte, pois, segundo ele, o partido não tinha chefes, gravitava em torno de bandeiras (WELLS, 22.10.1986). Numa visão francamente autocrática, Ulysses Guimarães achava natural a existência de uma Constituinte que seria fruto do domínio de um partido eleito com base no uso e abuso da máquina governamental e da mistificação em torno do Cruzado durante a campanha eleitoral, como a Arena fazia, e não uma Constituinte assentada na presença política e no debate minimamente equilibrado entre as várias forças políticas e sociais. No entanto, as bandeiras do PMDB para a Constituinte praticamente desapareceram do debate eleitoral, limitando-se a algumas propostas de forte impacto propagandístico, mas de importância menor na definição do conteúdo democrático do Estado, como a defesa do presidencialismo e de um mandato de quatro anos para Sarney. Às vésperas da eleição, o próprio Fernando Henrique Cardoso, candidato ao Senado por São Paulo, reconhecia o pouco debate existente em torno da questão da Constituinte e a galvanização da campanha pela eleição para os governos estaduais (AFONSO, 9.11.1986). A proposta de presidencialismo com quatro anos para Sarney, defendida por ninguém menos que Ulysses Guimarães, reeleito presidente do partido (WELLS, 22.10.1986), implicava a recusa a qualquer proposta de eleições presidenciais diretas antes de 1988, como ainda queriam PT e PDT, e obedecia aos interesses do próprio presidente do PMDB, que imaginava sair direto da presidência da Constituinte para a campanha presidencial.

Na verdade, a preocupação excessiva com este tipo de questão indica não só o esmaecimento do projeto reformista do partido e sua maior inserção nas classes dominantes do bloco no poder, mas o próprio reforço de sua condição de partido institucional após a ascensão ao governo federal. Historicamente o projeto político do MDB/PMDB implicava a criação de uma institucionalidade liberal-democrática e anti-cesarista, ou seja, que implicasse o fim dos governos militares, o estabelecimento de eleições diretas para todos os cargos governativos, a liberdade partidária, a liberdade de imprensa, a liberdade sindical, o equilíbrio entre os poderes, etc., mas que não ultrapassasse os limites autocráticos do Estado burguês brasileiro, reconhecendo as classes subalternas, particularmente os trabalhadores, como reais sujeitos políticos. Esta posição explica o predomínio do oposicionismo moderado no partido durante toda a Ditadura e seu apoio às reformas institucionais feitas pelo governo Sarney em 1985. No plano econômico-social, o PMDB defendia um projeto de mudança do modelo econômico que implicasse redução da dependência externa; fortalecimento do mercado interno e da empresa nacional, principalmente as pequenas e médias; melhor distribuição de renda com elevação dos salários, ampliação dos direitos sociais; reforma agrária contra o latifúndio improdutivo, dentre outros. Em suma, um projeto desenvolvimentista com um viés distributivo e nacionalista, mas não antiimperialista, porém nos marcos do capitalismo (PMDB, 1982). Este projeto permitiu que o PMDB se tornasse o grande partido policlassista do país, com interlocução tanto entre as frações dominadas do bloco no poder (pequeno e médio capital, grandes proprietários rurais), quanto entre as classes subalternas.

No entanto, com a crise da Ditadura e a ascensão do governo da AD, o PMDB passou a ser o grande partido do bloco no poder, o principal instrumento das classes dominantes na esfera de representação política, atraindo não só o apoio do grande capital monopolista, mas também a adesão de variada gama de atores políticos oriundos do "antigo regime" e de perfil fortemente conservador, fisiológico e clientelista. Não que antes não existissem tipos assim no partido, mas agora sua presença tornava-se esmagadora. Daí esta postura algo indefinida acerca dos temas constituintes, daí a politização da campanha eleitoral com temas estaduais pelos candidatos do PMDB, daí também a defesa de propostas constitucionais condizentes com o interesse conjuntural do partido e de suas lideranças, e não com um ordenamento jurídico duradouro. Temas cruciais como a questão sindical e trabalhista passaram a depender da relação fisiológica e clientelista do partido com o movimento sindical, com quem o partido passou a ter francamente uma relação de exterioridade. O Cruzado tornou-se a panaceia para resolver os problemas econômico-sociais do país e fundar o novo modelo econômico, bastando avançar nas reformas que ele vislumbrou, conforme declarou o partido em sua convenção (FSP, 6.4.1986 e 7.4.1986) e em toda a campanha eleitoral. A perda de identidade programática e social tornou-se inevitável; o dilema institucional do partido, que apontamos em outro lugar (MACIEL, 2004, p. 248-253), foi superado pela sua transformação plena num partido institucional, dando origem a consideráveis consequências futuras, como a dependência crescente ao governo, o surgimento da dissidência que criaria o PSDB e a derrota acachapante nas eleições presidenciais de 1989. Os liberais e a esquerda do partido foram os grandes derrotados neste movimento transformista imposto pela lógica autocrática do Estado e do governo brasileiros ao PMDB. Seu projeto reformista também.

Portanto, assumindo-se como maior partido do governo e vislumbrando sua hegemonia na Constituinte, o PMDB sinalizou para o PFL o compromisso com a manutenção da Aliança Democrática (AFONSO, 15.11.1986; FSP, 7.11.1986). O PFL aceitou o convite em termos, recusando-se a fazer coligações com o PMDB em quase todos os Estados. Apenas no Rio de Janeiro, no Mato Grosso do Sul, no Amazonas e no Maranhão, os partidos da Aliança Democrática marcharam coligados para as eleições. Em diversos dos outros Estados, o PFL aliou-se ao PDS, fazendo renascer a velha Arena, como em São Paulo, onde o partido apoiou a candidatura de Paulo Maluf (PDS) ao governo (TSE, 1987; FSP, 3.8.1986). É certo que em muitos Estados as divergências entre PMDB e PFL eram históricas e tornaram-se insuperáveis, como na Bahia e em Pernambuco; mas na verdade, para o PFL a busca por uma "faixa própria" era uma questão de sobrevivência política. Mesmo que não conseguisse manter sua inserção institucional, para o PFL era importante não ser "engolido" pelo PMDB e manter sua identidade como partido mais à direita da Aliança Democrática e com o qual o campo conservador do governo tinha maior afinidade, particularmente nos momentos de crise. Cuidadosamente, ausente do debate constituinte na campanha eleitoral, o PFL atuaria como uma "reserva autocrática", capaz de preservar o máximo possível os elementos autoritários herdados da Ditadura Militar, mantendo a nova institucionalidade nos marcos do que a própria reforma institucional promovida pelo governo Sarney já havia feito. Em situação diferente, pois agora estava na "oposição", o PDS também cumpriria este papel.

Nas verdade, o debate sobre a questão da Constituição foi feito realmente pelos movimentos sociais ligados às classes subalternas e pelos partidos de esquerda. Para os movimentos sociais e a esquerda antiautocrática, as eleições de 1986 também possuíam enorme centralidade, pois era a última oportunidade para se eliminar o arcabouço institucional herdado da Ditadura Militar e inserir na legalidade os avanços democráticos e sociais que haviam sido rejeitados na reforma institucional feita pelo governo da Aliança Democrática no ano anterior.

Tal como as organizações da sociedade civil criadas pelas diversas frações burguesas, o movimento sindical dos trabalhadores também procurou intervir maciçamente nas eleições, apoiando candidatos comprometidos com seus interesses. A pauta comum do movimento sindical para a Constituinte incluía a liberdade e a autonomia sindicais, a jornada de trabalho de 40 horas semanais, o direito de greve, etc. No entanto, em outros pontos as antigas divergências entre CUT e CGT reapareciam. Enquanto a CUT defendia a incorporação na Constituição da Convenção 87 da OIT, que previa o pluralismo sindical e uma reforma agrária sob controle dos trabalhadores, a CGT ainda defendia o imposto sindical, a unicidade sindical e a aplicação do PNRA (COSTA, 1995, p. 92-101; CGT, 1986). Enquanto a CUT insistia numa postura de oposição ao governo Sarney e aos partidos da Aliança Democrática, apoiando candidatos de partidos de oposição, como PT e PDT, a CGT adotava uma postura mais conciliadora, com suas correntes de esquerda apoiando candidatos do PMDB ou de partidos a ele coligados, como o PCB e o PC do B, e as correntes de direita apoiavam partidos mais conservadores, como PFL e PTB, além do PMDB. Por conta das divergências políticas entre os partidos comunistas, a nova direita sindical e os líderes pelegos tradicionais e da própria postura conciliadora da central diante da estrutura sindical e do governo Sarney, predominou a postura econômico-corporativa na pauta da CGT para a Constituinte, prevalecendo as demandas limitadas à questão dos direitos trabalhistas.

No II Congresso da CUT, ocorrido em fins de julho e início de agosto de 1986, a central avançou em sua perspectiva ético-política, indo além de sua dimensão econômico-corporativa. As correntes ligadas à esquerda marxista que se referenciavam no leninismo (incluindo as trotskistas), como Convergência Socialista, PCBR, O Trabalho, Causa Operária, Força Socialista, etc., conseguiram inserir no programa da central a luta por uma "sociedade socialista", fórmula mais precisa e politicamente determinada do que a de uma "sociedade sem explorados, nem exploradores", anteriormente adotada. Isto significaria que na Constituinte a CUT lutaria por bandeiras extra-corporativas, que extrapolassem o simples universo dos direitos sociais e trabalhistas. A participação no processo de elaboração da nova Constituição também foi objeto de divergência, pois algumas correntes da esquerda marxista defendiam a priorização da mobilização de massa e da greve geral em lugar da luta institucional. A posição aprovada foi a de exercer pressão sobre o Congresso Constituinte e ao mesmo tempo denunciá-lo como antidemocrático e não-soberano, reivindicando a antiga proposta cutista de convocação de uma Assembleia Constituinte exclusiva, democrática e soberana. Além disso, as correntes da esquerda marxista conseguiram barrar a proposta de mudança estatutária feita pela corrente majoritária, logo em seguida autodenominada Articulação Sindical. Desde sua fundação, a CUT era uma central sindical que reunia sindicatos, mas também oposições sindicais e movimentos de trabalhadores surgidos na base das categorias, com grande autonomia frente ao aparelho sindical e com condições de acesso às instâncias decisórias relativamente equilibradas e igualitárias em relação aos sindicatos. No entanto, a proposta da Articulação Sindical visava ampliar a participação dos sindicatos nas decisões da central em desfavor das oposições sindicais e dos movimentos, nos quais a esquerda marxista tinha maior inserção, além de tornar o processo decisório mais verticalizado e centralizado, aumentando de dois para três anos o intervalo entre os congressos cutistas, o que fortaleceria a direção nacional. Em contrapartida, foi aprovada a criação de uma nova estrutura sindical interna à CUT e paralela à estrutura sindical oficial baseada em sindicatos de base organizados por ramos de produção, e não por categoria profissional, e em departamentos sindicais que articulariam estes ramos em nível nacional, substituindo as federações e confederações oficiais. No entanto, a iniciativa não avançou muito, pois esbarrou na força institucional e ideológica da velha estrutura sindical oficial (RODRIGUES, 1990, p. 5-30; RODRIGUES, 1997, p. 105-110).

Aqui manifestam-se novamente as dissensões existentes no seio do chamado "novo sindicalismo" desde o seu início, entre os sindicalistas que controlavam os aparelhos sindicais – e que, portanto, estavam inseridos na estrutura sindical – e os que atuavam nas oposições sindicais, geralmente combatendo as direções pelegas encasteladas nas entidades. Se durante os primeiros anos da CUT esta contradição foi relativamente atenuada em função do esforço de construção da central, da necessidade de distinção em relação aos setores sindicais agrupados na Conclat-CGT e da luta contra a Ditadura Militar, agora as posições divergentes começavam a se cristalizar. Na verdade, a posição da Articulação Sindical evidenciava os efeitos fortemente passivizadores exercidos pela estrutura sindical estatal reformada sobre a corrente majoritária do "novo sindicalismo", que tinha entre seus representantes lideranças como Lula, Olívio Dutra e Djalma Bom. Ou seja, a centralidade conferida ao aparelho sindical, sob tutela estatal, na luta corporativa e a própria perspectiva politicista presente na estrutura sindical estatal, que separa luta econômico-corporativa de luta ético-política, passaram a determinar com mais força o comportamento da Central, quebrando a perspectiva ético-política que a animou na sua origem. Mais uma vez nota-se o impacto transformista da estrutura partidária e da estrutura sindical definidas pela institucionalidade autoritária reformada sobre o movimento antiautocrático das classes subalternas que, nas condições políticas vigentes, foi levado a dividir-se em dois instrumentos de luta, partido e sindicato, ainda durante a Ditadura Militar (MACIEL, 2004, p. 177-186; 233-261 e 280-289).

Tratados pelo Estado autocrático-burguês como instrumentos necessariamente separados e desarticulados, situados em instâncias distintas, esfera de representação política e esfera de representação burocrática, para exercerem funções distintas, representação ético-política e representação econômico-corporativa, partido e sindicato tornaram-se vítimas do politicismo burguês, dificultando a articulação entre luta econômico-corporativa e luta ético-política no movimento social dos trabalhadores, com efeitos negativos em sua capacidade de disputa hegemônica. Se lembrarmos que a estrutura sindical e a estrutura partidária vigentes foram definidas para impedir a inserção dos trabalhadores na arena da disputa política como sujeitos políticos, então, os efeitos passivizadores da estrutura sindical reformada tornam-se mais claros. Conforme veremos, estes efeitos sobre a CUT seriam decisivos para impedir que a central lutasse pela sua abolição plena na Constituinte.

O movimento dos trabalhadores rurais também se mobilizou para as eleições constituintes. Segundo Medeiros (1989, p. 194), diante do esvaziamento do PNRA e do "congelamento" da reforma agrária pelo governo, cujo marco foi a demissão de Nelson Ribeiro do Mirad, em junho, a tática do movimento dos trabalhadores rurais passou a combinar as ocupações de terra e lutas reivindicativas com o esforço para eleger parlamentares ligados à luta pela terra. De fato, em 1986 o número de conflitos por terra e por reivindicações trabalhistas aumentou em relação ao ano anterior, passando de 712 para 729. O número de pessoas envolvidas também aumentou, de 564,6 mil para 797,9 mil. Isto indica que o movimento dos trabalhadores rurais conseguiu ampliar o ritmo de mobilização e organização, mesmo durante o plano Cruzado, quando houve um aumento relativo da renda salarial e maior facilidade de crédito para os pequenos produtores (SINGER, 1987, p. 247), revelando que a questão da reforma agrária transcendeu o plano de estabilização econômica. Na própria CUT, o ano de 1986 foi o ápice da participação dos sindicalistas rurais na direção da entidade, chegando a indicar 1953 (35,10%) do total de 5564 delegados que participaram do II Congresso da CUT. Esta representatividade não se repetiria no futuro (RODRIGUES, 1997, p. 106). Para a Constituinte, o movimento de trabalhadores rurais buscava fazer avançar a reforma agrária, paralisada pelo governo, ou, no mínimo, garantir o cumprimento do Estatuto da Terra, base legal já existente. Também defendeu uma política agrícola que favorecesse o pequeno produtor rural.

Além disso, intentava estender para os trabalhadores rurais os direitos trabalhistas e previdenciários garantidos para os trabalhadores urbanos, sem que aqueles perdessem o direito à estabilidade no emprego e à "prescrição bienal", o usufruto dos benefícios trabalhistas por até dois anos após a rescisão do contrato de trabalho (MEDEIROS, 1989, p. 202-203).

A Igreja Católica, outrora tão ativa na dinâmica política, perdeu o protagonismo político que possuía à medida em que a esfera de representação política foi ampliada e pluralizada ao longo da transição democrática. Os partidos, os movimentos sociais e as organizações "laicas" cada vez mais ocuparam o espaço anteriormente ocupado pela Igreja, particularmente junto ao movimento social das classes subalternas. No entanto, devido à centralidade política das eleições de 1986, a Igreja procurou posicionar-se e também intervir no processo. E, aqui, seu caráter policlassista manifestou-se mais uma vez. Os setores progressistas, organicamente ligados aos movimentos sociais, particularmente ao movimento de luta pela terra, defenderam o apoio aos candidatos progressistas e denunciaram o abuso do poder econômico nas eleições, em especial pela UDR. Além disso, defenderam nas eleições bandeiras como a reforma agrária, o estabelecimento da função social da propriedade, o salário justo, a autonomia sindical, a estabilidade no emprego e a superação da dependência externa (JB, 20.9.1986 e 9.11.1986; CB, 1.11.1986). A questão da violência no campo também levou as lideranças católicas, particularmente a CNBB (Conferência Nacional dos Bispos do Brasil), a denunciar a UDR por armar os fazendeiros e praticar dezenas de assassinatos contra lideranças e trabalhadores rurais e a pressionar o governo para que tomasse medidas rigorosas, principalmente após o assassinato do padre Josimo Tavares, coordenador da CPT no Maranhão, em maio de 1986 (MENDONÇA, 2006, p. 155).

Por influência dos setores progressistas, a Regional Sul-1 da CNBB lançou um documento às vésperas das eleições engrossando as denúncias de abuso do poder econômico, de polarização do debate pela eleição para governadores, com a pequena presença dos projetos vinculados a uma sociedade justa e solidária de discriminação dos partidos pequenos no horário eleitoral gratuito e do próprio caráter congressual da futura Constituinte (FSP, 15.11.1986). Já os setores conservadores adotaram uma postura corporativa, ligada aos interesses institucionais da Igreja, e anti-comunista. D. Eugênio Salles, cardeal-arcebispo do Rio de

Janeiro, recomendou aos católicos que recusassem o voto nos candidatos não-cristãos, particularmente naqueles que "tentaram ludibriar com promessas inviáveis, afrontaram a dignidade pública com sua propaganda, ofenderam ontem e hoje nossos princípios católicos", e afirmou que a doutrina social da Igreja "rejeita as alternativas tanto de reacionarismo como de revolucionarismo insensato". Para a Constituição, D. Eugênio defendeu propostas como a presença do nome de Deus, o ensino religioso obrigatório, a assistência pastoral nos quartéis e presídios e o estabelecimento do verdadeiro conceito evangélico da propriedade privada e do trabalho (FSP, 8.11.1986).

Os partidos da esquerda antiautocrática também se mobilizaram totalmente para as eleições. Para o PT, tratava-se de crescer eleitoralmente, aumentar sua inserção institucional e utilizar a campanha como instrumento de mobilização e organização populares; para o PDT, tratava-se de consolidar ou mesmo ampliar sua inserção institucional; para o PSB, as eleições serviriam para medir a própria viabilidade política do partido recém-criado, transitando na mesma faixa política que o PDT e a esquerda do PMDB. Problema este também enfrentado, em certa medida, pelo PCB e pelo PC do B.

Como partido de esquerda com maior inserção institucional, o PDT adotou uma posição pragmática nas eleições de 1986, aliando-se a partidos de diferentes matizes político-ideológicos conforme a circunstância. Se em diversos lugares aliou-se a partidos do campo de esquerda, como PSB, PCB e PT, em outros se aliou a partidos de direita como o PDS, com o qual firmou aliança no Rio Grande do Sul, o que lhe custaria perda de votos num reduto eleitoral importante. Esta postura indica o peso da disputa para os governos estaduais na mobilização eleitoral do PDT, em prejuízo da disputa para a Constituinte. Para a Constituinte, o PDT defendeu a criação de um bloco progressista integrado por parlamentares de vários partidos e apresentou uma plataforma que combinava a defesa das liberdades democráticas; o nacionalismo, com viés antiimperialista, o trabalhismo e propostas de cunho social-democrata – como a democratização do direito de propriedade, o condicionamento da propriedade privada ao desenvolvimento econômico independente e planificado – com a garantia do bem estar do povo e a justa distribuição dos frutos da produção (RB, 21.11.1986).

O PT interveio no processo eleitoral dando grande destaque à disputa para a Constituinte e reafirmando sua postura de oposição ao governo Sarney e à Aliança Democrática, chegando a proibir coligações com os partidos governistas nos Estados (BNPT 1986). Ao longo do ano de 1986, ocorreu uma discussão ampla no partido em torno de uma proposta constitucional envolvendo intelectuais e militantes dos movimentos sindical e popular. A proposta definida apresentou um caráter fortemente antiautocrático e assumidamente orientado para o "questionamento da ordem de dominação burguesa" e para contrapor-se aos "projetos de transição conservadora" da burguesia. Além das bandeiras tradicionais defendidas pelo partido relacionadas à questão trabalhista e social – como o direito irrestrito de greve, liberdade e autonomia sindicais, inclusive para funcionários públicos, liberdade de organização de base sem necessária filiação sindical (comissões de fábrica ou associações de trabalhadores), jornada de trabalho de 40 horas semanais, contrato coletivo de trabalho, salário-mínimo real e nacionalmente unificado e estabilidade no emprego –, o PT apresentou uma série de propostas inovadoras no plano político-institucional. Além dos direitos e garantias democráticas no plano individual, defendeu o fim da censura, a criminalização da prática de tortura, o livre acesso do cidadão às informações a seu respeito nos registros oficiais, o maior equilíbrio entre os poderes, com o fortalecimento do Legislativo e do Judiciário, a concessão aos cidadãos do direito de iniciativa em matéria legislativa e constitucional, de ação direta de inconstitucionalidade de lei ou ato do Poder Público e de ação penal contra agentes, membros e funcionários dos poderes públicos, além da eliminação das distorções na representação proporcional dos Estados no Congresso Nacional (PT, 1986c, p. 5-7).

Na questão militar, o projeto propôs a obediência irrestrita das Forças Armadas ao poder civil (Executivo, Legislativo e Judiciário) e a restrição de suas funções militares à defesa externa; a concessão do direito de voto aos militares; a extinção do SNI, do Conselho de Segurança Nacional e dos órgãos de repressão política; a revogação da LSN; a desmilitarização das forças policiais; a proibição do julgamento de civis pela justiça militar; o fim do foro privilegiado para militares e policiais. Na questão econômico-social, o projeto admitia que o partido era contrário à propriedade privada dos meios de produção, à presença de multinacionais no país e à remessa de lucros ao exterior, defendendo, por isso, a condicionalidade do direito de propriedade e da liberdade empresarial pelo interesse social, cabendo desapropriação em caso contrário; proibia, também, atividades de caráter monopolista e a atuação de empresas privadas na prestação de serviços públicos essenciais, como saúde, educação, transporte coletivo e habitação, cabendo estas atividades exclusivamente ao Poder Público. A prestação de serviços de saúde seria pública e gratuita. Dentre as propostas, estavam ainda a democratização dos meios de comunicação e a criação de um Conselho de Comunicação Social, com a participação dos partidos, do governo e das entidades da sociedade civil. A concentração abusiva da propriedade da terra seria objeto de desapropriação com vistas à consecução da reforma agrária (PT, 1986c, p. 5-7).

De fato, a aprovação da proposta constitucional do PT implicaria a criação das condições legais para a reversão do caráter autocrático-burguês do Estado brasileiro e para a introdução de mecanismos de controle social e popular na economia, na cultura e na dinâmica política com forte conteúdo democrático e socializante. Além disso, como o documento sugere, poderia interromper a dinâmica passiva e transformista do processo de transição democrática, modificando a correlação de forças favoravelmente aos trabalhadores e em detrimento do bloco no poder. No entanto, o próprio partido admitia as dificuldades de tal empreitada, devido à ampla mobilização burguesa para a Constituinte e ao seu caráter de Congresso Constituinte, de modo que tal processo demandaria não só a eleição de uma expressiva bancada petista, mas uma ampla mobilização em favor da criação, já no início dos trabalhos, de mecanismos de participação popular direta e da obrigatoriedade de homologação da nova Carta por um plebiscito. Nesta posição, o partido afirmou recusar tanto a concepção "constitucionalista", que "consistia em supor que a Constituinte permitiria, por si só, a conquista das mudanças necessárias, ignorando as suas limitações e a hegemonia burguesa sobre ela, que devia ser quebrada"; quanto a concepção "doutrinarista", que "consistia em afirmar que a Constituinte nada resolveria, sendo necessário, portanto, apenas denunciá-la, ignorando-se o papel que ela poderia assumir na mobilização das massas" (PT, 1986c, p. 3).

Na verdade, esta posição indica o dilema institucional vivido pelo PT no processo constituinte, pois, derrotadas, ainda em 1985, as propostas de Assembleia Nacional Constituinte exclusiva, democrática, soberana e de abolição definitiva do chamado "entulho autoritário", restou participarem das eleições para um Congresso

Constituinte, regidas por uma institucionalidade autoritária reformada francamente desfavorável à participação política dos trabalhadores. Nestas condições, a perspectiva de criação de uma expressiva bancada petista e de aprovação das mudanças que garantiriam a participação popular direta na elaboração da nova Carta configurava-se improvável, para não dizer impossível. Mais ainda, durante o ano de 1986 o PT foi submetido a um processo de isolamento político, derivado do sucesso popular do Cruzado e da campanha ideológica e repressiva promovida pelo governo sobre o partido e os movimentos sociais, o que trouxe implicações na sua dinâmica interna. No afã de rebater as acusações de radicalismo e de comprometimento com a luta armada, com possíveis efeitos negativos para sua viabilidade eleitoral, o partido tratou de enquadrar as organizações marxistas que atuavam em seu interior, mais identificadas com esta postura. A polêmica em torno do papel das organizações marxistas no PT foi aberto com a crítica do Diretório Nacional ao Partido Comunista Revolucionário (PRC), acusado de infiltrar-se dentro do partido e funcionar como uma organização paralela, com finanças, ação política, tática eleitoral e política de formação próprias (PT, 1986b).

O PRC era uma das organizações marxistas que atuavam no interior do PT e que tinham existência anterior, como o PCBR (Partido Comunista Brasileiro Revolucionário), a Convergência Socialista, a Organização Socialista Internacionalista (O Trabalho), a Democracia Socialista, o MEP (Movimento de Emancipação do Proletariado), o MT (Movimento dos Trabalhadores) e outras, várias delas tendo participado da luta armada contra a Ditadura Militar nos anos 60 e 70. O PRC surgiu em 1984, após a fundação do PT, mas tinha origem numa dissidência do PC do B. Tal como outras organizações, o PRC considerava o PT um espaço de atuação, assim como o PMDB, onde o PRC também atuava, devendo a atuação de seus militantes sujeitar-se à ação política do partido "hospedeiro" naquilo em que ela fosse condizente com sua plataforma revolucionária.

Segundo resolução do seu II Congresso,

> O PRC deve dar especial atenção, na sua luta pela construção e consolidação da alternativa operária e popular, à CUT e ao PT. (...) são instâncias especialmente favoráveis para iniciar de forma concreta a constituição de tal alternativa. Nem o PT nem a CUT se tornarão a

alternativa operária e popular, não esgotam sua amplitude e nem todos os seus atuais participantes a integrarão". (PRC, 1985)

Deste modo, o PRC colocava-se entre as organizações marxistas que tinham uma relação instrumental, tática, com o PT (PRC, 1986), diferente de outras organizações também marxistas que consideravam que o PT poderia vir a se transformar num partido revolucionário, devendo seus militantes inserirem-se organicamente nele com vistas à conquista da sua direção (MACIEL, 2004, p. 253-261).

No entanto, a polêmica desencadeada pela direção nacional, controlada pela Articulação, corrente majoritária, fez tábua rasa de todas as organizações, dando origem a uma resolução, aprovada no IV Encontro Nacional (maio/junho de 1986), que afirmava o PT como democrático, socialista e de massas, e não como frente de organizações, concedendo o direito de tendência apenas aos grupos que abraçassem seu programa, sua disciplina e sua democracia interna (PT, 1986e). Neste encontro também foi aprovada a proposta de expulsão dos militantes envolvidos no assalto ao banco em Salvador-BA, ocorrido em abril, proposta feita pela Executiva Nacional do partido. Como já vimos, o assalto foi efetuado por membros do PCBR, uma das organizações marxistas acima citadas. Em diversos momentos, a direção nacional condenou asperamente a iniciativa, reputando-a como estúpida e repudiando-a como contrária ao programa, às resoluções, aos métodos e às práticas do PT (FERNANDES, mai. 1986; PT, 1986d). Na denúncia e condenação da iniciativa do PCBR, foi mobilizado até mesmo o lendário Apolônio de Carvalho, ex-fundador do partido em 1967, juntamente com Mário Alves e Jacob Gorender, do qual veio a se desligar no início dos anos 1980 para atuar exclusivamente no PT (CARVALHO, 1986). Mais ainda, na disputa interna esta polêmica foi utilizada pela corrente majoritária, a Articulação, para reforçar o argumento, já presente na sua constituição como corrente petista, em 1983, de que as posições verdadeiramente "petistas" no interior do partido eram as suas, enquanto as outras correntes, chamadas de "tendências", não passavam de corpos estranhos tentando tirar proveito de sua legitimidade política e de sua inserção nos movimentos sociais (SILVA, 2000).

Já o PCB e o PC do B intervieram na campanha mantendo sua posição tradicional de construção de uma grande frente democrática para garantir a transição, mesmo concorrendo como legendas independentes. Organizações políticas recémsaídas da clandestinidade e que tinham como estratégia para a transição democrática o fortalecimento de uma grande frente democrática cujo pivô era o PMDB, partido no qual atuaram até o ano anterior, os partidos comunistas concebiam as eleições ao mesmo tempo como uma possibilidade e um risco. De um lado, a possibilidade de se afirmarem como opção eleitoral do voto socialista, com inserção institucional; de outro lado, o risco de perderem votos e mandatos antes obtidos por seus militantes como candidatos pelo PMDB. Não à toa, ambos os partidos procuraram fazer coligações com o PMDB para aproveitarem-se de um maior coeficiente eleitoral e, assim, obterem mais chances de eleger seus candidatos. No PC do B, por exemplo, esta era a clara orientação dada pela direção partidária (PC do B, 1986). No PCB, mesmo depois das eleições, Alberto Goldman (PCB-SP), um dos candidatos derrotados que concorreu à Câmara Federal, reputou a derrota à legalização do partido, considerada por ele um erro e uma precipitação, e à não-coligação com o PMDB em São Paulo (o PCB apoiou Antonio Ermírio de Moraes, candidato do PTB) (TAVARES, 22.11.1986). Como ambos os partidos apoiaram a fórmula do Congresso Constituinte, sua tática para influenciar o processo de elaboração da nova Carta era eleger o máximo possível de parlamentares comunistas e formar um bloco progressista com membros de vários partidos que viabilizassem as mudanças democráticas.

Apesar de predominante, já que defendida pelas respectivas direções nacionais, a tática da frente democrática ampla não ficou isenta de questionamentos e dificuldades, principalmente durante o ano de 1986, quando o governo Sarney assumiu uma composição política claramente conservadora a partir de fevereiro; o PMDB sofreu um avanço de seus setores conservadores, em detrimento da esquerda, e na própria articulação da Conclat/CGT a nova direita sindical demonstrou possuir uma força maior do que a imaginada. No PC do B esta situação levaria o partido a rever sua posição de apoio crítico ao governo Sarney, levando-o a posicionar-se na oposição e a aproximar-se da CUT e do PT já no ano seguinte, como veremos. No PCB, tal situação aprofundou as divergências que já vinham ocorrendo desde o início dos anos 1980, contrapondo a esquerda, a direção e os setores renovadores, de inspiração eurocomunista. Principalmente o apoio ao governo Sarney e a tese de uma frente democrática ampla sofreram críticas de diversos setores à esquerda no partido, com propostas explícitas de redefinição de sua linha política e duras críticas ao centralismo e ao burocratismo da direção. Como demonstra o debate ocorrido na conferência sindical do partido, já no processo de transformação da Conclat em CGT, surgiram diversas propostas de ruptura com a Central que surgia e de articulação com a CUT, unificando as forças de esquerda no movimento sindical. O apoio ao governo Sarney também foi criticado, com denúncias de privilegiamento da conciliação política com as forças de direita em detrimento da mobilização popular. Nesta linha surgiu a proposta de abandono da frente democrática ampla por uma frente democrática de esquerda, que incluiria o PT, o PDT, o PC do B, o PSB e apenas os setores de esquerda do PMDB (VU, 6.3.1986 a 12.3.1986; SILVA, 2005).

Na discussão da Constituinte, ambos os partidos apresentaram propostas de caráter antiautocrático, abrangendo inúmeros aspectos do ordenamento jurídico do país, apesar de não avançarem medidas de cunho socializante, antimonopolista e antiimperialista, conforme a proposta petista, de um lado, e, de outro, ficarem presos a uma perspectiva democrática liberal, como no tratamento da questão militar. Tal posição se explica pela própria perspectiva de evitar o isolamento político dos comunistas e fortalecer a frente democrática ampla no interior da Constituinte, que deveria abranger desde o operariado e os trabalhadores rurais até as frações nacionais do capital monopolista, como indica o apoio do PCB a Antonio Ermírio de Moraes e do PC do B a Orestes Quércia em São Paulo. Daí a inclusão de medidas que evitassem a radicalização política, colocando em risco a transição democrática, e que não extrapolassem o horizonte democrático-burguês.

Na questão dos direitos sociais e trabalhistas, o PC do B propôs para a Constituinte liberdade e autonomia sindicais, porém com sindicato único por base territorial e ramo da produção; direito de sindicalização para funcionários públicos; direito de greve; salário-mínimo real; jornada de trabalho de 40 horas semanais; estabilidade no emprego; previdência e assistência sociais públicas; acesso à moradia, à educação e à cultura como direitos fundamentais. No plano econômico, propôs uma reforma agrária que garantisse a extinção do latifúndio, mas, na questão do capital externo, limitou-se a propor uma série de restrições às empresas estrangeiras, como o direito de remeterem ao exterior apenas 10% do lucro, a sua não-atuação em setores estratégicos (propriedade da terra, energia, recursos naturais, etc.), exclusivamente destinados a iniciativas nacionais, e a suspensão do pagamento da dívida externa até a realização de uma auditoria. Na questão político-institucional, o PC do B propôs o estabelecimento das liberdades individuais básicas; o maior equilíbrio entre os poderes, com a recuperação das prerrogativas do Congresso Nacional e do Judiciário; a total liberdade partidária; a criminalização da tortura; o fim da censura, além do fim do presidencialismo, com a criação do parlamentarismo (PC do B, 1986).

As propostas inovadoras ficaram por conta da criação do direito de iniciativa legislativa a associações civis e entidades representativas e da instituição de uma representação classista do operariado e do campesinato no Congresso Nacional, com deputados indicados por suas entidades representativas, independentemente dos partidos, e eleitos pela população; além da correção da desproporcionalidade na representação dos Estados no Congresso, da coibição do uso do poder econômico nas eleições e da criação de uma justiça agrária. Na questão militar, o PC do B incorporou a perspectiva democrático-liberal que vislumbrava a neutralidade político-social dos militares, como membros do aparato burocrático do Estado, na medida em que propôs a total profissionalização das Forças Armadas, tornando-as rigorosamente apartidárias e proibidas de intervir na vida política do país. Para o controle dos militares, propôs sua absoluta submissão à autoridade suprema do presidente da República (chefe de Estado) e sua atuação limitada exclusivamente à defesa contra agressões externas. Além disso, propôs, ainda, a criação do Ministério da Defesa, em substituição aos ministérios militares, a proibição da justiça militar para julgar civis, a não ser quando o crime se relacionasse com conflito externo armado, e a extinção do SNI e de órgãos semelhantes (PC do B, 1986).

O PCB apresentou uma proposta de Constituição mais genérica, baseada no projeto de transição democrática que já vinha apresentando desde o período da Ditadura e que definia como democrática e nacional a etapa atual da revolução brasileira. Com vistas à construção de um "Estado Democrático de Direito", que por meio de transformações progressivas criasse uma democracia de massas, que abriria caminho para uma futura transição socialista, seria necessária a formação de um "bloco histórico democrático", baseado em amplas alianças (SILVA, s. d., p. 158-159; SEGATTO & SANTOS, 2007, p. 46). O partido propunha, então, a remoção do chamado "entulho autoritário", com o restabelecimento das prerrogativas do Legislativo e a autonomia do Judiciário frente ao Executivo; a revogação da LSN; a extinção dos órgãos de repressão política e reforma do aparato policial; a democratização das leis de imprensa e censura; a reforma da legislação eleitoral, com direito de voto aos analfabetos, soldados e praças, além de outras medidas como o parlamentarismo, com mandato presidencial de quatro anos, o que significaria eleições presidenciais apenas em 1988. No plano dos direitos sociais e trabalhistas, o PCB também propôs a liberdade e a autonomia sindicais, porém com unicidade sindical; o direito à organização de bases sindicais nos locais de trabalho; o direito de greve; o contrato coletivo de trabalho; a estabilidade no emprego; a recuperação do poder aquisitivo dos salários; a universalização da saúde e da educação; a reestruturação e a universalização da previdência social, com a participação dos trabalhadores na sua gestão e justiça gratuita para todos. O PCB propôs, ainda, a reforma agrária ampla e massiva, com a desconcentração da renda e da propriedade. Na questão do capital externo, procurou não radicalizar sua posição, também se limitando a propor a renegociação da dívida externa, com moratória do pagamento do principal, a supressão dos favores às empresas transnacionais, com o fim dos estímulos estatais, e o controle da remessa de lucros para o exterior. Os recursos energéticos e minerais deveriam ser explorados pelo Estado em parceria com empresas rigorosamente nacionais, com a exceção do petróleo, que continuaria sob monopólio estatal (PCB, 1985a, p. 64-66; PCB, 1985b, p. 9-14; PCB, 1985c, p. 15-19; JB, 23.3.1986; LOPES, s. d.).

Os resultados

Contados os votos, o PMDB foi o grande vencedor das eleições. Beneficiado pela popularidade do Cruzado, pelo gigantismo de sua máquina eleitoral e pelo fato de que as eleições para o Congresso Constituinte foram polarizadas pela disputa para os governos estaduais (e não pelos debates constitucionais), o PMDB venceu em todas as instâncias. Elegeu 22 dos 23 governadores, 38 dos 49 senadores, 261 dos 487 deputados federais e 448 dos 953 deputados estaduais (LAMOUNIER, 1990, p. 189). Foi a maior vitória eleitoral em toda a história do partido, antes ou depois, tornando-o o maior partido do bloco no poder. Em relação às eleições de 1982, o partido cresceu bastante em termos eleitorais, mesmo considerando a perda de parlamentares para outros partidos neste período, pois havia elegido nove de 22 governadores, nove de 25 senadores, 200 de 479 deputados federais e 404 de 947 deputados estaduais. Contando com os senadores eleitos em 1982, que tinham mandato até 1991, a representação do PMDB no Congresso Nacional subiu de 246 parlamentares, em julho de 1986, para 306 agora, totalizando mais da metade dos constituintes, 54,7%. Deste total, apenas 7,2% eram considerados de esquerda e 34,5% de centro-esquerda, enquanto 58,3% eram de centro e de direita (LAMOUNIER, 1990, p. 187 e 189; SOUZA, 1992, p. 192-193).

O PFL saiu das eleições como o segundo maior partido. Elegeu um governador, o de Sergipe, sete senadores, 116 deputados federais e 233 deputados estaduais. No entanto, sua bancada total no Congresso (Câmara e Senado) baixou, pois em julho de 1986 possuía 149 (27,2%) parlamentares e agora ficava com 132 (23,6%). O PDS, terceiro maior partido, reduziu-se ainda mais, pois elegeu apenas 2 senadores, 32 deputados federais e 80 deputados estaduais. Em julho de 1986, o partido tinha 81 parlamentares no Congresso (14,8%), caindo agora para 38 (6,1%). Em 1982, o complexo PDS/PFL, pois ainda não havia ocorrido o racha de 1984, havia elegido 12 dos 22 governadores (54,6%), 15 dos 25 senadores (60%), 235 dos 479 deputados federais (49,1%) e 476 dos 947 deputados estaduais (50,3%). Isto indica uma clara migração dos votos de direita para o PMDB, pois os outros partidos do campo conservador conseguiram desempenhos bem inferiores. Somado, o complexo PTB/PDC/PL/PSC/PMB teve sua bancada no Congresso ligeiramente ampliada de 30 para 33 parlamentares, sendo que o PL e o PDC foram os que mais cresceram proporcionalmente, de quatro para seis e de cinco para sete parlamentares, respectivamente. O PL conseguiu eleger para a Câmara Federal o empresário Guilherme Afif Domingos, estrela política ascendente e um dos principais articuladores da mobilização eleitoral dos empresários para a Constituinte. O PTB, o mais antigo e consolidado dos partidos deste complexo, que em 1982 elegeu 13 deputados federais e nenhum senador, elegia agora um senador e 17 deputados federais, ampliando ligeiramente seu percentual de participação no Congresso Nacional, de 2,4% para 3,2% (LAMOUNIER, 1990, p. 187 e 189; SOUZA, 1992, p. 192-193). Nada menos que nove deputados federais foram eleitos por São Paulo, indicando a importância do vínculo com setores do sindicalismo pelego, como Joaquim dos Santos Andrade, da candidatura do empresário Antonio Ermírio de Morais ao governo do Estado e do controle da prefeitura da capital, com Jânio Quadros, para o partido (TSE, 1987).

Entre os partidos de esquerda, o PDT foi o que apresentou menor crescimento. Em 1982 elegeu um governador, um senador e 23 deputados federais (4,4% dos congressistas), além de 36 deputados estaduais. Em 1986 elegeu mais um senador e 25 deputados federais, ampliando para 4,7% sua presença no Congresso Nacional, mas nenhum governador, pois no Rio de Janeiro Brizola não conseguiu eleger seu sucessor. No entanto, ampliou expressivamente sua representação nas assembleias estaduais de 36 para 63 deputados. Suas principais bases eleitorais continuaram sendo o Rio de Janeiro, com 13 deputados federais, e o Rio Grande do Sul, com 5, como em 1982. Dos partidos surgidos em 1985, o PSB foi o que teve pior desempenho. Em julho de 1986, o partido possuía cinco deputados federais, sendo que nas eleições de 1986 este número caiu para dois apenas, evidenciando sua debilidade organizativa e a enorme dificuldade do partido em se posicionar numa faixa política já ocupada pelo PDT (TSE, 1987; LAMOUNIER, 1990, p. 187 e 189; SOUZA, 1992, p. 192-193). Os partidos comunistas recém-legalizados também tiveram dificuldades, ficando aquém do esperado. Quando de sua legalização em 1985, o PCB apresentava três deputados federais, número que manteve nas eleições de 1986. Porém, a expectativa de seus dirigentes era de que elegesse oito deputados federais (JB, 23.3.1986). O PC do B conseguiu ampliar sua inserção institucional, pois possuía quatro deputados federais antes da legalização (todos do PMDB), dois formalmente filiaram-se ao partido em 1986. Em novembro, elegeu três pelo partido e mais três pelo PMDB, evidenciando a estratégia eleitoral de lançar candidatura própria apenas onde as condições fossem favoráveis. No PCB esta mesma questão foi mais problemática, pois para diversos setores o desempenho do partido seria melhor se seus candidatos ainda se lançassem pelo PMDB; para outros setores, ao contrário, os resultados seriam melhores se o partido tivesse abandonado a frente democrática ampla e assumido a aliança com os outros partidos de esquerda. Assim, as eleições de 1986 evidenciaram que os partidos comunistas não desapareceriam eleitoralmente com a legalização, situação temida por muitos, mas também não confirmaram as expectativas mais otimistas (A, 7.5.1985; TSE, 1987; LAMOUNIER, 1990, p. 187 e 189; SOUZA, 1992, p. 192-193).

Dos partidos de esquerda, o PT foi o que apresentou melhor desempenho proporcional. Sua bancada federal subiu de seis deputados federais em julho de 1986 (1,1% dos congressistas) para 16 (2,9%), quase triplicando. Em 1982, o partido elegera apenas oito deputados federais (1,5%). Nas assembleias estaduais, seu desempenho foi ainda melhor, subindo de 13 deputados estaduais eleitos em 1982 para 39 em 1986. Este crescimento eleitoral evidencia que o partido superou o isolamento político a que foi relegado com a edição do Cruzado, apesar de apresentar ainda pequena inserção institucional. Este crescimento se deveu tanto à manutenção da postura crítica feita ao Cruzado desde o início, quanto ao enorme esforço de politização da campanha e de mobilização eleitoral dos movimentos sociais ligados ao partido. Mais uma vez, o dilema institucional apresentou-se ao PT, na medida em que para realizar seu projeto político o partido se viu forçado a submeter-se a um processo eleitoral francamente determinado por uma lógica autocrática, na qual sua força social ficaria claramente sub-representada. Mais ainda, para conseguir alguma influência direta na formulação da nova Constituição, o partido teria que direcionar sua luta política e social para a disputa eleitoral, com todas as consequências burocratizantes e centralizadoras que isto acarretaria nas condições brasileiras. Uma evidência da importância da mobilização eleitoral dos movimentos sociais pelo partido foi que metade dos parlamentares federais foi eleita por São Paulo, principal base política do partido, e a maioria proporcional composta de sindicalistas, inclusive Lula, eleito com a maior votação nacional (TSE, 1987; LAMOUNIER, 1990, p. 187 e 189; SOUZA, 1992, p. 192-193).

O principal saldo político das eleições foi a ampliação da inserção do campo conservador, polarizado pelos militares e pelos egressos do regime militar (PDS e PFL), sobre os setores anti-cesaristas e reformistas, originados da oposição burguesa à Ditadura Militar e polarizados pelo PMDB, isolando a esquerda peemedebista e submetendo os liberais moderados como reféns. Em mais um giro transformista exercido pela institucionalidade autoritária reformada sobre os setores de oposição, esta situação, criada pelas eleições, ampliou enormemente a margem de manobra de Sarney e do governo diante da crise do Cruzado, e no processo constituinte, como veremos.

O Cruzado II e o fim da aventura heterodoxa

O Cruzado II

Após a edição do "Cruzadinho", a situação econômica tornou-se crítica em diversos aspectos, indicando a ineficácia das medidas corretivas de julho no desaquecimento da demanda e na criação de um novo sistema de financiamento. Como vimos, os recursos obtidos com os empréstimos compulsórios foram insuficientes para financiar o "Plano de Metas" do governo, apesar de alavancar as candidaturas governistas em diversos Estados com a viabilização de obras públicas. Com a demanda ainda aquecida, a taxa de inflação retomou uma linha ascendente, já se aproximando dos 2% mensais em outubro; as importações cresceram com rapidez; as exportações se reduziram e as reservas cambiais sofreram uma queda drástica, apesar de o produto industrial atingir o pico de crescimento em setembro, com diversos setores funcionando em plena capacidade. Por fim, as pressões por uma desvalorização cambial se intensificaram. Além disso, a probabilidade de o disparo do gatilho salarial antes do Cruzado completar seu primeiro ano, reindexando a economia plenamente, tornou-se cada vez maior (MODIANO, 1992, p. 362-363).

No plano externo, a negociação com os credores não avançava, dificultando a entrada de "dinheiro novo", e a "queda de braço" com os Estados Unidos continuava em torno da questão comercial. Nas diversas instâncias internacionais (Gatt, UNCTAD, Grupo dos 77, ONU), as posições brasileiras conflitavam com as norte-americanas, particularmente nas questões da dívida externa, do protecionismo e da reserva de mercado. Enquanto o Brasil reclamava do tratamento duro na questão da dívida e das restrições às exportações brasileiras, os Estados Unidos condenavam a política de informática nacional, que restringia a ação do capital externo neste setor. Mesmo a visita de Sarney a Washington, em setembro, não resolveu o impasse, apesar de o governo brasileiro ter feito uma concessão e enviado ao Congresso lei, aprovada posteriormente, que reconhecia o direito de *copyright* das empresas estrangeiras que tivessem softwares utilizados pelos programas de informática brasileiros. Executivos das transnacionais instaladas no Brasil também condenavam o caráter restritivo da política de informática do governo, alegando redução dos investimentos no país por conta disto, como indica a posição crítica do presidente mundial da Philips, transnacional holandesa do setor eletro-eletrônico (CERVO & BUENO, 2002, p. 430-443, STRUWE, 10.9.1986; V, 10.9.1986b, p. 108-111).

Diante do quadro crítico, o governo já começava a pensar em novas medidas corretivas a partir de setembro; no entanto, a proximidade das eleições levou à temerária protelação de um novo pacote, só editado na semana seguinte ao pleito. Mais uma vez, a orientação consensual era a de desaquecer a demanda adiando o disparo do "gatilho" salarial, retirando dinheiro de circulação e ao mesmo tempo destinando-o ao financiamento público sem abdicar do congelamento de preços. As divergências giravam em torno do que fazer e de como fazer. De novo emergiam as diferenças teóricas e políticas entre as equipes do Ministério da Fazenda e do Ministério do Planejamento/Banco Central, dando origem a duas propostas distintas (MODIANO, 1992, p. 362-363; SARDENBERG, 1987, p. 336- 345).

Voltando à tese apresentada logo após o "Cruzadinho", de contenção do aquecimento da demanda através da redução da renda salarial, Sayad apresentou uma proposta que criava uma poupança compulsória sobre os salários, os quais sofreriam um desconto percentual na fonte, sobre os ganhos de capital e do mercado financeiro e sobre o lucro das pessoas jurídicas. Os recursos obtidos ficariam depositados em cadernetas de poupança rendendo juros e correção monetária, porém, só podendo ser resgatados pelos "depositantes" em três ou quatro anos, ficando disponíveis para o governo aplicar em títulos públicos ou investir. Em seguida, o governo promoveria o descongelamento administrado dos preços. Esta nova espécie de "empréstimo compulsório" incidiria fundamentalmente sobre os trabalhadores assalariados, que seriam forçados a fazer uma poupança forçada e teriam seus rendimentos reduzidos, induzindo a redução do consumo, pois o desconto se daria na própria folha de pagamento, impedindo manobras protelatórias ou de "maquiagem" acessíveis aos que amealhavam ganhos de capital ou lucros. Ou seja, o impacto da poupança compulsória sobre os trabalhadores seria proporcionalmente muito maior do que sobre os rendimentos do capital. Obviamente, a adoção de tal proposta implicaria o acirramento do conflito com o movimento sindical e a deslegitimação da vitória acachapante do PMDB e do governo frente aos seus eleitores. Daí o veto de Ulysses Guimarães e Sarney à proposta de Sayad (SARDENBERG, 1987, p. 383-342). Desde modo, saiu a proposta elaborada no Ministério da Fazenda, fraturando definitivamente a unidade da equipe econômica.

Apelidada de "Manoelaço", (numa referência a João Manoel Cardoso de Mello, principal inspirador das medidas e o mais vinculado ao PMDB dos membros da área econômica), a proposta da Fazenda, que sofria resistências do Banco Central e do Ministério do Planejamento, previa o aumento de impostos sobre determinados produtos e o reajuste de alguns preços, ou seja, o governo procuraria desaquecer a demanda aumentando preços e atingindo a população indiscriminadamente, e não confiscando renda de determinados setores. O inevitável impacto inflacionário das medidas propostas seria devidamente anulado pelo expurgo destes aumentos do índice oficial de inflação. Assim, em 21 de novembro, uma semana após as eleições, com o apoio do PMDB, o governo decretava um novo pacote econômico, chamado Cruzado II. No mesmo dia, a equipe econômica que elaborou o Cruzado começava a se desfazer: Edmar Bacha pediu demissão do IBGE (SARDENBERG, 1987, p. 336-345).

Primeiramente, o governo estabeleceu o reajuste de alguns preços públicos essenciais, como combustíveis, energia elétrica, telefone e correios, além de outros como açúcar, remédios, táxis e leite. O IPI (Imposto sobre Produtos Industrializados) sobre produtos de grande consumo, como automóveis, bebidas alcoólicas e cigarros, foi elevado em mais de 100%, com vistas a aumentar a arrecadação em 4% do PIB. O impacto inflacionário destas medidas levou o governo a dar um novo golpe nos trabalhadores: expurgou os aumentos dos automóveis, cigarros e bebidas do índice inflacionário. Diante da reação contrária generalizada, o governo voltou atrás e passou a medir o IPC pelas ponderações do INPC, menos sensíveis aos aumentos autorizados. No entanto, para evitar que o disparo do gatilho salarial desencadeasse a reindexação geral da economia, o governo estabeleceu que este fosse disparado no limite de 20% de reajuste, sendo o restante "estocado" para o gatilho seguinte. Como só no mês de janeiro de 1987 a inflação foi de 16,8%, o reajuste autorizado pelo gatilho quase não reporia a perda com a inflação do mês. Com a retomada inflacionária, a indexação da economia voltou a toda carga com o governo favorecendo os ganhos do capital "portador de juros" ao restabelecer as minidesvalorizações cambiais diárias, criar as LBC's (Letras do Banco Central), que passaram a atrelar os contratos financeiros, e autorizar os bancos a emitir CDB's pós-fixados (SARDENBERG, 1987, p. 336-345; MODIANO, 1992, p. 363-364).

O impacto inflacionário destas medidas foi imediato, com os preços sendo remarcados, ilegalmente, na base de 100%, em média. Mesmo o índice adotado pelo governo disparou de menos de 2% em outubro, para 3,3% em novembro, 7,3% em dezembro, 16,8% em janeiro e 14,4% em fevereiro de 1987. No entanto, para todos os efeitos, o congelamento continuava, levando o governo a insistir na retórica de que os aumentos autorizados não afetavam o índice inflacionário e na ameaça de autuação pelos fiscais da Sunab, gerando maior dubiedade e incerteza ainda na economia. As reações negativas se generalizaram, mesmo entre os setores do bloco no poder que se beneficiaram com as medidas, como os banqueiros, fortalecendo as críticas de orientação ortodoxa.

O fim do congelamento e o controle do déficit público galvanizaram os reclamos do empresariado, além dos alertas para a acelerada deterioração das contas externas. O fim do congelamento foi pedido por José Julio Senna (diretor executivo do Banco Boa Vista e ex-diretor do Banco Central) como forma de estimular as exportações e diminuir as importações (SENNA, 10.12.1986, p. 223-226). José Carlos Paes Mendonça, presidente da Associação Brasileira de Supermercados, reclamou do tabelamento e da sanha popular contra as remarcações e denunciou que o congelamento só valia para o comércio, e não para os outros setores da economia (MENDONÇA, 14.12.1986, p. 226-227). Esta postura crítica do capital comercial foi corroborada por Guilherme Afif Domingos, presidente da Associação Comercial de São Paulo, representante político do setor, eleito deputado federal pelo PL, que propôs ao PT e à CUT uma inusitada aliança contra o pacote do governo, no que foi acompanhando pelo vice-presidente da UDR, Salvador Farina, demonstrando o descontentamento dos grandes proprietários de terra com as medidas (CASADO, 16.12.1986; FABRIS, 17.12.1986).

Já a Fiesp declarou apoio inicialmente, sinalizando positivamente para as medidas de contenção do consumo, mas demonstrando apreensão com o crescimento da inflação, com a possibilidade de recessão, com a manutenção do congelamento, com o déficit público e com o dirigismo estatal na economia. Porém, já em janeiro, seu novo presidente, Mário Amato, declarou que os empresários do setor partiriam para a "desobediência civil e generalizada" se o congelamento não fosse extinto. No mesmo mês, a Fiesp capitaneou a elaboração de um documento, que foi enviado ao presidente da República e contou com as assinaturas de entidades representativas dos bancos, do comércio, da agricultura e do setor financeiro, no qual se reivindicava um novo programa econômico, que privilegiasse a liberdade de mercado, em vez do intervencionismo estatal (BIANCHI MENDEZ, 2004, p. 209-211; NORONHA, 1991, p. 115).

O fracasso do plano Cruzado e o comportamento crítico do empresariado potencializaram mais ainda os críticos ortodoxos, que voltaram à carga após o Cruzado II, colocando os "economistas críticos" na defensiva. Mário Henrique Simonsen, ex-ministro da Fazenda (no governo Geisel) e do Planejamento (no governo Figueiredo), criticou duramente o congelamento de preços e seu uso para fins eleitorais e a insistência da equipe econômica em aplicar o receituário heterodoxo. Segundo ele: "Com o tempo, o congelamento transformou-se de meio em fim, em parte porque os nossos heterodoxos se deslumbraram com sua popularidade, em parte porque o cruzado transformou-se de projeto econômico em plano eleitoral para 15 de novembro de 1986". Por fim, denunciou que o "capital estrangeiro foge do Brasil como o diabo foge da cruz" por conta de um "nacionalismo xenófobo" vigorante no governo, defendeu a necessária renegociação da dívida externa e condenou duramente a moratória unilateral (SIMONSEN, 28.12.1986). Roberto Campos, ex-ministro do Planejamento do governo Castelo Branco, prócer da Ditadura Militar e um dos principais representantes do pensamento neoliberal no país, criticou o congelamento mais uma vez, reputando-o como ineficaz por afastar investimentos produtivos e atingir os efeitos, não as causas da inflação. Estas estariam na expansão da base monetária e no déficit público, que o governo não sanou; por isso, o próprio governo havia sabotado o plano, e não o empresariado. Criticou, ainda, a "burocracia 'xiita', incrustada no governo, que cria 'reservas de mercado' por simples portaria" e afasta os investidores estrangeiros (CAMPOS, 28.12.1986).

O movimento sindical dos trabalhadores reagiu prontamente, denunciando os expurgos do índice inflacionário, o término do congelamento na prática e o golpe dado na regra da escala móvel dos salários. Passando por cima de suas diferenças, CUT e CGT convocaram conjuntamente uma greve geral para 12 de dezembro de 1986. De fato, o volume de greves, que retomou o ritmo ascendente após o

"Cruzadinho", intensificou-se com a edição do Cruzado II: do total de 1665 greves contabilizadas em 1986, nada menos que 1200 ocorreram a partir dos últimos cinco meses do ano (JT, 26.1.1987). Segundo dados da CUT, a greve geral contou com a adesão de 25 milhões de trabalhadores; para o SNI paralisou 10 milhões. De qualquer modo, apesar da adesão parcial e das divergências quanto ao número de grevistas, para Noronha (1991, p. 115) a greve geral de dezembro de 1986 foi a mais expressiva do período. O PT denunciou o Cruzado II como prejudicial aos trabalhadores, pelas manobras no índice inflacionário, causadoras de arrocho salarial, e pelo descongelamento dos preços, além de reputá-lo favorável aos credores externos, banqueiros e especuladores devido ao aumento nos juros, à criação da LBC e à desvalorização cambial. Pediu a revogação imediata do Cruzado II e, em seu lugar, propôs suspensão do pagamento da dívida externa e auditoria; congelamento efetivo dos preços; reforma tributária com elevação do imposto sobre os mais ricos e redução dos impostos indiretos; estatização do sistema bancário e financeiro; aumento real de salários, com o disparo do "gatilho salarial" a cada 5% de inflação, e reforma agrária efetiva (PT,1986f).

Em janeiro, o PC do B rompeu com o governo Sarney, por considerá-lo reacionário e entreguista, e iniciou processo de ruptura com o PMDB. Em nota emitida pelo Diretório Nacional, o partido denunciou o uso de tanques pelo governo para reprimir as greves de trabalhadores, igualando-se ao que fazia a Ditadura Militar (PC do B, 5.1.1987). Segundo João Amazonas, presidente nacional, a partir de fevereiro de 1986 o governo assumiu uma composição de centro-direita, também predominante no PMDB, o que colocou o PC do B na oposição, mas sem contribuir para desestabilizar o governo, como faziam, segundo ele equivocadamente, Brizola e o PT. Ao contrário, o PC do B exerceria postura de vigilância crítica e de combate às medidas de centro e de direita tomadas pelo governo, além de aceitar discutir o pacto social mediante algumas condições, como reforma agrária efetiva, suspensão do pagamento da dívida externa, desenvolvimento independente do país e garantia de liberdades democráticas. Sem isto, segundo ele, "qualquer pacto é engodo para abrandar as lutas populares e execução de uma política antipovo" (FSP, 5.1.1987). Na mesma época, a direção nacional convocou seus parlamentares eleitos pelo PMDB a se filiarem formalmente ao partido, engrossando sua bancada no Congresso Constituinte (JB, 7.2.1987). Esta situação indica claramente o *dilema institucional* vivido pelo PC do B e a capacidade de passivização das forças antiautocráticas conquistada pelo governo com o plano Cruzado. Isto porque, mesmo considerando o governo Sarney oposto à sua perspectiva política desde o início do ano anterior, ainda assim o PC do B manteve sua aliança com o governo e com o PMDB durante todo o ano de 1986. A explicação para este fato reside na centralidade da inserção institucional na orientação tática adotada pelo partido, evitando a radicalização e o isolamento político num ano eleitoral em que o apoio a um governo com altos índices de popularidade, devido ao Cruzado, poderia significar melhor desempenho na disputa eleitoral para o Congresso Constituinte. Ou seja, a tática de ampliar a inserção institucional do partido, com vistas a influenciar a definição da nova Constituição, determinou a posição política de apoio do partido ao governo e ao PMDB frente aos movimentos sociais com os quais tinha interlocução, mesmo quando politicamente esta posição era contraditória. Somente quando as eleições haviam sido definidas e o Cruzado não mais dava frutos políticos positivos, o partido se sentiu seguro o suficiente para promover o movimento tardio de rompimento com o governo e engrossar a oposição antiautocrática.

Do pacto social que ninguém quis ao colapso do Cruzado

Diante do agravamento da situação econômica e das dificuldades políticas criadas com o Cruzado II, o governo tentou reeditar o pacto social, ao mesmo tempo em que os segmentos da equipe econômica passaram a elaborar novas propostas de plano econômico. Uma semana após a edição do Cruzado II, Funaro defendeu a necessidade de um pacto social, ao mesmo tempo em que negou que os aumentos de preços e de imposto autorizados pelo governo prejudicassem os trabalhadores e confirmou que o reajuste previsto pelo disparo do gatilho salarial não ultrapassaria os 20% (FSP, 29.11.1986). A recusa em discutir a incorporação dos aumentos de preços e impostos no índice inflacionário era reafirmada duas semanas depois por Dorothéa Werneck, secretária de emprego e salário do Ministério do Trabalho, seguindo orientação de Funaro. Afirmou, porém, que o governo se dispunha a negociar a participação dos empregados nos lucros das empresas, a lei de greve e a autonomia sindical. Enquanto isto, Pazzianoto, mobilizado por Sarney para participar das negociações do pacto como uma de suas figuras centrais, convocava os delegados regionais do trabalho e nove confederações sindicais para iniciar as negociações, excluindo as centrais sindicais e tentando isolá-las. Neste encontro, sugeriu, ainda a criação de índices de inflação regionais, apresentando as primeiras dissensões em relação à orientação de Funaro (JT, 17.12.1986 e 18.12.1986).

Por sua vez, a CUT e a CGT só se dispunham a participar do pacto se as negociações fossem muito além da simples questão salarial, inserindo não só temas ligados à questão trabalhista e sindical, mas também à política econômica em geral. Mantendo a unidade criada para a greve geral e incorporando a USI e outras entidades sindicais, as duas centrais sindicais impuseram duas premissas básicas para participar das negociações: o arquivamento de todos os processos contra dirigentes e trabalhadores punidos pela greve geral e a revogação do Cruzado II. Além disso, havia uma pauta comum que defendia o congelamento de preços; a jornada de trabalho de 40 horas semanais, o direito de greve e o não-pagamento da dívida externa. Esta última reivindicação foi claramente rechaçada por Funaro, que alegou tratar-se de assunto que não devia ser discutido pelos sindicatos, evidenciando a perspectiva politicista do governo. Além da pauta comum, a CUT ainda exigia a restauração da fórmula de reajuste da escala móvel dos salários; um novo índice de inflação, sem expurgos e calculado pelo Dieese e pelo IBGE; reforma agrária "de verdade"; liberdade e autonomia sindical e salário mínimo real, ou seja, condizente com o que determinava a lei. A CGT também defendia, de forma mais genérica, uma política salarial e habitacional mais justa (BASTOS, 18.12.1986; JT, 18.12.1986). De sua parte, como já vimos, os empresários insistiam no descongelamento, no controle do déficit público e na crítica ao intervencionismo estatal, tornando o pacto ainda mais difícil.

Diante do impasse crescente e da necessidade urgente de medidas corretivas, o governo passou a vislumbrar a reedição de um "pacto social por cima", elaborando um novo choque heterodoxo. Na verdade, entre os meses de dezembro e março surgiram nada menos que três propostas de plano econômico. Segundo Sardenberg (1987, p. 354-355), a primeira foi elaborada pelas equipes do Ministério do Planejamento e do Banco Central e defendida por Sayad. Consistia em descongelar e realinhar os preços, permitir a reindexação da economia e a volta de índices elevados de inflação, mas administrando-a de modo a torná-la novamente inercial num prazo de seis meses, e aplicar um novo choque heterodoxo, sem os erros cometidos com o Cruzado. A falta de consenso da equipe econômica em torno da proposta, principalmente pela resistência de Funaro e pelo não-apoio de Sarney, inviabilizou sua aplicação. Na verdade, a proposta foi inviabilizada tanto porque Funaro ainda apostava no pacto, quanto porque a convivência com uma inflação elevada por tanto tempo poderia ter consequências políticas imprevisíveis, particularmente na Constituinte, que abriria os seus trabalhos no início de fevereiro. Em janeiro, o pacto foi praticamente abortado quando a CUT recusou-se a participar dele após reunião com Pazzianoto, na qual cobrou do governo respostas para as reivindicações que levaram à greve geral, insistiu na revogação do Cruzado II e no não-pagamento da dívida externa e denunciou que para o governo o pacto pressupunha o não-exercício do direito de greve para os trabalhadores. Apesar de ter admitido negociar alguns itens, a CUT considerou o pacto mais uma manobra de cooptação dos trabalhadores pelo governo (FSP, 6.1.1987; ROSEMBLUM, 19.1.1987).

Após a recusa da CUT, Pazzianoto ainda tentou manter as negociações em torno do pacto reunindo empresários e sindicatos, inclusive com a participação da CGT, mas no governo a própria equipe da Fazenda dava a empreitada por encerrada. Mesmo mantendo-se nas negociações, a CGT ainda insistia na restauração da fórmula de reajuste da escala móvel dos salários, na concessão de um abono aos salários seguido de um novo congelamento e na inegociabilidade do direito de greve. Enquanto isso, diversas categorias ligadas à CUT e à CGT iniciavam campanha por disparo integral do gatilho salarial (ROSEMBLUM, 19.1.1987). Diante da inviabilidade do pacto social e da aceleração da inflação, Funaro e seus assessores, principalmente Cardoso de Mello, passaram a elaborar uma reedição do Plano Cruzado, baseada no realinhamento imediato dos preços, mesmo com elevação acelerada da inflação, concessão de um abono salarial para compensar as perdas e novo congelamento de todos os preços em seguida.

Desta vez o veto partiu do Ministério do Planejamento e do Banco Central, em especial de membros da equipe econômica ligados a Sayad, como Francisco Lopes e Pérsio Arida. O receio de que o realinhamento súbito dos preços gerasse hiperinflação e uma grave crise política, que poria em risco a transição democrática, foram os principais argumentos utilizados em contrário. Na verdade, os economistas "inercialistas" consideravam que após o choque de fevereiro de 1986 a principal causa da inflação passou a ser o aquecimento da demanda, somado à não-resolução do déficit público e às dificuldades externas, sendo a situação agravada pelo descongelamento selvagem que vinha ocorrendo depois do Cruzado II e pela expectativa de disparo do gatilho salarial. Daí a necessidade de um realinhamento controlado dos preços, da reindexação da economia pelas LBC's e da substituição do gatilho salarial por reajustes trimestrais ou quadrimestrais (SARDENBERG, 1987, p. 356-359). A questão do gatilho salarial tornou-se uma questão decisiva, pois, de fato, era um componente estranho à lógica teórica que inspirou o Cruzado e agora se tornava um problema político da maior importância, pois, obviamente, os trabalhadores não aceitariam sua extinção no momento em que a inflação retomava seu ímpeto, a não ser que o pacto social realmente saísse do papel. Deste modo, a equipe econômica do governo como um todo e cada uma das correntes teóricas que a compunham, "inercialistas" e "estruturalistas/pós-keynesianos", tornaram-se incapazes de propor uma saída para o fracasso efetivo do Plano Cruzado.

Frente à inviabilidade do pacto, à aceleração da inflação e à piora das contas externas, Funaro partiu então para a suspensão definitiva do congelamento de preços e para a moratória da dívida externa. No final de janeiro, anunciou que voltariam os reajustes controlados de preços, negociando com os empresários aumentos entre 10% e 30%, negando o pedido da Fiesp de aumento linear de 25%. Após estes aumentos, os preços ficariam sob "liberdade vigiada" por 90 ou 120 dias. O gatilho salarial seria mantido, porém sob a nova fórmula da escala móvel dos salários definida em novembro, e os juros deixariam de ser tabelados, sendo elevados (JT, 26.1.1987). Na sequência destas medidas, em fevereiro, o governo reajustou o valor nominal da OTN e restabeleceu a correção monetária mensal, reindexando a economia como antes do Cruzado. Além disso, impôs limites à importação de matérias-primas essenciais e bens intermediários para diminuir a deterioração crescente das contas externas. De fato, a balança comercial havia se tornado deficitária a partir de outubro de 1986, reduzindo drasticamente as reservas cambiais. Por isso, também em fevereiro, o governo declarou a suspensão por tempo indeterminado do pagamento dos juros da dívida externa aos bancos privados (MODIANO, 1992, p. 364-365). A discordância do presidente do Banco Central, Fernão Bracher, com relação e esta medida levou à sua substituição por Francisco Gros. Com ele também se demitia Pérsio Arida (SARDENBERG, 1987, p. 360).

Apesar do apelo popular da medida, que contou com o apoio até mesmo do PT e da CUT e deu novo fôlego político a Funaro, a moratória unilateral não foi motivada por nenhuma orientação antiimperialista ou mesmo simplesmente nacionalista, mas pela absoluta incapacidade de o país cumprir seus compromissos. Na verdade, encerrava-se com a moratória uma "queda de braço" entre o governo brasileiro e o "consórcio" formado pelo governo norte-americano, pelos organismos internacionais (FMI, GATT, BIRD) e pelos bancos credores que se arrastava desde o final do governo Figueiredo. A tão propalada e desejada renegociação da dívida externa, com alongamento dos prazos, redução dos juros e concessão de novos empréstimos, não foi realizada pelas sucessivas equipes econômicas que passaram pelo governo brasileiro, devido à enorme resistência apresentada pelo capital financeiro externo e pelo governo norte-americano em fazer concessões sem contrapartidas dos países devedores nas questões de abertura econômica e comercial, desregulamentação econômica, com redução do intervencionismo estatal e privatização das empresas estatais (LIMA, 1988, p. 200-228).

O endurecimento dos credores e dos Estados Unidos foi fruto da combinação entre a crise da dívida externa dos países devedores, inaugurada com a crise mexicana de 1982, e a ascensão da orientação marcadamente neoliberal da administração Ronald Reagan ao governo norte-americano. Assim, desde o início dos anos 80, a condição imposta pelo capital financeiro externo para a resolução da grave crise de financiamento vivida pelos países devedores eram a adoção da agenda neoliberal e a reposição da dependência externa. No entanto, esta ainda não era a perspectiva da maior parte das frações nacionais do capital monopolista nem da equipe econômica do governo, apesar da crise do Estado desenvolvimentista e do padrão de acumulação capitalista a ele associado (CRUZ, 1997, p. 53-76). No caso dos "estruturalistas/pós-keynesianos" sediados no Ministério da Fazenda e que foram os principais operadores do Plano Cruzado após sua edição, a orientação neoliberal não só era contrária às suas perspectivas político-ideológicas, como feria de morte a intenção de fazer do plano a base inicial para a construção de um novo sistema de financiamento para o país, fundado na acumulação endógena de capital e no papel mediador decisivo do Estado. Mais ainda, para estes "economistas críticos", em especial, mas também para toda a equipe econômica do Cruzado, incluindo os "inercialistas", a renegociação da dívida externa era crucial para a eficácia e durabilidade do plano, pois anularia um dos elementos que alimentavam o déficit público. Deste modo, o descongelamento, a reindexação da economia e a moratória evidenciam que o plano Cruzado havia efetivamente terminado, um ano após sua implantação.

Balanço do Cruzado

Aqui se faz necessário um balanço do Plano Cruzado, tanto em relação aos seus resultados econômicos no ano de 1986, como em relação à perspectiva reformista que o alimentou em torno da criação de um novo padrão de acumulação e de uma nova aliança desenvolvimentista. Conforme dados de Abreu (1992, p. 408-410) e de Filgueiras (2000, p. 75-76), terminado o ano de 1986, o balanço da economia brasileira era o seguinte: crescimento do PIB de 7,5%, sendo que o produto industrial cresceu 11,3%, o produto do setor serviços cresceu 9,9%, mas o produto do setor agrícola caiu 7,9%. Em 1985, o PIB havia crescido um pouco mais, 7,8%, e o produto agrícola havia sido o que mais cresceu, 10,1%, indicando que em 1986 os agricultores foram os que menos apostaram no sucesso do Plano Cruzado. A taxa de inflação reduziu-se substancialmente se comparada com a de 1985, mas ainda terminou o ano com índice de 142,3%. Em 1985, a taxa de inflação foi de 225,5%, em 1987 seria de 224,8%. A taxa de investimento interno bruto em 1986 foi de 20,0% e a formação bruta de capital fixo foi de 18,5%. Em 1985, estes números tinham sido, respectivamente, 18% e 16,7%, indicando que houve crescimento dos investimentos em 1986. Mas, a título de comparação, em 1983, ano de grave crise econômica que levou o Brasil ao monitoramento do FMI, com o PIB decrescendo em 2,9%, estes índices foram de 19,9% e de 16,1%, respectivamente. Ou seja, considerando que o ano de 1986 foi um ano de crescimento econômico, com aquecimento acelerado da demanda e com um esforço enorme do governo para estimular investimentos, com a redução dos juros e da especulação financeira, os índices de investimentos produtivos foram relativamente baixos, o que indica a resistência do capital privado em ampliar o horizonte do cálculo empresarial, conforme termos de Bier, Paulani & Messenberg (1987).

Se compararmos os resultados de 1986 com os de 1987, nos quais o PIB cresceu menos da metade, apenas 3,5%, este aspecto fica evidente, pois a taxa de investimento interno foi de 23,2% e a formação bruta de capital fixo, de 19,7%. Finalmente, na questão externa houve saldo de US$ 8,3 bilhões na balança comercial em 1986, apesar de a balança de pagamentos ter terminado com déficit de US$ 12,3 bilhões, o que indica a redução dos investimentos e empréstimos externos e as dificuldades com o pagamento da dívida externa. Esta saltou de US$ 95,8 bilhões, em 1985, para US$ 101 bilhões, em 1986, dos quais nada menos que 1/4, ou seja, US$ 25 bilhões, era devido às altas taxas de juros cobradas pelos credores, governo norte-americano à frente (CERVO & BUENO, 2002, p. 437).

Todos estes dados ajudam a esclarecer o fracasso econômico do Cruzado visto em perspectiva histórica mais ampla, pois, como sabemos, sua implantação interseccionou dois processos iniciados nos anos 70 que perpassaram toda a década de 80: a crise do modelo econômico desenvolvimentista, particularmente em sua última versão, o padrão de acumulação capitalista dependente-associado e a transição democrática. Numa conjuntura internacional extremamente desfavorável, com o "endurecimento" dos credores externos e a pressão dos países imperialistas, estes processos impuseram a necessidade histórica de se viabilizar um novo modelo de desenvolvimento capitalista, um novo padrão de acumulação, baseado numa ampla aliança político-social construída numa situação de transição democrática, em que os recursos autoritários aos quais o bloco no poder e o Estado recorreram historicamente não poderiam ser mobilizados da mesma maneira. Desde os anos 30, mesmo passando por padrões de acumulação distintos, o modelo econômico desenvolvimentista foi sustentado por um Estado autocrático que recorreu a formas autoritárias e fascistas de regime na maior parte do tempo para viabilizá-lo, como na Era Vargas (1930-45) e na Ditadura Militar (1964-1985), e, quando não, fez uso e abuso do centralismo decisório concentrado no Poder Executivo, como nos governos de Vargas (1951-1954) e Juscelino Kubitschek (1956-1961) (DRAIBE, 1985).

No entanto, o colapso deste modelo nos anos 80 foi concomitante a uma transição democrática em que a pressão popular tornava crucial para qualquer tentativa de construção de um novo modelo econômico e de um novo padrão de acumulação – particularmente numa perspectiva endógena, autônoma e distributiva – um processo amplo, democrático e pluralista de negociação. Vimos que este não foi o caminho adotado pelos "País do Cruzado" e que o governo recorreu a ele justamente quando sua perspectiva de pacto social fracassou. Ou seja, em vez de ser o resultado de um pacto social negociado ampla e democraticamente, o Cruzado funcionou como substituto para sua inviabilidade. Deste modo, a perspectiva de construção de um novo modelo de desenvolvimento capitalista e de um novo sistema de intermediação financeira, alimentada pelos "estruturalistas/pós-keynesianos" com o Cruzado, mas não pelos adeptos da teoria "inercialista", foi impossibilitada politicamente desde o início. Quanto mais o plano Cruzado tornou-se o cabo eleitoral do governo e do PMDB durante o ano de 1986, mais esta perspectiva foi deslocada de cena, pois sua instrumentalização na campanha eleitoral foi motivada por uma orientação política autocrática, a de garantir o predomínio das forças autocráticas na Constituinte, de modo a assegurar ao máximo que a substituição de uma institucionalidade por outra significasse a reforma, e não a abolição, do Estado autocrático-burguês.

Economicamente, a construção de um novo modelo de desenvolvimento era inviabilizada pela própria dinâmica que a acumulação capitalista assumiu no Brasil a partir da crise do modelo desenvolvimentista e do padrão de acumulação dependente-associado instaurado a partir dos anos 50 e cujo ápice foi o período do chamado "Milagre Brasileiro" (1968-1974). A partir do segundo "choque do petróleo", de 1979, quando as condições favoráveis ao financiamento do crescimento econômico por meio do endividamento externo começaram a se reverter rapidamente, o Estado brasileiro adotou uma "estratégia de acomodação" junto ao capital monopolista baseada, fundamentalmente, na especulação financeira. Esta consistia no endividamento progressivo do Estado e na emissão de títulos públicos, empalmados pelo capital privado (nacional e estrangeiro), devidamente imunizados da corrosão inflacionária por mecanismos como a correção monetária, as taxas altas de juros e as ORTN's. Deste modo, a remuneração do capital monopolista era garantida, mesmo numa situação de progressiva piora das condições econômicas, com o fim das altas taxas de crescimento econômico e o início da recessão, com o aumento dos lucros obtidos com a especulação financeira em detrimento dos investimentos produtivos. O crescimento do déficit público, a indexação generalizada da economia, a transformação do capital privado de devedor a credor do governo e a progressiva estatização da dívida externa, inclusive com as empresas estatais recorrendo a recursos externos para se financiarem, são os efeitos mais visíveis deste processo no início dos anos 80 (GOLDENSTEIN, 1994).

De fato, entre 1980 e 1987 a parcela privada da dívida externa brasileira caiu de 30,6% para 13,4%, com a parcela estatal subindo de 69,4% para 86,6%. Neste mesmo período, a dívida interna federal subiu de 6,7% para 31,2% do PIB (ABREU, 1992, p. 408-412). Mesmo a retomada do crescimento econômico a partir de 1984, resultado da diversificação do parque industrial promovida pelo II PND, que teve efeitos positivos na ampliação da pauta e do volume de exportações, não alterou substancialmente esta lógica (BIER, PAULANI & MESSENBERG, 1987, p. 125-132).

Ao lado da especulação financeira, o capital monopolista também recorreu à inflação e ao corte de pessoal para aumentar sua lucratividade no ambiente de crise econômica dos anos 80. Segundo pesquisa realizada sobre a evolução da indústria paulista nos anos 80 (OLIVEIRA, 1998, p. 121-157), as grandes empresas recorreram constantemente a reajustes de preços superiores à inflação como forma de remuneração. O caráter altamente concentrado e centralizado das grandes empresas industriais paulistas lhes dava esta capacidade devido à sua presença predominante no mercado. Segundo a pesquisa, entre os anos de 1980 e 1989 houve um aumento expressivo na taxa de lucro proporcionalmente ao crescimento do faturamento, ou seja, as empresas ganharam mais, gastando menos e vendendo menos. Este movimento era claramente perceptível nas grandes empresas transnacionais, em comparação com as privadas nacionais, devido à sua capacidade de interseção com o sistema financeiro e ao seu maior grau de concentração e centralização, formando grandes grupos econômicos. Por meio do corte de empregos, da manutenção da capacidade ociosa e da remarcação de preços num ritmo superior ao da inflação, as empresas estrangeiras ampliaram sua rentabilidade. Por outro lado, as empresas estatais, localizadas no setor de bens de capital, particularmente nos serviços públicos (energia, transportes, telecomunicações, etc.), também fortemente concentradas devido a monopólios definidos politicamente, vivenciaram um movimento contrário, com aumento do número de empregos, endividamento e redução dos lucros. Isto indica seu papel central no processo global de transferência de recursos públicos para o setor privado, particularmente porque devido à interferência das sucessivas políticas econômicas foram impedidas de utilizar seu peso monopólico na economia para repetir o mesmo movimento das empresas privadas na formação de seus preços, não passando de "gigantes acorrentados", conforme expressão de OLIVEIRA (1998, p. 52).

Como resultado deste fenômeno, a grande indústria paulista vivenciou durante a década de 1980 um processo acentuado de concentração e centralização, atingindo níveis comparáveis aos de países desenvolvidos, como Estados Unidos, Alemanha Federal e França, sendo que em diversos ramos o grau de concentração paulista foi superior. No cômputo geral, este processo significou transferência de recursos das empresas públicas para as privadas, das nacionais para as estrangeiras e das pequenas e médias para as grandes (OLIVEIRA, 1998, p. 121-157). É fato que a indústria paulista não respondia pela totalidade da indústria e da economia nacionais, mas seu peso predominante na estrutura industrial brasileira e na estrutura econômica como um todo, em termos de grau de concentração, volume de produção e conexões no mercado nacional, sugere que o comportamento acima descrito foi bastante representativo do que se passou em termos nacionais.

Paralelamente, o processo de reestruturação produtiva implantado em diversos setores da indústria brasileira neste período, ainda de forma inicial, privilegiou os novos métodos organizativos de intensificação do trabalho, como *Just-in-time, kanban*, círculo de controle de qualidade (CQC), dentre outros, e não a inovação tecnológica, que só seria intensificada nos anos 90. Quando houve de forma mais acentuada esta inovação tecnológica, ela se deu reforçando o padrão taylorista/fordista de organização da produção, levando diversos autores a considerarem os anos 80 como o auge do taylorismo/fordismo no Brasil (TUMOLO, 2002, p. 37-74). O que se justifica perfeitamente levando-se em conta a perspectiva capitalista vigente nos anos 80 de ampliar a remuneração do capital, preferencialmente por meio da especulação financeira, da inflação e da super-exploração do trabalho em detrimento do investimento produtivo.

Ora, em relação a esta tendência econômica descrita acima, o plano Cruzado incidia claramente como uma contra-tendência e acabou tornando-se um hiato na dinâmica econômica da década de 80. Ou seja, conforme já assinalado, o Cruzado poderia inserir-se na dinâmica capitalista brasileira como alavanca inicial para a criação de um novo padrão de acumulação e de um novo modelo de desenvolvimento. No entanto, de um lado era contrária a perspectiva empresarial do grande capital em relação ao plano, o que explica as críticas à queda nos juros, ao combate à especulação financeira (ORTN, correção monetária, desvalorização cambial), ao congelamento e ao déficit público, verdadeiro "cavalo de batalha" no debate sobre o Cruzado. É interessante observar que, mesmo as entidades ligadas ao capital produtivo industrial, como a Fiesp – que apoiou o congelamento no início, muito mais como expressão das posições dos setores de pequeno e médio capital por ela majoritariamente representada, do que do capital monopolista –, nunca deixaram de levantar preocupações com o controle do déficit público, quando não partiram para a crítica aberta.

Por outro lado, o Estado mostrou-se incapaz de viabilizar um novo padrão de financiamento, seja porque as empresas estatais continuaram deficitárias, principalmente para sustentar o congelamento de preços, seja porque o pagamento da dívida externa continuou asfixiando sua capacidade de financiamento. Quando o governo tentou transferir renda do setor privado para o setor público, através do aumento de impostos e dos preços de determinados bens e serviços públicos (como no "Cruzadinho" e no Cruzado II), as demandas imediatas do capital privado, unificadas todas as suas frações monopolistas, foram o descongelamento e o controle do déficit público. Por sua vez, o aquecimento da demanda e a relativa melhoria na renda salarial, que poderiam funcionar como estimulantes a novos investimentos produtivos no setor privado, tiveram como resposta do grande capital o desabastecimento e o ágio. Quando houve aumento da produção, esta se deu fundamentalmente pela utilização da capacidade ociosa e menos pela criação de novos investimentos.

Diante da postura oportunista e predatória do grande capital privado, externo e nacional, frente ao plano Cruzado, restaria ao capital estatal liderar a criação de um novo sistema de financiamento e de um novo padrão de acumulação. No entanto, as empresas estatais chegaram ao plano Cruzado como "gigantes acorrentados" e assim continuaram durante toda a sua vigência. Esta caracterização é sintomática do papel contraditório exercido pelo setor produtivo estatal na dinâmica econômica dos anos 80, pois, se de um lado ele funcionou como aporte da acumulação privada, por outro lado ele se impôs como um concorrente ao grande capital externo e aprofundou a crise do sistema de financiamento baseado no endividamento externo. As estatais favoreceram a acumulação privada por meio do fornecimento de matérias-primas e insumos a preços subsidiados e por meio da substituição de importações em setores economicamente estratégicos, porém desinteressantes para o capital privado nacional pelo volume de recursos exigidos e pelo longo prazo de maturação.

Mas, a sua presença monopólica nestes setores estratégicos impediu a livre atuação do capital externo e submeteu o capital privado nacional aos humores incertos da burocracia estatal e da burguesia de Estado,[1] alimentando o receio de que o gigantismo estatal atingisse seus negócios. Além disso, a subordinação política das empresas estatais à acumulação privada de capital criou uma tendência deficitária em sua lucratividade sempre coberta com novos recursos do Tesouro Nacional ou com o endividamento externo, pressionando poderosamente o aumento do déficit público e aprofundando a crise do sistema de intermediação financeira. A exemplo disso, em 1986, o déficit público atingiu 3,7% do PIB, sendo que nada menos que 2,3% foram gerados pelas estatais (PINTO, 28.8.1987). Daí os sucessivos programas de "saneamento" e até privatização das empresas estatais, tentados desde o governo Figueiredo, de um lado, e, de outro, a enorme capacidade de resistência da burguesia estatal a estas investidas.

---

[1] Adotamos aqui o conceito de Burguesia de Estado desenvolvido por Nicos Poulantzas. Segundo Poulantzas: "Podemos falar de uma burguesia de Estado nos casos em que assistimos a uma radical nacionalização e estatização do setor econômico, sem que, para tanto, os trabalhadores tenham o controle real da produção, permanecendo o Estado uma instituição distinta e "separada" das massas populares. Nesses casos, os "vértices" do aparelho de Estado ocupam, pela via indireta do Estado, o próprio lugar de uma propriedade – estatizada – e de uma posse dos meios de produção "separados" dos trabalhadores, exercendo os poderes daí decorrentes: a exploração e o açambarcamento da mais-valia se deslocam em direção aos "vértices" do aparelho de Estado. Encontra-se aí o processo do capitalismo de Estado propriamente dito (POULANTZAS, 1975, p. 204). Esta caracterização se ajusta perfeitamente aos países dito socialistas, onde predominou a estatização dos meios de produção. No entanto, considerando o papel das empresas estatais na dinâmica do capitalismo brasileiro, é possível atribuir a seu pessoal administrativo superior a condição de Burguesia de Estado. Seja pelo controle, indireto, dos meios de produção, o que implica o esforço permanente para subordinar os trabalhadores e garantir a extração da mais-valia, seja pela perspectiva empresarial apresentada em sua concepção de que a empresa estatal também deve buscar o lucro, como indica sólida pesquisa realizada por Martins (1985), os executivos das estatais inserem-se no processo da luta de classes como uma fração burguesa. Guardadas as diferenças teórico-metodológicas com nossa abordagem, pois a pesquisa se baseia na perspectiva teórica weberiana, Martins mostra a existência de um *ethos* empresarial entre os executivos das estatais, manifesto, por exemplo, em sua resistência em se submeter à orientação governamental de favorecimento do capital privado do setor de bens de capital às custas das empresas estatais, durante o II PND. Este ethos indica sua perspectiva ideológica, seu comportamento nas disputas interburguesas e contribui para diferenciar os executivos das empresas estatais da burocracia estatal no sentido estrito. Ver também Martins (1977).

Em 1981, o então ministro do Planejamento, Delfim Netto, elaborou um programa de privatização que previa a venda de 70 empresas estatais, abrangendo setores estratégicos como petroquímica, telecomunicações, siderurgia, mineração, informática, além de centrais de distribuição de alimentos (Cobal), hospitais e até hotéis. Seis anos depois, apenas duas empresas tinham sido privatizadas, uma fábrica de tecidos e um hotel, e outras duas extintas (CORRÊA, 12.7.1987). Com o advento da Nova República, além do Ministério da Desburocratização, encarregado de coordenar o processo de saneamento e privatização das empresas estatais, havia ainda Ministério do Planejamento e a Secretaria Especial de Controle das Estatais (Sest) para tratar do assunto.

Ao longo de 1985, diversas propostas surgiram no governo, como a abertura de capital das empresas estatais, a proibição de criação de novas empresas, a liberação condicionada de recursos e auditoria, além de medidas efetivas como o corte de gastos e a redução de salários e benefícios para os servidores (OESP, 7.11.1985; JT, 13.11.1985). No pacote fiscal de novembro de 1985, foi incorporada a proposta de privatização de diversas estatais, mas, como o projeto abria a possibilidade de o controle da Petrobrás e de outras estatais passarem para o capital externo, a proposta foi retirada do pacote encaminhado ao Congresso (FSP, 22.11.1985; JT, 30.11.1985). De fato, o peso político e econômico das estatais dificultava a pretendida privatização, conforme admitia o próprio ministro da Desburocratização, Paulo Lustosa (JT, 29.10.1985). Em 1985, ano em que o superávit da balança comercial atingiu US$ 12,4 bilhões, das 40 maiores empresas exportadoras, responsáveis por nada menos que 72% do total das exportações, 1/3 eram estatais, sendo que, entre as cinco primeiras, quatro eram estatais (CALDAS, 31.1.1985). Não é de se estranhar, então, que na reforma ministerial de fevereiro de 1986 os ministérios da Desburocratização e da Administração foram extintos.

Com o Cruzado, como vimos, os preços dos produtos fornecidos pelas empresas estatais foram congelados deflacionados, repetindo a fórmula adotada por Dornelles em 1985, agravando seu desequilíbrio financeiro, porém tornando o preço das tarifas e serviços públicos uma das "âncoras" do plano. Em março de 1986, Pérsio Arida, secretário especial do Ministério do Planejamento, exigia que as estatais concedessem mais descontos ainda nas suas vendas a prazo, afirmando que havia margem para tanto (FRANCO, 15.3.1986). Em junho, quando as expectativas otimistas quanto à renegociação da dívida externa começaram a se dissipar, o governo liberou as estatais para que renegociassem suas dívidas diretamente, visando à entrada de novos recursos e melhores condições de pagamento (FSP, 12.6.1987). Na mesma época, já se concluía que os ganhos das estatais com o Cruzado seriam bem menores que o previsto, pois a redução dos custos financeiros obtida com o fim da inflação e a restrição dos mecanismos de especulação financeira foram anuladas devido às perdas com o congelamento, o que levou as estatais a contribuírem com 62% do déficit público em 1986, como já vimos (FSP, 13.6.1986).

De fato, a importância crescente do déficit público na dinâmica do Cruzado levou o governo a intensificar o controle sobre as estatais, condicionando investimentos e cortando gastos e salários, mas a perspectiva de privatização foi-se esvaziando progressivamente. Isto porque, além da importância do controle de setores econômicos estratégicos pelo governo como instrumento de política econômica, a abertura de capital era considerada o caminho preferencial para a privatização das empresas estatais, e não a alienação pura e simples. Esta fórmula significava que o Estado buscaria resolver o problema do déficit das estatais e de suas dificuldades de investimento recorrendo não ao Tesouro Nacional ou ao endividamento externo, mas a recursos privados, ou seja, recursos dos novos sócios que adquirissem as ações colocadas à venda. Com a participação de sócios privados, esperava-se que as empresas estatais sofressem menos a ingerência política do governo e pudessem adotar uma postura empresarial típica, buscando aumento da produtividade e da lucratividade. Nesta fórmula, o Estado manteria o controle acionário sobre as empresas, ou, na pior hipótese, seria um acionista importante. Daí as inúmeras declarações de Funaro, de Sayad e do novo secretário da Sest, Antoninho Marmo Trevisan, a quem cabia a fiscalização das estatais, acerca da necessidade prévia de saneá-las financeiramente, com a venda de ações ou com novos empréstimos. Os atrativos das estatais para os possíveis investidores privados também eram ressaltados, visando ao aporte de novos capitais (OESP, 23.10.1985 e 7.11.1985; JT, 29.11.1985; OG, 13.4.1986; TREVISAN, 31.8.1986).

Obviamente, esta não era a posição dos possíveis interessados: o capital externo e o grande capital privado nacional. A desestatização da economia, com a saída do Estado do setor produtivo, e a abertura econômica e comercial eram as condições exigidas dos países devedores pelo governo norte-americano, pelo FMI, pelo

Banco Mundial e pelo Bird para a renegociação da dívida externa e a concessão de novos empréstimos, como deixa clara a proposta do secretário do Tesouro norte-americano James Baker, em outubro de 1985 (OESP, 23.10.1985). A posição do grande capital nacional não incluía a totalidade da agenda neoliberal proposta pelo capital externo, mas na questão das estatais se aproximava bastante. Na mesma época, em seminário sobre a privatização das estatais promovido pelo jornal *O Estado de São Paulo*, contando com a participação de empresários como Antonio Ermírio de Moraes (grupo Votorantin), Guilherme Afif Domingos (Associação Comercial do Estado de São Paulo), Alain Belda (Alcoa, transnacional do ramo siderúrgico) e Luis Paulo Rosemberg (grupo Sharp), entre outros, defendeu-se não só a venda pura e simples das estatais, mas a definição de seu valor pelo mercado e não pelo governo, mediante auditoria da situação da empresa e a extinção de todos os conglomerados estatais, obviamente para que o Estado não continuasse a concorrer com as empresas que ele havia vendido nos setores econômicos em que ele ainda teria presença (FERREIRA, 20.10.1985). Deste modo, quando governo e empresários falavam de privatização, seguramente não falavam a mesma língua.

Assim, a reversão do modelo de desenvolvimento vigente exigiria não só uma postura menos predatória da burguesia monopolista, mas um comportamento impossível do capital externo naquela conjuntura, pelas razões externas já apontadas. A possibilidade de o setor público estatal puxar um novo arranque de investimentos era remota, devido à própria crise do sistema de financiamento dependente de recursos externos. Este empuxe, então, teria que vir do capital privado, mas este teria que ser convencido a alterar radicalmente sua dinâmica de acumulação e abandonar a perspectiva oportunista que sempre alimentou em relação ao setor público. No entanto, o processo de concentração e centralização do capital viabilizado a partir do II PND teve no endividamento estatal um fator decisivo. Daí os reclamos das frações monopolistas com o controle dos juros e do câmbio e com o déficit, ou seja, o Estado não poderia abrir mão de cumprir o seu papel como "lastro" da acumulação privada. Daí o comportamento oportunista do capital monopolista que procurou apenas reduzir a ociosidade com o aquecimento da demanda, em vez de investir a longo prazo e apostar na volta da inflação.

A burguesia de Estado, por outro lado, outrora vista como agente protagonista numa nova aliança desenvolvimentista, mostrou-se incapaz de ir além de uma postura defensiva, pois, ciosa dos seus interesses corporativos, lutou contra a privatização e venceu, pelo menos nesta conjuntura; mas foi omissa na defesa de um padrão de acumulação que implicasse a distribuição de renda, o fortalecimento do mercado interno e o enfrentamento com o capital externo. A aliança política com as classes subalternas, em torno desta perspectiva, particularmente com os trabalhadores, era impossível por três razões. Em primeiro lugar, porque esta burguesia de Estado possuía uma origem autocrática, oriunda do próprio processo de criação do Estado desenvolvimentista no Brasil e reforçada pela "limpeza" no aparelho burocrático realizada pela Ditadura Militar. Em segundo lugar, porque o próprio processo de transição democrática lhe impôs formas de controle político externo (partidos, Congresso, associações corporativas e extra-corporativas) que tolheram sua capacidade de iniciativa ou a obrigaram a submeter-se a interesses político-partidários alheios à sua lógica empresarial. Por fim, devido ao seu próprio *ethos* empresarial, alheio a pretensos interesses públicos, nacionais ou sociais mais amplos, como já demonstrado por Martins ao analisar a burguesia de Estado, que ele chama de "executivos de Estado", nos anos 70 e 80 (MARTINS, 1985).

Diante da crise do Estado desenvolvimentista e da definição de sua política de preços pelas sucessivas equipes econômicas, a burguesia de Estado comportou-se racionalmente recorrendo ao endividamento externo e aos recursos do Tesouro Nacional para garantir sua lucratividade e seus programas de investimento, mesmo em condições progressivamente pioradas. Ou seja, se as sucessivas equipes econômicas do governo buscavam controlar os gastos das estatais para sanear as finanças e conter o déficit público, por outro lado, a burguesia de Estado recorria à ciranda financeira como forma de remuneração do seu capital, exatamente como os capitais privados. Mesmo as empresas ligadas à indústria bélica, controladas diretamente pelos militares e de importância estratégica na sua concepção de segurança nacional, tinham este tipo de comportamento, o que evidencia que nem mesmo os setores da burocracia estatal, pretensamente mais interessados na soberania nacional, eram capazes de promover qualquer aliança desenvolvimentista "para baixo".

Deste modo, o Cruzado foi abortado por uma lógica econômica e política mais forte que o "reformismo iluminado" de uma equipe econômica. A possibilidade de o plano econômico reverter decididamente a lógica predominante na economia brasileira demandaria a realização de uma aliança política que tivesse os trabalhadores e os setores de pequeno e médio capital como os principais protagonistas, ao lado da burocracia estatal e da burguesia de Estado. A pauta de uma aliança desta natureza envolveria não só as questões diretamente relacionadas ao problema da inflação e dos salários, mas a todo o modelo econômico – como a questão agrária, o problema da dívida externa, o papel econômico das empresas estatais – e aos próprios rumos da transição democrática, o que envolveria não só o problema dos direitos sociais e trabalhistas, mas o próprio conteúdo da institucionalidade democrática a ser criada. Obviamente, esta não era a perspectiva do campo conservador que dirigia o governo, incluindo os militares, nem dos partidos da Aliança Democrática, que o apoiavam. As sucessivas tentativas de pacto social fracassaram por não vislumbrarem esta perspectiva ampla de negociação e por serem regidas pelo método politicista da autocracia burguesa brasileira, que insiste limitar a interlocução com os movimentos sociais das classes subalternas, particularmente os trabalhadores, às questões econômico-corporativas, e desde que isto não fira os interesses prevalecentes do capital monopolista.

A crise do Cruzado inviabilizou não só a criação de um novo padrão de acumulação, mas anulou definitivamente qualquer possibilidade de renascimento da aliança desenvolvimentista sob a hegemonia da burguesia nacional, da burguesia de Estado e da burocracia estatal, abrindo caminho para a integração passiva do grande capital privado nacional ao ideário neoliberal. Deste modo, na agonia do modelo econômico desenvolvimentista o plano Cruzado aparece reduzido a um simples hiato. Mas, o preço político pago pelo seu fracasso foi alto: o colapso definitivo do "reformismo" peemedebista.

Capítulo III

DO COLPASO DO CRUZADO AO GOLPE DO "CENTRÃO": CRISE ECONÔMICA E CONSTITUINTE (1987-1988)

A PARTIR DE 1987, iniciou-se uma nova fase no processo político que estamos analisando, que se estendeu até o início do ano seguinte e cujas referências fundamentais são o processo constituinte e o abandono definitivo de uma política econômica orientada pela perspectiva heterodoxa e desenvolvimentista. Nesta fase, a *crise conjuntural* que se arrastava desde meados dos anos 70 evoluiu para uma *crise de hegemonia* em que o Estado desenvolvimentista se esgotou progressivamente, levando de roldão o padrão de acumulação capitalista que lhe dava suporte e todas as pretensões de recuperá-lo com base no intervencionismo estatal. De agora em diante, o neoliberalismo passaria a dar a tônica. O *bloco histórico* desenvolvimentista, que passou por várias etapas desde os anos 30 e atingiu sua forma atual durante a Ditadura Militar com a hegemonia do grande capital, chegou ao fim. A partir de então, a possibilidade de sua restauração tornar-se-ia cada vez mais remota, colocando a perspectiva neoliberal e a democrático-popular como as alternativas históricas à sua dissolução. Esta crise de hegemonia, iniciada agora, se arrastará até meados dos anos 90, quando se consolidassem a hegemonia neoliberal e o bloco histórico que lhe daria suporte histórico e social.[1]

---

1   A passagem da crise conjuntural para a crise de hegemonia, ou crise orgânica, ocorreu fundamentalmente quando a crise não se limitou mais a aspectos superficiais e momentâneos, mas atingiu o próprio bloco histórico, ou seja, a combinação particular entre estrutura e superestrutura que fundamentava uma dada ordem social num determinado período histórico. De acordo com Gramsci, "A estrutura e as superestruturas formam um 'bloco histórico'. Isto é, o conjunto complexo – contraditório e discordante – das superestruturas é o reflexo do conjunto das relações sociais de produção. Disto decorre: só um sistema *totali-*

Os sinais da crise de hegemonia se manifestavam economicamente na incapacidade do governo em solucionar a crise econômica gerada pelo fracasso do Cruzado, cuja manifestação mais visível era a retomada da inflação, fosse tentando reeditá-lo em novas bases, prorrogando a permanência da equipe econômica que o gerenciou até março/abril, fosse apostando novamente no receituário heterodoxo, mesmo que de forma muito mais atenuada. Durante o ano de 1987, a contrariedade das diversas frações do grande capital com as soluções heterodoxas foi-se acentuando, mesmo no setor industrial, contribuindo para enterrar política e ideologicamente esta perspectiva. No entanto, a unidade entre as frações do bloco no poder em torno de uma orientação pós-desenvolvimentista francamente neoliberal ainda não estava dada, dificultando uma posição unificada para além do controle do déficit público e da renegociação da dívida externa. Ao mesmo tempo, as ilusões do conjunto dos trabalhadores com as fórmulas heterodoxas se dissiparam, intensificando o movimento grevista e a mobilização social de inúmeras classes e frações, além dos setores tradicionalmente mais combativos.

No plano político, a emergência da crise de hegemonia se revelava tanto nas relações entre bloco no poder e governo e na exacerbação da tutela militar, quanto na crise dos grandes partidos autocráticos, ou ainda na própria dificuldade encontrada pelo campo conservador em controlar a assembleia constituinte, apesar de sua vitória acachapante nas eleições de 1986. Na verdade, ocorreu o que Gramsci considera uma das características políticas da crise de hegemonia, o "contraste entre representantes e representados", ou seja, a separação dos grupos sociais em relação aos seus "partidos tradicionais", abrindo brecha para que o papel de representação política fosse assumido por outros instrumentos e instituições.[2] Após o

---

tário de ideologias reflete racionalmente a contradição da estrutura e representa a existência de condições objetivas para a inversão da *práxis*. Se se forma um grupo social 100% homogêneo ideologicamente, isto significa que existem em 100% as premissas para esta inversão da *práxis*, isto é, que o 'racional' é real ativa e atualmente. O raciocínio se baseia sobre a necessária reciprocidade entre estrutura e superestrutura (reciprocidade que é precisamente o processo dialético real)" (GRAMSCI, 1978, p. 52-53).

2   Segundo Gramsci: "Em um certo ponto de sua vida histórica, os grupos sociais se separam de seus partidos tradicionais, isto é, os partidos tradicionais naquela forma organizativa, com aqueles determinados homens que os constituem, representam e dirigem, não são mais reconhecidos como sua expressão por sua classe ou fração de classe. Quando se verificam estas crises, a situação imediata torna-se delicada e perigosa, pois abre-se o campo às soluções de força, à atividade de potências ocultas representadas pelos homens providenciais ou carismáticos. Como se formam estas situações de contraste entre represen-

fracasso do Cruzado, a progressiva incapacidade do governo em solucionar a crise econômica e a questão da dívida externa levaram as diversas frações burguesas a intensificarem as críticas à política econômica, forçando o governo a concessões circunstanciais que dificultaram a definição de uma estratégica articulada e coerente de combate à inflação e de redução do déficit público. As soluções formuladas no âmbito do pensamento econômico heterodoxo eram imediatamente tachadas de "intervencionistas", "estatizantes" e ineficazes, inviabilizando o encontro de alternativas para além do receituário ortodoxo e monetarista. Esta dinâmica criou uma situação contraditória entre o governo e as frações do grande capital, pois, se de um lado esse era acusado de inépcia para resolver a crise, sofrendo pressões e críticas cada vez maiores, de outro lado era tido como um aliado importante na defesa dos interesses autocráticos no interior da Assembleia Constituinte. Isto explica o jogo das frequentes dissensões/recomposições entre o governo e o bloco no poder neste período, com o primeiro manobrando erraticamente entre a perspectiva intervencionista-heterodoxa e a perspectiva liberal-ortodoxa. Explica também por que sempre que elementos da política econômica feriam os interesses do grande capital o governo ficava com os últimos. A "ousadia" do Plano Cruzado não mais se repetiria.

Deste modo, restaurou-se a *situação cesarista* existente no período pré-Cruzado, quando a capacidade de direção política do governo sobre o bloco no poder era

---

tantes e representados, que, a partir do terreno dos partidos (organizações de partido em sentido estrito, campo eleitoral-parlamentar, organização jornalística), reflete-se em todo o organismo estatal, reforçando a posição relativa do poder da burocracia (civil e militar), da alta finança, da Igreja e, em geral, de todos os organismos relativamente independentes das flutuações da opinião pública? O processo é diferente em cada país, embora o conteúdo seja o mesmo. E o conteúdo é a crise de hegemonia da classe dirigente, que ocorre ou porque a classe dirigente fracassou em algum grande empreendimento político para o qual pediu ou impôs pela força o consenso das grandes massas (como a guerra), ou porque amplas massas (sobretudo de camponeses e de pequenos burgueses intelectuais) passaram subitamente da passividade política para uma certa atividade e apresentam reivindicações que, em seu conjunto desorganizado, constituem uma revolução. Fala-se de 'crise de autoridade': e isso é precisamente a crise de hegemonia, ou crise do Estado em seu conjunto" (GRAMSCI, 2000, p. 60). Guardadas as diferenças históricas, esta situação se manifesta no caso brasileiro, apesar de a crise não atingir a totalidade dos partidos, pois o contraste entre representantes e representados não se manifestará nos partidos antiautocráticos. No entanto, a crise dos partidos conservadores, iniciada agora, se intensificará ao longo do governo Sarney, abrindo caminho para o reforço da tutela militar (burocracia militar, segundo Gramsci), e para a vitória de Collor em 1989 (emergência de "homens providenciais ou carismáticos").

precária e se baseava muito mais numa perspectiva defensiva do que propositiva, ou seja, na defesa da incorporação da institucionalidade autoritária à nova institucionalidade democrática a ser criada pela Constituinte e no combate ao avanço político e social das forças antiautocráticas. No entanto, se em 1985 o governo Sarney conquistou esta posição graças à vitalidade da estratégia de conciliação política que deu origem à Nova República e à condução de um novo ciclo de reformas na institucionalidade autoritária, agora esta situação se devia a uma crise de representação política que atingia principalmente os partidos governistas, pluralizando ainda mais a arena da disputa política com a ascensão de novos instrumentos de luta, paralelos à esfera de representação política, principalmente entre as classes dominantes. As entidades sindicais, para-sindicais e de caráter político-ideológico passavam a atuar cada vez mais no lugar dos partidos, como instrumentos de mobilização social, articulação política e elaboração/pregação ideológica. Porém, as tentativas de articulação de uma ação unificada, para além das posições de princípio em defesa da livre iniciativa, do direito de propriedade e da redução do intervencionismo estatal, esbarravam na miríade de interesses corporativos particulares que se apresentavam na Constituinte e na própria falta de consenso em torno de uma perspectiva pós-desenvolvimentista clara.

A forma como a dinâmica de trabalho da constituinte foi estabelecida, com 24 subcomissões, oito comissões temáticas e um calendário progressivo de sistematizações e votações, pluralizou amplamente os temas, assuntos e instâncias de elaboração da Constituição. Isto favoreceu as posições de esquerda e impôs às forças conservadoras o imperativo de atuarem simultaneamente em várias frentes de combate, com base em articulações instáveis e limitadas ao curto prazo, contribuindo para dificultar uma intervenção unitária das frações burguesas. O "Centrão", instância mais aproximada do que poderíamos considerar como uma articulação global, programática e permanente, conviveu o tempo inteiro com interesses particularistas e fisiológicos, tendo como verdadeiro ponto de unidade o apoio ao governo Sarney na sua condição de baluarte da institucionalidade autoritária e de fonte de benesses e cargos.

Desta forma, os dois maiores partidos – PFL e, principalmente, PMDB – foram engolidos pela dinâmica constituinte, perdendo sua unidade de ação e o que restava de coerência programática, no caso do último. A cada ponto em discussão, a unidade tinha que ser construída pacientemente, com o enfraquecimento das lideranças partidárias e o acirramento dos conflitos internos. No PFL, esta situação gerou uma cisão entre os "governistas" e os "autonomistas", só contida nos limites da unidade partidária graças ao fisiologismo congênito do partido. No PMDB, ocorreu o agravamento da crise de identidade programática, em curso desde 1985, polarizando o partido entre os membros do "Centrão" e a ala esquerda. Sua unidade só foi mantida nesta fase graças à conjunção entre capacidade da liderança liberal-moderada de evitar uma definição programática, tendência predominante de conciliação e acomodação ante as posições do governo, e receio da ala esquerda de sofrer o isolamento político e perder a capacidade de influenciar a Constituinte com a saída do partido. O governo atuou neste "vácuo partidário", buscando reforçar sua base de apoio cooptando parlamentares por cima dos partidos, o que levou ao inevitável colapso da Aliança Democrática e à formação de uma nova base governista, não mais orientada por uma perspectiva reformista, mas por uma perspectiva reacionária: o "Centrão". O "Partido do Sarney" continuava existindo, porém adaptado à nova situação.

A consequência deste processo de crise política e partidária no campo conservador foi a explicitação da tutela militar sobre o governo e sobre a arena da disputa política. A partir do fracasso do Cruzado e do início dos trabalhos constituintes, houve um intervencionismo militar crescente na cena política. Além da condução da onda repressiva contra os movimentos sociais e partidos de oposição, o que não é uma novidade nesta etapa, os militares exorbitaram claramente das questões meramente corporativas que lhes diziam respeito na Constituinte, atuando claramente para conter o avanço das forças e propostas antiautocráticas. A tutela militar, então, intensificou-se, com os pronunciamentos militares, ameaças de golpe e até mesmo conspirações golpistas se sucedendo na conjuntura, tendo como alvo principal a Constituinte e as forças de oposição. Deste modo, a situação cesarista revelou sua faceta autoritária, com o governo civil e o próprio bloco no poder dependendo das Forças Armadas como reserva última de apoio e sustentação, como ainda não tinha ocorrido na Nova República.

Por outro lado, as forças antiautocráticas (partidos de esquerda e movimentos sociais), ligadas às classes subalternas, conseguiam recuperar-se da derrota sofrida com o Cruzado e com as eleições de 1986. Nesta fase, iniciaram uma evolução política, organizativa e ideológica que as transformaria, na fase seguinte, numa alternativa política à direção do campo conservador para parcelas crescentes da sociedade. Isto permitiu que a superioridade numérica do campo conservador na Constituinte fosse parcialmente anulada, garantindo a incorporação de diversos avanços democráticos e direitos sociais no anteprojeto constitucional. No entanto, o conteúdo transformista e passivizador presente na institucionalidade política vigente evitou que a luta por uma Constituição antiautocrática transbordasse dos seus limites, reforçando a perspectiva contra-hegemônica presente nesta evolução. Em outras palavras, a luta pela criação de uma institucionalidade antiautocrática na Constituição se deu, fundamentalmente, "por dentro" mesmo de uma Assembleia Constituinte previamente definida por mecanismos eleitorais e por uma estrutura partidária de caráter autocrático. Isto contribuiu para a recomposição das forças conservadoras e o golpe dado por elas na Constituinte no início de 1988, com resultados negativos para os avanços sociais e democráticos conquistados.

As tentativas de reversão desta dinâmica, como a pressão dos movimentos sociais sobre a Constituinte e a campanha por eleições presidenciais diretas, não ultrapassavam o horizonte da própria institucionalidade autoritária, na medida em que dependiam da sua aprovação pela própria assembleia constituinte. Além disso, na medida em que a supremacia dos interesses conservadores na nova Constituição foi ficando mais evidente e inevitável, as forças antiautocráticas passaram a operar em "compasso de espera", aguardando as eleições presidenciais como momento privilegiado para a alteração da correlação de forças, com sua ascensão ao governo. Esta postura revelou-se no privilegiamento dado à disputa eleitoral em relação à mobilização social nos partidos de esquerda, principalmente o PT.

Assim, nesta fase, a crise de hegemonia não adquiria toda a sua completude, ficando restrita aos marcos da ordem. Isto porque, se de um lado o aguçamento das contradições internas do bloco no poder e deste com o campo político conservador permitia o avanço das forças antiautocráticas, por outro lado a disputa política se mantinha nos limites previstos pela própria institucionalidade autoritária, evitando que a disputa de hegemonia se configurasse plenamente.

Da crise conjuntural à crise de hegemonia: o colapso do Cruzado e a Constituinte

Do colapso do Cruzado à recomposição entre o governo e o bloco no poder

O inicio de 1987 marcou o esgotamento do plano Cruzado, com a queda da equipe econômica que o implantou, a recomposição provisória do governo Sarney com as frações do grande capital, já beneficiadas pelo abandono do congelamento, e o reforço do campo conservador que lhe dava sustentação política, em detrimento de sua vinculação com o PMDB. Neste processo, foram cruciais o recrudescimento da repressão aos movimentos sociais, a reafirmação da tutela militar, a composição política entre o presidente e os principais governadores de Estado eleitos e a troca de comando na política econômica.

As medidas tomadas em janeiro e fevereiro pelo governo foram capazes de desaquecer a demanda, chegando a gerar recessão e queda nas vendas, pois se combinaram queda da renda salarial, aumento dos juros, restrição às importações, elevação dos preços, além de maior redução de novos investimentos externos. Ou seja, o que o Cruzado ainda tinha de positivo, o crescimento econômico, já não havia mais. As implicações políticas disto logo se manifestaram, levando à queda da equipe econômica e a uma nova crise entre Sarney e o PMDB.

Em março, João Sayad apresentou mais uma proposta de plano econômico, prevendo novas regras para o realinhamento dos preços e os reajustes de aluguéis e salários, o que implicava o fim da escala móvel dos salários, em seguida, para um novo congelamento por tempo limitado. Diferentemente dos outros pacotes econômicos, Sayad propunha que este fosse votado pelo Congresso Nacional. As críticas vindas da Fiesp, a recusa de Pazzianoto em dar seu aval e a falta de apoio do PMDB ao plano, que preferiu apoiar Funaro, dificultaram a permanência de Sayad no governo, levando à sua demissão logo em seguida, juntamente com seus assessores. A insistência de Sayad em acabar com a escala móvel dos salários, restaurando a integridade teórica do plano Cruzado dentro da perspectiva inercialista, tocava num ponto politicamente sensível, cujo apelo popular era enorme, principalmente com a retomada da inflação após o Cruzado II, o que faria o "gatilho" disparar quase todo mês (SARDENBERG, 1987, p. 361-362).

Mais ainda, a partir de novembro, dois padrões de comportamento distintos fraturaram o que ainda havia de unidade na equipe econômica, separando as equipes da Fazenda, de um lado, e do Planejamento e Banco Central, de outro. Apesar da natimorta proposta de reedição do Cruzado feita por Funaro e Cardoso de Mello em janeiro, enquanto predominou na equipe da Fazenda a postura de "administração" dos problemas do Cruzado, corrigindo os erros e negociando soluções, como a tentativa de pacto social evidencia inegavelmente, a equipe do Planejamento e do Banco Central trabalhava com a necessidade de se decretar um novo "choque", uma espécie de "começar de novo". O problema é que o governo não tinha mais legitimidade política para fazê-lo nem havia mais o impacto positivo do ineditismo, como houve em fevereiro de 1986. Deste modo, não só o plano Cruzado estava liquidado, como também qualquer perspectiva de choque heterodoxo, naquelas condições. Mais do que isto, a proposta de um novo Cruzado, com novo congelamento e fim da escala móvel dos salários, vinha na contramão do que diziam e queriam empresários e trabalhadores, respectivamente. Obviamente, o PMDB não iria associar-se politicamente a uma proposta desta.

Deste modo, Sayad caiu e, junto com ele, os inercialistas que restavam. Para seu lugar, Sarney tratou de "despolitizar" a pasta, tirando-a definitivamente do PMDB e tomando-a como indicação pessoal. Não mais economistas renomados academicamente e vinculados politicamente, mas um "técnico", Aníbal Teixeira de Souza, fiel ao presidente e não a qualquer partido. Com a troca no Ministério do Planejamento, Sarney iniciava mais uma reforma ministerial e mais uma "guinada à direita" em seu governo. Sua popularidade havia caído quase à metade, de 39% de aprovação ao seu governo em novembro de 1986, para 22% em março de 1987 (SOUZA, 1992, p. 197).

Paralelamente, o PMDB tratou de desvincular-se também de Funaro e da política econômica do governo, particularmente porque, além de a inflação mensal ter voltado aos níveis de antes do Cruzado I, batendo nos 15% em março e passando dos 20% em abril, a renegociação da dívida externa emperrava e a moratória já originava as primeiras retaliações dos credores, com fuga de capitais e retração de novos investimentos e empréstimos. Apesar de os empresários aplaudirem o fim do congelamento e a volta do livre mercado na definição dos preços, com a redução da lista de preços da Sunab para apenas seis produtos, a moratória da dívida externa gerou apreensão e medo do impacto negativo das retaliações para o país (V, 8.4.1987d). No início de abril, Funaro apresentou à bancada federal do PMDB (deputados e senadores) uma "carta de intenções" com vistas à avalizar sua posição no governo e nas negociações da dívida externa. O documento apresentado pelo ministro tinha um caráter indefinido, pois não propunha nada de novo e concreto em relação ao que já se vinha fazendo e ainda condicionava uma previsão de 7% de crescimento econômico para 1987 a um desfecho positivo na renegociação da dívida externa, numa postura extremamente otimista acerca do comportamento dos credores, o que não se confirmou na realidade (V, 8.4.1987c).

Com isso, o partido abandonou Funaro à sua própria sorte. Aliás, desde o mês anterior, governadores do partido – como Orestes Quércia (SP), Moreira Franco (RJ) e Newton Cardoso (MG) – articulavam claramente a sua derrubada junto a Sarney. O líder do PFL na Câmara dos Deputados, José Lourenço (PFL-BA), também pedia a substituição do ministro, alegando que a manutenção da política econômica poderia favorecer teses que defendiam o encurtamento do mandato presidencial na Constituinte (SUASSUNA, 8.4.1987).

Com a retomada da espiral inflacionária e as dificuldades de viabilização do pacto social, o movimento sindical intensificou o processo de mobilização em defesa do "gatilho salarial" e de novos reajustes salariais, desencadeando greves em diversas categorias, como a dos bancários. Apenas em janeiro e fevereiro, ocorreram 339 paralisações; até o final do ano seriam 2188, recorde absoluto de greves desde 1978 (NORONHA, 1991, p. 129-131). Os setores conservadores não perderam a chance de fustigar o avanço do movimento dos trabalhadores com ameaças de retrocesso político e denúncias de que o PT e a CUT radicalizavam para desestabilizar o governo, além da repressão aberta a diversos movimentos e manifestações por parte das forças policial-militares. A repressão ocorreu em diversos episódios, como na greve geral de dezembro de 1986, na manifestação contra o governo ocorrida em Brasília no mesmo mês, na ocupação de refinarias de petróleo, portos e estações ferroviárias pelas tropas do Exército para conter movimentos grevistas, na ocupação de uma área pública em São Paulo por famílias de sem-teto, na greve dos bancários, em cuja manifestação, em Brasília, até mesmo um deputado federal foi agredido por um policial, além da ação de agentes provocadores nas manifestações populares, ligados ao aparato repressivo (TRAGTENBERG, 15.3.1987; V, 8.4.1987a e 8.4.1987b; WEFFORT, 17.4.1987).

Os produtores rurais, liderados pelo capital agrário, também se mobilizaram contra a política econômica. Em fevereiro de 1987, em ação conjunta, FAAB e UDR realizaram em Brasília o chamado "Alerta do campo à nação", manifestação que mobilizou cerca de 20 mil proprietários rurais e simpatizantes contra a política agrícola do governo. As reclamações giraram em torno dos juros agrícolas, da política de preços mínimos e das importações de alimentos pelo governo. No entanto, a participação da UDR no evento, convocado originalmente pela FAAB, não se deu sem contradições e a necessidade de acertos prévios. Na verdade, inicialmente a UDR estava excluída devido à sua postura de oposição ao governo, porém, após diversas negociações, seus diretores foram incorporados ao processo de organização do evento. Mesmo assim, descumprindo um acerto prévio com a direção da FAAB, o presidente da UDR tomou da palavra para negar que o governo tivesse feito algo pelos "produtores rurais", além de convocar os presentes para uma passeata até a Esplanada dos Ministérios. Tal comportamento gerou surpresa e indignação entre os dirigentes da FAAB e no governo, inclusive dando origem a propostas de exclusão total da UDR das atividades da entidade (SIMÕES, 12.2.1987 a 18.2.1987; OG, 14.2.1987). Mas um mês depois a UDR organizou um protesto em mais de trezentas cidades, com bloqueio de estradas, fechamento de agências bancárias e carreatas, ações judiciais e suspensão de pagamento das dívidas dos produtores rurais, contra a política de preços mínimos e os juros altos, conseguindo do governo condições mais favoráveis de negociação e pagamento, ao mesmo tempo em que os tanques do Exército desobstruíam as estradas no Rio Grande do Sul e Santa Catarina (RUA, 1990, p. 292-293; V, 8.4.1987a e 8.4.1987b; WEFFORT, 17.4.1987).

Por ocasião do 23º aniversário do golpe militar de 1964, diversos sinais foram emitidos pelos saudosos do "antigo regime", como Figueiredo, que desqualificou o regime civil que sucedeu o seu governo, Armando Falcão, ex-ministro da Justiça do governo Geisel, que conclamou o governo a impor o rigoroso cumprimento da lei contra as greves, para que a ordem não fosse afetada mais ainda. Os ministros militares emitiram nota em que positivaram o golpe de 1964 afirmando que no episódio "a nação disse não à aventura, repudiou as teses extremistas e (...) voltou-se resoluta para a senda da vivência democrática" (V, 8.4.1987a, p. 21). Nas Forças Armadas, grupos militares de extrema-direita divulgavam nos quartéis diagnósticos catastróficos, em que a somatória entre crise econômica, corrupção e hesitação do governo criava uma situação explosiva, a exigir a intervenção militar. A pregação golpista da extrema-direita militar era fortalecida pelo descontentamento generalizado dos militares com os baixos salários, principalmente os de baixa patente, o que deu origem a manifestações públicas e atos de indisciplina que exigiram a ação punitiva do ministro do Exército, como no caso da prisão disciplinar do capitão Jair Bolsonaro por ter publicado artigo reclamando dos baixos rendimentos (V, 10.9.1986a).

O comandante da 6ª Divisão de Exército, general Carlos Tinoco Gomes, reverberou a tese golpista lembrando a todos que o país vivia sob tutela militar ao afirmar: "não descarto a possibilidade de nova intervenção das Forças Armadas no processo político-institucional". Após o que afirmou contemporizadamente: "porém não vejo nada que indique qualquer coisa parecida com isso" (V, 8.4.1987a, p. 20-21). Segundo a revista Veja (8.4.1987a, p. 22-23), oficial da ativa com cargo-chave no dispositivo de segurança do presidente Sarney, cuja identidade não foi revelada, atribuiu à perda de rumo na política econômica e à "ditadura sindical" as causas do atual quadro de "desgoverno", que em breve poderia obrigar o presidente a recorrer ao estado de sítio ou a medidas de emergência. Isso confirma a centralidade da preservação da institucionalidade autoritária reformada na Nova República para o controle do conflito político.

Na Aeronáutica, o Centro de Informações da Aeronáutica (CISA) produziu documento, amplamente divulgado no meio militar, em que avaliava como caótica a situação do país, assemelhando-a à crise vivenciada pelo Chile de Allende às vésperas do golpe de 1973 (PORRO & DIAS, 22.4.1987). No Exército, o ministro, general Leônidas Pires, era obrigado a lidar com o descontentamento dos militares com os baixos salários e, ao mesmo tempo, declarar publicamente que as "exigências da sociedade" iam além das "possibilidades do Estado" (LOPES, 17.5.1987). Na Marinha, o ministro mandou prender um capitão por este ter publicado artigo em que defendia a substituição dos ministérios militares pelo Ministério da Defesa. Entre os militares, era generalizado o temor de que a campanha por eleições diretas-já para presidência da República, animada pelas forças de esquerda, ganhasse forte adesão popular, alterando o itinerário da transição por eles defendido, com Sarney na presidência por seis anos (idem, ibidem).

Na mesma época, Antonio Ermírio de Moraes, grande industrial e exportador, expressiva liderança empresarial e ex-candidato a governador de São Paulo, deu entrevista em que acusou a CUT e o PT de imprudência política por fomentarem greves, defendeu a intervenção nos sindicatos devido à ilegalidade dos mesmos e alertou que a crise econômica e política, somada à imprudência da esquerda, poderia trazer os militares de volta. Questionou, ainda, a necessidade da moratória, mas ao mesmo tempo condenou a campanha pela derrubada de Funaro, que tinha em Quércia seu principal expoente, alegando que isto enfraqueceria a posição brasileira na negociação da dívida externa. Para finalizar, defendeu mandato de seis anos para Sarney alegando que o país "explodiria" se houvesse eleições diretas para presidente em 1988 (NERI & TAVARES, 13.4.1987).

Diante da crise, Sarney procurou reforçar a *situação cesarista* que o mantinha no poder desde a morte de Tancredo, em vez de fortalecer a interlocução do governo com os partidos, o Congresso e os movimentos sociais. De um lado, segurou-se em seu braço militar, dando vazão às ameaças veladas e medidas repressivas, e buscou recompor-se com as frações do grande capital, abandonando a equipe econômica do Cruzado; de outro, procurou fortalecer sua posição frente ao Congresso Constituinte e frente ao PMDB. No almoço de fim de ano, com oficiais-generais das três armas, Sarney já havia reafirmado seu compromisso com os militares e com a tutela militar, repetindo um dos princípios da Doutrina de Segurança Nacional, ao afirmar que as Forças Armadas "(...) são a segurança necessária para progredir. (...) Neste instante de transição a sua conduta tem sido impecável, exemplar, garantindo os avanços sociais e políticos que temos" (SARNEY, dez. 1986). Também reafirmou seus laços com o PFL, principal braço civil do campo conservador, ampliando a participação do partido no governo. Dias antes da eleição de 15 de novembro, já havia reafirmado seu compromisso de manter o partido como segunda força do governo, independente dos resultados eleitorais (GUZZO & GASPARI, 12.11.1986). Na reforma ministerial, como veremos, Sarney privilegiaria o partido, em detrimento do PMDB.

Em março, Sarney tentou tomar para si a responsabilidade pela ressurreição do pacto social, reunindo-se com empresários e sindicalistas sem a presença de

Funaro e Pazzianoto, chegando a comprometer-se com a manutenção do "gatilho salarial" (FSP, 26.3.1987; OESP, 5.4.1987). A essa altura, a queda do ministro do Trabalho também era dada como certa, fosse pelo desgaste devido aos compromissos que assumia com o movimento sindical, que eram logo desfeitos por Funaro e Sayad, fosse ainda pelas críticas provenientes dos setores conservadores por seu comportamento "tolerante" para com greves como a dos bancários (CHAGAS, 5.2.1987; V, 8.4.1987b).

Paralelamente, Sarney incumbiu o ministro da Justiça, Paulo Brossard, de iniciar conversações com diversos partidos do espectro conservador – como PDS, PTB, PL e PFL, além do PCB –, com vistas a mudanças na equipe econômica e à reforma ministerial, numa clara tentativa de ampliar a base política do governo para além da Aliança Democrática. No entanto, o desgaste político do governo inviabilizou a iniciativa. Junto ao PMDB privilegiou a articulação com os novos governadores, em vez de procurar a direção partidária, particularmente Ulysses Guimarães (CHAGAS, 5.2.1987). Com estes o acordo implicou a "fritura" de Funaro, um plano de renegociação e saneamento da dívida dos Estados com a União e a criação de uma base política do governo no Congresso Constituinte, sustentada pelas bancadas estaduais fiéis aos governadores. Respaldados pela vitória eleitoral de novembro, os governadores passaram a reivindicar uma reforma ministerial para garantir cargos no governo federal (GM, s.d.).

Mais uma vez, os governadores do PMDB passaram por cima da direção partidária, particularmente de Ulysses Guimarães, como na indicação de Tancredo Neves para o Colégio eleitoral em 1984, colocando-se como pólos de poder paralelos no interior do partido e articulando-se diretamente com Sarney. Quércia, por exemplo, defendeu claramente o direito de Sarney formar seu ministério e fortalecer-se diante dos partidos e atacou abertamente o comando de Ulysses no PMDB e o comportamento de Funaro no Ministério da Fazenda (GREENLESS, 13.4.1987). Além de Funaro ser contrário à renegociação da dívida dos Estados, por conta de necessidade de controle do déficit público, pesou no ataque de Quércia o apoio dado pelo ministro da Fazenda à candidatura de Antonio Ermírio de Moraes ao governo de São Paulo na eleição de novembro (FABRIS, s.d.). Paralelamente, a esquerda do PMDB também impunha uma derrota ao presidente do partido, quando o então senador Mário Covas (SP) venceu a disputa para a liderança partidária na Constituinte, derrotando o candidato de Ulysses (FRAGA, 19.3.1987).

Para Sarney, o enfraquecimento de Ulysses no PMDB era interessante, pois dava-lhe maior liberdade de ação na reforma ministerial e maior controle na condução da política econômica. Diante da campanha contra Funaro, diversos governadores e lideranças peemedebistas, além de empresários, saíram em sua defesa, principalmente para fortalecerem sua posição como principal negociador junto aos credores externos (FABRIS, s.d.). No entanto, Sarney o demitiu em fins de abril, juntamente com seus assessores "estruturalistas/pós-keynesianos".

Completando as mudanças no ministério, Sarney deslocou Ronaldo Costa Couto do Ministério do Interior para a Casa Civil, em lugar de Marco Maciel. Este, senador (PE), foi assumir a presidência do PFL e sua vaga na Constituinte, e para o lugar de Costa Couto foi indicado Joaquim Francisco, deputado federal (PFL-PE) e aliado do governo (PAIVA, 1999, p. 423-425). A indicação de Francisco fez piorarem as relações com o PMDB e a maior parte dos governadores nordestinos, particularmente com Miguel Arraes, da esquerda peemedebista, a quem Sarney deu claro sinal de hostilidade política ao privilegiar seus adversários históricos, com uma compensação por sua derrota eleitoral (FSP, 1.5.1987).

O processo de negociação em torno da substituição de Funaro indicou o fim da "lua de mel" entre Sarney e o PMDB e a própria crise do partido, dilacerado pelas disputas internas. Inicialmente, Sarney pretendia indicar Tasso Jereissati, governador do Ceará, empresário e membro dos setores conservadores do PMDB. Seria uma forma de aplacar a ira gerada entre os governadores nordestinos com a indicação de Joaquim Francisco. Ulysses foi contra e indicou Raphael de Almeida Magalhães, ministro da Previdência, seu fiel aliado desde os tempos do MDB e membro da ala liberal-moderada do partido. Sarney vetou e, em aliança com Quércia, indicou Luiz Carlos Bresser Pereira, executivo do Grupo Pão de Açúcar, professor da Fundação Getúlio Vargas (SP) e secretário de Ciência e Tecnologia do governo de São Paulo (SOUZA & ROSSI, 29.4.1987).

Acabavam definitivamente a experiência do Cruzado e a tentativa de os "economistas críticos" conduzirem a política econômica do país. Sua aliança com o empresariado nacional também se esgotava (CRUZ, 1997, p. 75-76). De agora em diante, este estaria cada vez mais acessível ao discurso neoliberal, apesar de sua adesão demorar um pouco mais. A orientação heterodoxa continuava com Bresser Pereira, mas de modo pálido, em condições muito mais difíceis, sem as pretensões reformistas de antes e por um período curto, numa espécie de epílogo melancólico para o fracasso de uma perspectiva política.

Duas semanas depois, porém, diante da perspectiva de a Constituinte aprovar quatro anos de mandato com parlamentarismo, Sarney ia à televisão dizer que renunciava a um ano de mandato e que governaria por cinco anos, dando a impressão de estar fazendo uma concessão política para resolver a crise e acalmar os ânimos. Na verdade, prorrogava para mais um ano a interinidade com a qual Tancredo Neves havia se comprometido e respaldava o ato arbitrário, assinado por Geisel, que definira o mandato presidencial ainda em 1977, o "Pacote de Abril". O PFL foi favorável, os militares também gostaram (OESP, 20.5.1987). Mais uma vez Sarney recorreu à *situação cesarista* herdada da Ditadura e lastreada na tutela militar para manter-se diante da crise política e econômica, reforçando o "campo conservador" e recompondo o governo com o bloco no poder. Na Constituinte, o "Partido do Sarney" tentaria crescer e dirigir a disputa política, por cima e por fora dos partidos governistas.

Começa a Constituinte

No dia 1º de fevereiro de 1987, a Assembleia Constituinte foi instalada. Na forma de um "Congresso Constituinte", como em 1946, ela realizou proposta apoiada por diversas forças políticas e surgida logo após a edição do "Pacote de Abril" pelo governo Geisel, ainda em 1977 (MACIEL, 2004, p. 154-157), iniciando o processo final de substituição da institucionalidade autoritária pela institucionalidade democrática. Seu caráter congressual estabelecia desde logo a necessidade de definição da relação entre suas funções legislativas, papel da Câmara dos Deputados e do Senado Federal, e suas funções constituintes, em torno das quais ocorreu a primeira disputa política.

Entre os partidos de esquerda e setores do PMDB, havia propostas para tornar a Constituinte exclusiva, ao mesmo tempo com funções constituintes e legislativas, o que quebraria a lógica autocrática defendida pelo governo, pois a Constituição em vigor poderia ser alterada por maioria simples (GUTEMBERG, 1994, p. 267-268).

Para separar uma função da outra e evitar que o poder de criação institucional da assembleia extrapolasse a elaboração da nova Constituição e interferisse na legalidade vigente, alterando a legislação e a Constituição em vigor, tratou-se de instalar a Constituinte com as mesas diretoras da Câmara e do Senado já definidas. Isto significava que haveria duas estruturas paralelas de comando, a do Congresso e a da Assembleia, sendo que, à guisa de facilitar o encaminhamento das funções legislativas para além das funções constituintes, limitou-se a atuação legislativa da Câmara e do Senado ao julgamento e avaliação dos projetos emanados do Executivo, com os deputados e senadores abdicando de apresentar projetos de lei e de criar comissões permanentes. Esta solução foi fruto de um acordo entre o governo e a liderança do PMDB, principalmente com Ulysses Guimarães, pois o primeiro propunha que as funções constituintes fossem exercidas por uma comissão mista que prepararia um rascunho de Constituição a partir de projeto apresentado pelo próprio governo, o que limitaria o funcionamento da Assembleia apenas à fase de promulgação da nova Constituição (BAAKLINI, 1993, p. 303-307). Em troca, negociou-se que a Assembleia funcionaria plenamente, elaborando a Constituição sem nenhum anteprojeto por base, porém, o Executivo teria reforçado seu poder legiferante, ganhando um enorme poder de pressão sobre os constituintes.

Esta negociação envolveu a definição da presidência da Câmara e da Constituinte, ambas reivindicadas por Ulysses Guimarães. O regimento interno da Câmara não permitia a reeleição para sua presidência, o que impedia Ulysses de candidatar-se, pois já havia sido eleito para ocupar este cargo em 1985. No entanto, em troca do apoio à proposta contrária à tese da Constituinte exclusiva, conseguiu reeleger-se com o apoio do governo, do PFL e da maior parte do PMDB, apesar da candidatura oposta apresentada por Fernando Lyra, também do PMDB-PE (299 votos contra 155). Para a presidência da Constituinte, Ulysses foi eleito por 425 votos, contra 69 do deputado Lysâneas Maciel, do PDT-RJ. Para a presidência do Senado, foi eleito Humberto Lucena (PMDB-PB), também da ala moderada do partido (GUTEMBERG, 1994, p. 268; JT, 2.2.1987). Com a tripla presidência (da Câmara, da Constituinte e do PMDB, maior partido da Assembleia), Ulysses Guimarães tornou-se o árbitro dos trabalhos constituintes e seu principal negociador junto ao governo, determinando em grande medida sua dinâmica e seus limites.

O passo seguinte na negociação com o governo foi a definição do regimento interno da Constituinte. Para o governo e o campo conservador, a soberania da Assembleia deveria limitar-se exclusivamente à elaboração da nova Carta, a vigorar apenas após sua promulgação, sendo inaceitável qualquer modificação na legislação e na Constituição vigentes. Ou seja, enquanto durassem os trabalhos constituintes, sua dinâmica seria regida pela institucionalidade autoritária reformada, com a manutenção de todos os instrumentos autocráticos à disposição do governo e do campo conservador para influenciar o processo constituinte. Para o governo, a institucionalidade autoritária reformada deveria ser a base da nova Constituição, não devendo esta ir muito além dos mecanismos democráticos já incorporados ao longo do processo de transição. Portanto, a Constituinte faria nada mais que uma nova reforma na institucionalidade autoritária.

Obviamente, não era esta a perspectiva dos partidos de esquerda e de amplos setores do próprio PMDB, aí incluídos os liberais-moderados do partido, que imaginavam criar uma nova institucionalidade; no entanto, prevaleceu a composição com a perspectiva do governo. A ala esquerda do PMDB, com o apoio dos partidos de esquerda e das entidades ligadas aos trabalhadores, como o Diap (Departamento Intersindical de Assessoria Parlamentar), apresentou uma proposta de regimento interno que dava soberania absoluta à Constituinte e garantia ampla participação pública em seu processo de elaboração. Esta era uma forma de atenuar os efeitos do baixo nível de politização e de mobilização política em torno da questão constitucional nas eleições de 1986, que favoreceu claramente os setores conservadores (MURÇA, 25.6.1987). A proposta previa a criação de oito comissões temáticas, divididas em três subcomissões cada uma, encarregadas de debater os diversos temas por meio de audiências públicas, apresentação de projetos populares e possibilidade de consulta plesbiscitária. As propostas oriundas das comissões seriam organizadas por uma Comissão de Sistematização, encarregada de sistematizar e dar coerência ao texto integral.[3] A esta primeira versão seriam

---

3   A Constituinte era formada pela Comissão de Sistematização; Comissão da Soberania, dos Direitos dos Homens e das Mulheres; Comissão da Organização do Estado; Comissão da Organização dos Poderes e do Sistema de Governo; Comissão do Sistema Eleitoral, Partidos e Garantias Institucionais; Comissão de Receitas, Orçamentos e Finanças; Comissão da Ordem Econômica; Comissão da Ordem Social e Comissão da Família, Educação, Cultura e Esportes, Ciência e Tecnologia e Comunicação.

apresentados emendas, inclusive as populares, e projetos, dando origem a outro texto para o qual seriam apresentadas emendas substitutivas. Finalmente, o texto final da Comissão de Sistematização seria votado em dois turnos para a aprovação final. Em vez de uma comissão especial encarregada de escrever um anteprojeto, como queria o governo, nesta proposta, com exceção da mesa diretora, todos os constituintes deveriam participar da elaboração da Constituição, participando de ao menos uma comissão. Após dois meses de negociação, o regimento foi aprovado incorporando a proposta descrita acima, mas proibindo a Constituinte de modificar a Constituição vigente, apenas permitindo-lhe criar disposições transitórias para casos específicos, como o mandato de Sarney, o mandato dos atuais prefeitos e a representatividade dos Estados no Congresso, a vigorar apenas após sua promulgação (BAAKLINI, 1993, p. 306-317; DALLARI, ago. 1987).

A redução da soberania da Constituinte, limitada à elaboração da nova Carta, foi aprovada por 394 votos a 78, sendo a enorme maioria do PFL e do PMDB. O PCB e grande parte da ala esquerda do PMDB votaram pela redução, como Fernando Henrique Cardoso e Mário Covas, sendo que apenas 26 parlamentares do partido votaram contra, além do PT, do PC do B, do PDT, do PSB e de alguns parlamentares do PL e do PDS (JD, 1987a). Esta postura de acomodação adotada pelas forças de esquerda frente às posições conservadoras se repetiria em outras ocasiões, principalmente após a mudança no regimento interno, em janeiro de 1988, quando a pressão do governo e do Centrão sobre a Constituinte se intensificaria.

A perspectiva de composição com as posições do governo e do campo conservador também esteve presente na definição de atribuições constituintes dos senadores eleitos em 1982: 15 do PDS, nove do PMDB e um do PDT. Com mandato até 1990, estes senadores não foram eleitos para o Congresso Constituinte em 1986, tendo sua inclusão na Assembleia Constituinte questionada pelo deputado Plínio de Arruda Sampaio (PT-SP). Em votação em plenário, confirmou-se por ampla maioria a incorporação destes senadores à Assembleia Constituinte (DALLARI, ago. 1987).

Na verdade, diante da presença majoritária das forças conservadoras na Constituinte, as forças de esquerda adotaram a tática de aprovar um regimento interno que garantia maior discussão e participação popular e de controlar as relatorias das comissões temáticas. Em todas as comissões, a relatoria coube a parlamentares do PMDB, e a presidência, a parlamentares do PFL e do PDS, sendo que em cinco das nove comissões o relator era membro da ala esquerda do PMDB, três eram liberais-moderados e um era conservador (FSP, 2.4.1987). Outra frente de batalha foi a disputa pela liderança do PMDB na Constituinte, vencida pelo senador Mario Covas (PMDB-SP), membro da ala esquerda do partido, contra o candidato de Ulysses Guimarães e dos setores moderados, deputado Pimenta da Veiga. Na disputa pela relatoria da Comissão de Sistematização, cargo decisivo na elaboração da Constituição, a ala esquerda indicou Fernando Henrique Cardoso, desta vez apoiado por Ulysses, mas o vitorioso foi Bernardo Cabral (PMDB-AM), da ala moderada (GUTEMBERG, 1994, p. 268-270). Esta tática visava reduzir a influência das forças conservadoras por meio do controle do relatório das comissões, em que as diversas propostas eram sistematizadas, e do controle da bancada do PMDB, maior partido da Assembleia. Graças a esta tática, diversas propostas avançadas foram incorporadas aos relatórios das comissões, chegando à Comissão de Sistematização.

De fato, a plataforma geral do campo conservador para a Constituinte não ia muito além do que a própria institucionalidade autoritária reformada já previa, meramente incorporando mais alguns mecanismos democráticos ao seu arcabouço autocrático. Esta perspectiva era concordante com as expectativas das diversas frações do bloco no poder diante da Constituinte. Não à toa, o anteprojeto de Constituição elaborado pela chamada Comissão Arinos, Comissão Provisória de Estudos Constitucionais, sequer foi encaminhado para a Assembleia Constituinte como subsídio para os debates, contrariando a finalidade original para a qual foi convocada pelo presidente da República. Reunida entre setembro de 1985 e setembro de 1986, a Comissão Arinos elaborou um anteprojeto detalhado e bastante avançado em termos democráticos e sociais, chegando a propor o parlamentarismo, a restrição do papel político dos militares, o controle do capital externo, o condicionamento do direito de propriedade rural à sua função social, a expressiva presença do Estado na economia e uma série de direitos sociais e trabalhistas que a Constituição de 1988 não contemplaria. Rejeitado pelo governo, por conta das propostas sobre forma de governo e sobre o papel dos militares, e pelo empresariado, posto que tido como estatizante, nacionalista e socializante, o anteprojeto da Comissão Arinos serviu apenas indiretamente como referência para os parlamentares, mas não como proposta oficial para subsidiar a Constituinte (FERREIRA, 1989, p. 19-24; MAGALHÃES, 31.1.1987 a 2.2.1987; MENDONÇA, 6.9.1987).

Em pesquisa realizada com lideranças empresariais de diversos setores, o jornal *Gazeta Mercantil* conseguiu apurar as posições do empresariado em várias questões fundamentais para a institucionalidade que se queria criar, revelando uma perspectiva fortemente conservadora em relação à institucionalidade vigente. Na questão do mandato de Sarney, 45,4% defendiam a manutenção dos seis anos, enquanto 30% defendiam cinco anos e apenas 17,7% queriam os quatro anos. Para 49,2%, o direito de greve deveria ser restringido; entre os grandes empresários, este índice subia para 52,5%, sendo que 31,5% defendiam o projeto de lei de greve apresentado por Pazzianotto em 1985, e engavetado desde então, e apenas 10% defendiam regras mais flexíveis. Na questão econômica, prevaleceram posições liberais, com viés anti-estatista e favorável ao capital externo. Para 90,8%, a participação do Estado na economia deveria ser reduzida, ao passo que para 81,5% o papel da livre iniciativa deveria ser ampliado. Para 53,8%, deveria haver maior abertura e estímulo ao capital estrangeiro, índice aumentado para 56,3% entre os grandes empresários, ao passo que apenas 37,7% defendiam a manutenção das regras atuais. Obviamente, prevaleceram posições favoráveis à desconcentração do sistema bancário, com 66,9%, sendo que entre os pequenos empresários esta posição atingiu 75% de apoio. A perspectiva de descentralização administrativa e tributária, antiga bandeira do MDB, contou com apoio massivo, com 80% dos empresários defendendo mais recursos e obrigações para Estados e municípios em detrimento da União (GM, 31.1.1987 a 2.2.1987).

Para 85,4% dos empresários consultados, a liberdade econômica era inseparável da liberdade política, ou seja, a democracia só era viável num ambiente de valorização da livre iniciativa. Por isso, o princípio de que o direito de propriedade deveria obedecer a uma função social, ponto central no debate sobre reforma agrária, teve apenas 13,1% de apoio, com índice de 16,3% entre os grandes empresários, e o princípio de que a propriedade privada deveria subordinar-se ao interesse social não teve apoio nenhum. É no bojo desta perspectiva privatista e anti-estatista que se insere a defesa da liberdade sindical, que contou com o apoio de 66,9% dos empresários. A separação gradual dos sindicatos em relação ao Estado contou com 25,4% de apoio (idem, ibidem).

Estas posições combinavam-se com o projeto de Constituição apresentado pela Fiesp, para quem a organização da economia deveria subordinar-se às leis de mercado, limitando a ação estatal apenas ao desenvolvimento tecnológico de setores carentes; o direito à propriedade deveria ser protegido, com as indenizações pagas previamente em dinheiro e sem incidência de qualquer tributo, e qualquer forma de tabelamento de preços deveria ser condicionada à determinação legal e à preservação do lucro para renovação do capital. No projeto da Fiesp, não havia qualquer menção ao controle ou ao tratamento diferenciado do capital externo, demonstrando o peso das empresas transnacionais em seu interior e indicando não haver para a entidade qualquer contradição entre empresa nacional e empresa estrangeira (MAGALHÃES, 31.1.1987 a 2.2.1987).

A pesquisa da *Gazeta Mercantil* indicava, ainda, que 80,8% dos empresários pretendiam articular-se com outros empresários para defender a livre iniciativa na Constituinte e que na mesma predominariam as tendências de centro para 57,7% dos empresários, "centro-esquerda" para 29,2% e "centro-direita" para 10,8%. Esta classificação também foi utilizada pela *Folha de São Paulo* para avaliar a posição política dos constituintes, com variações na porcentagem das respectivas posições. Para o jornal, dos 559 constituintes, 52 eram de "esquerda" (9,3%); 126, de "centro-esquerda" (22,5%); 181, de "centro" (32,3%); 131, de "centro-direita" (23,4%) e 69 de "direita" (12,3%) (FSP, 19.1.1987). Esta classificação permite-nos avançar na análise da composição política da Constituinte, apesar de ser altamente questionável, pois não considera a postura dos parlamentares diante da autocracia burguesa nem diante da institucionalidade autoritária reformada.

Em geral, no léxico político brasileiro esta gradação serve mais para escamotear do que para revelar. Particularmente, a noção de "centro" ocupa esta função, designando posições políticas de direita, de caráter "liberal instrumental", ou seja, francamente comprometidas com a autocracia burguesa, porém em sua versão mais suavizada; ou, como conceitua Chasin, nas condições brasileiras "os 'liberais' (...) são o que podem ser, *conservadores civilizados*, mais ou menos esclarecidos" (2000, p.156). No entanto, vista e imaginada como caminho do meio entre os "radicalismos" – o de direita identificado com o *cesarismo militar*, versão mais dura da autocracia burguesa, o de esquerda identificado com as variantes do socialismo, revolucionário ou mesmo reformista, misturadas com trabalhismo e nacionalismo –, qualifica-se para as mais variadas formas de conciliação e composição política, particularmente nos marcos da transição "lenta, segura e gradual brasileira". Não à toa, no imaginário político da transição abundavam os políticos de "centro", condutores da "transição transada" e claramente hegemônicos na Constituinte.

Para exemplificar, lembremos que no dia de instalação da constituinte, através de seu líder, deputado José Lourenço (PFL-BA), o PFL anunciou a criação de uma frente de parlamentares "moderados" na Assembleia, integrada por mais de 300 parlamentares de vários partidos e sugestivamente denominada "bloco central" (JT, 2.2.1987). O chamado "Centrão", que dirigiu a Constituinte em sua fase final, como veremos, era fruto desta articulação inicial. Segundo classificação da *Folha de São Paulo*, os partidos com maiores contingentes de parlamentares de "centro" e "centro-direita" eram PMDB e PFL, os partidos da Aliança Democrática. Segundo Fleischer (apud BAAKLINI, 1993, p. 302), dos 559 constituintes nada menos que 217 foram filiados à Arena em algum momento de sua vida política. Se considerarmos que apenas 69 dos constituintes foram considerados de "direita" pela classificação da *Folha de São Paulo*, então perceberemos o conteúdo ideológico da noção de "centro".

Na verdade, o "centro", o "centro-direita" e a "direita" designavam as forças autocráticas presentes na Constituinte, variando entre elas o grau de preservação da institucionalidade autoritária reformada na institucionalidade política emanada da nova Carta, incluída aí a tutela militar sobre o governo civil. Este grande campo autocrático era composto por nada menos que 381 parlamentares, ou 68,1% da Assembleia Constituinte. O "centro-esquerda" e a "esquerda" constituíam as forças antiautocráticas, compostos por 178 parlamentares, ou 31,9% da Assembleia. No entanto, é importante ressaltar que no interior deste campo havia uma distinção entre aqueles que admitiam a incorporação de elementos da institucionalidade autoritária na nova institucionalidade, em nome da inviabilização do retrocesso político, e aqueles que queriam sua total abolição e a criação de uma institucionalidade democrática totalmente isenta de elementos autocráticos. Esta distinção é o que separa, grosso modo, o "centro-esquerda" da "esquerda". Deste modo, feitas as contas, mais de 2/3 dos constituintes eram comprometidos com a reprodução da autocracia burguesa, sendo que para 9/10 deles a contaminação da nova institucionalidade pela institucionalidade autoritária reformada era necessária ou, no mínimo, inevitável.

Após quatro meses de trabalhos, as propostas aprovadas nas diversas subcomissões e comissões foram reunidas e sistematizadas num projeto integral de Constituição, apresentado pelo relator Bernardo Cabral (PMDB-AM), o chamado "Cabral I". Este texto é o mais avançado, em termos de avanços democráticos e direitos sociais, apresentado durante toda a Constituinte, evidenciando o acerto da tática dos setores de esquerda. No entanto, já nesta versão apareciam elementos herdados da institucionalidade autoritária que seriam mantidos até o final. Trataremos de alguns pontos que merecem destaque.

Graças a um trabalho de mobilização e intervenção nas subcomissões, por meio de audiências públicas, debates e contatos com parlamentares, as centrais e confederações sindicais, auxiliadas pelo Diap (Departamento Intersindical de Assessoria Parlamentar), pelo Dieese (Departamento Intersindical de Estudos e Estatísticas) e pelos parlamentares de esquerda presentes na comissão, conseguiu-se incorporar ao texto inúmeras reivindicações dos trabalhadores, algumas históricas, tornando o capítulo sobre a Ordem Social a seção mais avançada de todo o "Cabral I" (BASTOS, 3.2.1987 e 9.4.1987; HORITA, 8.2.1987; MURÇA, 25.6.1987).

Foram criados o princípio da estabilidade no emprego, limitando a demissão à falta grave do empregado, contrato a termo (no máximo de dois anos), contrato de experiência (no máximo de 90 dias) e superveniência de fato econômico instransponível, técnico ou de infortúnio da empresa. Esta última foi a principal brecha inserida pelo empresariado no princípio da estabilidade, pois permitia a demissão mediante redução da mão-de-obra por avanço tecnológico, dificuldades financeiras da empresa ou mesmo pedido de falência. No entanto, em condições normais, a estabilidade estava garantida. O direito de greve, antiga reivindicação do movimento sindical, foi assegurado de forma ampla, cabendo aos trabalhadores a decisão sobre sua oportunidade. Nos serviços essenciais, os trabalhadores em greve deveriam garantir a continuidade parcial do trabalho. A liberdade sindical, outra reivindicação antiga do movimento sindical e que contava até mesmo com o apoio do empresariado, como vimos, também foi estabelecida, juntamente com a unicidade sindical, pois, apesar de a proposta admitir a existência de mais de um sindicato por base territorial, apenas um teria o direito de representação da categoria. Este ponto foi preservado da estrutura sindical vigente, pois era objeto de divergências entre as várias correntes sindicais desde a retomada do movimento sindical no final dos anos 70, uma vez que, se para a articulação que deu origem à CUT deveria prevalecer a pluralidade sindical, para os setores que criaram a CGT a fórmula do sindicato único por base territorial deveria prevalecer (JD, 1987b).

Pelo projeto, vários direitos já existentes seriam incorporados à Constituição e/ou ampliados, como o 13º salário, pago com base no salário de dezembro; as férias anuais pagas em dobro; o repouso semanal remunerado; o seguro-desemprego; o salário-família, etc. Além disso, a jornada semanal de trabalho foi reduzida para 40 horas, a hora extra foi proibida, o salário-mínimo foi unificado nacionalmente, a licença-maternidade foi ampliada de 90 para 120 dias, os direitos trabalhistas tornaram-se imprescritíveis, podendo ser reivindicados na Justiça do Trabalho em qualquer momento (antes era só até dois anos após a ocorrência do fato), a locação de mão-de-obra foi proibida e as convenções coletivas de trabalho passaram a ser reconhecidas, sendo a negociação coletiva obrigatória. Finalmente, foram criadas a participação dos trabalhadores nos lucros e ações das empresas e a presença de representantes dos trabalhadores nos órgãos da administração direta e indireta e nas empresas concessionárias de serviços públicos (idem, ibidem).

Na questão da Ordem Econômica, prevaleceram as teses conservadoras, apoiadas por entidades como a UB e a UDR, apesar de as correntes de esquerda terem conseguido preservar algumas garantias. Liderados por Delfim Netto (PDS-SP), Roberto Campos (PDS-MT) e Afif Domingos (PL-SP), os setores antiestatistas derrotaram o anteprojeto do relator Severo Gomes (PMDB-SP) em diversos pontos, como no da ampliação do conceito de empresa nacional, que passava a abranger qualquer empresa cuja tutela fosse de pessoa física ou jurídica domiciliada no país, de capital nacional ou não; da restrição à ação do Estado apenas aos setores estratégicos ou de interesse coletivo; da extensão dos privilégios concedidos às empresas estatais para as empresas privadas e da limitação da reserva de mercado apenas às empresas privadas, por tempo determinado. Em contrapartida, o monopólio estatal da pesquisa, lavra, refino e transporte do petróleo e dos minerais estratégicos foi mantido, apesar de as empresas privadas poderem explorar a energia hidráulica e a lavra das jazidas minerais em áreas de fronteira.

Na questão agrária, houve um claro recuo em relação ao que previa o próprio I PNRA (Plano Nacional de Reforma Agrária). Foi aprovado o direito de propriedade rural, não se estabelecendo limite para o tamanho das propriedades rurais e se limitando a possibilidade de desapropriação para reforma agrária apenas às terras improdutivas, cujo conceito ainda deveria ser definido em lei posterior, assim como os casos de desapropriação por interesse social. A imissão de posse imediata das terras desapropriadas, fundamental para viabilizar a reforma agrária, foi proibida, garantindo que a desapropriação não fosse consumada enquanto não se esgotassem os questionamentos jurídicos. As terras consideradas produtivas ou em vias de se tornarem ficavam isentas por cumprirem sua função social. Além disso, em caso de desapropriação, o proprietário poderia contestá-la na justiça e receber o pagamento previamente em dinheiro pelas benfeitorias. O pagamento pela terra nua desapropriada poderia ser feito com títulos da dívida agrária; no entanto, o proprietário poderia utilizá-los para pagamento de tributos federais (JD, 1987c).

Na questão do papel dos militares, a posição do governo, dos ministros militares e do campo conservador foi plenamente vitoriosa. Por tratar-se de questão sensível para os interesses autocráticos, os militares trataram de constituir um forte *lobby* junto aos parlamentares, com a disponibilização de 12 oficiais para o trabalho de assessoria na Constituinte. Os parlamentares do "Centrão" trataram de garantir a relatoria da subcomissão sobre "Defesa do Estado" para o deputado Ricardo Fiúza (PFL-PE), que incorporou integralmente ao seu relatório a proposta apresentada pelos militares e elaborada pelo Centro de Comunicação Social do Exército, intitulada "Temas Constitucionais – Subsídios" (GREENLESS, 16.6.1987). O relator da Comissão do Sistema Eleitoral, Partidos e Garantias Institucionais, que definia o papel dos militares, era o deputado Prisco Viana (PMDB-BA), ex-Arena e ex-PDS, e seu presidente era o senador Jarbas Passarinho (PDS-PA), militar reformado e ex-ministro dos governos Costa e Silva e Médici. A proposta elaborada pela Comissão Arinos, que limitava a atuação das Forças Armadas a conflitos externos, foi rejeitada, destinando-se os militares à "defesa da pátria e à garantia dos poderes constitucionais, da lei e da ordem". Ou seja, os militares conseguiram manter seu direito constitucional de intervenção em assuntos internos, mantendo a possibilidade concreta de tutela militar sobre o governo civil. Além disso, mantiveram o serviço militar obrigatório, as prerrogativas da Justiça Militar no julgamento de civis em crimes contra as instituições militares, o Conselho de Segurança Nacional e o SNI. Havia na Constituinte proposta determinando a extinção imediata do órgão, mas, devido à articulação de Ivan de Souza Mendes diretamente com Ulysses Guimarães e Bernardo Cabral, tal proposta foi rejeitada, nem chegando a constar no anteprojeto (FIGUEIREDO, 2005, p. 399). Conseguiram, ainda, vetar a proposta de criação de um Ministério da Defesa, em lugar dos ministérios militares, e impedir, por pressão direta de Sarney e do ministro Moreira Lima, que o Departamento de Aviação Civil (DAC) fosse desvinculado da Aeronáutica (SIMONETTI, 12.5.1987; GREENLESS, 16.6.1987).

Finalmente, na questão da forma de governo e das atribuições e mandato do presidente da República, a disputa foi acirrada, pois, dependendo do seu resultado, o final da transição poderia ser antecipado e a correlação de forças poderia sofrer uma alteração sensível, em desfavor das forças autocráticas. Tentando pressionar a Constituinte com a força das ruas, propondo claramente o término do governo Sarney ainda em 1987, já em março o PT relançou a campanha pelas "diretas já", engrossada pela CUT, pelo PC do B, por setores do PCB e mais tarde pelo PDT e por parlamentares do PMDB (FSP, 24.3.1987). No PMDB, a questão era polêmica, pois para a ala esquerda o mandato de Sarney deveria durar quatro anos, com eleições em 1988. Vários setores desta ala – representados, por exemplo, por Mário Covas, Fernando Henrique Cardoso e José Serra – defendiam também a criação do parlamentarismo, a vigorar assim que a Constituição fosse promulgada. No entanto, para os setores moderados, Ulysses à frente, prevalecia a tese de cinco anos com presidencialismo, porém devendo o Congresso ter mais poderes, enquanto os adeptos do "Centrão" defendiam o que a Constituição vigente previa: seis anos. Diante da possibilidade de a questão "rachar" o partido, diversas lideranças peemedebistas procuraram isentar o partido da responsabilidade e do risco de divisão, sugerindo a Sarney que ele mesmo enviasse uma proposta de emenda constitucional ao Congresso definindo seu mandato em quatro anos. A partir disso, as coisas poderiam ficar mais fáceis, pois a Constituinte teria mais liberdade para definir a questão da forma de governo, sem que isto implicasse uma tomada de posição em relação ao governo Sarney (ROSSI, s.d. [a] e s. d. [b]).

Sarney, porém, não pensava assim. Precisando fortalecer sua base de apoio no Congresso, particularmente na situação de crise econômica criada com o colapso do

Cruzado, exigia que os partidos da Aliança Democrática (PMDB e PFL) definissem a duração de seu mandato. Esta era uma forma de Sarney tentar solidificar sua base de apoio, testando a fidelidade dos partidos do governo, isolando os setores críticos, particularmente do PMDB, e estreitando os laços políticos com os apoiadores. Por trás desta tática, estava a óbvia intenção de esvaziar a unidade interna dos partidos, particularmente dos conservadores, em favor de uma articulação suprapartidária fiel ao governo e à sua estratégia de incorporar a institucionalidade autoritária reformada na nova institucionalidade a ser criada. Em outras palavras, fortalecer o "Centrão". Para "estimular" o apoio dos parlamentares do "Centrão", o governo utilizou o antigo método fisiológico do "é dando que se recebe", tão bem definido por um de seus líderes na Constituinte, o deputado Roberto Cardoso Alves (PMDB-SP). Distribuição de cargos, liberação de verbas, financiamento de obras, renegociação das dívidas dos Estados, entre outros, foram utilizados pelo governo para garantir a fidelidade de aproximadamente 330 parlamentares, distribuídos no PMDB, PFL, PDS, PDC, PTB e PL (LIMA, 21.5.1987 a 27.5.1987). Calcula-se que até maio de 1987 a barganha com o "Centrão" e os governadores que o apoiavam já tinha custado 183 bilhões de cruzados ao governo Sarney (JB, 24.5.1987).

A pressão política e a censura também valiam: por não apoiar a tese dos cinco anos, Dante de Oliveira foi demitido do Mirad em maio de 1987 (FUSER, 1.6.1987). Os indicados por Mário Covas para o governo também sofreram perseguição política (LIMA, 28.5.1987 a 3.6.1987). Na Radiobrás, emissora de notícias estatal, as críticas ao governo e os assuntos "polêmicos" foram censurados, enquanto o ministro das Comunicações pressionava a mídia privada a calar os jornalistas críticos, como nos episódios do cancelamento do programa do jornalista Mino Carta na TV Record, em troca do veto à proposta de controle das concessões de rádio e TV pelo Congresso e da concessão de verbas publicitárias (LIMA, 21.5.1987 a 27.5.1987 e 28.5.1987 a 3.6.1987; ABRAMO, 16.7.1987 a 22.7.1987; DREIFUSS, 1989, p. 119). Para reforçar o "rolo compressor", os ministros militares intensificaram seus pronunciamentos contra eleições diretas em 1988 e em favor do presidencialismo e de um mandato mais longo para Sarney (OESP, 24.4.1987).

Em maio, Sarney, acertou com Ulysses Guimarães e Aureliano Chaves (PFL-MG) que seu mandato seria igual ao de seu sucessor, atrelando definitivamente a definição desta matéria constitucional à adesão ou não ao seu governo. Ainda exigiu que os dois partidos da AD definissem sua duração rapidamente; caso contrário, ele o faria. Como já vimos, em maio Sarney antecipou-se à definição da Constituinte dizendo que aceitaria um mandato de cinco anos, com aplauso dos militares e de diversos segmentos empresariais. Esta situação colocou a Constituinte sob forte pressão, praticamente liquidando a questão em favor dos cinco anos, pois os que apoiavam os seis anos passaram também a defender esta tese, além do apoio que ela tinha junto à direção moderada do PMDB. A partir daí, no acordo dirigido pelo "Centrão", o máximo que os setores de esquerda conseguiram foi incorporar ao projeto de Constituição o parlamentarismo "à francesa", ou seja, com o presidente detendo uma série de prerrogativas, a vigorar a partir de 15 de março de 1988, e a ampliação das atribuições da Câmara e do Senado. Apesar de o primeiro-ministro ser o chefe de governo, podendo até mesmo indicar os ministros militares, o presidente manter-se-ia como o comandante das Forças Armadas, teria poder para decretar "estado de sítio" e "de alarme", com aval do Conselho de Ministros e do Congresso, e poderia vetar projetos de lei. Diante das circunstâncias, para os militares esta era uma solução provisoriamente satisfatória, pois, em última instância, deveriam obediência não ao primeiro-ministro indicado pelo Congresso mas a Sarney, com este podendo intervir na disputa política através do "estado de sítio". Os ministros militares também queriam imunidade diante do "voto de desconfiança", mecanismo pelo qual a Câmara desautorizaria o Conselho de Ministros e proporia sua substituição. No entanto, na negociação não foi possível imunizar os ministros militares deste mecanismo (EVELIN, jun. 1987).

O Plano Bresser: o caminho do meio entre a heterodoxia e a ortodoxia

No final de abril, Bresser Pereira tomava posse no Ministério da Fazenda, em lugar de Dílson Funaro. Antes de ser nomeado, ainda como "ministeriável", e logo depois da posse, Bresser Pereira concedeu diversas entrevistas nas quais defendia a necessidade de um "choque" para acabar com uma inflação com índice mensal de 15%. Porém, previamente deveria haver um plano de estabilização que permitisse a recuperação da balança comercial, a redução do déficit público, o reequilíbrio dos preços e o desaquecimento da demanda. Segundo ele:

> A única forma de acabar com uma inflação de 15% ao mês é através de um choque, e há várias formas de se fazer isso. Mas esta não é a prioridade, ainda temos que conviver algum tempo com essa inflação, equacionar nosso problema externo e nosso equilíbrio interno. Precisamos ver qual é a taxa de crescimento razoável para este ano, o superávit comercial e a redução do déficit público. Depois de fazermos esse plano de estabilização é que devemos pensar em acabar com a inflação inercial. (apud SARDENBERG, 1989, p. 14)

Deste modo, desvalorização da moeda, corte de gastos públicos, o desaquecimento e a indexação da economia, com taxas mensais de inflação ainda em níveis elevados, por um tempo, e a manutenção do gatilho salarial faziam parte de seu receituário pré-choque. No entanto, o centro nevrálgico de sua proposta era uma política salarial que garantisse aumentos reais de salário somente por meio de aumentos na produtividade e uma reforma tributária progressiva, que ao mesmo tempo onerasse os ganhos de capital e aumentasse a carga tributária do governo (apud SARDENBERG, 1989, p. 14-25). Na verdade, Bresser Pereira era favorável a um novo "choque heterodoxo", com congelamento e tudo o mais, o que trouxe Francisco Lopes de volta ao governo. Mas sua avaliação do que considerava serem os erros do Cruzado impunha-lhe uma estratégica diferente, que tinha na recuperação da capacidade de financiamento do Estado seu ponto fulcral.

Em seu discurso de posse, confirmou as expectativas e deixou claro que diversas demandas do bloco no poder seriam acatadas pela nova equipe econômica. Considerando o desequilíbrio dos preços, a explosão da demanda, o excesso de gastos dos governos estaduais e o desequilíbrio na balança de pagamentos as causas fundamentais do fracasso do Cruzado, Bresser Pereira propunha uma política econômica mais "realista" e menos ambiciosa. A prioridade seria o equilíbrio das contas externas, por meio do aumento do superávit comercial e da redução do financiamento do setor público, visando ao reequilíbrio da balança de pagamentos e à estabilização da inflação. A curto prazo, propunha uma taxa de câmbio "realista", condizente com as necessidades de aumento das exportações, mantendo a política de minidesvalorizações; uma taxa de juros também "realista", mais baixa possível, porém mais elevada do que aquela vigente, e uma expectativa de crescimento anual de apenas 3,5%, bem abaixo dos 7% previstos pela equipe de Funaro. O controle de preços seria abolido, salvo nos casos de monopólio, pois a intervenção do Estado deveria ocorrer apenas para corrigir o mercado, e não para violá-lo. O "gatilho salarial" seria mantido, porém para preservar o valor médio dos salários, com os aumentos reais só limitados ao aumento de produtividade. Para o médio prazo, Bresser Pereira se comprometia a aumentar a capacidade de poupança das empresas e do Estado, com a redução do déficit público, a limitar a transferência de recursos para o exterior e a atrair capital de risco, visando estimular os investimentos e a capacitação tecnológica do país. Propunha também uma reforma tributária que desonerasse a classe média e descentralizasse os recursos e, em consonância com as teses empresariais na Constituinte, defendia um caráter temporário e limitado para a reserva de mercado (PEREIRA, 1.5.1987). Por enquanto, não mais haveria o radical intervencionismo estatal do Cruzado, tampouco sua força política.

No PMDB, a proposta de Bresser Pereira foi tida como recessiva, principalmente por rebaixar a expectativa de crescimento econômico pela metade e por demonstrar disposição de retomar o diálogo com o FMI, visando facilitar a renegociação da dívida externa. De fato, logo após a posse, Bresser Pereira aumentou a taxa de juros e desvalorizou o câmbio em 7,5%, medidas que favoreciam a reindexação da economia, beneficiando o capital portador de juros e os setores exportadores. O ataque principal partiu de Miguel Arraes, governador de Pernambuco, já descontente com o governo devido à indicação de Joaquim Francisco (PFL-PE), seu adversário político, para o Ministério do Interior. Os ataques de Arraes, que criticava a redução da meta de crescimento, o aumento dos juros e a redução dos gastos públicos, contaram com o apoio dos outros governadores nordestinos, descontentes com o veto à indicação de Tasso Jereissati para a Fazenda, e da própria cúpula do PMDB, temerosa com os efeitos políticos negativos de uma política econômica recessiva (ROSSI, 1.5.1987). Diante das pressões políticas, Bresser Pereira não resistiu a editar um novo plano econômico antes que as condições que impôs para um novo choque estivessem dadas. Por isso, desta vez o "choque" teria um caráter híbrido.

Combinando características heterodoxas e ortodoxas, o chamado Plano Bresser foi apresentado em 12 de junho de 1987 como mais uma tentativa de estabilizar a inflação, que em maio já havia batido na casa dos 23,2%. Os principais elementos do plano para conter a inflação eram um novo congelamento de preços e salários, com o fim da escala móvel dos salários, o "gatilho salarial", que havia se tornado um fator de reindexação da economia, e a redução do déficit público. Após o disparo do "gatilho" em 20% em função da inflação de maio, os salários seriam congelados por três meses nos níveis de 12 de junho, sendo que após este período passariam a ser reajustados pela Unidade de Referência de Preços (URP). Com vistas a impedir o repasse imediato da inflação para os salários e a reduzir a influência dos aumentos salariais como elemento reindexador da economia, o valor da URP seria definido trimestralmente com base na média inflacionária dos três meses anteriores, apesar de os reajustes tornarem-se mensais. Por sua vez, diferentemente do Cruzado, os preços também seriam congelados por apenas três meses a partir de 12 de junho, mas, antes do congelamento, diversos preços públicos e administrados foram aumentados, com alguns sofrendo reajustes de 45%, como o preço da energia elétrica. Após o congelamento, os preços seriam corrigidos também com base na URP. O arrocho salarial embutido nesta fórmula se explicita pelo fato de que o resíduo inflacionário da inflação de maio que não foi reposto pelo "gatilho salarial" só seria pago em seis meses a partir de setembro, e o impacto inflacionário causado pelos reajustes de preço autorizados na inflação de junho não seria repassado aos salários (MODIANO, 1992, p. 366-367).

Sem pretender a desindexação total da economia, como o Cruzado I, além destas medidas, o governo desvalorizou o câmbio novamente em 9,5%, mas sem congelá-lo, recorrendo em seguida a sucessivas minidesvalorizações diárias. O impacto desta medida nas contas externas foi positivo, com o aumento das exportações e o superávit da balança comercial subindo a US$ 1,4 bilhão. As taxas de juros foram aumentadas em termos reais, para evitar que o congelamento gerasse novamente especulações com estoques e o aquecimento da demanda, como no Cruzado I, e que as desvalorizações cambiais gerassem uma "corrida aos dólares" prejudicando as aplicações financeiras. Os contratos com taxas de juros pré-fixadas sofreram uma correção com vistas a eliminar a expectativa inflacionária embutida, porém, os pós-fixados não sofreram qualquer alteração. No plano fiscal, o governo procurou reduzir o déficit público com os reajustes dos preços públicos, já mencionados, com o fim do subsídio do trigo e com o adiamento de uma série de investimentos estatais (MODIANO, 1992, p. 367-368).

Com os reajustes autorizados antes do congelamento, no mês de junho a inflação subiu a 26,1%, mas, graças ao arrocho salarial e à recessão moderada gerada pelo plano, o índice inflacionário caiu para 3,1% em julho e para 6,4%, em agosto. Isto porque o congelamento dos preços não funcionou plenamente, tanto devido à incapacidade do governo em fiscalizar, quanto ao descrédito desta fórmula junto aos agentes econômicos. Na prática, os preços reajustados antes do congelamento foram repassados aos demais preços, realimentando a espiral inflacionária e anulando parcialmente a transferência de renda para o setor público, com a qual se imaginava reduzir o déficit (MODIANO, 1992, p. 368-369).

As reações ao Plano Bresser foram variadas, indo do apoio discreto à oposição aberta. No PMDB, o plano foi recebido com ceticismo, por uns, e com hostilidade, pela maioria, por manter a perspectiva recessiva anunciada em abril. Escolhido para o Ministério da Fazenda muito mais por decisão de Sarney do que por indicação do PMDB, Bresser Pereira nunca contou com o apoio majoritário de seu partido. De um lado, sua presença no ministério indicava uma derrota particular de Ulysses Guimarães e seu grupo, que haviam indicado Raphael de Almeida Magalhães para o cargo. De outro, para os governadores do Nordeste, Tasso Jereissati era o preferido, tendo sido preterido por conta de mais um privilegiamento das forças políticas do Centro-sul pelo governo. Para vários setores do partido, o apoio à política econômica de Bresser Pereira confundia-se com o apoio ao próprio governo Sarney, do qual defendiam o afastamento pelos peemedebistas. Apesar de ministro do PMDB, a indefinição programática do partido se evidenciava na própria indefinição diante da política econômica do governo. Apenas na convenção de julho foi aprovado um documento sobre questão econômica, proposto pelos setores de esquerda, de caráter meramente propositivo, pois abstinha-se de criticar a política econômica do governo, apesar de defender maior distribuição de renda, apoio à empresa nacional, crescimento econômico e autonomia da negociação da dívida externa, rejeitando a tutela do FMI (FSP, 20.7.1987).

Por parte dos partidos de esquerda e do movimento sindical, as críticas foram duras. No PDT, Brizola acusou o plano de seguir a cartilha do FMI, provocando arrocho salarial, recessão econômica e cortando gastos do governo onde eles não existiam. Acusou, ainda, o governo Sarney de ilegítimo e vaticinou que o fracasso do plano traria de volta a pressão popular por diretas-já (JORGE, 23.6.1987). Em nota da Executiva Nacional, o PT condenou o plano por seguir o receituário do FMI e atender aos credores internacionais, além de manter a recessão, autorizar a "alta escorchante" de diversas tarifas e ampliar o arrocho salarial. Neste particular, o partido criticou o fim do "gatilho salarial", pois, mesmo considerado insuficiente para repor as perdas salariais, era um "direito adquirido dos assalariados". Com o seu fim significando mais arrocho. Por fim, convocou os trabalhadores a não aceitarem "o roubo dos reajustes da inflação de junho" (PT, 1987a).

Em estudo divulgado junto ao movimento sindical, o Dieese também criticou duramente a substituição da escala móvel dos salários, o "gatilho salarial", pela nova sistemática de reajustes conforme a média da inflação, justamente no momento em que os trabalhadores acumulavam as maiores perdas salariais desde a edição do Cruzado, em média 37,74%. Segundo o estudo, esta nova base de reajustes traria mais perdas ainda (JD, 1987b). CUT e CGT, por sua vez, convocaram conjuntamente uma greve geral para 12 de agosto, pela reposição das perdas de junho e pela volta do "gatilho salarial", apesar de divergirem quanto ao restante da pauta. Enquanto a CUT incluía a defesa de diretas-já, a reforma agrária e o não-pagamento da dívida externa, participando, inclusive da campanha pelas eleições presidenciais em 1987 com outras forças políticas (FSP, 13.7.1987), a CGT limitava sua pauta à reposição salarial e defendia a continuidade da moratória. Em entrevista concedida em julho, Jair Meneguelli, presidente nacional da CUT, acusou o Plano Bresser de recessivo, de estar "voltado única e exclusivamente para reprimir consumo, captar dólares para voltarmos a pagar a dívida externa", o que estava gerando forte desemprego (OESP, 15.7.1987). O fim do "gatilho salarial" e o confisco da taxa de inflação de junho no índice da URP levaram o movimento sindical a intensificar o movimento grevista, que já vinha em escalada ascendente desde o colapso do Cruzado, com a paralisação de diversas categorias. Pela primeira vez desde 1978, o número de greves no setor público ultrapassou 1/3 do total, atingindo a marca de 38,3% das greves de 1987. Do total de 132,3 milhões de jornadas de trabalho perdidas em 1987, nada menos que 80,4% ocorreram no serviço público (NORONHA, 1991, p. 131-134). Isto porque, enquanto as categorias de trabalhadores do setor privado conseguiam a antecipação do pagamento do resquício inflacionário de maio e reajustes acima da média da URP, os servidores públicos, com exceção de poucas categorias, continuaram submetidos às regras do plano Bresser, por conta da negativa da equipe econômica em fazer concessões visando à redução do déficit público.

Em julho, Bresser Pereira deu continuidade ao seu programa apresentando o Plano de Controle Macroeconômico, no qual vislumbrava uma forte retomada dos investimentos estatais por meio do aumento da poupança do governo, através da combinação entre aumento de preços públicos, redução de subsídios e incentivos, corte de gastos e, principalmente, de uma reforma tributária progressiva, taxando o grande capital, indexando o sistema tributário e protegendo a arrecadação das perdas causadas com a inflação (MODIANO, 1992, p. 368-371; GREMAUD, SAES & TONETO JR., 1997, p. 237). Diferentemente da visão dos estruturalistas/pós-keynesianos que estiveram à frente do Cruzado, que imaginavam retomar o ciclo de investimentos quebrando a lógica externa do sistema de financiamento e ampliando o horizonte de expectativas dos investidores privados, esta proposta implicava que o Estado voltaria a ser o principal esteio da poupança interna, não pela reversão do sistema de financiamento, mas pelo corte de gastos e pelo aumento da transferência de renda do setor privado para o setor público.

No entanto, esta perspectiva ia na contramão da "farra" patrocinada pelo governo para garantir o apoio do "Centrão" na Constituinte e também desagradava o PMDB, principalmente os governadores, que segundo Bresser Pereira, contribuíam poderosamente para o déficit público mantendo suas finanças desequilibradas, gastando exageradamente com o funcionalismo e usando os bancos estaduais para cobrir seus rombos de caixa (apud SARDENBERG, 1989, p. 23-24). A sinalização com o compromisso de efetuar uma reforma tributária progressiva desagradava o conjunto do empresariado, particularmente o grande capital, por razões óbvias. Além disso, poucos dias após o anúncio do Plano Bresser, Sarney concedia entrevista coletiva na qual procurava, erraticamente, colocar-se mais uma vez em sintonia com as expectativas econômicas do grande capital, defendendo teses liberais e anti-nacionalistas. Esta postura evidenciava claramente que no governo não havia unidade mínima acerca do caminho a ser seguido em matéria de política econômica. Apesar das distintas posições teóricas e perspectivas políticas de seus formuladores, durante o Cruzado havia muito maior unidade, pelo menos quanto à direção geral.

Na entrevista, Sarney admitia claramente a incapacidade do Estado e da "poupança privada nacional" em garantir o desenvolvimento e a modernização tecnológica do país e anunciava uma nova política industrial. Afirmando que o mundo havia mudado, que a economia mundial era interdependente e que a Constituinte não deveria ficar discutindo temas dos anos 1950, Sarney anunciava que a nova política industrial teria por base a necessidade de atração das empresas estrangeiras, sem qualquer tipo de restrição e exigência, a revisão nos mecanismos de reserva de mercado e a desregulamentação da economia. Indiretamente, com o ataque às teses nacionalistas na Constituinte, Sarney também atingia seu ministro da Fazenda. Dias depois, o ministro da Indústria e Comércio reverberou estas teses, condenando a reserva de mercado e o "regime cartorial" vigente no país e conceituando empresa brasileira como aquela "cujas instalações estão no Brasil, que gere empregos para brasileiros, que gere tributos para o Tesouro Nacional" (apud CRUZ, 1997, p. 77-79). Ou seja, nas palavras do presidente e de seu ministro José Hugo Castelo Branco, a perspectiva de restaurar o Estado brasileiro como principal esteio da poupança e do investimento interno, núcleo da política econômica de Bresser Pereira, estava superada historicamente. A guinada ao neoliberalismo no governo brasileiro já havia começado; tímida, mas irreversível.

Como resultado desta nova orientação e seguindo sugestão do próprio Sarney, o ministro da Indústria e Comércio começou a trabalhar na criação das ZPE's (Zonas de Processamento de Exportações), zonas francas a serem instaladas no Norte e no Nordeste, que ofereciam inúmeras facilidades para a atração de empresas tecnologicamente avançadas, principalmente estrangeiras, com vistas à produção de manufaturados para exportação. Apesar de fazer parte das medidas tomadas pelo governo para reconquistar o apoio dos governadores peemedebistas do Nordeste, a proposta das ZPE's solapava pela base o esforço da equipe da Fazenda em reduzir o déficit público e aumentar a arrecadação, aumentando as pressões contra Bresser Pereira no interior do governo (CRUZ, 1997, p. 78; SARDENBERG, 1989, p. 118).

Diante das dificuldades, em agosto o governo foi forçado a desautorizar o próprio congelamento que havia proposto, reduzindo o controle de preços e permitindo alguns reajustes de até 10%, quase o dobro da URP estabelecida para o período setembro/novembro. Em outubro, após o fim do congelamento, os reajustes de preços já atingiam o patamar de 15%, em média, e mesmo os salários sofreram reajustes acima do estipulado pela URP, graças à ofensiva do movimento sindical contra o arrocho salarial do Plano Bresser, em que até mesmo algumas categorias de servidores públicos obtiveram conquistas. A retomada da inflação foi inevitável, com os índices subindo de 5,7% em setembro para 14,1% em dezembro. No acumulado do ano, a inflação aproximou-se do recorde de 1985, chegando a 224,8%. Comparativamente a 1986, a taxa de crescimento do PIB caiu para menos da metade, 3,5% em 1987 (FILGUEIRAS, 2000, p. 75). A popularidade de Sarney caía junto, para não mais se levantar – apenas 15% aprovavam o seu governo em agosto (SOUZA, 1992, p. 197).

Em setembro, Bresser Pereira tentou pôr em prática sua proposta de resolução da questão externa. Num encontro internacional organizado por senadores norte-americanos para se debater a economia nos anos 90, Bresser Pereira propôs publicamente um desconto na dívida externa dos países do Terceiro Mundo, com a sua securitização, ou seja, sua transformação em títulos de longo prazo, com valor descontado e juros mais baixos para pagamento futuro. O gerenciamento deste processo de renegociação e desconto seria feito por uma agência multilateral, composta pelas instituições financeiras internacionais, como FMI e Banco Mundial. Tal proposta visava, ao mesmo tempo, garantir que os países devedores tivessem mais fôlego para investir internamente e que os credores tivessem a dívida paga, pois, assim, evitar-se-ia a moratória unilateral por falta de condições para pagamento, como aliás tinha acontecido com o Brasil meses antes. Nesta linha, Bresser Pereira propôs aos bancos credores e ao secretário do Tesouro norte-americano a securitização e o desconto de 20% a 30% da dívida brasileira, como solução para a moratória. A reação do sistema financeiro internacional à proposta foi de recusa total, incluindo-se o governo norte-americano. Internamente, as frações do grande capital reagiram negativamente, receando retaliações externas contra o país (SARDENBERG, 1989, p. 69-71).

Diante do impasse, mas sem que Bresser Pereira abandonasse seu projeto para a reformulação da dívida externa, o governo brasileiro assinou um acordo provisório, em novembro, para que a dívida brasileira não fosse "desclassificada" pelo governo norte-americano, dificultando mais ainda futuras negociações. Pelo novo acordo, o país receberia um novo financiamento, que voltava diretamente para os bancos credores como forma de pagamento de parte dos juros. O que para o empresariado ainda era uma afronta ao sistema financeiro internacional, pois o governo deveria partir para a suspensão da moratória e para a renegociação definitiva da dívida, em vez de alimentar soluções "mirabolantes". Para a oposição, o acordo era uma rendição à pressão dos credores e, pior ainda, apontava para o fim da moratória (SARDENBERG, 1989, p. 117).

As forças políticas se recompõem na constituinte: do Cabral I ao Cabral III

Explicitando a tutela militar: o governo, o campo conservador e o bloco no poder

Apesar do predomínio de suas teses em diversos pontos essenciais, a incorporação de várias propostas das forças de esquerda no Cabral I levou o campo conservador e o governo a intensificarem as pressões sobre a Assembleia Constituinte com vistas a eliminar tais propostas do projeto final da Comissão de Sistematização, que futuramente iria à plenário para votação em dois turnos. Combinando conspirações golpistas e ameaças de golpe militar, *lobby* junto aos parlamentares, reforço do "Centrão", intensa campanha de desqualificação da Constituinte e repressão aos movimentos sociais, as forças conservadoras tentaram eliminar propostas como a estabilidade no emprego, o princípio da função social da propriedade, a lei de greve, os monopólios estatais e o parlamentarismo.

Já no início de julho, Sarney desencadeou a primeira tentativa de golpe na Constituinte. Propôs a interrupção dos trabalhos até que um pacto político fosse fechado, com a proposição de um novo projeto constitucional, acusando o PMDB por aquele ainda não ter sido efetivado. A proposta, que foi sugerida a Sarney pelo senador José Richa (PMDB-PR), membro da ala liberal-moderada do PMDB, também contou com o apoio do presidente do PFL, Marco Maciel. Este ainda foi além, acusando o anteprojeto de Constituição, o Cabral I, de agravar a crise econômica e social e propondo que Bernardo Cabral apresentasse outro relatório ou que o regimento interno da Constituinte fosse alterado, possibilitando a apresentação de um projeto substitutivo (PIRES, 2.7.1987). Como veremos, esta última proposta foi efetivamente encaminhada pelo "Centrão" no final do ano.

Novamente, emergia a proposta de um pacto, só que desta vez o que se pretendia era simplesmente "zerar" a Constituinte e reiniciar o processo atropelando todo o trabalho de discussão e mobilização realizado junto às comissões temáticas, nas quais a esquerda havia conseguido os principais avanços. A perspectiva de que os avanços sociais e políticos contidos no projeto constitucional tinham que ser revertidos, desrespeitando a sistemática definida pelo regimento interno, alimentaria toda a intervenção do campo conservador até a aprovação de um novo regimento para a Constituinte, indicando claramente sua visão autocrática do processo. A reação da direção moderada do PMDB foi a de pedir aos governadores que mantivessem a unidade e evitassem críticas ao governo, em vez de contestarem abertamente a proposta golpista do presidente. A mando de Ulysses Guimarães, o deputado Luis Henrique (PMDB-SC), líder do partido na Câmara, saiu em missão junto aos governadores e lideranças partidárias (FREITAS, 2.7.1987).

Paralelamente, o governo intensificava a repressão aos movimentos de oposição, ameaçando utilizar a lei de segurança nacional. O motivo imediato da ameaça foi o "atentado" sofrido pelo presidente no final de junho, quando o ônibus que o transportava pelas ruas do Rio de Janeiro (RJ) teve o vidro estilhaçado por objeto indefinido. Alguns disseram que uma pedra foi arremessada, outros que o objeto utilizado foi uma marreta. De todo modo, culparam-se dois militantes do PDT que participavam de uma manifestação contra o presidente, então com a popularidade extremamente baixa (CASTRO, 2.7.1987 a 8.7.1987). Dias depois, dirigentes do PT e da CUT, inclusive Meneguelli, foram acusados de "incitamento ao saque" e "ofensas ao presidente da República" em comício pela antecipação das eleições presidenciais ocorrido na Praça da Sé, em São Paulo. Mais uma vez, o ministro da Justiça, Paulo Brossard, veio à público denunciar pretenso desrespeito à democracia cometido pelos acusados e ameaçar com o enquadramento na LSN (FSP, 13.7.1987 e 14.7.1987). Enquanto isso, os comícios e passeatas pela antecipação das eleições diretas e em apoio às emendas populares apresentadas à Constituinte repetiam-se em diversas cidades e capitais (V, 15.7.1987a; FSP, 18.7.1987a).

No PMDB, o processo constituinte aprofundou as divisões internas, a perda de identidade programática e o dilema institucional vivido por suas correntes de esquerda. Desde o início dos trabalhos nas comissões temáticas, a esquerda peemedebista reivindicava a realização de uma convenção extraordinária, com vistas à definição do posicionamento do partido acerca de diversos temas em pauta na Constituinte, particularmente a questão do mandato presidencial (POLESI, 29.4.1987). A intenção era enquadrar os setores conservadores que tendiam a seguir a direção política do "Centrão", em vez da liderança partidária na Constituinte, e forçar o partido a se definir em relação ao governo Sarney, já que muitos constituintes do partido não seguiam a liderança de Mário Covas. Para as correntes de esquerda, o partido deveria afastar-se do governo retomando sua vocação reformista e a sintonia com as aspirações populares, além de defender eleições presidenciais em 1988, como propunham Fernando Henrique Cardoso e Mário Covas, dentre outros. Mário Covas chegou a declarar apoio ao movimento suprapartidário pela antecipação das eleições diretas, mas recusou-se a participar sem o envolvimento integral do PMDB, apesar de diversos parlamentares do partido se engajarem na campanha. Dizia, ainda, que o PMDB deveria "afastar-se" do governo e não partir para a oposição (POLESI, 29.4.1987; ROSSI, s. d. [c]; PIRES, 5.6.1987). A posição vacilante de Covas expressa o dilema institucional das correntes de esquerda do PMDB, espremidas entre o compromisso com as bandeiras históricas do partido e a centralidade da inserção institucional para sua ação política. Apesar disso, nesta ocasião, pela primeira vez seu nome foi cogitado como candidato do partido à sucessão presidencial, indicando sua influência política em setores do PMDB (LOPES, 7.6.1987).

Às vésperas da convenção do partido, a ala esquerda realizou um encontro em que radicalizou sua posição denunciando o governo Sarney como "antinacional", exigindo que os ministros do PMDB saíssem do governo e condenando o Plano Bresser. Aqui emergiram as diferenças dentro da esquerda peemedebista, pois, enquanto os parlamentares ligados ao Movimento de Unidade Progressista (MUP) defendiam a ruptura com o governo, os setores mais moderados, Fernando Henrique e Mário Covas à frente, defendiam apenas o afastamento. Na hora de decidir entre o rompimento, que implicava engrossar o bloco de oposição formado pelos partidos de esquerda, ou o afastamento em relação ao governo, que implicava manutenção do diálogo e possibilidade de retorno à posição de apoio, prevaleceu a segunda tese, por pequena margem de votos (ROSSI, s. d. [d]). Mais uma vez, o receio de partir para o confronto aberto com o governo e "rachar" o partido de vez pesou mais do que a decisão consequente de engrossar o movimento de oposição ao governo e ao campo conservador, lado a lado com as forças antiautocráticas, de quem a esquerda peemedebista era concorrente em termos eleitorais e que já apresentavam seus candidatos a presidente, como Lula (PT) e Brizola (PDT). No entanto, Fernando Henrique, presente no encontro, levantou a possibilidade de saída do PMDB, caso este não fosse capaz de "fazer as mudanças" (idem, ibidem).

Em julho, a convenção nacional revelou toda a extensão da crise de identidade programática do PMDB, em curso desde as reformas institucionais de 1985 e agravada com o colapso do Cruzado e os trabalhos constituintes. Se de um lado as correntes de esquerda pressionavam por uma definição político-programática do partido na Constituinte, o que o afastaria do governo e do "Centrão", de outro Sarney pressionava no sentido contrário, exigindo a adesão política incondicional. No meio, a direção liberal-moderada, sob o comando de Ulysses Guimarães, para quem a manutenção da unidade do partido era mais importante do que qualquer outra questão, particularmente numa campanha presidencial, em que o apoio da maior máquina partidária do país poderia fazer a diferença. A candidatura presidencial de Ulysses Guimarães dependia visceralmente da unidade que, por sua vez, tinha no acesso aos cargos do governo um forte componente de coesão. Assim, Ulysses e seus aliados manobraram na convenção para evitar o racha e manter o apoio ao governo.

Dias antes da convenção, em acordo com Sarney, chamado de "pacto do diabo" pela ala esquerda, Ulysses negociou o apoio aos cinco anos de mandato presidencial na Constituinte em troca do apoio do governo à sua candidatura presidencial ou à sua indicação para Primeiro-ministro, caso o parlamentarismo fosse aprovado na Constituição (FSP, 30.6.1987). Paralelamente, Sarney intensificou a pressão sobre os governadores do partido, com vistas a reforçar o apoio aos cinco anos de mandato, ganhando até mesmo o apoio dos governadores do Nordeste, em troca das ZPE's e da promessa de construção da "Ferrovia Norte-Sul" (LIMA, 21.5.1987 a 27.5.1987).

No entanto, durante a convenção as correntes de esquerda conseguiriam impor algumas derrotas a Sarney, como a aprovação do voto secreto dos convencionais, impedindo que o governo pudesse mensurar na prática a fidelidade de seus aliados, e a manutenção da tese dos quatro anos com parlamentarismo. O que era coerente com as bases eleitorais do partido, pois, em pesquisa realizada nas oito maiores capitais de Estado, apurou-se que 65% dos eleitores do PMDB queriam quatro anos de mandato para Sarney (FSP, 18.7.1987b). Buscando uma solução consensual para a questão, a liderança liberal-moderada, com o apoio de alguns governadores, propôs a tese dos cinco anos de mandato com parlamentarismo, rechaçada tanto pelo governo, que não queria o parlamentarismo, quanto pela esquerda, que queria quatro anos de mandato, apesar da proposta do governador de Pernambuco Miguel Arraes de que a esquerda aceitasse os cinco anos para manter a unidade e evitar o adiamento da definição (LOPES, 18.7.1987).

Diante do impasse, em nome da unidade e procurando preservar sua posição arbitral, Ulysses Guimarães passou a negociar o adiamento da decisão sobre a questão do mandato e da forma de governo, liberando os constituintes do partido para decidir como quisessem. Nesta proposta, a direção liberal-moderada contou com o apoio dos governadores e indiretamente do governo, pois para este a liberação do voto dos constituintes era melhor que a definição de uma posição pró-parlamentarista. Por 458 votos contra 360, os convencionais do PMDB jogaram para a Constituinte a definição do mandato presidencial e da forma de governo. Apesar do descontentamento de Sarney com a direção do partido, principalmente com Ulysses, por não ter conseguido apoio para sua proposta, no processo ele foi o grande vencedor, pois na Constituinte o governo poderia fazer valer seu poder de pressão para ganhar a adesão da maioria dos peemedebistas (FSP, 18.7.1987c, 18.7.1987d; V, 29.7.1987).

No documento aprovado com propostas para a Constituinte, o PMDB avaliou positivamente o que considerava avanços políticos e sociais constantes do seu programa e já incorporados ao anteprojeto aprovado, como o direito de greve, a liberdade e autonomia sindical, a valorização das entidades da sociedade civil, o fortalecimento do poder Legislativo, entre outros. Além disso, comprometeu-se a apoiar uma Constituição sem discriminações contra os pobres, os trabalhadores e as minorias, mas rejeitou o direito à estabilidade no emprego por considerá-lo "contraproducente" para o trabalhador (FSP, 16.7.1987). Na verdade, mesmo para representantes da corrente de esquerda, como Covas e Fernando Henrique (DIMENSTEIN & FUSER, s. d.), a estabilidade no emprego era um exagero, pois garantia ao empregado a preservação do emprego independentemente de sua competência e produtividade, o que do ponto de vista do capital era um "acinte", pois feria o princípio da livre iniciativa. Aqui o PMDB mostrou seus vínculos orgânicos com as várias frações do bloco no poder, unânimes em condenar a estabilidade no emprego. Como veremos, esta posição contribuiria poderosamente para a eliminação deste direito na Constituição de 1988.

A convenção do PMDB selou a capacidade do partido de dirigir o processo constituinte e abriu caminho para seu esfacelamento progressivo durante o restante da transição, cujos episódios mais marcantes seriam o "racha" de 1988 e a votação pífia de Ulysses Guimarães nas eleições presidenciais de 1989. Ao transferir a definição sobre o mandato de Sarney e a forma de governo para os constituintes, o partido abriu mão de exercer sua vocação hegemônica, colocando-se a reboque dos interesses e das manobras do governo sobre suas próprias bases. Além disso, tornou o programa do partido "letra morta", pois não haveria mais como exigir fidelidade programática de seus parlamentares na Constituinte se, numa questão decisiva para o processo de transição, o partido simplesmente omitira-se. Aliás, o próprio líder do partido na Câmara, deputado Luis Henrique (PMDB-SC), afirmava que não deveria haver punição aos que desrespeitassem o programa partidário na Constituinte, verbalizando a posição da liderança liberal-moderada (SOUZA, 17.7.1987). O próprio Ulysses Guimarães, líder inconteste desta ala, foi terminantemente contra a convocação da convenção extraordinária, pois considerava que o partido não deveria discutir temas que só a Constituinte deveria decidir (FSP, 19.7.1987). Sarney certamente não pensava desta forma.

A posição de Ulysses visava conferir maior "plasticidade" ao PMDB na Constituinte, tornando-o capaz de polarizar as negociações e compor com as posições majoritárias, evitando a radicalização de ambos os lados. Mas, ao mesmo tempo, tal posição contribuía para enfraquecer a unidade do partido, revelar seu caráter amorfo e sua incapacidade de erigir-se como alternativa ao processo de auto-reforma do regime iniciado pelos próprios governos militares. A participação do PMDB na Constituinte foi o ato final de sua adesão à ordem autocrática, consumando um movimento transformista iniciado ainda nos anos 70.

No PFL, o processo constituinte também foi fator de instabilidade e disputas internas, mas por razões diferentes do PMDB. Totalmente atrelado ao governo e organicamente dependente dos seus cargos, o PFL passou a se ressentir da "concorrência" do "Centrão" e do próprio PMDB no campo conservador e no governo. A permanência do PMDB em postos-chave do governo, mesmo depois do colapso do Cruzado e da convenção de julho, a reaproximação de Sarney com os governadores nordestinos e a própria composição pluripartidária do "Centrão" contribuíram para esvaziar o papel do PFL como partido principal do campo conservador. Além disso, o agravamento da crise econômico-social e a crescente ambiguidade das diversas frações do bloco no poder em relação ao mandato de Sarney contribuíram para que setores do PFL começassem a pregar o "afastamento" do partido em relação ao governo, vislumbrando a sobrevivência do partido e sua própria viabilidade eleitoral futura. Dentro da cúpula peefelista, o principal defensor desta posição era Marco Maciel.

Afastado do ministério em abril, Marco Maciel assumiu a presidência do PFL em maio. Sua saída da Casa Civil deveu-se ao que considerou inação e acumpliciamento de Sarney em relação às intrigas promovidas contra ele por Jorge Murad, genro do presidente, talvez interessado em ocupar sua função. Em julho, como presidente do PFL, reivindicou, sem sucesso, mais cargos para o partido no segundo e no terceiro escalões do governo, aproveitando o descontentamento de Sarney com o PMDB após a convenção peemedebista (ROSSI, 26.7.1987). Em agosto, Marco Maciel teve o dissabor de ver seu aliado Joaquim Francisco abandonar o Ministério do Interior alegando que não conseguia "nomear ninguém" devido ao peso do PMDB no ministério e de ver a vaga ser "tomada" por outras alas do partido (LOPES, 18.7.1987). O novo ministro, João Alves Filho (PFL-SE), foi indicado por Aureliano Chaves e Antonio Carlos Magalhães, os principais representantes do partido no ministério (PAIVA, 1999, p. 423-425). Na disputa interna entre as oligarquias peefelistas, Aureliano e Antonio Carlos lideravam as seções mineira e baiana do partido, que ao lado da pernambucana, liderada por Maciel, formavam o tripé de sustentação nacional do PFL. O fortalecimento das seções mineira e baiana ocorreu num momento em que a seção pernambucana se viu enfraquecida, fosse em função da saída de Maciel e Joaquim Francisco do ministério, fosse em função da indicação de Carlos Wilson, vice de Miguel Arraes, este tradicional adversário do PFL pernambucano, para o comando da Sudene, cargo estratégico na política nordestina.

Na presidência do PFL, Marco Maciel iria atuar no sentido de "afastar" o partido em relação ao governo, chegando a emitir "sinais" de descontentamento com a própria Aliança Democrática em julho (FSP, 18.7.1987b). Em setembro, conseguiu que a Executiva do partido declarasse extinta a Aliança Democrática e afirmou sua autonomia diante do governo na Constituinte, mas não impediu que os ministros peefelistas continuassem em seus cargos, apoiando o governo e dando sustentação prioritária ao "Centrão" (POLESI, 18.10.1987; PAIVA, 1999, p. 425). Na verdade, o esgarçamento do PFL nesta conjuntura só não foi maior graças ao seu fisiologismo orgânico, o que impediu seu afastamento do governo e o controle de cargos importantes no aparelho de Estado.

Diante da crise dos principais partidos autocráticos, as várias frações do bloco no poder tiveram suas dificuldades aumentadas na Constituinte, pois não havia um sólido sustentáculo partidário em que se apoiar, levando-as a recorrer a instrumentos alternativos de ação política, como as entidades sindicais, para-sindicais e político-ideológicas, "organismos relativamente independentes das flutuações da opinião pública", como afirma Gramsci (2000, p. 60). As frações burguesas concordavam acerca das teses principais para a Constituinte, mas nas questões e temáticas particulares prevaleciam as divergências e interesses corporativos. Além disso, a própria dinâmica instituída para o desenvolvimento dos trabalhos constituintes dificultou a unificação, pois, com a distribuição da pauta pelas comissões e subcomissões, facilitou a pluralização de temas, forçou a dispersão dos esforços e a realização de composições provisórias. Por outro lado, o governo Sarney, principal pilar de sustentação de uma proposta autocrática para a Constituição, em quem o empresariado poderia se apoiar, condicionou toda a defesa da incorporação da institucionalidade autoritária na institucionalidade democrática à questão do mandato presidencial e da forma de governo.

Esta situação transformava qualquer apoio às teses constituintes do governo no apoio ao próprio governo, o que de modo algum era consensual entre as frações do bloco no poder, principalmente após o fracasso do Plano Bresser e as iniciativas do ministro da Fazenda nas questões externa e tributária. Se de um lado havia líderes empresariais importantes que defendiam cinco anos de mandato, como Roberto Marinho, de outro a proposta de quatro anos tinha a adesão de Eduardo da Rocha Azevedo, do Movimento Democrático Urbano (MDU) e da Bolsa de

Valores de São Paulo, de Ronaldo Caiado, presidente da UDR, e de Guilherme Afif Domingos, deputado federal pelo PL-SP e ligado à Associação Comercial do Estado de São Paulo. Na verdade, a adesão à tese de cinco anos para Sarney diminuía em relação diretamente proporcional ao agravamento da crise econômica, apesar de continuar majoritária até o fim, como também majoritário era o apoio ao presidencialismo. (OESP, 1.5.1987; LIMA, 11.6.1987 a 18.6.1987; DREIFUSS, 1989, p. 200-204).

A própria fragilidade do "Centrão" nesta fase, ainda mal articulado e organicamente dependente dos favores palacianos, indica as dificuldades de consolidação de um eixo político-partidário de ação na Constituinte. Os resultados negativos no primeiro anteprojeto de Constituição, Cabral I, levaram o empresariado a revisar sua estratégia de ação, abandonando o método indireto de pressão exclusiva sobre os parlamentares.

Aqui prevaleceram as articulações amplas criadas para as eleições de 1986, com destaque especial para a União Brasileira dos Empresários (UB). Por aglutinar as várias frações do capital, do financeiro e o industrial ao comercial e ao agrário, e reunir as mais diversas entidades patronais, a UB se qualificava para assumir a coordenação dos esforços empresariais na Constituinte, chegando a montar um escritório em Brasília, combinando o mapeamento político-ideológico dos parlamentares em torno dos diversos temas em pauta e a elaboração de estudos e propostas com a pressão direta e indireta, nas bases eleitorais, sobre o Constituinte. As federações, confederações e associações sindicais patronais se encarregariam dos contatos com o governo, com os diversos setores da burocracia e com os sindicatos de trabalhadores e suas centrais sindicais. Outras articulações intersetoriais atuavam em torno de demandas específicas, como a Frente Nacional de Defesa da Livre Iniciativa, a Frente Empresarial Mineira, o Fórum Informal dos Empresários, a Frente Ampla para a Agropecuária Brasileira e o Movimento Democrático Urbano (DREIFUSS, 1989, p. 109-156). Paralelamente, intensa campanha foi operacionalizada junto aos meios de comunicação de massa, como a grande imprensa, com o óbvio apoio das grandes empresas do setor, para "naturalizar" as teses empresariais na Constituinte, particularmente as teses liberais, e diminuir a resistência popular (FONSECA, 2005, p. 193-272). Em apoio a esta perspectiva, algumas entidades de maior visibilidade, como a Fiesp, a CNI e a

UDR, intensificaram os pronunciamentos públicos de suas lideranças, como formas alternativas de pressão e de convencimento da opinião pública.

Esta tática de "ação direta", determinada pela necessidade de "fazer política" em função da fragilidade dos partidos e das idiossincrasias do governo, levaram as principais lideranças empresariais a erigirem-se como "quase-constituintes", frequentando assiduamente os gabinetes parlamentares e plenários de votação, participando informalmente de comissões e concedendo entrevistas como se fossem deputados e senadores. Além disso, por diversas vezes lideranças empresariais, como Mário Amato, presidente da Fiesp, e Albano Franco, presidente da CNI, tentaram formalizar um pacto político-social com os sindicatos e as centrais sindicais, sem a participação do governo, nos quais se discutissem não só as questões relativas ao congelamento de preços e aos reajustes salariais, mas também à Constituinte. Particularmente, a estabilidade no emprego e a redução da jornada de trabalho preocupavam as lideranças empresariais, que propunham uma solução de compromisso em torno da questão. Obviamente, para os trabalhadores tal solução significava reduzir a amplitude das propostas incorporadas ao texto da Comissão de Sistematização, o que dificultou enormemente a efetivação de um acordo. As iniciativas neste sentido se limitaram aos reajustes salariais conquistados por diversas categorias acima dos índices da URP, conforme já assinalamos (OESP, 15.7.1987; BATISTA, 31.8.1987).

Até mesmo o capital externo, sempre tão discreto em sua movimentação política, mobilizou-se em defesa dos seus interesses na Constituinte. O conceito de empresa nacional, a questão da reserva de mercado na informática, a definição do papel das empresas estrangeiras na economia nacional e o monopólio estatal sobre setores estratégicos, como petróleo e derivados, preocupavam desde a embaixada norte-americana no país, que chegou a reunir executivos de empresas norte-americanas instaladas no país para atuar em defesa dos interesses dos Estados Unidos na Constituinte, até os executivos das mais variadas transnacionais. Por meio da Fiesp, as empresas transnacionais organizaram forte *lobby* para defender a presença do capital externo na economia nacional, por meio do argumento de que sem o seu apoio o país não conseguiria superar suas dificuldades econômicas (DREIFUSS, 1989, p. 191-193).

No entanto, das entidades defensoras dos interesses dominantes, a UDR era a mais "barulhenta" e agressiva, combinando ações *lobistas* na Constituinte com a coleta de recursos, o patrocínio de manifestações públicas – como bloqueio de estradas, carreatas e comícios – e declarações de seus dirigentes ameaçando os constituintes sobre a possibilidade de "convulsão" no país, caso as teses defensoras da reforma agrária fossem aprovadas. Em julho, mesmo com a incorporação da proposta de transferência para o Poder Judiciário do direito de decidir sobre a imissão de posse de um imóvel rural, tirando esta atribuição do Incra, no texto aprovado na subcomissão de reforma agrária da Comissão de Ordem Econômica da Constituinte – o que abria brecha para ações contestatórias na justiça –, a UDR voltou a promover uma grande manifestação em Brasília, só para se contrapor à Campanha Nacional pela Reforma Agrária, apoiada pelas entidades ligadas aos trabalhadores rurais. Dando uma demonstração de força e capacidade de mobilização, a UDR reuniu entre 30 mil e 40 mil pessoas (FSP, 12.7.1987; CB, 12.7.1987).

A virulência da UDR, que já havia gerado contradições com as outras entidades representativas dos interesses dominantes no campo, também trouxe-lhe problemas com as entidades empresariais que atuavam na Constituinte. Por diversas vezes, representantes de outras entidades empresariais solicitaram à UDR que esta atuasse em faixa própria na Constituinte, tentando distanciar-se de sua imagem negativa junto à opinião pública. No entanto, a luta contra a reforma agrária também interessava às outras frações burguesas, porque, no fundo, dizia respeito à concepção de propriedade privada e de liberdade econômica que prevaleceria na Constituinte. Por isso, apesar das divergências políticas, as classes dominantes agrárias conseguiram ampliar suas alianças com as outras frações do bloco no poder, criando articulações entre entidades, como a aliança UDR-MDU, ou entidades suprasetoriais, como a Frente Nacional de Defesa da Livre Iniciativa, que aglutinava desde a UDR até a União Brasileira de Empresários e a Fiesp (DREIFUSS, 1989, p. 135-156 e 199). Segundo Caiado, a Frente unificou uma posição no tocante à proposta de política agrícola e de reforma agrária apresentada na Constituinte, apesar de haver discordâncias quanto a negociações diretas junto ao governo, prática condenada pela UDR (FSP, 12.11.1987).

De todo modo, esta unidade explica por que a questão da reforma agrária foi tratada pelas mais diversas entidades empresariais e seus representantes políticos como uma questão de princípio ligada à defesa da ordem social burguesa. Ou seja, a defesa do direito de propriedade no campo, ameaçada pela perspectiva de desapropriação para reforma agrária, ligava-se organicamente à defesa do direito de propriedade em geral, independente de qualquer condicionamento social e/ou político. Outro eixo de ação era a defesa de uma política agrícola favorável aos produtores rurais. Articulada com entidades patronais, como a União Brasileira de Empresários e o Movimento Democrático Urbano, liderado pelo presidente da Bovespa (Bolsa de Valores de São Paulo), a UDR liderou uma campanha nacional pela anistia das dívidas dos pequenos e médios empresários, o que seria incorporado à Constituição (RUA, 1990, p. 295). De fato, ao ligar suas demandas corporativas às demandas universais do conjunto do bloco no poder, as classes dominantes agrárias conseguiram legitimar sua posição e ampliar seu poder de barganha frente à Constituinte e ao governo.

Diante da crise dos partidos autocráticos, das dificuldades de articulação conjunta do bloco no poder na Constituinte, dos limites do "Centrão" e da crescente perda de legitimidade e popularidade por Sarney, a posição dos militares, dentro e fora do governo, tendeu a se fortalecer. De um lado, os ministros militares intensificaram suas críticas públicas à Assembleia Constituinte, questionando diversos pontos aprovados, vetando outros e ameaçando com a possibilidade de intervenção militar. De outro lado, os setores militares de extrema direita, descontentes com o processo de transição e saudosos do antigo regime, partiram para uma ofensiva que envolveu, ao mesmo tempo, uma conspiração militar, o lançamento da candidatura do ex-presidente Figueiredo à sucessão presidencial e as pressões sobre a Constituinte.

Após o anúncio feito por Sarney de que pretendia obter um mandato de cinco anos da Constituinte, os ministros militares fecharam questão no apoio a esta tese, defendendo igualmente a manutenção do presidencialismo e vetando qualquer proposta de "diretas-já". Apesar das vitórias obtidas na definição das questões especificamente militares no Cabral I, o anteprojeto constitucional ainda trazia propostas inconvenientes, como o parlamentarismo, o *habeas-data*, a estabilidade no emprego, a jornada de seis horas para turnos ininterruptos e o próprio direito de greve. Para agravar o descontentamento militar, no substitutivo apresentado ao primeiro anteprojeto constitucional, o chamado Cabral II, o relator da Comissão de Sistematização rompeu o acordo com os militares e incluiu no novo anteprojeto a anistia aos militares perseguidos pelo regime de 1964, com a possibilidade de seu retorno aos quartéis e recebimento de indenizações, e alterou o artigo que definia as atribuições das Forças Armadas. Em vez de destinadas à defesa da pátria e à garantia dos poderes constitucionais, da lei e da ordem, as Forças Armadas passaram a ser destinadas apenas à defesa da pátria e à garantia da ordem constitucional e dos poderes constitucionais (Executivo, Legislativo e Judiciário), só podendo exercer estas funções mediante autorização expressa de qualquer um dos três poderes. Apesar de o presidente da República continuar sendo considerado o comandante supremo das Forças Armadas, a partir do novo texto qualquer um dos três poderes poderia convocá-las, não só o presidente da República, o que conferia enorme poder ao Congresso Nacional e ao Judiciário. Além disso, a garantia da ordem constitucional, termo muito menos abrangente e dado a interpretações subjetivas do que propriamente à "defesa da lei e da ordem", limitava a intervenção interna dos militares a uma situação real de crise institucional, e não a qualquer greve, ocupação de terra ou resultado eleitoral (MENDONÇA, 6.9.1987).

A reação do Exército, a maior das três armas e aquela com maior contingente de cassados, foi imediata. Rebatendo as críticas à intervenção aberta dos militares na Constituinte e à proposta da anistia aos militares cassados, o Exército divulgou uma nota em que manifestou claramente a supremacia das Forças Armadas sobre a Constituinte e sua intenção de reagir ao que chamou de "provocação" e de "confrontação que ameaçavam converter-se em crise terminal", numa evidência explícita da força e da permanência da tutela militar. Em agosto, o Exército fez divulgar no jornal *O Globo* a nota que dizia:

> O Exército está neste momento profundamente preocupado com a persistência do propósito, entre alguns parlamentares, de incluir na Constituição uma anistia irrestrita aos militares que foram cassados. Receia a instituição que a Constituinte esteja se deixando levar pela intransigência de setores radicais para uma confrontação que ameaça converter-se em crise terminal, no desfecho dos trabalhos da Constituinte. (...) O aborrecimento se agrava em face das acusações que se fazem de estar o Exército pressionando a Constituinte, quando de fato, o que aconteceu foi a designação de oito oficiais superiores, cuidadosamente pre-

parados durante dois anos para a tarefa de acompanhar a elaboração da Constituinte, e através do diálogo democrático, apresentar as razões do Exército nas questões que lhe dissessem respeito. (...) O certo é que está consolidada no Exército a decisão de em hipótese alguma acolher uma anistia que venha a pretender promoção plena (vale dizer, ao posto de Oficial General), ressarcimento ou reintegração. Nenhuma das três medidas será obedecida, se inserida na nova Constituição e esta, neste caso, estará nati-morta. Uma frase que circula nos meios militares, reflete o pensamento geral do Exército: "Uma anistia assim será uma provocação". (apud ON, 20.8.1987 a 26.8.1987)

Ainda no mesmo mês, em reunião ministerial convocada para discutir a redução do déficit público, o general Leônidas Pires pediu a palavra e fez duras críticas à Constituinte e ao novo anteprojeto, críticas devidamente divulgadas pelo governo. Imediatamente, o presidente da Comissão de Sistematização, senador Afonso Arinos (PFL-RJ), convocou reunião entre os ministros militares e parlamentares de diversas correntes, como Fernando Henrique (PMDB-SP), Luiz Henrique (PMDB-SC), Sandra Cavalcanti (PFL-RJ) e José Bonifácio de Andrada (PDS-MG), para atenuar a situação e evitar o impasse (MENDONÇA, 6.9.1987). Como resultado, até mesmo o representante da ala esquerda do PMDB, Fernando Henrique Cardoso, que criticou manifestação de Leônidas contra a Constituinte, passou a defender a necessidade de incorporar a defesa da lei e da ordem entre as atribuições militares, argumentando de forma sibilina que, num hipotético caso de realização de eleições num Estado que estivesse em situação de conflito interno, a Polícia Militar seria impotente para intervir e garantir o pleito eleitoral, cabendo este papel às Forças Armadas (ROSSI, 6.9.1987).

Além destes pontos, as Forças Armadas ainda rechaçavam a criação do Ministério da Defesa; o reexame dos efeitos dos sucessivos Atos Institucionais da época da Ditadura Militar pelo Judiciário; a restrição às pesquisas atômicas; a extinção do SNI e o acesso público aos fichários do órgão (direito de *habeas-data*); a aprovação das promoções ao generalato pelo Congresso Nacional; mudanças no serviço militar obrigatório e a criação de reservas indígenas em regiões de fronteira. E, em consonância com propostas do governo, defendiam a substituição do Conselho de Segurança Nacional por um Conselho da República, composto pelo presidente, por líderes políticos, pelos ministros de Estado, incluindo os militares, e pelos ex-presidentes que não haviam sido depostos, ou seja, Jânio Quadros, Ernesto Geisel, João Figueiredo e o próprio Sarney, no futuro. O direito do presidente da República convocar tropas estrangeiras para transitar ou permanecer provisoriamente no país em caso de crise institucional também era reivindicado, numa espécie de legalização tardia de iniciativas semelhantes à "Operação Brother Sam", efetuada no golpe de 1964 (LIMA, 20.8.1987 a 26.8.1987). A desenvoltura com que os militares passaram a interferir na Constituinte levou o general Leônidas a se pronunciar publicamente a respeito de outros temas, como na condenação da estabilidade no emprego – com a qual, aliás, também concordavam o PMDB e as várias frações burguesas –, considerada por ele elemento gerador de desemprego e, portanto, questão de segurança nacional (V, 29.7.1987).

No entanto, entre os setores da extrema-direita militar, a fragilidade do governo Sarney – e, portanto, também dos seus ministros militares – diante do ímpeto reformista da Constituinte, o agravamento da crise econômico-social com a explosão de greves e o achatamento salarial dos militares eram motivos suficientes para justificar uma articulação golpista que se desenvolveu em diversas frentes. De um lado, os militares e civis de extrema-direita agrupados na ABDD (Associação Brasileira de Defesa da Democracia), saudosos do antigo regime e no qual muitos deles possuíram altos cargos, passaram a articular a criação da União Nacional de Defesa da Democracia, entidade "civil" que buscava uma aproximação mais intensa com os meios empresariais e a divulgação de suas teses, porém, sem a marca demasiadamente identificada com o regime militar que a entidade-mãe possuía. Do lado empresarial, também foram realizadas iniciativas de aproximação com os meios militares, destacando-se a criação do Movimento Cívico de Recuperação Nacional (MCRN), animado por empresários que também atuavam em entidades como a UB, a Cedes, entre outras. Acusando o governo Sarney de inepto e os constituintes de incompetentes, de estarem sob a influência deletéria da esquerda, de privilegiarem seus interesses particularistas, em vez dos grandes interesses nacionais, etc., o discurso civil-militar visava à desqualificação da Constituinte perante a opinião pública e à anuência para uma solução de força (DREIFUSS, 1989, p. 156-174).

De outro lado, desencadeou-se uma série de iniciativas conspiratórias com vistas a fustigar o descontentamento militar com o governo e enfraquecer a autoridade dos ministros militares diante das respectivas corporações, por meio de manifestações públicas e atos de insubordinação contra os baixos-salários e a situação político-social. Destacam-se nestes episódios o "atentado" a Sarney no Rio de Janeiro, em junho, que, segundo várias interpretações, foi produzido pela extrema-direita militar para justificar um endurecimento do regime; a invasão da Prefeitura de Apucarana-PR por uma tropa liderada pelo capitão de Exército Luiz Fernando W. de Almeida para a divulgação de um manifesto contra os baixos salários militares; em outubro, a denúncia de que dois capitães do Exército, Jair Bolsonaro e Fábio Passos da Silva, planejavam detonar uma bomba na Esao (Escola de Aperfeiçoamento de Oficiais), no Rio de Janeiro, em protesto contra os baixos-salários; e uma conspiração visando à derrubada do governo envolvendo diversos militares da ativa e da reserva (CASTRO, 2.7.1987 a 8.7.1987; V, 2.12.1987).

Nesta conspiração, desdobrada a partir de setembro, até mesmo o ex-presidente Geisel, que ainda possuía grande prestígio entre os militares, foi procurado para apoiar a iniciativa. A recusa de Geisel contribuiu para esvaziar a operação, também porque este tratou de alertar lideranças do PFL, como Aureliano Chaves, Antonio Carlos Magalhães e até mesmo Marco Maciel, para manterem e reforçarem o apoio a Sarney (VITOR, 1.11.1987). O pedido contribuiu também para enfraquecer a posição de Maciel no PFL, que queria o afastamento do partido em relação ao governo, como vimos. No PMDB, o relatório elaborado pela área de informações do governo dando notícia da conspiração em marcha teve o efeito de "rachar" o partido mais ainda. Se, de um lado, para Covas e Fernando Henrique esta situação era uma prova irrefutável do vazio político imperante no país e da necessidade de antecipar as eleições presidenciais, para Ulysses Guimarães e os governistas do partido era mais uma razão para se apoiar Sarney e evitar o pior, o que garantiu a permanência de aliados "ulyssistas" no ministério na reforma ministerial de outubro (ROSSI, 8.11.1987).

Além disso, diversos indivíduos acusados de envolvimento nas iniciativas citadas acima – como Armando Falcão, César Cals, brigadeiro Délio Jardim de Mattos, todos ex-ministros dos governos militares, entre outros – passaram a articular a candidatura do ex-presidente Figueiredo à sucessão presidencial. Depois de longo tempo de silêncio, Figueiredo volta à cena política em abril, por ocasião da celebração pelo 23º aniversário do golpe de 1964, criticando o governo e os rumos da transição. A partir de então, iniciou-se um movimento visando referenciar-se como alternativa política ao quadro de crise de hegemonia, capaz de liderar uma articulação conservadora que o guindasse de volta ao poder, fosse pela via eleitoral, fosse por meio de um novo golpe. Seu nome chegou a ser incluído entre os que participavam da conspiração contra Sarney. Através de inúmeras entrevistas e aparições públicas organizadas por seus apoiadores, o ex-presidente comparou o seu governo com o atual, fez duras críticas a Sarney por corrupção e incompetência administrativa e emitiu, ainda, opiniões sobre diversos assuntos, como a Constituinte, os planos econômicos, etc. (LIMA, 28.5.1987 a 3.6.1987; V, 15.7.1987b). Figueiredo demarcou sua posição política como alguém capaz de por "ordem na casa", comportando-se como candidato à presidência da República e chegando, inclusive, a montar um escritório político no centro do Rio de Janeiro, onde recebia seus apoiadores e organizava sua campanha (DREIFUSS, 1989, p. 176-179).

Diante da crise militar, os ministros militares reagiram de forma combinada. De um lado, fizeram o uso seletivo de suas atribuições hierárquicas, pois puniram os militares da ativa envolvidos em tais episódios com prisões disciplinares e inquéritos militares, que no final não deram em nada, e não tocaram nos militares da reserva ou naqueles ligados ao governo anterior, numa perspectiva de acomodação com as frações militares que caíram em 1985. Evidenciando explicitamente este compromisso, o comando militar do Sudeste puniu com prisão domiciliar de dez dias o coronel da reserva Geraldo Cavagnari Filho, pesquisador do Núcleo de Estudos Estratégicos da Unicamp e tradicional crítico da tutela militar, por este ter afirmado em entrevista que havia uma conspiração da extrema-direita militar em marcha e que, ao não punir o ex-presidente Figueiredo por suas declarações, o general Leônidas demonstrava não ter controle sobre a tropa (FSP, 29.10.1987; V, 2.12.1987).

De outro lado, os militares usaram a crise para se fortalecer frente ao governo e para pressionar ainda mais a Constituinte com a tese de que um golpe da extrema-direita poderia ser ainda pior que a tutela militar vigente. À solenidade de lançamento público da UNDD, ocasião em que esta se comprometeu com a luta pelo "direito natural à propriedade", "a liberdade de iniciativa" e o "combate à subversão comunista", os ministros militares não compareceram, mas justificaram suas ausências e enviaram uma saudação (DREIFUSS, 1989, p. 170). À revelia de Bresser Pereira, Sarney concedeu aumento salarial aos militares graças à intervenção dos ministros militares. A repressão aos movimentos grevistas continuou atuando, como na ocupação militar da CSN (Companhia Siderúrgica Nacional), em agosto, no ataque a tiros aos trabalhadores em greve na Usina de Itaipu, em setembro; nas manobras militares efetuadas em usinas da Cesp (Centrais Elétricas de São Paulo), em São Paulo, como prevenção à greve; e na invasão de uma sede do Incra no interior do Rio de Janeiro, com a prisão de seus funcionários (BOITO JR., 1991, p. 73; VITOR, 4.12.1987; FSP, 8.12.1987 e 9.12.1987). No almoço de final de ano com os militares, Sarney reafirmou que fazia a transição com os militares, nunca contra eles, e criticou os que queriam a "terra arrasada" para desestabilizar seu governo. Falando pelos militares, o ministro da Aeronáutica declarou:

> É assim que empenhamos a vossa excelência apoio para embates que ainda poderá enfrentar. Estaremos vigilantes quanto à postura e passos que mistifiquem a vontade geral e que em nome do primado da democracia visem a ela mesma destruir. Se a liberdade e a democracia são objetivos da nação brasileira, nós, povo brasileiro que somos, tudo faremos para atingi-los. (OESP, 18.12.1987).

Os trabalhadores e as forças de oposição

As dificuldades de aglutinação do bloco no poder e do campo conservador, com a exacerbação da tutela militar, favoreceram a movimentação política e social das classes subalternas nesta conjuntura, fortalecendo a perspectiva de oposição ao governo e seus aliados. Esta situação reforçou a crise de hegemonia, pois se apresentaram na arena da disputa política projetos históricos alternativos aos do bloco no poder, que iriam além de seu horizonte político.

No plano corporativo, o movimento sindical foi capaz de atenuar o impacto compressivo do Plano Bresser sobre os salários por meio da intensificação do movimento grevista, inserindo inúmeras categorias tradicionalmente menos mobilizadas nesta dinâmica, principalmente aquelas ligadas ao setor não-industrial, como trabalhadores dos transportes, dos estabelecimentos de ensino e saúde, do setor de limpeza, além de comerciários e trabalhadores de empresas de serviços, em geral. Diversas categorias conquistaram reajustes acima do previsto pelo plano, recuperando parte das perdas salariais. Como já ressaltamos, os funcionários públicos iriam ampliar sua participação proporcional no movimento grevista, tanto porque o governo federal seguiu à risca os mecanismos compressivos de reajuste previstos pelo Plano Bresser, não cedendo nada além disto, como porque os Estados e municípios sequer cumpriram o estabelecido, não pagando ou pagando com atraso ou parcialmente os reajustes previstos pela URP. Para completar, a repressão militar se abateu sobre inúmeras categorias de servidores públicos em greve, principalmente os federais (NORONHA, 1991, p. 117-120).

Esta situação contribuiu para radicalizar o movimento sindical e fortalecer a posição das centrais sindicais, principalmente a CUT, na defesa dos direitos sociais e trabalhistas na Constituinte e na recusa em participar dos sucessivos "pactos" sugeridos pelas entidades patronais para solucionar o impasse na Constituinte (OLIVEIRA, 2.8.1987). Com isto, conseguiu-se dificultar os ataques do "Centrão" e do campo conservador aos direitos dos trabalhadores na Constituinte, garantindo-se a manutenção de inúmeros deles, mesmo que parcialmente reduzidos em diversos casos.

Apesar disso, as divergências entre a CUT e a CGT no movimento sindical se mantiveram, pois, enquanto a primeira se engajou totalmente na campanha pelas eleições diretas, que incluía a proposta de não-pagamento da dívida externa, e participou ativamente do esforço de articulação e mobilização em torno das emendas populares enviadas à Constituinte, a segunda recusou-se a misturar a pauta política à pauta sindical. Esta divergência implicou que a proposta conjunta de convocação de uma greve geral para agosto de 1987 desse margem à divisão. A principal discordância visível se deu em função da data, pois a CUT queria que a greve geral ocorresse concomitante ao envio das emendas populares à Constituinte, fortalecendo paralelamente esta frente de atuação, com o qual a CGT não concordava (TAVARES, 26.7.1987). A divisão do movimento sindical na greve geral contribuiu para enfraquecer a iniciativa e tirar-lhe parte do poder de pressão, situação reconhecida pelo próprio PT (BNPT, set. 1987).

Na verdade, esta divergência revelava o avanço dos setores ligados ao chamado "sindicalismo de resultados" na CGT, liderados por Luiz Antonio Medeiros e

Antonio Rogério Magri e fortemente vinculados às entidades empresariais que atuavam na constituinte, em detrimento das tradicionais lideranças pelegas, como Joaquim dos Santos Andrade, e da esquerda comunista que atuava em seu interior (PCB, PC do B e MR-8). Tal situação levaria ao "racha" da entidade em 1988-89 (RODRIGUES, 1991, p. 37-38).

No plano da disputa política mais geral, duas iniciativas se destacam: a campanha pelas eleições presidenciais e a mobilização em torno das emendas populares à Constituinte. Desde abril, sucederam-se os comícios que marcam uma nova fase na campanha das diretas (FSP, 25.4.1987). Como vimos, desde 1985 os partidos de esquerda e entidades dos movimentos sociais vinham defendendo, sem sucesso, eleições presidenciais imediatas. Esta tese ficou marginalizada politicamente na fase das reformas institucionais (1985) e durante o Plano Cruzado (1986), mas a insatisfação com o governo advinda da crise do Cruzado e a possibilidade de definição do mandato de Sarney na Constituinte fortaleceram a tese das diretas, de início convocada separadamente de um lado por PT e CUT, em especial, e pelo PDT, de outro; com o passar dos meses, as iniciativas foram unificadas, reunindo os dois maiores partidos de esquerda, o PV, o PSB, além da CUT, diversas entidades da sociedade civil, como OAB, ABI e UNE, e mesmo partidos que até pouco tempo antes davam sustentação ao governo, como o PC do B, o PCB e parlamentares do PMDB (FSP, 13.7.1987, 18.7.1987a e 14.12.1987; BERABA, 11.9.1987).

Com dezenas de comícios, realizados em diversas capitais e cidades do país, a campanha conseguiu pressionar a Constituinte a ponto de a proposta de quatro anos de mandato para Sarney voltar com força aos debates constituintes e ser inserida no Cabral III (DREIFUSS, 1989, p. 203). No PMDB, a campanha das diretas reforçou a posição dos defensores de eleições em 1988, o que não impediu que vários fossem sonoramente vaiados no comício de Brasília, mas isso não foi capaz de levar Ulysses Guimarães a apoiá-la e romper seu acordo com o governo. O "Senhor Diretas" já não merecia mais esta alcunha (V, 15.7.1987a).

Outra iniciativa política importante foram as emendas populares. Previstas pelo regimento interno aprovado em abril, as emendas populares poderiam ser apresentadas como substitutivas ao anteprojeto da Comissão de Sistematização mediante a assinatura de, no mínimo, 30 mil eleitores, organizada por três entidades da sociedade civil legalmente reconhecidas. A Articulação Nacional de

Entidades para Mobilização Popular na Constituinte reuniu grande parte das entidades participantes do processo de mobilização pelas emendas populares, aglutinando desde a CNBB e as centrais sindicais, até a ABI (Associação Brasileira de Imprensa), a CPT (Comissão Pastoral da Terra), o CIMI (Conselho Indigenista Missionário), o Andes (Associação Nacional dos Docentes do Ensino Superior), a UNE e a Confederação Nacional das Associações de Moradores. Duas dezenas de emendas foram apresentadas sobre questões como organização sindical e direito de greve, dívida externa, participação popular, papel do Estado na economia, direitos trabalhistas, direitos da criança e do adolescente, papel das forças armadas, reforma urbana e reforma agrária, entre outras, todas elas com um forte conteúdo popular e antiautocrático (TAVARES, 26.7.1987).

As "vedetes" foram as emendas sobre os direitos da criança e do adolescente e sobre a reforma agrária, que envolveram ampla mobilização popular e recolheram milhares de assinaturas. A emenda sobre os direitos da criança e do adolescente, a primeira a chegar à Constituinte, foi patrocinada pelas diversas Comissões Estaduais "Criança e Constituinte", reunindo mais de 1,2 milhão de assinaturas (CB, 31.5.1987). Segundo Medeiros (1989, p. 203), a emenda popular sobre reforma agrária foi apresentada à Constituinte a partir de uma campanha nacional organizada por entidades ligadas à luta pela reforma agrária, como Contag, CPT, MST (Movimento dos Trabalhadores Rurais Sem Terra), CUT e CIMI, entre outras e contou com mais de 1,5 milhão de assinaturas. Na Constituinte, estas emendas contribuíram para dar enorme legitimidade popular a diversos direitos sociais e trabalhistas incorporados à Constituição e para fortalecer o confronto com as posições do "Centrão".

Os partidos de esquerda, que compunham o bloco mais combativo contra o "Centrão" na Constituinte, reforçaram sua postura de oposição ao governo Sarney e aos partidos da Aliança Democrática e aprofundaram o conteúdo antiautocrático de sua proposta programática. Além da defesa dos interesses populares na Constituinte e das críticas à política econômica, a campanha das diretas foi sua principal bandeira política neste período. Paralelamente, emergiram no processo as candidaturas presidenciais de Lula e Brizola.

Em julho de 1987, o PDT realizou o 1º Congresso Brasileiro do Socialismo Democrático. No evento, o partido divulgou o "Alerta à Nação", no qual reafirmou sua posição oposicionista diante do governo e da Aliança Democrática, acusando-os de abandonar os princípios democráticos e de utilizar o "entulho autoritário" para impor o arrocho salarial aos trabalhadores e garantir cinco anos de mandato para Sarney. Além disso, denunciou a proposta parlamentarista na Constituinte como manobra para fraudar o voto popular e transformar as eleições diretas numa farsa, reivindicando a urgente substituição de Sarney e a realização de eleições presidenciais até 15 de novembro de 1988, no máximo (PDT, 1987, p. 6).

Em termos programáticos, o partido apresentou uma série de propostas de governo e para a Constituinte. Na "Proclamação do PDT à Nação brasileira", o PDT criticou mais uma vez o "parlamentarismo exótico" e defendeu a escola pública em tempo integral; a descentralização das atribuições e recursos aos Estados e municípios; uma reforma tributária que taxasse a riqueza, a renda e a herança; a integridade do monopólio estatal do petróleo e das áreas estratégicas; a valorização da empresa genuinamente brasileira, particularmente a pequena e a média; a imediata auditoria da dívida externa; programas de colonização, assentamento e desenvolvimento agrícola para assegurar o acesso dos despossuídos à terra; subordinação das relações com o capital externo aos interesses da economia nacional; além de direitos sociais como habitação, saúde e saneamento básico. No plano dos direitos trabalhistas, defendeu a estabilidade no emprego, o direito de greve, a redução da jornada de trabalho, a participação dos trabalhadores nos lucros e na gestão das empresas, o direito de sindicalização e a unicidade sindical (PDT, 1987, p. 7).

Apesar do apoio à unicidade sindical, os sindicalistas do partido aprovaram nota na qual defenderam seu alinhamento com a CUT e sua pauta de reivindicações, por considerá-la uma central combativa, comprometendo-se a apoiar a greve geral de agosto. Em discurso pronunciado na ocasião, Leonel Brizola, presidente nacional do partido, corroborou as críticas a Sarney e à proposta parlamentarista, defendeu a unidade com "Lula e Covas" na Constituinte, mas levantou a possibilidade de o partido não assinar a Constituição caso se mantivessem as ameaças aos interesses populares. Finalmente, vislumbrando sua candidatura presidencial e procurando "aparar as arestas" com os militares, Brizola afirmou que os mesmos não tinham tradição de sustentar "governos civis impopulares e carentes de legitimidade", como o de Sarney (PDT, 1987, p. 5). Em declarações dadas à imprensa, chegava a levantar a possibilidade de uma aliança eleitoral com o PSB (JORGE,

23.6.1987). Apesar do descontentamento de lideranças como Saturnino Braga e Moema Santiago com o excessivo centralismo de Brizola na condução do partido, sua candidatura era tida como certa, até mesmo pelos militares, que tanto a receavam. De fato, Brizola era um candidato forte. Segundo pesquisa realizada pelo Ibope, em julho, a preferência por Brizola atingia 28,9% dos eleitores, contra 20,5% para Aureliano Chaves e 17,8% para Franco Montoro (BERABA, 11.9.1987).

Esta situação dificultou a aproximação com o PT, que já tinha lançado seu candidato, mas que desconfiava de que Brizola pudesse usar a campanha das diretas como trampolim para sua candidatura. Além disso, também havia o receio de que Brizola quisesse compor sua chapa presidencial com um político conservador para anular as resistências militares ao seu nome, o que significaria rebaixar o PT numa hipotética aliança eleitoral (MARANHÃO, 1.6.1987). Na verdade, o PT não só já tinha candidato, como vislumbrava encabeçar uma aliança de oposição. De todo modo, PT e PDT passaram a organizar conjuntamente a campanha das diretas, com Lula e Brizola partilhando o palanque em diversos comícios.

Também em julho, o PCB realizou o seu 8º Congresso Nacional. A manutenção do apoio ao governo Sarney, a orientação tática de apoio à frente democrática e a questão do mandato presidencial polarizaram os debates e dividiram as distintas posições no congresso, o que se manifestou, inclusive, no número inédito de candidatos a presidente: três. Pela corrente majoritária, concorreu Salvador Malina, apoiado por parte da burocracia partidária; pela ala "renovadora", de extração eurocomunista, concorreu Roberto Freire; e pela esquerda concorreu Geraldo Rodrigues. Setores do partido no Rio Grande do Sul, em Brasília e em Pernambuco, inclusive o candidato Geraldo Rodrigues, defendiam o rompimento com o governo Sarney e o apoio a uma "frente de esquerda", que reuniria os partidos de esquerda de oposição e setores, não a totalidade, do PMDB (LOPES, s. d.).

Estas posições já vinham se manifestando no partido desde o ano anterior, porém sem capacidade de alterar a linha política dominante. No entanto, na conjuntura de 1987, esta posição se fortaleceu, particularmente em função do comportamento conservador do governo e da maioria do PMDB. Apesar da vitória do candidato da direção nacional, Salvador Malina, à presidência do partido e do predomínio das teses tradicionais, o PCB aprovou a defesa de um mandato de quatro anos para Sarney, declarou que o apoio ao governo era condicionado à continuidade da transição e abriu a possibilidade de uma futura composição com as outras forças de esquerda ao incluir o PT no rol dos aliados eleitorais preferenciais e propor a unificação entre CUT e CGT (ABRAMO, ago. 1987). No plano estratégico, a tese do apoio à frente democrática foi mantida e aperfeiçoada com a fórmula de construção de um "bloco histórico democrático", baseado numa política de alianças amplas e no compromisso com uma "política para a democracia na perspectiva do socialismo" (apud SEGATTO & SANTOS, 2007, p. 46).

O PC do B, que já tinha rompido com o governo em janeiro e engrossava as forças de oposição, manteve sua posição política. Numa "Carta aberta ao Sr. José Sarney", acusou o governo de estar desmoralizado e submetido às Forças Armadas, criticou o fim do "gatilho salarial", defendeu eleições presidenciais em 1988 e uma Constituição que garantisse direitos e justiça aos trabalhadores e independência ao país. Porém, diferentemente da maioria das outras forças de oposição que participavam da campanha das diretas, defendeu o regime parlamentarista associando o presidencialismo ao militarismo e por considerar que o parlamentarismo defendia a nação contra crises e ameaças de golpes militares, além de aumentar o interesse popular pela discussão dos temas políticos (PC do B, s. d.).

No PT, o ano de 1987 marcou o amadurecimento político-programático do partido, por um lado, e o reforço do viés eleitoral na sua ação política, por outro, numa contradição que revelava seu dilema institucional. Em agosto, Lula foi lançado candidato do PT à presidência da República pelo Diretório Nacional. A partir de então, além da campanha das diretas, da atuação em defesa dos direitos dos trabalhadores na Constituinte e da oposição ao governo Sarney, o PT também dedicaria suas forças ao fortalecimento da sua candidatura presidencial e à definição de um programa de governo. Como parte deste esforço de fortalecimento de sua liderança política, Lula chegou a proferir conferência na ESG (Escola Superior de Guerra), tradicional reduto do pensamento conservador, responsabilizando o governo e os partidos da Aliança Democrática pela crise vivenciada pelo país, condenando a estrutura agrária concentradora, defendendo a auditoria e a suspensão do pagamento da dívida externa e afirmando o compromisso do PT com a democracia e com a ampliação da participação popular. Por fim, alertou que as soluções antidemocráticas não resolveriam a crise, dando um recado aos setores militares seduzidos pela tentação golpista (BNPT, jul. 1987). Em dezembro, a candidatura Lula foi confirmada pelo 5º Encontro Nacional.

Neste encontro, o PT avançou em sua formulação política aprofundando temas e questões presentes em suas elaborações desde a sua fundação, mas articulando-os como um projeto político estratégico, conferindo-lhes um caráter de unidade coerente com a perspectiva majoritária do partido. Com a inclusão de algumas emendas, o projeto aprovado foi a tese apresentada pela Articulação, denominada "Por um PT de massas, democrático e socialista". Este projeto, denominado Programa Democrático Popular, foi apresentado não só como programa de governo, mas como pauta para a ação do partido na Constituinte e na luta política. De caráter eminentemente reformista, apesar de antiautocrático e radical nas condições do padrão de acumulação vigente no Brasil, o Programa Democrático Popular alimentava a perspectiva de reformar o capitalismo brasileiro. As propostas de cunho antimonopolista, antiimperialista e antilatifundiário que o PT defendia desde sua fundação, algumas até de caráter anticapitalista, foram articuladas com a necessidade de reversão do modelo econômico vigente, baseado na concentração de renda e poder e na dependência externa (PT, 1987b). Segundo as resoluções do 5º Encontro:

> O PT pretende indicar um horizonte alternativo capaz de assegurar reformas estruturais que – mesmo dentro do capitalismo – permitam um novo tipo de desenvolvimento. Não basta dizer que é preciso voltar a crescer. É preciso repensar a qualidade do desenvolvimento. (PT, 1987d)

Apesar do caráter reformista do programa, pela primeira vez a construção do Socialismo emergia como objetivo estratégico do partido, juntamente com a conquista do poder, porém configurados como momentos distintos. Nesta linha de elaboração, o Programa Democrático e Popular afirmava o não-antagonismo entre reforma e revolução, recusando o "socialismo de partido único", defendendo o princípio do pluralismo socialista e a necessidade de os trabalhadores tornarem-se "classe dominante e hegemônica" para iniciarem a construção do socialismo. Afirmando-se como um partido de massas, democrático e socialista, evitando a polaridade entre partido de quadros e partido de massas e se afirmando como "partido de quadros organizadores", o PT pretendia diferenciar-se da tradição leninista, tanto no aspecto da organização partidária, quanto na orientação estratégica de ruptura com o Estado burguês, identificando-a simplificadamente com a experiência histórica do stalinismo na URSS e nos outros países do Leste Europeu (PT, 1987b). Na verdade, esta formulação acerca do caráter do PT indicava a supremacia interna da Articulação sobre as correntes marxistas no interior do partido – que pretendiam transformá-lo num partido revolucionário – ao combinar sua definição estratégica com a inserção do mesmo na institucionalidade.

Porém, para viabilizar a execução desta perspectiva, o PT defendia a conformação de dois tipos de aliança: uma tática, outra estratégica. A aliança estratégica pressupunha a criação de uma frente única classista, baseada numa aliança social ampla entre os trabalhadores assalariados e os setores médios, incluindo-se os pequenos proprietários, que tivessem contradições com a burguesia. Esta aliança, de longo prazo, daria sustentação a um governo democrático popular e ao lançamento das bases para uma transição socialista. Nesta formulação, o PT se diferenciava claramente das outras forças de esquerda que vislumbravam variados graus de aliança com as frações nacionais do grande capital, como o PCB, o PC do B, o MR-8 e os próprios partidos de corte mais moderado como o PDT e o PSB. O movimento sindical adquiria centralidade na proposta petista como principal instrumento da política de alianças, defendendo o fortalecimento da CUT, apesar de rejeitar a "transformação dos sindicatos em apêndices de partidos" (PT, 1987b).

A criação de uma frente democrática e popular era o eixo de uma aliança tática com as bases dos partidos comunistas, socialistas e de trabalhadores, a vigorar já na campanha eleitoral de 1988. Porém, no plano eleitoral, o PT reafirmava sua intenção de sempre disputar eleições com candidatura própria, visando à construção de sua própria força eleitoral, mas sem descartar a possibilidade de criação de alianças, frentes ou coligações eleitorais com o PC do B, o PSB, o PH e o PV, e dependendo da situação com o PCB e os dissidentes do PMDB. Com o PDT, a aliança eleitoral deveria ser analisada "ponto a ponto". Na questão do movimento popular, o partido defendia sua autonomia frente aos partidos e ao Estado e denunciava a utilização das tradicionais práticas clientelistas, assistencialistas e eleitoreiras pelas forças políticas conservadoras, porém, afirmava a intenção de disputar a hegemonia política em seu interior (PT, 1987b).

Na formulação do 5º Encontro, o movimento popular era claramente subestimado em favor do movimento sindical, este, sim, considerado instrumento estratégico na efetivação da política de alianças petista. Esta situação revelava o impacto transformista das reformas institucionais de 1979-1980 sobre o movimento social dos trabalhadores, particularmente a reforma sindical e a reforma partidária, pois havia reforçado o fracionamento entre luta popular, luta sindical e luta partidária que vinham sendo negadas na prática pelos trabalhadores desde a emergência do protesto popular no final dos anos 70 (MACIEL, 2004, p. 207-261). Revelava, ainda, a persistência de uma concepção politicista, de matriz liberal, no próprio movimento social dos trabalhadores, pois se de um lado o PT defendia a autonomia dos movimentos sindical e popular diante dos partidos e do Estado, de outro afirmava que não era "braço parlamentar" dos mesmos, rejeitando a noção de que o partido era reflexo dos movimentos, cabendo a ele a tarefa de dirigi-los politicamente. Esta formulação reproduz a distinção orgânica entre a dimensão econômico-corporativa e a dimensão político-ideológica da luta de classes alimentada pela própria legalidade burguesa e pelo Estado.

Além disso, o privilegiamento do movimento sindical em detrimento do movimento popular revela a submissão à lógica autocrática implícita na separação entre interesses corporativos e interesses políticos gerais, fundamento do *transformismo em sentido amplo* operado pelo Estado, e a valorização de um instrumento de luta, a CUT, que já manifesta neste período a germinação de um processo de burocratização e centralização, como a própria luta pela mudança nos estatutos da entidade no II Concut, de 1986, havia evidenciado. Como veremos, esta mudança, pretendida pela Articulação Sindical, ocorreria no III Concut, em 1988, reforçando este processo.

Finalmente, no 5º Encontro a candidatura presidencial de Lula foi confirmada pelo partido, dando à questão eleitoral uma centralidade ainda não vista na trajetória do PT. Na "Carta aberta ao povo brasileiro", o partido apresentou a candidatura de Lula, criticou o governo Sarney e reconheceu que, graças à luta dos trabalhadores e do povo brasileiro, algumas reivindicações populares foram incluídas no projeto da Comissão de Sistematização. Porém, segundo o documento:

> Isto não está garantido. Todos sabem como os conservadores, os reacionários, reagiram a estes resultados: organizaram o tal centrão e modificaram as regras do jogo no Congresso Constituinte. Ninguém pode aceitar este caminho. Vamos garantir os direitos do povo na Constituição. (...) Trabalhar pela candidatura Lula é lutar pela conquista desses direitos. (PT, 1987c)

Ora, segundo esta resolução, a candidatura de Lula ocupava o centro da tática política do partido na conjuntura, subordinando todo o processo de mobilização popular e pressão política sobre a Constituinte e sobre a luta social em geral, o que contradizia as críticas que o PT sempre fez aos vícios do eleitoralismo e do privilegiamento da inserção institucional em detrimento da mobilização social entre os partidos de esquerda. Esta situação revelou uma contradição presente no partido desde o início, como indicara, por exemplo, a subordinação dos núcleos de base às candidaturas partidárias em 1982 (MACIEL, 2004, p. 275-276), mas que agora revelava contornos mais nítidos. Além disso, tal situação manifestou o germe do processo de *integração passiva à ordem*, conforme definição de Dias (1996), que se desenvolveria plenamente a partir dos anos 90, com o abandono do objetivo socialista, o fortalecimento do viés institucional, eleitoreiro e burocrático, em prejuízo da articulação orgânica com os movimentos sociais. Finalmente, indicou a pequena disposição do PT de participar de qualquer coligação partidária na disputa presidencial sem indicar a cabeça da chapa, dificultando a perspectiva de composição de uma ampla aliança entre as forças de esquerda, particularmente com o PDT.

Este redirecionamento tático e estratégico do partido no 5º Encontro Nacional não foi consensual, pois, na verdade, significou a vitória da corrente Articulação na disputa interna. As correntes marxistas que atuavam no interior do PT criticaram como etapista a formulação aprovada que concebia a conquista do poder e a construção do socialismo como momentos distintos, além de o próprio programa democrático popular não ultrapassar o horizonte histórico do capital (SILVA, 2000, p. 205).

No entanto, a derrota destas correntes no interior do PT já vinha se configurando desde o ano anterior, quando a Articulação impôs o fim do "entrismo" no partido. Meses antes do 5º Encontro, a polêmica sobre as tendências continuava.

Em julho, a decisão de parte da corrente "O Trabalho" (trotskista) de fundir-se à Articulação era saudada por um dirigente desta última, que, ato contínuo, condenava o restante que decidiu manter sua posição (GREENHALGH, jul. 1987). No mês seguinte, outros membros da Articulação desqualificavam a autocrítica feita pelo PRC, que admitiu que o PT "não podia ser entendido apenas como um partido institucional", pois, mesmo assim, o agrupamento ainda mantinha sua tática "entrista" (POMAR & PRADO, 1987). Confirmando a orientação tomada anteriormente pelo Diretório Nacional, o 5º Encontro aprovou a resolução sobre a regulamentação das tendências, em mais uma tentativa de enquadramento das correntes marxistas à disciplina partidária, pois, de agora em diante, as tendências ficavam proibidas de possuir uma política de finanças própria, de dirigir-se à sociedade de forma independente e deviam funcionar como correntes internas de opinião, e não como partidos infiltrados dentro do PT. Qualquer divergência deveria ser remetida às instâncias partidárias, nas quais, obviamente, a Articulação detinha o controle (PT, 1987e). O controle da Articulação sobre o partido foi ainda reforçado com a derrota da proposta que defendia a representação proporcional nas direções executivas partidárias de todas as chapas que tivessem mais de 10% dos votos. Sem a proporcionalidade, a chapa vencedora tem direito de compor a direção sozinha, particularmente a Executiva Nacional (SILVA, 2000, p. 192-193). Deste modo, a vitória da Articulação na luta interna foi determinante na orientação tática e estratégica assumida pelo PT nesta fase.

Do Cabral I ao Cabral III: "acomodação à direita"

Conforme já assinalamos, o primeiro anteprojeto oriundo da Comissão de sistematização, o Cabral I, foi o mais avançado em direitos democráticos e sociais produzido durante toda a Constituinte. Entre junho e novembro, as pressões cruzadas das diversas classes e frações fizeram o texto ser modificado em diversos aspectos, com a inclusão e a supressão de emendas, predominando uma tentativa de acomodação com os interesses conservadores, apesar da resistência das forças de esquerda. Esta perspectiva foi resultado da intensificação das pressões do campo conservador, do governo e do bloco no poder sobre a Constituinte, apesar do predomínio da dispersão dos esforços e iniciativas que levou à explicitação da tutela militar.

Em diversos pontos, direitos sociais e trabalhistas foram mantidos, mas sua abrangência e conteúdo foram limitados, evidenciando uma estratégia adotada pelos setores liberais-moderados e de esquerda do PMDB, partido majoritário, os quais, diante das pressões dos setores conservadores, de um lado, e da mobilização popular, de outro, optaram por este movimento de "acomodação à direita". Pensavam que, deste modo, poderiam evitar o descrédito público e a hostilidade dos movimentos sociais e, ao mesmo tempo, preservar seus canais de articulação junto ao bloco no poder e o governo. Como veremos, esta estratégia seria intensificada após o golpe do "Centrão", com a mudança do regimento interno em janeiro de 1988. Do Cabral I ao Cabral III, o princípio da estabilidade no emprego foi transformado em garantia contra a demissão imotivada; a jornada de trabalho foi aumentada de 40 para 44 horas semanais; o pagamento em dobro das férias caiu para o acréscimo de apenas 1/3; a licença-paternidade caiu de dez para cinco dias; a imprescritibilidade dos direitos trabalhistas caiu para dois anos após o término do contrato de trabalho; a hora extra foi restabelecida, com pagamento em dobro; o princípio da unicidade sindical foi restabelecido plenamente, com a possibilidade de existência de apenas um sindicato por categoria na base territorial (JD, 1987c).

Como já assinalamos, em outros pontos houve reversão de vitórias obtidas pelo campo conservador no Cabral I, como a redução do mandato presidencial para quatro anos; a limitação do papel dos militares; o estabelecimento da obrigatoriedade no cumprimento da função social também para as terras produtivas, entre outros (MENDONÇA, 6.9.1987; DREIFUSS, 1989, p. 194-195 e 203). Além disso, para o campo conservador, diversas modificações à direita feitas no Cabral III ainda eram insuficientes. A exemplo disso, para o "Centrão" a jornada de trabalho deveria ser de 48 horas; a demissão imotivada poderia ocorrer mediante pagamento de indenização proporcional ao tempo de serviço; a imprescritibilidade do direito trabalhista deveria limitar-se a dois anos após a violação do direito, e não a dois anos após o término do contrato de trabalho; a hora-extra deveria ser paga com acréscimo de apenas 50%, e não em dobro; a unicidade sindical deveria valer apenas para os sindicatos patronais, e não para os trabalhadores, sendo que aqueles é que escolheriam o sindicato de empregados com os quais iriam negociar (JD, 1988a). Diante desta situação, os trabalhos constituintes foram-se prorrogando, surpreendendo aqueles que imaginavam que até o final de 1987 a nova Constituição já estaria promulgada. Para o campo conservador, o governo e o bloco no poder, a batalha da Constituinte ainda não estava ganha, exigindo lances mais ousados.

Do fim da Aliança Democrática ao golpe do "Centrão" na Constituinte

Após a convenção do PMDB, em julho, Sarney passou a buscar uma recomposição de sua base de apoio em favor do "Centrão" e em detrimento do PMDB. Isto porque a solução encontrada pelo partido, deixando para os constituintes peemedebistas a decisão sobre a duração do mandato presidencial e a forma de governo, não era a ideal para Sarney, pois obrigava-o a "sair a campo" negociando separadamente com lideranças do partido e parlamentares o apoio às suas teses. Além disso, as dificuldades econômicas, a hostilidade de lideranças empresariais que pregavam abertamente o encurtamento de seu mandato, o próprio "afastamento" de setores do PFL em relação ao seu governo e o caráter "gelatinoso" do "Centrão" dificultavam o estabelecimento de uma base sólida de apoio político no Congresso e na Constituinte. Deste modo, para Sarney a Aliança Democrática tornou-se um estorvo, pois, ao "prender" o governo ao PMBD e ao PFL, dificultava a formação de uma base de apoio por cima das filiações partidárias. Desde julho, o "Centrão" reivindicava nada menos que quatro ministérios; o controle do atendimento dos pedidos feitos pelos municípios ao governo federal e de boa parte dos cargos federais nos Estados; a formação de um corpo de vice-líderes do governo no Congresso e na Constituinte, além de quinze cargos de importância no segundo e no terceiro escalões. Os ministros "ulyssistas" tornaram-se o alvo principal, já que a esquerda do PMDB já vinha sofrendo perseguições desde o semestre anterior. Raphael de Almeida Magalhães, ministro da Previdência, era acusado pelo "Centrão" de não atender às reivindicações do bloco, enquanto Renato Archer, ministro da Ciência e Tecnologia, sofria constantes revezes na guerrilha interna contra o projeto das ZPE's de José Hugo Castelo Branco, ministro da Indústria e Comércio, do qual, aliás, Bresser Pereira também discordava. Na verdade, a orientação liberal para a questão da política industrial, anunciada por Sarney e por Castelo Branco em julho, contrariava a perspectiva de intervenção estatal e defesa da empresa nacional, alimentada na Ciência e Tecnologia e na Fazenda (ROSSI, 21.7.1987; FSP, 23.7.1987; CRUZ, 1997, p. 83).

Por isso, em outubro de 1987, Sarney tentou dois lances: enviou ao Congresso um novo Plano Nacional de Reforma Agrária e lançou o documento "Democracia e desenvolvimento". Por meio do decreto 2363, o governo lançou um novo plano para a reforma agrária, mais condizente com as perspectivas dos interesses dominantes agrários. No final de setembro, Sarney já havia retirado o Ministério da Reforma Agrária e Desenvolvimento (MIRAD) das mãos da esquerda peemedebista. Marcos Freire, antigo membro da ala esquerda do partido que havia substituído Dante de Oliveira no comando do ministério, morre num mal explicado acidente aéreo. Para o seu lugar, Sarney nomeou Jáder Barbalho, ex-governador do Pará e político ligado aos interesses do latifúndio no Estado, por indicação de ninguém menos que Jarbas Passarinho, senador pelo PDS-PA e aliado do novo ministro na política local (PASSARINHO, 1996, p. 532).

As principais medidas do novo plano foram: a extinção do Incra, órgão fundamental na política de desapropriações; a exclusão das "áreas em produção" da possibilidade de desapropriação, ou seja, as desapropriações só poderiam ocorrer nas áreas estritamente improdutivas, independente do uso racional da terra e dos recursos naturais, o que na prática significava a abolição do conceito de "função social"; a concessão ao proprietário desapropriado do direito de reter para si 25% da área, de acordo com sua escolha; e a reserva para a União de 10% das áreas de grandes projetos agropecuários beneficiadas com incentivos fiscais, para a criação de assentamentos de trabalhadores. Segundo Medeiros, tal iniciativa tinha o propósito de criar viveiros de mão-de-obra, disponíveis para as grandes empresas envolvidas nestes projetos (MEDEIROS, 1989, p. 198). Além disso, elevou o tamanho mínimo das áreas que podiam sofrer desapropriação e determinou a revisão, com base nos novos critérios, de todos os processos de desapropriação que ainda não haviam sido publicados (EVANGELISTA, 1987).

Aproveitando que a Aliança Democrática havia sido declarada extinta pelo PFL, Sarney fez pronunciamento na televisão, onde divulgou o documento "Democracia e desenvolvimento" e apelou para a formação de uma nova base de sustentação política do governo, composta por todos aqueles dispostos a apoiá-lo, independente de filiação partidária. Dias antes, Sarney já havia se pronunciado no programa *Conversa ao pé do rádio*, no qual procurou justificar sua decisão e anunciou o início de uma nova etapa em seu governo. Segundo ele:

> Sabemos que a Aliança Democrática esgotou-se. Agora nos meus ombros pesa a responsabilidade pelo término da transição democrática, e vou cumprir com o meu dever. Fazer um governo que assegure uma maioria leal, sem tergiversação e com condições para fazer o programa que o Brasil deseja, desenvolvimento e trabalho. Fora da politicagem e da pressão fisiológica. (...) É hora de acabar com os conchavos políticos, com as baixas práticas administrativas. Quero liberdade para tomar decisões. Errar menos e acertar mais. (SARNEY, 1990, p. 391-392)

Na verdade, em vez de "moralizar" as relações entre o governo e sua base de apoio, a decisão de Sarney deu pleno desenvolvimento às práticas e acordos fisiológicos que ele mesmo condenava, pois dividiu PMDB e PFL ainda mais, contribuindo para esvaziar o que restava de identidade programática, e estabeleceu um acordo baseado na preservação da institucionalidade autoritária, em geral, e na defesa do presidencialismo e do mandato de cinco anos, em particular. No PFL, a decisão de Sarney consumou o racha entre a ala governista, liderada pelos ministros Antonio Carlos Magalhães e Aureliano Chaves, e a ala "dissidente", liderada pelo presidente Marco Maciel. O resultado foi que na reforma ministerial o partido manteve todos os ministérios que já tinha (POLESI, 18.10.1987).

No PMDB, a manobra serviu para Ulysses Guimarães reforçar sua posição interna e manter seus aliados no governo, no entanto, tornou o partido e sua própria liderança ainda mais reféns de Sarney. Sob o argumento de que o partido não poderia abandonar o governo antes de concluída a transição, Ulysses Guimarães liderou reunião da Executiva Nacional na qual decidiu emitir-se uma nota condicionando o apoio do partido ao compromisso do governo com a consolidação democrática. Na verdade foi um mero jogo de palavras, pois a ampla maioria do partido queria continuar no governo e, obviamente, preservar seus cargos. Além dos setores conservadores que já atuavam no "Centrão", a direção liberal-moderada, liderada por Ulysses, e os governadores também apoiaram a decisão, inclusive os governadores do Nordeste, que tiveram problemas com Sarney no início do ano. Na reforma ministerial, até Miguel Arraes foi contemplado, indicando seu vice-governador, Carlos Wilson, para nada menos que o comando da Sudene (Superintendência para o Desenvolvimento do Nordeste). Os grandes derrotados foram os setores de esquerda, que defendiam a ruptura com o governo desde antes, e tendo sua proposta rejeitada, passaram a sofrer um isolamento político ainda maior no interior do partido. A partir de então, para estes setores a saída do PMDB era apenas questão de tempo (FSP, s. d.; POLESI, 18.10.1987).

No final de outubro, Sarney consumou o plano de recomposição de sua base política, promovendo mais uma reforma ministerial. No Ministério do Desenvolvimento Urbano e Meio Ambiente, alterado para Ministério da Habitação, Urbanismo e Meio Ambiente, saía Deni Lineu Schwartz, ligado à esquerda do PMDB, e entrava Prisco Viana, ex-Arena, ex-PDS e um dos principais representantes do "Centrão" no PMDB. Entre os ministros ligados à Ulysses, Renato Archer foi transferido do Ministério da Ciência e Tecnologia (onde vinha tendo problemas com José Hugo Castelo Branco por defender a intervenção estatal e a valorização da empresa nacional) para o Ministério da Previdência Social, ocupando o lugar de Raphael de Almeida Magalhães, já bastante desgastado. Porém, para o lugar de Archer, Ulysses conseguiu a indicação de Luis Henrique Silveira, líder do PMDB na Câmara e então ministro da Ciência e Tecnologia. Na pasta da Saúde, Roberto Santos (PMDB-BA) deu lugar a Luis Carlos Borges da Silveira (PMDB-SC), também conservador. O PFL manteve todos os seus ministros, com exceção de Jorge Bornhausen, que passou a pasta da Educação para Hugo Napoleão (PFL-PI), da ala nordestina do partido (MENEGUELLO, 1998, p. 188-191).

A partir da reforma ministerial, a direção liberal-moderada do PMDB procurou recuperar parte da influência sobre o governo através da política econômica. Bresser Pereira, que nunca contou com o apoio integral do partido, passou a ser visto como casamata reformista num governo fundamentalmente conservador. Daí o apoio às propostas mais radicais de Bresser Pereira: o desconto e a secutirização da dívida externa e a reforma tributária. Como vimos, na questão da dívida externa, a equipe econômica foi "atropelada" pelo imperativo de assinar um acordo provisório, sob o risco de dificultar ainda mais futuras negociações. No entanto, o ministro da Fazenda não desistiu de sua proposta, divulgando-a por onde passava e alimentando a possibilidade de declarar unilateralmente o desconto e a secutirização, caso os credores continuassem a resistir. A proposta de reforma tributária foi uma tentativa de Bresser Pereira reforçar sua posição no embate interno contra a pasta da Indústria e Comércio e frente ao movimento sindical. Baseada na perspectiva de elevar a capacidade de poupança e investimento do Estado e de redução do déficit público, já presente no Plano de Controle Macroeconômico, a reforma tributária proposta por Bresser Pereira previa a taxação dos ganhos de capital e do patrimônio líquido, a progressividade no imposto de renda da pessoa física (menor para os rendimentos de salário e maior para os rendimentos de capital), além de corte de gastos e subsídios com a venda ou transformação de estatais de pequeno porte em autarquias (SALLUM JR., 1996, p. 180; SARDENBERG, 1989, p. 118, 137-138). Além de recuperar algumas teses históricas do PMDB, como a taxação progressiva e o papel do Estado como indutor do desenvolvimento, a proposta feria diretamente os interesses do grande capital, já agastado com a falência da política de controle da inflação e com a proposta de desconto e securitização da dívida externa.

O ataque das diversas frações burguesas não se fez esperar. Na verdade, a proposta de Bresser Pereira ia na contramão do que as diversas frações burguesas queriam como solução para o déficit público, ou seja, corte de gastos e redução do intervencionismo estatal, e não mais impostos. O Fórum Informal de Empresários, que reunia a "nata" da burguesia paulista (Fiesp, Associação Comercial de São Paulo, Federação do Comércio de São Paulo, Bolsa de Valores de São Paulo, Federação da Agricultura do Estado de São Paulo, Sindicato dos Bancos de São Paulo, Paraná, Mato Grosso e Mato Grosso do Sul), além da Federação das Empresas de Transporte Rodoviário do Sul e Centro-Oeste e da Sociedade Rural Brasileira, tornou-se a ponta de lança dos ataques à proposta da Fazenda, com o apoio da imprensa e do "Centrão". Este, no Congresso, questionava o envio do pacote fiscal na forma de decreto-lei, o que dificultaria sua alteração pelos parlamentares. Como em outras ocasiões, Sarney se afastou de seu subordinado, deixando-o entregue aos ataques em vez de defendê-lo. Esta posição dar-lhe-ia maior liberdade de ação para uma eventual demissão e substituição no Ministério da Fazenda. O que de fato se configuraria em dezembro, quando Bresser Pereira foi substituído por Maílson da Nóbrega. Este, secretário-geral do Ministério, assumiu o posto interinamente. No entanto, o contentamento empresarial com seu nome era tanto, que em janeiro Sarney o confirmou no cargo. Segundo informações emitidas à época,

Roberto Marinho, dono da Rede Globo, deu a aprovação final após sabatinar o novo ministro em seu escritório. Também em janeiro, Anísio Teixeira, acusado de envolvimento em um esquema de corrupção, foi substituído por João Batista de Abreu, outro "técnico", no Ministério do Planejamento. Com Maílson da Nóbrega terminavam as veleidades desenvolvimentistas, intervencionistas, nacionalistas e até distributivistas em matéria de política econômica; a orientação neoliberal seria adotada, no início de modo tímido, depois de forma definitiva (DREIFUSS, 1989, p. 125-126; SALLUM JR., 1996, p. 180-183).

Imediatamente, o novo ministro atendeu aos interesses que o apoiaram. Dias após a mudança no Ministério da Fazenda, um novo pacote fiscal foi enviado ao Congresso; a taxação sobre ganhos de capital e rendimentos financeiros passou a depender de aprovação pelos parlamentares; o aumento do Imposto de Renda para rendimentos de capital foi diminuído, anulando relativamente o princípio da progressividade; e a proposta de vender ou transformar em autarquia as estatais de pequeno porte foi adiada (SALLUM JR., 1996, p. 183). Logo depois, no início do ano, a moratória da dívida externa foi oficialmente suspensa e um novo acordo com o FMI foi assinado, enterrando definitivamente a proposta de desconto e securitização (MODIANO, 1992, p. 372-373).

Na batalha da Constituinte, o campo conservador recompôs as suas forças, com o governo e o "Centrão" à frente. Em novembro, paralelamente à apresentação do Cabral III, o governo enviou à Constituinte um projeto integral de Constituição elaborado pelo procurador-geral da República, Saulo Ramos, contemplando o conjunto dos interesses dominantes (DREIFUSS, 1989, p. 195). Também foi enviado à Constituinte pelo Ministério da Justiça um projeto transformando a Lei de Segurança Nacional em Lei de Defesa do Estado, que atenuara os rigores da primeira, mas mantinha seu conteúdo como mecanismo de controle político (FSP, 22.11.1987). O projeto de Constituição enviado pelo governo, bem mais conservador que o Cabral III, passou a orientar a ação do "Centrão" no sentido da reversão das conquistas sociais, democráticas e trabalhistas obtidas até então pelas classes subalternas. No entanto, conforme o regimento interno da Constituinte, a fase seguinte no calendário dos trabalhos constituintes seria de votação em plenário do anteprojeto constitucional. Novas emendas substitutivas poderiam ser apresentadas, desde que aceitas pela Comissão de Sistematização e aprovadas pela maioria absoluta dos constituintes; caso contrário, prevalecia o texto do anteprojeto. Isto obrigaria o "Centrão" a realizar um esforço enorme de mobilização e convencimento de seus parlamentares, obrigando-os a comparecer às votações de todas as emendas substitutivas apresentadas, o que tornaria impossível a reversão do projeto nos moldes pretendidos pelo campo conservador.

Diante disto, o "Centrão" deu um golpe na Constituinte, propondo e aprovando um novo regimento interno, em janeiro. Dos 280 votos favoráveis ao novo regimento, nada menos que 99 eram do PMDB; 88 eram do PFL (JD, 1988b). O novo regimento deu a cada Constituinte o direito de apresentar até quatro emendas ao anteprojeto da Comissão de Sistematização, relativas não só a alterações no texto, mas a qualquer ponto, até mesmo a títulos, capítulos, seções e subseções. Se subscritas por maioria absoluta de constituintes (280 votos), estas emendas teriam precedência em relação ao anteprojeto da Comissão de Sistematização, indo à votação antes. Se obtivessem o apoio da maioria da Constituinte, as emendas seriam aprovadas em lugar do anteprojeto; caso isto não acontecesse, o anteprojeto iria à votação, mas também necessitando de 280 votos para ser aprovado. Se, ainda assim, o anteprojeto não obtivesse a maioria, então se cairia no que foi alcunhado de "buraco negro", ou seja, não haveria proposta aprovada para aquele artigo ou seção, o que exigiria uma nova negociação em torno de uma nova emenda consensual (BAAKLINI, 1993, p. 318-319; DREIFUSS, 1989, p. 197).

A aprovação do novo regimento equivaleu a um verdadeiro golpe do "Centrão" sobre a Constituinte, pois invalidou todo o processo de discussão, elaboração e negociação que já tinha sido realizado, permitindo que nos pontos em desacordo o processo recomeçasse do zero. Na verdade, foi um golpe em todo o trabalho de mobilização e organização realizado pelas forças de esquerda e pelos movimentos sociais nas subcomissões e comissões que resultou no Cabral I, o anteprojeto mais avançado elaborado em todo o trabalho constituinte. Com as mudanças, as emendas apresentadas pelo "Centrão" adquiriam primazia sobre o Cabral III, obrigando as forças de esquerda a renegociarem uma série de conquistas já garantidas, sob o risco de perderem-nas inteiramente. Desta forma, a estratégia de "acomodação à direita" já iniciada nas negociações entre o Cabral I e o Cabral III seria intensificada, num esforço desesperado para "salvar as aparências" e sobreviver à avalanche conservadora.

Incapaz de dirigir seu próprio partido e recuperar seu reformismo programático, enredada que estava nas teias transformistas do governo, a ala liberal-moderada que comandava o PMDB rendeu-se e adequou-se ao controle conservador. Ulysses Guimarães passaria a cumprir um papel decisivo na nova dinâmica estabelecida na Constituinte, pois, como seu presidente, tinha poderes para determinar o ritmo e a ordem das votações, facilitando o "rolo compressor" do "Centrão". Diante do manifesto do "Centrão" requerendo mudanças no regimento interno, Ulysses despachou favoravelmente e exclamou: "Vocês acham que vou ficar contra um pedido de trezentos e tantos constituintes, dos quais 120 do meu partido?" (apud GUTEMBERG, 1994, p. 274). Mais uma vez, a conciliação com o conservadorismo falou mais alto do que a intransigência reformista no comportamento político de Ulysses Guimarães.

Se, como vimos, o campo conservador tinha tido dificuldade para articular suas ações de modo unitário na Constituinte, de agora em diante isto tenderia a se dissipar, particularmente porque a partir de então o "Centrão" teria condições de dirigir a Constituinte. Com a reorientação da política econômica e a consolidação do "Centrão", o governo ganhou um novo fôlego para tentar garantir seus interesses na Constituinte, com o apoio das diversas frações do bloco no poder, que abandonaram suas idiossincrasias a respeito do mandato de Sarney e aderiram alegremente à tese dos cinco anos com presidencialismo. Este apoio seria cobrado no futuro.

Capítulo IV

TERMINA A TRANSIÇÃO: A CONSTITUIÇÃO, AS ELEIÇÕES PRESIDENCIAIS E A VITÓRIA DA AUTOCRACIA BURGUESA (1988-1990)

Entre janeiro e outubro de 1988, desenvolveram-se os trabalhos finais do Congresso Constituinte, que iriam formalizar a substituição da institucionalidade autoritária pela institucionalidade democrática por meio da promulgação da nova Constituição. Nesta fase, o campo conservador liderado pelo governo, pelo "Centrão" e pelas entidades empresariais conseguiu assumir a direção política dos trabalhos constituintes, anulando ou mutilando diversas das propostas mais avançadas de democratização, de estabelecimento de direitos sociais e de reforma nas estruturas do país, promovendo uma reedição do pacto conservador que viabilizou a Aliança Democrática em 1984. De outro lado, as forças de oposição foram levadas a adotar uma estratégia de "acomodação à direita" para salvar algumas conquistas, o que reforçou o conteúdo autocrático da Constituição de 1988. Apesar da combatividade do movimento sindical e do movimento popular, a nova Constituição pouco absorveu das perspectivas transformadoras alimentadas pela sociedade brasileira desde a crise da Ditadura Militar.

Na verdade, a institucionalidade democrático-liberal instalada preservou em seu interior elementos fundamentais da institucionalidade autoritária, amalgamando uma legalidade extremamente funcional para a preservação da autocracia burguesa no Brasil. A institucionalidade democrática criada e consolidada no período que estamos tratando não só não aboliu o caráter autocrático e *sincrético* do Estado burguês no Brasil (FERNANDES, 1987), como preservou e/ou reformou elementos fundamentais para a manutenção da dominação burguesa herdados da institucionalidade autoritária, atualizando práticas políticas de tipo tradicional, como o oligarquismo, o corporativismo e o patrimonialismo. Sob o predomínio dos elementos democrático-representativos (sistema de partidos, liberdade de organização partidária, rotina eleitoral, independência entre os poderes, liberdade de imprensa etc), os elementos autoritários, fascistas e oligárquicos foram atualizados, conferindo à nova institucionalidade um perfil autocrático decisivo para manter a crise de hegemonia nos marcos da ordem burguesa.

Nesta conjuntura, os militares reforçaram ainda mais seu papel tutelar, emergindo como os grandes vencedores do processo constituinte e assumindo uma postura de crescente intervencionismo na dinâmica política. A crise dos grandes partidos, principalmente PMDB e PFL, a debilitação do "Centrão" após a promulgação da Constituição, fragilizando a sustentação política do governo no Congresso, e o avanço dos partidos de esquerda nas eleições de 1988 criaram as bases para o apogeu da *tutela militar* e a piora da *situação cesarista*. Ocorreu também nesta fase a adoção de uma política econômica de conteúdo monetarista e neoliberal que aguçava os conflitos sociais, particularmente com o acirramento da crise econômica e a intensificação do movimento grevista, revelando uma ofensiva do movimento social e político das classes subalternas.

A partir de 1989, a crise de hegemonia se intensificou com o início da campanha presidencial e a radicalização da disputa política. A falta de unidade entre as diversas frações burguesas se revelava na absoluta inviabilidade das candidaturas dos grandes partidos conservadores e na pluralização das opções políticas do bloco no poder. Paralelamente, o governo Sarney perdia totalmente a capacidade de dirigir o processo político, assumindo uma posição de mera contenção da crise, porém, em condições cada vez mais pioradas. O desgaste do governo e dos grandes partidos e a movimentação política das classes subalternas, com o número de greves chegando ao recorde absoluto de todos os tempos, abriram caminho para a emergência das candidaturas de esquerda, que vislumbravam uma perspectiva antiautocrática. Abriram caminho também para a emergência da candidatura de Collor, de perfil carismático e messiânico, que se transformou no candidato do bloco no poder ao longo da campanha.

A polarização política da campanha presidencial revelou mais do que o embate entre candidaturas de direita e de esquerda, mas o embate entre projetos históricos distintos, polarizados pelo neoliberalismo, de um lado, e pelo projeto democrático-popular, de outro. Nesta hora, a crise de hegemonia atingiu o auge, com a possibilidade concreta de construção de um movimento contra-hegemônico capaz de extinguir a autocracia burguesa e viabilizar um padrão alternativo de acumulação capitalista, baseado na distribuição de renda e na autonomia nacional. No entanto, o caráter autocrático da institucionalidade democrática vigente desde a promulgação da Constituição foi decisivo para abortar esta possibilidade e garantir a vitória do campo conservador nas eleições presidenciais. Com esta vitória, a crise de hegemonia burguesa não foi revertida, mas as possibilidades de que sua resolução ocorresse nos marcos dos interesses dominantes foram claramente reforçadas, derrotando a perspectiva contra-hegemônica.

A batalha final: do novo regimento à nova Constituição

A "guinada" neoliberal, presidencialismo e cinco anos para Sarney

Após a mudança no regimento interno e a troca de comando na política econômica, o governo desencadeou uma nova ofensiva política sobre a Constituinte, soldando seus laços com o grande capital e reforçando o "Centrão". A mudança de orientação na política econômica favoreceu o apoio das frações hegemônicas do bloco no poder à ofensiva governista e garantiu a vitória de Sarney na questão da forma de governo e do tempo de mandato. Logo ao assumir o comando do Ministério da Fazenda, Maílson da Nóbrega declarou compromisso com uma perspectiva ortodoxa, adotando uma política econômica alcunhada de "Feijão com Arroz"; ou seja, nada de pirotecnias como congelamento, reforma monetária ou endurecimento na negociação da dívida externa. A partir de então, o governo adotaria uma política de austeridade, de "administração" da inflação, admitindo sua estabilização no patamar de 15% ao mês, e de redução do déficit público, com cortes nos gastos e investimentos públicos (MODIANO, 1992, p. 371). Sarney pediu apoio a seu novo ministro alegando que este iria "economizar e organizar as coisas de forma rotineira e prudente", porém, sem recessão e desemprego (SARNEY, 1989, p. 36).

Após a "mutilação" da proposta de reforma tributária de Bresser Pereira, Maílson da Nóbrega reduziu ainda mais os aumentos de carga tributária previstos para as empresas, após consulta direta às lideranças empresariais e entidades patronais, demonstrando que o foco de sua política econômica não seria a recuperação da capacidade de investimentos do Estado, como queria Bresser Pereira, mas a redução do déficit público. Nesta questão, o alvo principal seria o corte das despesas com pessoal e nos investimentos das estatais, em lugar do ataque à "ciranda financeira" com os títulos da dívida pública, os juros altos e os subsídios a diversos setores econômicos. Nesta linha, foram adotadas medidas como extinção de cargos públicos, proibição de novas contratações, aumento da jornada de trabalho dos servidores públicos, corte de despesas com diárias e custeio e, finalmente, redução salarial. Neste ponto, o governo tentou melhorar as contas do governo suspendendo os reajustes salariais dos funcionários públicos, previstos pela URP, em abril e maio. Mais uma vez, os trabalhadores do serviço público pagariam a conta (MODIANO, 1992, p. 371-372; SALLUM, 1996, p. 184-187).

Respondendo a uma das principais preocupações do grande capital com a política econômica, já em janeiro a moratória da dívida externa era suspensa, com o governo brasileiro voltando a pagar parte dos juros. No final de junho, um novo acordo era assinado, reabrindo as negociações e viabilizando um novo empréstimo, destinado em sua maior parte ao pagamento dos juros acumulados durante a moratória. Entre janeiro e março, a taxa de inflação manteve-se entre 16% e 18%, evitando-se a hiperinflação. O contentamento do grande empresariado com a nova orientação manifestou-se de diversas formas, inclusive com o apoio aos cinco anos para Sarney, garantindo ao novo ministro da Fazenda o apoio que o anterior não teve ((MODIANO, 1992, p. 371-372).

Na Constituinte, a vitória do "Centrão" no regimento interno e a nova orientação econômica do governo fortaleceram a posição dos defensores dos quatro anos de mandato com parlamentarismo, fazendo recuarem diversos setores que defendiam os cinco anos, principalmente no PMDB, como José Richa e o próprio Ulysses Guimarães (OLIVEIRA, 2.1.1988; FSP, 19.2.1988). Na ala esquerda do PMDB, a demissão de Bresser Pereira foi considerada mais uma evidência de "endireitização" e afastamento do governo em relação ao programa do partido, obrigando-o a adotar uma postura de oposição. A aprovação da proposta de parlamentarismo com quatro anos de mandato, contida no anteprojeto da Comissão de Sistematização, colocava a possibilidade de mudança na forma de governo já nos próximos meses, o que alteraria completamente a correlação de forças em prejuízo do campo conservador e do "partido do Sarney". Isto porque fatalmente o PMDB indicaria o primeiro-ministro, com os setores de esquerda tendo grande importância em sua definição, pois esta situação poderia resolver, mesmo que provisoriamente, a crise do partido, uma vez que um novo governo seria formado. Sarney, que teria mais um ano de mandato, perderia o comando do governo, apesar de a proposta prever a atribuição de uma série de prerrogativas para o presidente da República. A provável indicação de um representante da ala liberal-moderada do partido, Ulysses certamente, significaria que os setores conservadores não seriam totalmente alijados do novo governo, mas teriam um peso político muito menor, com consequências decisivas na Constituinte e na própria sucessão presidencial.

Deste modo, contando com as vantagens do novo regimento interno e com a nova sintonia entre o grande capital e a equipe econômica, o governo partiu para a ofensiva em diversas frentes. Primeiramente, o "Centrão" apresentou emenda substitutiva propondo cinco anos de mandato com presidencialismo (FSP, 17.1.1988). Em segundo lugar, a tutela militar foi acionada de duas formas. Em princípio, com o ministro do Exército pronunciando-se mais uma vez contrário ao parlamentarismo, mas favoravelmente aos quatro anos de mandato, desde que ocorressem eleições gerais em 1988. Ou seja, segundo sua tese, teria que haver eleições para todos os cargos, de presidente da República a prefeitos e vereadores. Esta proposta colocava o PMDB numa posição altamente temerária, pois o desgaste do partido frente à sociedade tornava a repetição dos resultados de 1986 impossível. Além disso, a proposta do general Leônidas contava com o natural senso de sobrevivência política dos constituintes, obviamente nem um pouco interessados em reduzir seus mandatos pela metade e em submeter-se a uma nova eleição (JT, 6.1.1988). Ao mesmo tempo, manteve-se a repressão ao movimento sindical e contra a oposição antiautocrática intensificada no ano anterior, como, por exemplo, no massacre de Serra Pelada (PA), onde dezenas de garimpeiros foram mortos ou feridos por tropas policiais num protesto contra as péssimas condições de trabalho e remuneração; na invasão da sede do PT e do Sindicato dos Bancários de Brasília (DF) pela Polícia Federal, sob alegação de os mesmos estarem distribuindo material ofensivo aos constituintes; na repressão a greves do funcionalismo, com o envio de tropas do Exército, e a manifestações contra o governo (FSP, 10.2.1988 e 13.3.1988; PT, nov./dez. 1987 a jan. 1988; V, 11.5.1988).

O governo também pressionava pelos cinco anos no plano econômico, forçando a adesão dos setores empresariais ainda quatroanistas. Para Maílson da Nóbrega, se houvesse eleições presidenciais em 1988, todo o seu programa econômico seria duramente afetado, inviabilizando os esforços feitos para controlar a inflação (ROSSI, 29.2.1988). Segundo Dreifuss (1989, p. 205), emissários do governo, inclusive militares, foram encarregados de alertar lideranças empresariais importantes de que os militares interviriam caso o parlamentarismo e os quatro anos fossem aprovados. Por diversas vezes, o ministro do Exército alegou não haver condições políticas para a realização de eleições presidenciais em 1988, pois trariam instabilidade e intranquilidade (FSP, 7.5.1988). Os boatos de que Sarney renunciaria, abrindo brecha para um golpe, também circularam neste período, reforçando a chantagem do governo (POLESI, 22.2.1988). Finalmente, Sarney denunciou a existência de uma minoria agressiva na Constituinte e ameaçou consultar o STF (Supremo Tribunal Federal) sobre a duração de seu mandato e sobre a soberania da Constituinte para reduzi-lo. Ato contínuo, o ministro do Exército adiantou-se defendendo os seis anos e afirmando que a soberania da Constituinte não era total (SINGER, 27.2.1988). Esta última manobra era uma forma de forçar o Poder Judiciário a se posicionar, colocando a Constituinte na defensiva, caso o STF confirmasse o direito aos seis anos de mandato, como definia a Constituição em vigor. Também obrigaria os militares a intervir na Constituinte para garantir o direito de Sarney.

Paralelamente, as forças de oposição mantiveram os comícios pelas "diretas já" e organizaram o Dia Nacional de Advertência, também chamado Dia do Basta, em diversas cidades do país. Além da defesa das eleições presidenciais em 1988, o evento se configurou como um amplo protesto contra o governo Sarney, mobilizando os partidos de oposição, agora engrossados pelo PCB, setores do PMDB, além de entidades como CUT, CGT e OAB, entre outras (FSP, 5.3.1988; JB, 5.3.1988; CB, 5.3.1988). No Congresso Nacional, foi criada a CPI da Corrupção, encarregada de apurar as denúncias de corrupção no governo feitas pelo ex-ministro do Planejamento, Anísio Teixeira. As críticas ao governo por conta deste tema mobilizaram até mesmo a CNBB, que emitiu nota cobrando apuração (V, 10.2.1988). Na CPI, a oposição aproveitou para fustigar o governo, acusando-o de traficar influência na Constituinte com verbas públicas. Mais uma vez, o ministro do Exército se manifestou publicamente, afirmando que a CPI já tinha ido longe demais, ao envolver nas denúncias o próprio presidente (FSP, 7.5.1988).

Avançando em relação às resoluções de seu 8º Congresso, o PCB rompeu com o governo Sarney, por este ter-se transformado num "governo de direita", graças ao apoio do "Centrão" e principalmente após as nomeações de Maílson da Nóbrega e João Batista Abreu para o comando da equipe econômica (BERABA, 2.2.1988). No seu 7º Congresso, o PC do B confirmou a postura de oposição ao governo adotada no ano anterior, defendendo a criação de uma ampla frente democrática e progressista para superar a crise (FSP, 12.5.1988). No PMDB, a participação no Dia Nacional de Advertência não foi consensual, com os setores mais moderados da ala esquerda preferindo a articulação de uma frente quatroanista no interior da Constituinte, em vez da participação nos comícios pelas diretas ao lado do PT e do PDT (FSP, 21.1.1988).

Na verdade, além do temor de serem hostilizados nos comícios, havia divergências de fundo entre os quatroanistas do PMDB e os outros, pois PT e PDT defendiam o presidencialismo e não o parlamentarismo, como a maioria dos peemedebistas que também queriam diretas em 1988. Para PT e PDT, o parlamentarismo significaria não só a interrupção de seu caminho para o governo, mas a possibilidade de ressurreição da Aliança Democrática, ou seja, uma grande composição entre os conservadores de vários partidos e as alas liberal moderada e esquerda do PMDB, o que, obviamente, contribuiu para enfraquecer tanto a tese do parlamentarismo, quanto a das eleições em 1988. De fato, a mudança na forma de governo poderia reforçar institucionalmente o conservadorismo político, caso medidas antiautocráticas de fundo não fossem incorporadas à institucionalidade, pois, ao transferir o comando do Executivo para um primeiro-ministro indicado pelo Congresso, o parlamentarismo reforçava o método da composição política, e obviamente da conciliação, em detrimento da escolha popular direta. Esta situação conferia à tese do parlamentarismo, como apresentada pela esquerda do PMDB, um caráter meramente formalista e um conteúdo autocrático.

No final de março, o governo ganhou a primeira batalha contra seus opositores, pois a emenda que propunha presidencialismo e cinco anos de mandato para os futuros presidentes foi aprovada em 1º turno, derrotando a proposta da Comissão de Sistematização. Esta situação não só impediu a instalação do parlamentarismo como abriu o precedente para a definição do mandato de Sarney também em cinco anos. Os funcionários do governo norte-americano e os credores externos respiraram aliviados, pois vislumbravam que agora o governo teria condições de sanear a economia e renegociar a dívida externa (JB, 27.3.1988).

A vitória da emenda do "Centrão" aprofundou a crise interna no PMDB, pois a maioria dos votos favoráveis foi dada por constituintes do partido. Desde janeiro, a ala esquerda reivindicava a convocação de uma nova convenção partidária, que definisse a posição do partido em relação ao governo e às questões da duração do mandato presidencial e da forma de governo (LEITE, 10.2.1988). Ulysses Guimarães e a maioria dos governadores eram contrários, o primeiro porque uma nova convenção poderia homologar o racha do partido, pois certamente não haveria consenso, o que prejudicaria suas pretensões numa eleição presidencial para a qual já se havia lançado candidato (PORCELLO, 21.1.1988). Ulysses ainda considerava que a cisão do partido antes do final da Constituinte poderia facilitar soluções golpistas para crise política (POLESI, s. d.). Os governadores do PMDB não queriam a convenção porque preferiam a posição tomada na convenção anterior, que liberou o voto dos peemedebistas, e porque defendiam a manutenção do apoio ao governo, principalmente por conta das verbas e cargos distribuídos por Sarney (FSP, 12.1.1988). Além disso, dentre os governadores do PMDB também haviam pré-candidatos à presidência, como Collor (AL), Quércia (SP) e Álvaro Dias (PR), interessados na manutenção do presidencialismo e contrários a eleições já em 1988, o que os obrigaria a abandonar os governos estaduais na metade do mandato para candidatarem-se (CASOY, 12.3.1988).

Por outro lado, os principais líderes da ala esquerda ainda apostavam na reconquista do partido, pois temiam a possibilidade de serem forçados a abandonar o PMDB e fundar um novo partido, sem que as eleições presidenciais fossem marcadas para 1988. Segundo Fernando Henrique: "Sair a frio, se não houver eleição presidencial, é complicado porque faltaria o elemento galvanizador de um novo partido que seria a eleição" (FSP, 17.1.1988). O dilema institucional da esquerda peemedebista se revelava mais uma vez, impedindo que esta dirigisse um movimento de contra-ofensiva, tanto dentro do PMDB quanto dentro da Constituinte, para evitar a vitória do "Centrão". Aliás, em muitos pontos polêmicos a posição de diversos líderes da esquerda peemedebista aproximava-se mais do "Centrão" do que das teses da esquerda na Constituinte. A exemplo disso, em entrevista concedida pouco antes da aprovação do novo regimento interno, Fernando Henrique Cardoso confirmou preferir a proibição ou penalização da demissão imotivada à estabilidade no emprego; sugeriu que a hora extra fosse paga com 50% de acréscimo, e não em dobro; reafirmou concordância com a possibilidade de intervenção das Forças Armadas na ordem interna e apoiou a anistia e reintegração dos militares cassados, mas não as promoções e o pagamento dos atrasados (VIOTTI, 13.12.1987).

O resultado foi o início da debandada do PMDB e o reforço da estratégia de "acomodação à direita" na Constituinte. Após a derrota no 1º turno na questão dos quatro anos e do presidencialismo, alguns parlamentares descontentes, como Fernando Lyra, Pimenta da Veiga e Cristina Tavares, saíram do PMDB iniciando um processo de debandada fragmentária e desordenada e enfraquecendo ainda mais a ala esquerda (FSP, 24.3.1988). Na Constituinte, sob a liderança dos setores mais moderados da ala esquerda do PMDB, as forças antiautocráticas reagiram ao rolo compressor do "Centrão" de forma predominantemente defensiva, procurando salvar as conquistas democráticas e os direitos sociais mesmo que de forma mutilada. A "acomodação à direita", que já havia sido adotada na elaboração do Cabral III, foi aprofundada nas votações do primeiro e do segundo turnos. Por um lado, isto evitou que o "Centrão" aprovasse emendas mais conservadoras ainda e, por outro, o receio de que se criasse um "buraco negro" em diversos temas favoreceu a negociação e a acomodação. Fernando Henrique, um dos principais articuladores da estratégia de "acomodação à direita", chegou a dizer que esta orientação estava garantindo conquistas mais avançadas do que o Cabral III. Segundo ele: "As votações estão melhorando o texto original, na base da negociação e com o apoio do Centrão. O resultado final, na maioria das vezes, é igual ou melhor do que o projeto da Comissão de Sistematização" (MANZOLILLO, 6.3.1988).

Entre fevereiro e junho, diversos direitos sociais foram aprovados com alterações, como a licença-maternidade de 120 dias, e não de 150 dias como alguns setores propunham; a licença-paternidade de apenas cinco dias, e não oito; a jornada de trabalho de 44 horas, e não de 40 horas; o pagamento das férias com 33% de acréscimo, e não com 100%; a penalização da demissão imotivada, com indenização a ser definida em lei ordinária, e não a estabilidade no emprego. A Emenda Lula, que restabelecia a estabilidade no emprego no texto constitucional, chegou a ir a votação, mas foi derrotada com 147 votos favoráveis contra 213 contrários; destes, nada menos que 114 eram do PMDB. O direito de propriedade foi garantido mediante cumprimento de sua função social, porém, em caso de desapropriação, a indenização deveria ser previamente paga em dinheiro, e não em títulos do governo; o direito de greve foi aprovado, mas sua aplicação nos chamados serviços essenciais passou a depender de legislação complementar, a ser definida posteriormente. O direito de greve do servidor público também foi remetido para legislação complementar, apesar de este ter conquistado o direito de associação sindical. Quando as forças de esquerda não quiseram negociar com o "Centrão" e colocaram suas emendas em votação, foram derrotadas, como no caso da estabilidade no emprego; do veto ao direito de intervenção das Forças Armadas na ordem interna; do fim pacífico para a atividade nuclear e do direito de desapropriação em terras produtivas que não cumprissem sua função social. Nesta última questão, graças à forte pressão exercida pela UDR, o "Centrão" conseguiu aprovar sua emenda sozinho, excluindo as terras produtivas da possibilidade de desapropriação (FSP, 1.7.1988; LOPES, 11.9.1988).

Em outros pontos, as forças de esquerda conseguiram aprovar suas teses porque entre as frações do bloco no poder e no próprio "Centrão" não havia unanimidade em torno do tema. Foi nesta hora que ele mostrou sua debilidade organizativa e seu perfil organicamente fisiológico e as entidades empresariais de ampla representatividade, como UB, Fiesp, CNI, SRB e UDR, não conseguiram manter sua unidade, pulverizando seus esforços entre inúmeros interesses corporativos localizados. As dissensões interburguesas e as contradições entre as diversas frações do capital foram decisivas para a vitória de propostas de cunho nacionalista e estatizante. Graças à pressão de setores do grande capital privado nacional, principalmente do setor de bens de capital, com o apoio do pequeno e do médio capital, foi aprovado um conceito restrito de empresa nacional: somente aquela sob controle de domiciliados no país ou de entidades de direito público interno. Além disso, à empresa nacional foi assegurado o direito aos benefícios e à proteção do Estado, permitindo, inclusive, o estabelecimento da reserva de mercado. Os investimentos estrangeiros foram admitidos e reconhecidos, mas condicionados ao atendimento do interesse nacional. A "gritaria" das empresas transnacionais, articuladas separadamente num *lobby* específico, contribuiu para seu isolamento político e colocou a direção da Fiesp numa situação difícil diante da CNI e das entidades representativas da pequena e média empresa, pois defendia a isonomia entre empresas nacionais e estrangeiras. Ameaçando com o risco de retaliações externas e de retardamento tecnológico do país, as transnacionais prometeram gastar milhões de dólares com a Constituinte para reverter estas derrotas no 2º turno, o que contribuiu mais ainda para reforçar as posições nacionalistas. Em detrimento dos interesses do capital bancário, os setores de pequeno e médio capital, aliados aos ruralistas da UDR, apoiaram a limitação da taxa de juros em 12% ao ano e a anistia de parte das dívidas contraídas por pequenos e microempresários durante o Plano Cruzado, derrotando uma fração hegemônica do grande capital em duas questões importantes (DREIFUSS, 1989, p. 216-230).

A burguesia de Estado e determinadas corporações de funcionários públicos, também com o apoio de setores do capital nacional privado, conseguiram garantir ainda o direito de intervenção do Estado na economia, por motivos de segurança ou atendimento de interesse coletivo, e o controle nacional da exploração dos recursos minerais, apesar de o monopólio nacional na distribuição do petróleo ter sido vetado pelo "Centrão", numa vitória parcial do capital externo (FSP, 1.7.1988; LOPES, 11.9.1988).

Em outras questões, a mobilização das forças de esquerda, o peso da opinião pública e o temor de muitos parlamentares com a rejeição popular nas eleições municipais de 1988 garantiram a aprovação de avanços democráticos, como a extinção do Conselho de Segurança Nacional; a criação do *habeas data*, ou seja, o direito de qualquer cidadão acessar informações sobre sua pessoa em posse do Estado ou de instituições públicas; a criação do mandado de segurança coletivo, que dava direito de representação judicial a partidos, associações e sindicatos em nome de membros e associados; a criação do mandado de injunção, que permitia aos cidadãos recorrerem à justiça para garantir o cumprimento de um direito constitucional que ainda não estivesse regulamentado e a proibição de prisão de qualquer pessoa sem flagrante delito ou autorização judicial (FSP, 1.7.1988; LOPES, 11.9.1988).

Este último ponto francamente descontentou os militares e os órgãos repressivos, pois tirava-lhes uma atribuição que reforçava sua supremacia sobre os civis (LOPES, 18.2.1988). No entanto, as outras medidas sofreram algum tipo de restrição, pois, em lugar do CSN, surgiram o Conselho de Defesa Nacional e o Conselho da República, ambos órgãos de assessoria da Presidência da República, com poderes para autorizar a decretação do estado de defesa ou do estado de sítio. Meses depois, o governo Sarney ainda criou a Secretaria de Defesa Nacional, substituindo na prática o antigo CSN (DREIFUSS, 1989, p. 247). A uma semana da promulgação da nova Constituição, o *habeas data* foi "driblado" pelo SNI, com o presidente Sarney delegando exclusivamente ao chefe do órgão a autorização para o fornecimento de informações solicitadas pelos interessados existentes em seus registros. Esta situação conferia apenas ao ministro-chefe do SNI a decisão final sobre o acesso dos cidadãos aos arquivos do órgão, acima até mesmo da Justiça (FIGUEIREDO, 2005, p. 400-401). Além disso, o SNI viria a criar um "arquivo paralelo" no qual ficariam registradas as informações sigilosas, mantendo como "oficial" um arquivo contendo apenas os dados biográficos do "fichado" (COSTA, 21.8.1988; FSP, 10.10.1988). Apesar de ser um direito constitucional, o mandado de injunção foi esvaziado de eficácia prática ao longo do tempo, pois, após a promulgação da nova Carta, os tribunais de justiça recusavam-se a implementá-lo enquanto as leis complementares não regularizassem os direitos constitucionais carentes de normatização (BAAKLINI, 1993, p. 350-359).

Como vimos, nos outros pontos sensíveis, as demandas militares foram plenamente atendidas, pois estavam contempladas no próprio Cabral III, ou foram garantidas pelo rolo compressor do "Centrão", como no restabelecimento do direito de as Forças Armadas intervirem nas questões internas em defesa da lei e da ordem e na limitação da anistia aos militares cassados. Neste caso, aqueles punidos por razões políticas não puderam ser reintegrados ao serviço militar nem ganharam direito à indenização, apesar de conquistarem o direito de promoção na reserva, até o nível de general (FSP, 1.7.1988). No entanto, o grande lance do 1º turno de votação da Constituinte era a definição do mandato de Sarney, incluído no capítulo das "Disposições Transitórias". No início de junho, com 328 votos favoráveis e 223 contrários, Sarney reverteu a proposta do Cabral III e conquistou o direito de permanecer no governo até março de 1990, confirmando a manutenção do presidencialismo e adiando definitivamente a eleição presidencial para o final de 1989 (LOPES, 11.9.1988). Esta vitória evidenciou toda a força do "Centrão" quando o tema em questão não fosse objeto de divergências, o sucesso das manobras do governo e a própria adesão da quase totalidade dos setores empresariais à tese dos cinco anos. Para o governo Sarney, começava uma nova fase. Para a oposição de esquerda, o foco da luta política se alterava. Para o PMDB, terminava um lance da "queda de braço" entre os conservadores e a ala esquerda.

Diante da derrota da proposta das diretas em 1988 e do êxito relativo da estratégia de "acomodação à direita" desenvolvida, principalmente, pela esquerda peemedebista, os dois partidos de oposição que já tinham candidatos a presidente, PT e PDT, passaram a concentrar seus esforços na campanha para as eleições municipais, nas quais suas chances de crescimento eleitoral eram grandes, devido ao desgaste do governo e do próprio PMDB. A própria defesa da realização das eleições municipais tornou-se uma bandeira de luta, pois não faltavam defensores do seu adiamento para depois que a Constituição fosse aprovada ou para quando ocorressem as eleições presidenciais. Os prefeitos, os governadores e o próprio PMDB tinham interesse em adiar a eleição municipal para evitar uma derrota ou para combiná-la à eleição presidencial, o que daria uma enorme vantagem aos partidos que possuíssem maior máquina eleitoral (RODRIGUES, 31.3.1988). Além disso, para PT e PDT, as eleições municipais seriam uma verdadeira prévia das eleições presidenciais.

Ainda em maio, ao mesmo tempo que criticava a orientação neoliberal de Maílson da Nóbrega, chamando-o de "novo Roberto Campos", Brizola considerava remota a possibilidade de vitória da proposta de diretas-88 na Constituinte, considerando-a uma causa perdida. Na verdade, para Brizola, a realização de eleições presidenciais somente em 1989 não era tão ruim assim, pois desvinculada das eleições municipais, favoreceria os partidos com menor máquina partidária e eleitoral, como o PDT. Buscando diminuir a resistência empresarial à sua candidatura e aproximar-se das posições das frações hegemônicas do bloco no poder, Brizola chegou a afirmar que não era contrário à entrada de capital externo no país, apenas defendia que isto deveria ser tratado com muito cuidado (ALVES, 26.5.1988).

Pelo PT a mudança de conjuntura também foi percebida e a nova orientação, definida da seguinte maneira:

> Diante da nova situação criada pelo golpe do mandato, o PT, sem abandonar a luta no campo institucional, passa agora a dar mais ênfase à atuação no campo social e econômico: concentrar força nas lutas de massas contra a política econômica e social do governo Sarney, tanto no campo institucional, quanto na frente sindical e popular, denunciando a transição conservadora, a ilegitimidade do governo e apresentando uma alternativa de governo expressa no programa da candidatura do companheiro Lula à Presidência da República. (...) Ao mesmo tempo em que tenta impulsionar a mobilização popular para pressionar a Constituinte e para impedir as manobras que visam a adiar as eleições municipais, o PT voltará sua atuação para a campanha eleitoral de prefeitos e vereadores, transformando-a num momento privilegiado para ampliar nossa presença no Legislativo e Executivo municipais, para apresentar nossa alternativa de governo democrático-popular e para fazer a denúncia da nova Constituição (BNPT, jun. 1988).

A possibilidade de a bancada petista na Constituinte não assinar a nova Constituição já era levantada pela direção nacional, desencadeando o início do debate no partido em torno do problema.

No plano sindical, a conjuntura foi marcada fortemente pelas greves do funcionalismo público, que chegou a realizar uma greve geral de 48 horas contra a suspensão do pagamento da URP, envolvendo meio milhão de trabalhadores (V, 11.5.1988). O ímpeto grevista herdado do ano anterior foi mantido, com o número de greves ficando ligeiramente menor do que o de 1987, porém, também acima das 2100. A grande novidade deste ano era que as greves do funcionalismo cresceram ainda mais em relação ao setor privado, ultrapassando-o pela primeira vez desde 1978 e atingindo mais da metade do total (NORONHA, GEBRIM & ELIAS JR., 1998). Este fato acirrou a postura repressiva do governo contra as greves, pois o Estado era o patrão contra quem os trabalhadores lutavam na maioria dos casos. As intervenções militares e policiais em movimentos grevistas tornaram-se uma constante, com as invasões de empresas estatais, como usinas hidrelétricas, siderúrgicas e refinarias e outras se sucedendo. A invasão da CSN (Companhia Siderúrgica Nacional) de Volta Redonda (RJ) por tropas do Exército, em novembro de 1988, foi o ápice deste processo.

Neste período, além da CUT, da CGT e da USI, surgia uma nova central sindical, a CSC (Corrente Sindical Classista). Desde o ano anterior, os sindicalistas ligados ao PC do B vinham desenvolvendo uma polarização com as posições majoritárias da CGT, lideradas por representantes do "sindicalismo de resultados", como Magri e Medeiros. A derrota destes setores na plenária realizada em janeiro pela CGT para avaliar os resultados da greve geral de agosto de 1987 levou-os a convocar uma Plenária Nacional de Entidades Sindicais, para abril. Nesta, ocorrida em Campinas (SP), representantes de 214 sindicatos fundaram a CSC, como corrente interna da CGT. Entretanto, criticaram duramente o apoio da central ao governo Sarney e sua postura de negociação com todas as forças políticas na Constituinte, inclusive com o "Centrão". Defenderam, ainda, as eleições presidenciais em 1988, adotando a bandeira do "Fora Sarney"; o não-pagamento da dívida externa; os direitos dos trabalhadores na Constituinte; a unicidade sindical e o fim da contribuição sindical. Os líderes do "sindicalismo de resultados" também foram denunciados como representantes sindicais do patronato e do imperialismo norte-americano, principalmente por suas ligações com a AFL-CIO, central sindical mundial defensora do livre mercado e da colaboração entre capital e trabalho. Em fevereiro de 1989, a CSC concluiu sua ruptura com a CGT realizando o seu primeiro congresso, reunindo 703 entidades sindicais (COSTA, 1995, p. 198-201).

Do PMDB ao PSDB

Uma das mais importantes consequências da definição de cinco anos de mandato para Sarney foi o "racha" definitivo do PMDB, com o surgimento de um novo partido: o PSDB. Desde março, os dissidentes do PMDB vinham abandonando o partido, de tal maneira que este perdeu a maioria absoluta da Constituinte em março de 1988, com sua bancada caindo para 277 parlamentares. Os beneficiários destas defecções foram o PTB, o PDT e o PSB (FSP, 30.3.1988). A recusa sistemática da direção liberal moderada e dos governadores em apoiar a convocação de uma convenção extraordinária obrigou a ala esquerda a tentar conquistar a direção do partido no processo de negociação fragmentário da Constituinte, em que o peso do governo e do "Centrão" junto aos parlamentares peemedebistas era superior. Deste modo, a tática de "acomodação à direita" era uma forma de evitar uma derrota ainda maior e garantir a preservação de algumas conquistas. No entanto, nas questões consideradas estratégicas ao confronto com os conservadores, a ala esquerda foi derrotada totalmente, pois a Constituinte aprovou o presidencialismo, em lugar do parlamentarismo; as eleições presidenciais foram marcadas para 1989, e não 1988; e os ministros peemedebistas continuaram exatamente nos mesmos cargos de antes. Dos 328 votos dados a Sarney na definição do seu mandato, nada menos que 168 eram do PMDB, ao passo que os votos peemedebistas contrários eram apenas 123 (LOPES, 11.9.1988). Deste modo, setores da ala esquerda iniciaram um processo de afastamento e desligamento que culminou no final de junho, com a votação do texto constitucional em 1º turno. O episódio culminante neste processo foi a renúncia de Mário Covas da liderança do partido na Constituinte (FSP, 18.6.1988).

De um lado, os dissidentes levavam em conta a necessidade de continuarem no PMDB para garantir o sucesso da tática de "acomodação à direita" e, de outro lado, vislumbravam o calendário eleitoral, que previa eleições municipais em novembro, das quais só os partidos devidamente registrados participariam. Desde março, quando venceu a emenda do presidencialismo com cinco anos de mandato, os setores dissidentes decidiram-se por formar o novo partido, mas aguardariam o término da Constituinte. No entanto, pela centralidade que as eleições municipais adquiriam como termômetro das novas condições políticas e como prévia das eleições presidenciais, seria um equívoco político muito grande não participar delas. O retardamento do término da Constituinte e a definição do mês de agosto como prazo final para o registro de novos partidos que quisessem participar das eleições municipais, de acordo com Projeto de Lei em tramitação no Congresso, anteciparam a decisão final. Deste modo, o grupo dissidente não esperou pelo 2º turno, abandonando o PMDB antes. O novo partido surgiu com oito senadores (sete do PMDB e um do PFL) e 40 deputados federais (34 do PMDB, três do PFL, um do PTB, um do PSB e um do PDT), representando 17 Estados (MARQUES & FLEISCHER, 1999, p. 53-85). Números francamente inferiores à ala esquerda peemedebista na Constituinte, que contava com aproximadamente 120 parlamentares, antes do início das defecções.

Esta situação revela a posição ocupada pelo PSDB na arena política, sua relação com o PMDB e sua evolução política posterior. Segundo seu próprio programa, datado de julho de 1988, confluíram para o PSDB "social-democratas, socialistas democráticos, democratas cristãos e liberais progressistas" afinados em torno de uma perspectiva política que buscava "superar as injustiças do capitalismo sem incorrer nos aspectos discutíveis do socialismo". Segundo o documento:

> A experiência do século XX demonstrou as vantagens e defeitos do socialismo baseado na estatização total (ou quase) da economia. Os países que adotaram esse modelo conseguiram superar suas antigas condições de miséria e ignorância e alcançaram níveis apreciáveis de desenvolvimento e bem-estar para suas populações. Em compensação, perderam os estímulos necessários para aumentar a produtividade e melhorar a qualidade dos produtos e serviços, gerando ineficiência crescente nas empresas e na administração pública. Com isso, tornaram-se retardatários do progresso deste fim de século. E têm dificuldades em reformular o regime político para criar mecanismos democráticos de controle do Estado pela sociedade.
>
> A essência do modelo social-democrático europeu consiste em preservar uma economia de mercado, submetendo-a ao controle social através do Estado democrático. Controle este que, operando predominantemente, embora não exclusivamente, através dos impostos, corrige os desequilíbrios do mercado, protegendo os setores menos favorecidos e assegurando a todos, independentemente de sua fortuna e classe social, proteção da saúde, transporte público, cultura e lazer. (apud MARQUES & FLEISCHER, 1999, p. 190-191)

Mais adiante, o programa definia a péssima distribuição de renda, a crise social, a crise do sistema político, a crise de crescimento da economia e a crise de modernização como os principais desafios do Brasil e elencava os compromissos do PSDB. O primeiro deles era o compromisso com a consolidação da democracia, representativa e participativa, pautado por duas iniciativas a serem buscadas: o parlamentarismo e a reforma do Estado. O primeiro era considerado o regime que garantia a transparência, a participação popular e a educação política, enquanto a reforma do Estado era considerada condição indispensável para a consolidação democrática, pois eliminaria a "privatização" da maquina do Estado pela aliança entre setores da burocracia e os interesses privados e o fisiologismo. O PSDB propunha, então, um "Estado socialmente necessário", nem o "mínimo", como defendiam os "liberais anacrônicos", nem o "máximo", como queriam os "populistas e autoritários". A reforma do Estado deveria racionalizá-lo, tornando-o mais ágil, transparente e acessível ao controle público. Assim, seria preciso que o serviço público fosse profissionalizado e que o Estado fosse "desprivatizado", com a eliminação do fisiologismo e do seu caráter cartorial e "privatizado", com a redução do setor produtivo estatal por meio da venda das empresas estatais que pudessem ser melhor geridas pelo setor privado ou que não estivessem localizadas em setores relevantes para o desenvolvimento ou para o interesse nacional. A reforma administrativa completaria a reforma do Estado, eliminando a superposição de atribuições, os órgãos inúteis, o centralismo decisório e o clientelismo (idem, p. 190-198).

Afirmando-se como um partido "desenvolvimentista" por defender o crescimento econômico, o PSDB propunha um novo modelo de desenvolvimento econômico, com a solução da crise fiscal do Estado por meio da redução do déficit público, via austeridade, em combinação com o incremento da receita fiscal, via reforma do sistema tributário. A questão da dívida externa deveria ser solucionada por meio de negociação que garantisse ao mesmo tempo o pagamento do que era "suportável", sem impedir os investimentos necessários ao crescimento da economia, inclusive de origem externa. Neste ponto, o programa propunha uma nova articulação da economia brasileira com o mercado externo, descartando tanto "uma política industrial defensiva, voltada apenas para a substituição de importações, [que] levaria a um isolamento econômico incompatível com a modernização da economia e da sociedade brasileira", como "uma política de abertura imediata e absoluta, [que] teria efeitos desastrosos sobre a estrutura produtiva e o balanço de pagamentos do país" (idem, p. 192, 199-203).

Para tanto, eram necessários uma nova articulação entre Estado e capital privado, não necessariamente nacional, para modernizar a indústria, "metas cuidadosas de redução do protecionismo, (...) sem destruir o parque industrial existente a pretexto de um 'liberalismo ingênuo'", o apoio à capacitação científica e tecnológica e a diminuição da distinção entre produção voltada para o mercado interno, com distribuição de renda, e produção para exportação, com mão-de-obra barata, combinando os dois setores num mesmo patamar de tecnologia, produtividade e renda salarial.

Neste sentido, as relações com o capital externo deveriam ser regidas pelos objetivos gerais da política econômica, devendo o governo atrair e orientar os investimentos externos com base nisto, mais do que com incentivos diretos, principalmente os investimentos no plano da alta capacitação tecnológica (idem, p. 212).

No plano social, o programa do PSDB defendia o resgate da dívida social, com uma política de distribuição de renda, expansão do emprego e a criação de políticas sociais que universalizassem o acesso à saúde, educação e cultura, previdência social, entre outros, de modo não corporativista, com a racionalização e moralização dos órgãos voltados a elas. O direito de propriedade da terra deveria ser condicionado à sua função social, não devendo as propriedades produtivas ficar excluídas deste critério, viabilizando uma política de reforma agrária que não se limitasse à distribuição de terras, mas que incluísse investimentos públicos que objetivassem a racionalização no uso do solo, o aumento da produção, da produtividade e da ocupação da mão-de-obra rural. A política trabalhista deveria basear-se numa política salarial que garantisse o aumento real da massa salarial, no fortalecimento dos sindicatos, na garantia do direito de greve e no estímulo à livre negociação entre capital e trabalho (idem, p. 203-214).

Conforme seu próprio programa explicita, e apesar de afirmar-se como "desenvolvimentista", o PSDB não era a ressurreição do chamado "PMDB histórico", com seu reformismo desenvolvimentista, depurado de suas alas conservadoras e resgatado de seu fisiologismo. Isto porque, diante da crise do Estado desenvolvimentista e da instalação da institucionalidade democrática com a Constituição de 1988, que estava prestes a ser concluída, o PSDB não nascia reafirmando o programa reformista desenvolvimentista, mas atualizando o liberalismo contido no velho MDB e em grande parte da oposição nos anos 70, que se fundava na dicotomia Estado/Sociedade Civil baseada na fórmula governo autoritário versus sociedade democrática. A atualização deste discurso manifestava-se na crítica ao patrimonialismo e ao cartorialismo do Estado, não mais ao autoritarismo, pois esta questão estava sendo superada com a conclusão da transição e a nova Carta, já que estes elementos é que impediam a plenitude democrática e a própria superação da crise econômica. Nesta avaliação, a ineficiência do setor público e os privilégios de determinados segmentos empresariais e corporações, fechados à concorrência externa e interna, impediam a modernização tecnológica, o avanço da competitividade e o próprio desenvolvimento econômico. Além disso, o excessivo intervencionismo estatal, tanto na estrutura econômica quanto nas relações entre capital e trabalho, dificultava a modernização da economia e das próprias relações sociais, privilegiando o corporativismo, o parasitismo e a corrupção.

Não era à toa que na sua formulação mais geral o programa do PSDB reverberava uma avaliação tipicamente liberal, associando a estatização ao atraso tecnológico e ao autoritarismo político quando diagnosticava a crise dos países socialistas ou quando identificava Estado "máximo" a populismo e autoritarismo. No programa político do PSDB, a consolidação da democracia demandava muito mais a eliminação dos enclaves cartoriais, do corporativismo e do patrimonialismo do que o controle popular das empresas estatais e órgãos públicos, com o aprofundamento efetivo da democracia participativa e o fortalecimento das organizações populares. A privatização de determinadas empresas estatais, a eliminação "cuidadosa" das barreiras protecionistas à competitividade externa, com a abertura "orientada" ao capital externo e a atração de poupança externa e de tecnologia, e a resolução da crise fiscal do Estado, com uma política de austeridade, completavam o elenco de medidas necessárias para viabilizar um novo ciclo de crescimento econômico. Assim, o mercado e a racionalização do aparelho estatal apareciam como principais instrumentos para a viabilização da consolidação democrática e do pleno desenvolvimento econômico.

Esta elaboração programática afastava o PSDB do reformismo desenvolvimentista, que carregava um forte acento no intervencionismo estatal, de matriz keynesiana, e na clara valorização da empresa nacional, na distribuição de renda por meio da ampliação de direitos sociais e no fortalecimento do mercado interno, num viés nacionalista "instrumental", ou seja, não antiimperialista. Ao contrário, no programa do PSDB o desenvolvimentismo era superado, sendo retoricamente associado a crescimento econômico, e a questão da dependência externa como um entrave ao desenvolvimento era escamoteada, pois prevalecia uma visão positiva do capital externo e uma noção fatalista da integração do país ao mercado mundial. Isto porque o intervencionismo estatal era francamente secundarizado em relação à dinâmica do mercado; a distribuição de renda dependia muito mais da negociação entre capital e trabalho e do crescimento econômico, do que da ampliação dos direitos sociais garantidos pelo Estado; e o capital externo tinha um papel mais positivo do que negativo.

Nestes termos, o elemento *keynesiano* do programa foi subordinado a uma perspectiva *neoliberal moderada*, ou seja, que rejeitasse a abertura econômica indiscriminada como "liberalismo ingênuo", pois isto significaria destruir o parque industrial do país; que considerasse "anacrônica" a proposta do Estado "mínimo", pois o Estado deveria preservar sob seu controle determinados setores econômicos e sua capacidade de regulação; e que não vislumbrasse a desregulamentação dos direitos sociais e trabalhistas, pois a livre negociação entre capital e trabalho deveria complementá-los, e não anulá-los. O *neoliberalismo extremado* ainda não estava no horizonte político do PSDB, até porque entre as próprias frações do grande capital nacional isto não era consensual. No entanto, a perspectiva liberal compunha o núcleo duro de seu programa.[1] Como veremos, na campanha presidencial de 1989, esta orientação se explicitaria mais fortemente, com o seu candidato, Mário Covas, propondo nada menos que um "choque de capitalismo" para resolver a crise do país.

Esta orientação explica a afinidade que o PSDB teria crescentemente com parcelas expressivas do bloco no poder e as próprias críticas endereçadas por Fernando Henrique Cardoso, um dos principais ideólogos do partido, aos elementos nacionalistas e estatizantes da nova Constituição, considerados "arcaicos" por ele. Segundo ele:

> Existe uma parte da esquerda que é, sinceramente, terceiro-mundista. Não se trata de solidariedade apenas. É mais do que isso. São aquelas pessoas que pensam o Brasil como um país africano e gostam disso. Acham que o Primeiro Mundo é negativo, é ruim. Identificam país desenvolvido com exploração dos outros. É uma visão de país como autarquia, em que a nacionalidade se constrói na base daquela unidade do tudo contra a exploração estrangeira. Penso que isso é anacrônico. (LEITE, 29.6.1988)

Tal orientação explica, ainda, em parte, por que o PSDB não conseguiu atrair toda a ala esquerda e setores significativos e também "históricos" do PMDB, comprometidos com a perspectiva reformista desenvolvimentista, como Waldir Pires,

---

[1] Os termos *neoliberalismo moderado* e *neoliberalismo extremado* encontram-se em BOITO JR., 1999.

Miguel Arraes, Fernando Lyra ou Severo Gomes e Pedro Simon, apesar de ter atraído setores conservadores do PMDB, como José Richa, Franco Montoro e Ronaldo Cezar Coelho, e descontentes do PFL, como Afonso Arinos e Saulo Queiroz. Também explica por que entre os "economistas de oposição" o PSDB atraiu ou aproximou-se daqueles identificados com as teses inercialistas, como Bresser Pereira, João Sayad, Pérsio Arida, Edmar Bacha, entre outros, defensores da redução do déficit público e de soluções de cunho monetarista para a crise econômica, como a reforma monetária, e não aqueles identificados com as posições keynesiano/pós-estruturalistas, como João Manuel Cardoso de Melo, Luiz Gonzaga Belluzzo e Luciano Coutinho. Em certa medida, a clivagem entre os setores mais radicalizados e os mais moderados da esquerda peemedebista se repetiu. É verdade que os setores de esquerda que ficaram no PMDB, principalmente vinculados ao MUP, eram ligados a governadores de Estado que vislumbravam sair candidatos na eleição presidencial, como Pires e Arraes, o que tornava o pertencimento ao partido um trunfo importante por conta do tamanho da máquina partidária. Também contou o fato de que tais setores vislumbravam ganhar o partido após a Constituinte, derrotando o "Centrão", mesmo que aliados aos liberal-moderados, como Ulysses (CASADO, 23.6.1988; FEUERWERKER, 26.6.1988). Mas o fator fundamental foi o conteúdo neoliberal da perspectiva política peessedebista.

Deste modo, o PSDB não se colocou à esquerda do PMDB, pelo menos não em relação à esquerda peemedebista, configurando-se muito mais como uma variante não-fisiológica, não-nacionalista e não-estatizante do mesmo campo político *anticesarista*. Deste ponto de vista, posicionou-se à direita da esquerda peemedebista que ficou e em determinadas questões, até mesmo dos liberais-moderados. O PSDB surgiu, então, como expressão partidária da migração de setores do bloco no poder, particularmente do grande capital privado nacional, e das chamadas classes médias de uma posição desenvolvimentista reformista para uma posição neoliberal moderada. As frações do grande capital, inclusive o externo, foram atraídas pela perspectiva não-nacionalista e não-estatista, ao passo que o pequeno e o médio capital e as classes médias foram atraídos pelas críticas ao patrimonialismo, ao cartorialismo e ao corporativismo. Nesta etapa, seus vínculos mais próximos da organicidade foram com estes segmentos médios da sociedade. Com os trabalhadores desqualificados ou de baixa renda o PSDB teve uma relação inorgânica, meramente eleitoral, como o próprio PMDB. Neste ponto, conforme classificação de Saes (1979), o PSDB também se configurava como um "partido burguês", ou seja, um partido marcado organizativamente pela supremacia da direção nacional, particularmente de sua fração parlamentar, sobre o resto do partido e suas bases; pela frouxidão organizacional, pois a vida partidária era fugaz e circunstancial, só adquirindo maior poder de mobilização e organização em épocas eleitorais, e pela ausência de vínculos orgânicos com sua massa eleitoral. Apesar de surgir com uma feição ideológica mais marcada, se comparada com a fluidez da maioria dos outros partidos, ainda assim o PSDB não se configurava como um partido ideológico típico, sustentado por um processo permanente de politização e ideologização. Finalmente, sua orientação ideológica, marcada por uma composição desigual entre keynesianismo e neoliberalismo moderado, com predomínio deste último, também o caracterizava como um partido burguês.

O rótulo social-democrata era muito mais uma marca propagandística do que expressão do conteúdo programático do partido, pois faltavam-lhe vínculos orgânicos e originários com os movimentos sindical e popular, era um partido criado "de cima", apesar da presença de alguns movimentos em seu interior. Faltava o compromisso com a criação de um Estado do bem-estar social fundado num sólido sistema de direitos e garantias sociais e trabalhistas, e não na primazia do livre mercado. Finalmente, faltava o compromisso com a instauração de uma sociedade socialista, ainda presente na social-democracia europeia nos anos 80 (ANDERSON & CAMILLER, 1996), em que o PSDB afirmava se inspirar. Portanto, seu apelo popular nesta etapa era muito mais herança da mística do "PMDB restaurado", o que também lhe dava uma *vocação hegemônica* que tenderia a se consolidar no futuro, quando o bloco no poder terminasse a travessia rumo ao neoliberalismo.

Poucos dias após a fundação, Hélio Jaguaribe, outro importante ideólogo "social-democrata" do partido (OLIVEIRA, 2004, p. 105-125), definia-o assim:

> um partido parlamentarista, de expressa vocação social democrata, com um profundo compromisso de seriedade pública e de consistência programática (...); [criado] pra canalizar as aspirações de amplo segmento da opinião pública, que se situa numa moderada posição centro-esquerda, que deseja uma moderna e dinâmica economia de mercado,

socialmente regulada, sob a supervisão de um Estado democrático. De conformidade com nítidas, estáveis e transparentes normas de justiça social. (JAGUARIBE, 30.6.1988)

Em 1990, o mesmo Jaguaribe assumiria um ministério no governo Collor e defenderia a adesão do partido ao mesmo, por achar que este poderia executar o programa peessedebista (OLIVEIRA, 2004, p. 122-123).

Do 1º ao 2º turno: calibrando o texto constitucional pela direita

Após a vitória na questão do mandato, em junho, Sarney intensificou a "guinada neoliberal" de seu governo. Desde a aprovação do presidencialismo, em março, a equipe econômica vinha radicalizando a política de corte de gastos com pessoal e com investimentos públicos para conter a inflação e reduzir o déficit público. Em abril e maio, quando a taxa de inflação mensal já atingia 19%, o governo suspendeu os reajustes salariais de 16,5% previstos pela URP, reforçando o arrocho salarial sobre o funcionalismo (MODIANO, 1992, p. 371). Em maio, antecipando-se a possíveis dificuldades de aprovação das teses antiestatistas na Constituinte, Sarney anunciou uma nova política industrial, de caráter liberalizante, dando prosseguimento ao compromisso feito no ano anterior. Foram adotadas medidas para a diminuição dos entraves burocráticos e dos custos tarifários na política aduaneira, estimulando as exportações e a importação de tecnologia. O controle do Estado sobre os investimentos privados foi reduzido, favorecendo a entrada de investimentos externos. Também se alterou a política de incentivos fiscais, eliminando alguns e criando outros, de modo a complementar as medidas anteriores. O Conselho de Desenvolvimento Industrial foi reformulado e novas instâncias foram criadas, como os Programas Setoriais Integrados e o Programa de Desenvolvimento Tecnológico, de modo a ampliar a participação do setor privado nas definições da nova política industrial, para óbvia satisfação do empresariado. Na prática, o governo abandonava a orientação industrial do chamado "modelo de substituição de importações" e iniciava um processo de desregulamentação que seria aprofundado nos anos 90 (CRUZ, 1997, p. 83-87; DREIFUSS, 1989, p. 229).

Em junho, garantidos quase dois anos mais de mandato, Sarney confirmou a nova orientação neoliberal comprometendo-se a "reintroduzir o Brasil na comunidade financeira internacional, fazer reformas profundas, modernizar o modelo econômico – o modelo de substituição de importações esgotou-se. Preparar as estruturas do país para o século XXI" (CASADO, 3.6.1988). Dias depois, elogiou o acordo da dívida externa feito por Maílson da Nóbrega como a "melhor negociação já feita pelo governo brasileiro"; arrependeu-se de ter editado o Cruzado II; acusou a reserva de mercado de não funcionar e aproveitou para criticar a "minoria" que atuava dentro da Constituinte, com os olhos voltados para o passado, o que poderia tornar a nova Constituição inexequível e inaplicável (V, 8.6.1988). Demonstrando sua plena concordância com a orientação seguida pela equipe econômica, no mesmo mês Sarney demitiu ninguém menos que o chefe do Estado-Maior das Forças Armadas, brigadeiro Paulo Roberto Camarinha, devido às críticas públicas feitas por este à suspensão do pagamento da URP para o funcionalismo, aos baixos salários dos militares e aos cortes no orçamento. Tido como um dos principais críticos da dupla Maílson da Nóbrega-João Batista Abreu no governo, Camarinha foi acusado de desrespeitar a hierarquia, sendo demitido por Sarney com o apoio dos ministros militares. A extrema-direita militar e o ex-presidente Figueiredo, obviamente, condenaram a atitude (V, 22.6.1988). No final de junho, o governo decretou corte de 21% a 40% nos orçamentos dos ministérios, reduzindo principalmente os gastos sociais, mas preservando a previsão orçamentária de diversas obras acertadas com o "Centrão" e com os governadores para viabilizar as vitórias do governo na Constituinte (V, 6.7.1988).

Paralelamente, o governo desencadeou uma nova ofensiva sobre a Constituinte, para evitar que diversas propostas aprovadas em 1º turno fossem mantidas no 2º, pois nesta última etapa só seriam admitidas e votadas apenas emendas supressivas, ou seja, emendas que suprimissem trechos ou palavras dos artigos, dificultando a reversão de diversos avanços democráticos e direitos sociais. Em julho, Sarney criticou a falta de unidade do anteprojeto constitucional, chamando-a de "colcha de retalhos" (OESP, 12.7.1988). Dias depois, Sarney fez um pronunciamento em cadeia nacional na televisão em que acusou a proposta constitucional de deixar o país "ingovernável" não só no plano do Estado, mas também nas "empresas, nas relações de trabalho, nas famílias e na sociedade". Alegando que os novos encargos criados trariam um impacto imediato de 2,2 trilhões de cruzados no orçamento do governo, Sarney vaticinou uma "explosão brutal dos gastos públicos", além de prever que a nova Constituição poderia transformar o Brasil numa "máquina emperrada", desencorajando a produção, induzindo ao ócio, estrangulando investimentos, trazendo desemprego, hiperinflação, descrédito no exterior, além da "permanente instabilidade política e institucional". Ato contínuo, Sarney propôs mais um golpe na Constituinte, afirmando que o 2º turno não poderia ser uma votação meramente homologatória e sugerindo a revisão total do anteprojeto (FSP, 27.7.1988).

Imediatamente, os boatos de intervenção militar passaram a circular em Brasília e a proposta de que a Constituinte fosse "zerada" voltou à baila, pela boca de um dos líderes do "Centrão", o deputado José Lourenço (PFL-BA). Diante da ofensiva, as reações contrárias foram imediatas, até Ulysses Guimarães reagiu duramente, defendendo a autonomia da Constituinte (DIMENSTEIN, 28.7.1988). Dias depois, Bernardo Cabral, relator da Constituinte, denunciava as pressões sofridas da parte do governo e do "Centrão" para retardar o andamento dos trabalhos da Constituinte. Isto permitiria ao governo continuar editando decretos-lei e desobrigar-se de repartir os recursos da União com Estados e municípios e fortaleceria a tese de adiamento das eleições municipais, interessante para os governadores, o PFL e os setores conservadores do PMDB (RODRIGUES, 10.8.1988).

O novo ataque de Sarney à Constituinte teve o condão de radicalizar mais ainda a insatisfação popular com o governo. Os protestos populares se intensificaram, ocorrendo em diversas situações que envolviam a presença do presidente. Nas comemorações da Semana da Pátria, em setembro, desfiles foram desmarcados para evitar tumultos. No desfile de Brasília (DF), Sarney foi sonoramente vaiado e xingado o tempo todo pelos manifestantes. A polícia reprimiu com violência, efetuando oito prisões (JT, 2.9.1988 e 8.9.1988; FSP, 18.7.1988 e 8.9.1988). Os baixos índices de popularidade, que chegaram a míseros 15% aprovação, revelaram a aguda crise de legitimidade de seu governo, cada vez mais dependente da tutela militar. Quanto mais Sarney perdia legitimidade política, mais atendia às demandas militares, como nos casos da concessão de reajuste salarial não repassado para o restante do funcionalismo; da liberação de verbas para a modernização do aparelhamento militar e a compra de armas e equipamentos; e das manobras para esvaziar a inevitável redução das atribuições militares na institucionalidade a ser criada pela nova Constituição, como o novo regulamento do SNI e a criação da Secretaria de Defesa Nacional (OESP, 7.1.1988 e 1.10.1988; FSP, 10.1.1988; AZEREDO, 8.10.1988). Em setembro, quando veio à tona a participação de oficiais do Exército na 17ª Conferência dos Exércitos Americanos, de forte conteúdo anticomunista e antipopular, gerando grande reação contrária na mídia e no Congresso, Sarney alegou que isto não afetava a soberania nacional nem o respeito do governo por todos que professavam as mais diferentes ideologias (FSP, 27.9.1988). No mesmo mês, Sarney transferia da CNEN (Comissão Nacional de Energia Nuclear) para o Ministério do Exército o controle dos acidentes nucleares, como o que ocorreu em Goiânia (GO), em 1987, reforçando a autonomia militar na questão nuclear (OESP, 29.9.1988). Enquanto isso, as Forças Armadas tratavam as greves do funcionalismo público como agressão à segurança nacional e promoviam treinamentos contra guerrilha rural visando à repressão das ocupações de terra (FSP, 5.8.1988).

No PMDB, a ofensiva do governo sobre a Constituinte acirrou a divisão interna. Mesmo após a saída dos que fundaram o PSDB, a divisão entre os setores de esquerda que restaram, a liderança liberal moderada e o "Centrão", continuou, determinando uma nova correlação de forças. Pela primeira vez, Ulysses Guimarães e a ala liberal moderada por ele liderada aliaram-se aos setores de esquerda, liderados pelos governadores Waldir Pires e Miguel Arraes, compondo uma chapa conjunta para a disputa do Diretório Nacional. Carlos Sant'Anna, líder do governo na Constituinte, articulou a chapa do "Centrão", contando com o apoio de Sarney e contendo vários ministros do governo. A solução encontrada para a disputa foi a criação de uma chapa de consenso, que revelava o caráter institucional e eleitoreiro do PMDB, pois na "cabeça" da chapa estava Ulysses Guimarães, seguido, pela ordem, dos governadores, dos ministros, dos líderes no Congresso e, por fim, dos membros da Executiva atual (FSP, 2.8.1988).

Apesar da composição entre as forças oponentes, que garantiu a unidade do partido, providencial para as pretensões eleitorais de qualquer um dos pré-candidatos à presidência da República, Ulysses e a ala liberal moderada iniciaram um movimento em direção à oposição, cujo auge se daria na campanha presidencial, afastando-se do governo. Em agosto, os ministros "ulyssistas" saíram do governo, em mais uma reforma ministerial. Renato Archer deu lugar ao conservador Jader

Barbalho, na Previdência Social; Luiz Henrique da Silveira foi substituído por Ralph Biasi (PMDB-SP), na Ciência e Tecnologia; e Celso Furtado deu lugar ao ex-governador de Brasília, fiel aliado de Sarney, José Aparecido de Oliveira, no Ministério da Cultura. Com a saída de Jader Barbalho, o Ministério da Reforma Agrária e Desenvolvimento foi entregue a Leopoldo Bessone (PMDB-MG), membro do "Centrão". Reforçando ainda mais o "Centrão", Sarney deu o Ministério da Indústria e Comércio para Roberto Cardoso Alves (PMDB-SP), um dos mais ativos líderes do bloco suprapartidário, no lugar de José Hugo Castelo Branco, afastado por motivos de saúde, e ampliou os poderes de Prisco Viana no Ministério da Habitação e Meio Ambiente, que passou a se chamar Ministério da Habitação e Bem Estar Social (MENEGUELLO, 1998, p. 188-191).

As principais propostas que descontentavam o governo no texto aprovado em 1º turno eram o direito de greve; a ampliação dos direitos previdenciários com o princípio da seguridade social; a transferência de recursos da União para Estados e municípios; a revogação de todos os decretos-lei não apreciados pelo Congresso e sua substituição por medida-provisória; o direito de o Congresso Nacional interferir e definir o orçamento; a anistia aos militares; o fim do Conselho de Segurança Nacional; o *habeas data*; a proibição de prisão sem flagrante delito ou autorização judicial; o mandado de injunção, entre outros. Nas questões econômicas, o governo pretendia anular ou reduzir o conteúdo estatizante e/ou nacionalista de diversas propostas, como o tabelamento dos juros anuais a 12%, a distinção entre empresa nacional e empresa estrangeira, a reserva de mercado, a anistia aos pequenos e microempresários, a jornada de seis horas para turnos ininterruptos de revezamento, entre outros (JT, 11.7.1988; FSP, 27.7.1988). Em geral, as preocupações do governo eram afinadas com a perspectiva das frações do grande capital para a Constituinte, particularmente com o capital externo e com o capital bancário, revelando a nova orientação econômica do governo. Com o capital privado nacional a afinidade era menor, localizando-se mais na questão dos direitos trabalhistas e sociais e no tocante à perspectiva antiestatista. A pauta de emendas supressivas do PFL também se aproximava bastante desta perspectiva (AMARAL, 7.7.1988).

Para a batalha do 2º turno, as várias entidades lideradas pela UB, representativas do empresariado articularam uma pauta comum de pouco mais de 20 pontos, apesar de alguns deles, que já levantamos, continuarem objeto de divergências, contribuindo para o fracasso da empreitada. Além dos vetos defendidos pelo governo nas questões econômicas e sociais, com os quais concordavam, as entidades empresariais queriam anular ou modificar o imposto sobre grandes fortunas, a função social do direito de propriedade, o aviso prévio proporcional ao tempo de serviço, o pagamento adicional de férias, a penalização da demissão imotivada, a imprescritibilidade dos direitos trabalhistas por cinco anos, a competência normativa da Justiça do Trabalho, as restrições à atuação da empresa estrangeira, ente outros (DREIFUSS, 1989, p. 230-248).

Além das pressões diretas sobre a Constituinte, em que não faltavam a ameaça de intervenção militar e as manobras protelatórias, o pacto social foi a outra iniciativa tomada para barrar a aprovação dos direitos sociais. Desde fevereiro de 1988, lideranças sindicais e empresariais defendiam a necessidade de um pacto para conter a escalada inflacionária e reduzir a tensão social. A CGT demonstrava disposição para o diálogo ao condicionar a aceitação do pacto à redução do déficit público e da carga tributária e à aprovação na Constituinte da participação dos trabalhadores nos lucros das empresas (JT, 19.2.1988). No entanto, somente a partir da votação do 1º turno do anteprojeto constitucional, o tema do pacto voltou à baila, desta vez, levantado pelos empresários. Diante da possibilidade concreta de diversos direitos sociais e trabalhistas já aprovados em 1º turno serem homologados no 2º, lideranças empresariais expressivas – como Antonio Oliveira Santos, presidente da CNC (Confederação Nacional do Comércio) e coordenador da UB – começaram a condicionar a reposição das perdas salariais, um dos pontos levantados pelos trabalhadores para a viabilização do pacto, à modificação de vários artigos do anteprojeto constitucional, como a jornada de seis horas para turnos ininterruptos de revezamento, o adicional de férias, o aviso prévio proporcional, entre outros (COSTA, 24.7.1988).

Mário Amato, presidente da Fiesp e do Fórum Informal dos Empresários, e Albano Franco, presidente da CNI, desencadearam uma série de iniciativas para definir uma pauta comum, envolvendo diversas entidades patronais como a SRB, a FCSP, a Faesp, o Sindicato dos Bancos do Estado de São Paulo e a ACSP. Apesar das divergências, principalmente em torno da participação ou não do governo, foi definida uma pauta. As principais propostas giravam em torno da desindexação da economia, com o fim da URP e a criação de um redutor para a definição do índice de reajustes de preços e salários. Por exemplo, se a inflação do mês fosse de 20%, os reajustes do mês seguinte seriam de 18%. Nestes termos, a reposição das perdas salariais estava descartada. Além destas propostas, somava-se a antiga demanda sobre redução do déficit público, além da transformação da dívida pública (externa e interna) em investimento de risco e da maior participação da iniciativa privada nos serviços públicos e no setor de infra-estrutura. Apesar de elogiar o empenho da equipe econômica no controle dos gastos públicos, Mário Amato cobrava mais austeridade (NEUMANN, 20.9.1988). No governo, Sarney elogiou a iniciativa, prometendo total apoio, apesar de Maílson da Nóbrega condenar a proposta de fim da URP por temer que isto originasse a volta dos reajustes salariais mensais (SCRIPILLITI, 10.9.1988; CAMPELO, 10.9.1988).

Para os trabalhadores, o fim da URP e a não-reposição das perdas salariais eram os principais problemas da proposta empresarial. A CUT descartou de imediato a proposta, condicionando sua participação à reposição das perdas salariais e rechaçando a anulação dos direitos sociais e trabalhistas aprovados no anteprojeto constitucional (JT, 20.7.1988; CB, 23.7.1988). No PT, Lula questionou a credibilidade e o compromisso dos empresários e do governo com o pacto ao mesmo tempo que bombardeavam os direitos dos trabalhadores na Constituinte. Além disso, para que as conversas se iniciassem, propôs o não-reconhecimento da dívida externa, com uma nova política de negociação com os credores; um novo tratamento para o déficit público e a dívida interna; e o controle dos preços dos oligopólios (SILVA, 23.7.1988). Mesmo a CGT e a USI resistiam ao fim da URP e à não-reposição das perdas salariais, mas, diante da recusa da CUT em participar e das críticas do PT, surgiu a possibilidade de estes setores do movimento sindical qualificarem-se como interlocutores confiáveis junto ao empresariado e ao governo. Para o empresariado e o governo, a possibilidade de isolamento político da CUT e do PT era alvissareira, pois facilitava o ataque aos direitos sociais na Constituinte e enfraquecia o campo de esquerda nas eleições municipais que se aproximavam (DREIFUSS, 1989, p. 267-268).

Apesar da postura crítica diante do pacto e da ofensiva do empresariado sobre a Constituinte, na mesma época a CUT deu um passo importante para amoldar-se à estrutura sindical vigente e arrefecer sua capacidade de luta. No III CONCUT (Congresso Nacional da CUT), realizado no mês de setembro, em Belo Horizonte

(MG), foi aprovado um novo estatuto para a central. Retomando a proposta feita no congresso anterior, em 1986, a Articulação Sindical conseguiu superar a resistência das correntes da esquerda marxista e modificar os estatutos da entidade, tornando-a muito mais uma central de sindicatos do que de trabalhadores. As principais mudanças estatutárias foram a maior verticalização na estrutura decisória e o aumento da representatividade dos delegados indicados pelas diretorias dos sindicatos filiados em detrimento dos delegados indicados pelas bases e oposições sindicais A maior verticalização decisória foi viabilizada com a vinculação do Congresso Nacional ao resultado dos congressos estaduais, pois seus delegados seriam eleitos nestes últimos e destes com o resultado dos congressos regionais, utilizando-se o mesmo critério. Desta forma, quem controlasse a maioria dos congressos regionais garantiria o controle do congresso nacional, independentemente de sua base sindical. Por fim, a periodicidade dos congressos nacionais, instância máxima da entidade, passou de dois para três anos, o que reforçou o poder decisório da Executiva Nacional (RODRIGUES, 1997, p. 110-118).

A vitória da Articulação Sindical no III CONCUT começou a ser construída anteriormente, na própria composição do congresso. O III CONCUT foi o maior encontro sindical realizado no país até então, com nada menos que 6.243 delegados. No entanto, ao contrário dos dois congressos anteriores, neste o número de delegados de base caiu de 65,9% e 70,5%, respectivamente, para 50,8%. Em contrapartida, os delegados de diretoria subiram de 34,1% e 29,5% para 49,2%, o que foi decisivo para a aprovação das teses da Articulação Sindical, que controlava a maioria dos sindicatos cutistas (idem, ibidem).

Além destas mudanças no estatuto, que reforçaram o peso político da estrutura sindical nos rumos da central, ocorreram mudanças na linha política, com a CUT assumindo cada vez mais uma pauta sindical em sua luta política concreta, restrita às demandas econômico-corporativas dos trabalhadores, em detrimento da tradicional pauta política, que incluía demandas de caráter político-ideológico. Considerando a manutenção do caráter amplo de sua pauta de reivindicações, com demandas políticas e corporativas, na prática a luta da central passou a girar em torno das questões sindicais, com a defesa do contrato coletivo de trabalho assumindo a condição de principal bandeira de luta (idem, ibidem).

Em outras palavras, a CUT passou a abandonar sua condição de ator político, confundindo-se com as atribuições de um partido orgânico dos trabalhadores, para restringir-se à dimensão meramente sindical. Com isso, a CUT submeteu-se definitivamente à lógica economicista/politicista presente na reforma sindical e na reforma partidária implementadas pela Ditadura Militar, rendendo-se à sua destinação corporativa (MACIEL, 2004, p. 207-261). Obviamente, este processo não ocorreu isoladamente da evolução do próprio PT, pois a Articulação Sindical era o braço cutista da Articulação, corrente majoritária do PT, que internamente também desenvolvia um processo de enquadramento das correntes da esquerda marxista, como vimos. Isto quer dizer que, na relação entre CUT e PT, a Articulação passou a operar uma "divisão de tarefas" que desmembrou progressivamente a luta sindical da luta política, reforçando a submissão da central à estrutura sindical de Estado e do partido à estrutura partidária e eleitoral. O PT, por sua vez, saudou as mudanças ocorridas na CUT, afirmando que a partir de então ela poderia funcionar como uma verdadeira central sindical, e não como uma frente de sindicatos, com uma estrutura organizada e articulada nacionalmente (VENCESLAU, 1988).

Esta situação explica a incapacidade da CUT em impedir a inclusão da unicidade sindical e da contribuição sindical obrigatória na nova Constituição, duas questões que a diferenciavam do sindicalismo pelego, permitindo a manutenção de grande parte da estrutura sindical estatal reformada. Na verdade, conforme Boito Jr. (1991, p. 76-91), a CUT não derrotou a estrutura sindical porque, de fato, não lutou contra ela, pois o controle do aparato sindical passou a ser mais um instrumento de poder na dinâmica da central do que a mobilização e a organização de base. Desta forma, os caminhos para a burocratização, o corporativismo e a desmobilização estavam abertos. O *transformismo em sentido amplo* operado pela estrutura sindical estatal sobre o novo sindicalismo desde o início dos anos 80 começava a dar seus primeiros resultados duradouros.

Na CGT, as tendências conciliadoras foram ainda mais reforçadas com o II Congresso, realizado em abril e maio de 1988. A corrente ligada ao "sindicalismo de resultados", anticomunista, defensora da livre iniciativa e liderada por Antonio Rogério Magri e Luis Antonio Medeiros, foi a grande vitoriosa, conquistando a presidência da entidade. A chapa liderada por Joaquim dos

Santos Andrade e apoiada pelo PCB e pelo MR-8 foi derrotada, levando este setor a convocar um novo congresso em setembro e fundar uma nova central. Como vimos, em janeiro o PC do B já se havia desligado da CGT por divergências com a supremacia do "sindicalismo de resultados", fundando a CSC (Corrente Sindical Classista) em agosto. Deste modo, no campo sindical da antiga Conclat, além da CSC surgiam duas CGTs, a primeira, de Magri e Medeiros, passou a se chamar Confederação Geral do Trabalho, e a segunda, de Joaquinzão e os comunistas, manteve o nome de Central Geral dos Trabalhadores (RODRIGUES, 1991, p. 37-39).

Desta forma, apesar das rivalidades entre si, CGTs, USI e as confederações sindicais, particularmente a Confederação Nacional dos Metalúrgicos, passaram a ser os interlocutores exclusivos dos trabalhadores junto às entidades empresariais nas negociações do pacto (KUCK, 20.10.1988). Esta última foi criada por Sarney exclusivamente para fortalecer o chamado "sindicalismo de resultados" em detrimento da CUT, pois sua presidência foi dada a Luiz Antonio Medeiros, presidente do sindicato dos Metalúrgicos de São Paulo e estrela ascendente do sindicalismo pelego (V, 9.11.1988).

Em novembro, saía o pacto social, o único que passou das intenções à prática durante todo o governo Sarney. Na Constituinte, o campo conservador não conseguiu evitar a aprovação dos novos direitos sociais e trabalhistas, conseguindo basicamente pequenas alterações no texto de alguns artigos que abriam brecha para posteriores reversões, como na jornada de seis horas para turnos ininterruptos de revezamento, na possibilidade de as multinacionais que atuavam no setor de mineração poderem continuar operando em parceria com empresas nacionais e na ampliação da competência dos Tribunais Regionais do Trabalho; a única vitória efetiva foi a supressão do imposto sobre grandes fortunas (DREIFUSS, 1989, p. 244-248). No entanto, foram derrotadas todas as emendas supressivas apresentadas pela esquerda, como as do PT, que pretendiam restaurar a integridade dos direitos sociais e conquistas democráticas mutilados no processo de negociação (AMARAL, 7.7.1988). Em grande medida, a Constituição ficou como o campo conservador queria. Por conta disso, a bancada petista recusou a assiná-la.

A nova Constituição: institucionalidade democrática e autocracia burguesa reformada

Em cinco de outubro de 1988, a nova Constituição era promulgada pelo Congresso Nacional. Alcunhada de "Constituição cidadã", ela se tornava o marco legal fundamental da nova institucionalidade democrática, criada em substituição à institucionalidade autoritária reformada. Este novo marco legal incorporava uma série de conquistas democráticas e direitos sociais, sintonizados em muitos pontos com o que havia de mais avançado nas democracias burguesas mais amplas e participativas. No entanto, ao contrário do que possa parecer, a velha institucionalidade autoritária, criada pela Ditadura Militar, não foi simplesmente abolida pela nova legalidade, pois o caráter conservador do processo de transição democrática e o predomínio das forças políticas autocráticas nos trabalhos constituintes permitiram a conservação de uma série de seus elementos centrais, mesmo que metamorfoseados. O caráter ambíguo da nova Constituição era expressão do processo de *revolução passiva* que marcou tanto as sucessivas reformas da institucionalidade autoritária, quanto o ato final de sua substituição pela nova institucionalidade democrática. Parafraseando Gramsci (2002, p. 317), a institucionalidade autoritária reformada tornou-se base para as modificações moleculares que deram origem à nova institucionalidade, num movimento transformista que manteve a essência autocrática do Estado burguês no Brasil, mesmo que sob uma forma democrática. Nos termos de Fernandes, saímos da *ditadura de classe burguesa aberta e rígida*, como no período 1964-1985, e entramos na era da *ditadura de classe burguesa dissimulada*, como no período 1946-1964; porém, não mais com o substrato político do paternalismo e do populismo, mas da tutela militar, do "presidencialismo imperial" e da "democracia restrita" (FERNANDES, 1987, p. 342 e 1989, p. 376-381). Sendo assim, a análise dos elementos essenciais da nova Constituição faz-se agora necessária.[2]

Antes de tudo, é importante ressaltar que os avanços em termos de conquistas democráticas e direitos sociais contidos na Constituição de 1988 são, em grande parte, desdobramento e/ou consolidação das mudanças operadas na última re-

---

[2] Caso haja indicação em contrário, as informações sobre a Constituição de 1988 foram consultadas em CONSTITUIÇÃO DA REPÚBLICA FEDERATIVA DO BRASIL. Promulgada em 5 de outubro de 1988. São Paulo: Saraiva, 2004.

forma da institucionalidade autoritária, a de 1985. Esta situação indica os limites autocráticos em que se deu a criação da nova institucionalidade democrática, mesmo nos aspectos mais avançados. No plano dos direitos sociais e trabalhistas, os principais avanços conquistados foram o direito de greve, que, apesar de depender de regulamentação posterior, já era uma conquista importante por si mesma; a proteção contra a demissão imotivada, com pagamento de indenização pelo empregador; a redução da jornada de trabalho para 44 horas semanais; a jornada de seis horas para turnos ininterruptos de revezamento; a ampliação da licença-maternidade para 120 dias; a criação da licença-paternidade; o aumento do tempo de imprescritibilidade dos direitos trabalhistas de dois para cinco anos, sendo que até dois anos após o término do contrato de trabalho, tanto para trabalhadores rurais quanto urbanos. Aliás, os trabalhadores rurais passaram a ter os mesmos direitos que os trabalhadores urbanos, pela primeira vez. Os trabalhadores ainda conquistaram o direito de os sindicatos substituírem processualmente seus filiados; o aviso prévio proporcional ao tempo de serviço, e não inferior a 30 dias; a estabilidade do dirigente sindical e o direito de organização sindical dos servidores públicos. Além disso, direitos já previstos em lei foram reforçados ao serem inseridos na Constituição, como o Fundo de Garantia por Tempo de Serviço, o seguro-desemprego e o salário-mínimo nacional. Entre os direitos sociais mais amplos, destacaram-se a criação do Sistema Único de Saúde, que tornou universal o acesso à saúde pública; a criação do sistema de seguridade social, com a universalização do direito de aposentadoria, inclusive para os trabalhadores rurais, e o aumento dos benefícios, por meio da mudança na base de cálculo; a criação de direitos específicos para a criança, o adolescente e o idoso.

No plano dos direitos fundamentais, a Carta de 1988 é a mais avançada da história brasileira, pois ampliou e consolidou a igualdade civil entre os indivíduos; ampliou significativamente os direitos das mulheres; reconheceu os direitos das minorias éticas, como negros e índios; criou mecanismos de proteção e fiscalização contra a arbitrariedade estatal, como o mandado de segurança coletivo, o ministério público independente do poder Executivo, o *habeas data*; proibiu a prisão arbitrária; criminalizou a tortura, entre outros. Também reforçou direitos já existentes, como o *habeas corpus*. Na questão dos direitos políticos, ampliou o direito de voto para analfabetos e menores de 16 anos; estabeleceu outros mecanismos de consulta popular, como o plebiscito e o referendo; confirmou a elegibilidade dos cargos executivos e legislativos; estabeleceu o concurso público como método fundamental de acesso ao serviço público; confirmou a liberdade de organização partidária; proibiu a censura; confirmou a liberdade de reunião, de manifestação e de pensamento etc.

Na questão da organização do Estado, atendeu à expectativa geral por maior desconcentração dos poderes e dos recursos públicos. Os poderes Legislativo e Judiciário passaram a ter autonomia financeira e organizativa em relação ao Executivo e adquiriram o direito de convocar as Forças Armadas. O Congresso Nacional passou a ter diversas prerrogativas novas, como o poder de legislar sobre matéria orçamentária, financeira, cambial e monetária, fixar e modificar o efetivo das Forças Armadas, fiscalizar as contas do Executivo e aprovar a nomeação para vários cargos importantes, como o presidente do Banco Central, entre outras. Os Estados e municípios conquistaram maior autonomia financeira e administrativa, ampliando sua participação nos recursos da União e ganhando prerrogativas novas.

No plano econômico, a Constituição confirmou o papel econômico do Estado como regulador, indutor e produtor, conferindo-lhe o controle dos setores de interesse nacional por meio do monopólio ou do direito de regulação, mediante aprovação do Congresso Nacional. Há também um viés nacionalista, presente na valorização da empresa nacional e do mercado nacional. O direito à propriedade privada foi reconhecido, mas mediante o cumprimento de sua função social, o que estabeleceu a possibilidade de desapropriação por interesse social, reconhecendo a reforma agrária como uma demanda social.

Todas estas características dão à Constituição de 1988 um caráter predominantemente democrático liberal, ou seja, a liberdade individual, a igualdade jurídica e política são garantidas; o sistema de representação política é indireto, baseado na liberdade e na pluralidade partidária, na rotina eleitoral, na relativa independência entre os poderes, na liberdade de manifestação etc. Além disso, ela contempla diversos direitos sociais e trabalhistas típicos do chamado "Estado do Bem-Estar Social", característico do período mais avançado das democracias liberais dos países capitalistas centrais. No entanto, considerando o caráter *sincrético* do Estado burguês brasileiro,[3] é necessário reconhecer que esses elementos democráticos presentes na nova Carta se imbricam com elementos autoritários, oligárquicos e até fascistas que foram herdados da institucionalidade autoritária e atualizados.

Na verdade, elementos que adquiriram uma capacidade operativa fundamental na dinâmica conservadora da transição democrática e que já haviam sido reformados em relação à institucionalidade autoritária "pura" foram incorporados quase integralmente, ou com alterações parciais, na nova Constituição. Pela ordem de importância, citaríamos a supremacia do poder Executivo sobre os poderes Legislativo e Judiciário; a autonomia política e operacional das Forças Armadas sobre o governo civil e a esfera de representação política; a estrutura partidária; a legislação eleitoral e a estrutura sindical.

Em primeiro lugar, apesar de os poderes Legislativo e Judiciário terem adquirido maior autonomia e protagonismo político em relação ao poder Executivo, este preservou sua supremacia sobre os outros poderes, mantendo sua posição de núcleo do poder no aparelho de Estado e instrumento fundamental para o exercício da hegemonia pelas frações dominantes do bloco no poder. Apesar de o direito de convocar as Forças Armadas para defesa da lei e da ordem ser extensivo ao Legislativo e ao Judiciário, o presidente da República era o seu comandante em chefe, sendo os ministros militares submetidos a ele, inclusive na questão da promoção de oficiais-generais. Mais tarde, esta supremacia foi reforçada por lei complementar elaborada pelo próprio governo Sarney e aprovada pelo Congresso em 1991 (OLIVEIRA, 1994, p. 187-190). O presidente da República poderia decretar "estado de Defesa" sem consulta prévia ao Congresso Nacional, criando um fato consumado de difícil reversão política, pois caberia a este apenas pronunciar-se posteriormente. Pelo instituto da medida provisória, o presidente da República poderia legislar e pautar a agenda do Congresso Nacional, pois enquanto esta não fosse votada poderia ser reeditada sucessivamente, ganhando validade permanente. Mais tarde, este direito foi restringido,

---

3 Conforme conceituação de Fernandes, o Estado autocrático burguês brasileiro é sincrético, pois "sob certos aspectos, (...) lembra o modelo ideal nuclear, como se fosse um Estado representativo, democrático e pluralista; sob outros aspectos, (...) constitui a expressão acabada de uma oligarquia perfeita, que se objetiva tanto em termos paternalistas-tradicionais quanto em termos autoritários e modernos; por fim, vários aspectos traem a existência de formas de coação, de repressão e de opressão ou de institucionalização da violência e do terror, que são indisfarçavelmente fascistas" (1987, p. 350).

mas a importância da medida provisória para o funcionamento dos governos pode ser mensurada por seu uso ao longo dos anos.

Conforme dados apresentados por Pessanha (2002, p. 186-194), durante o governo Sarney, de março de 1985 a outubro de 1988 foram editados 209 decretos-leis, numa média de cinco decretos por mês. A partir da nova Constituição, entre outubro de 1988 e março de 1990, Sarney emitiu nada menos que 147 medidas provisórias, das quais 22 eram reedições, criando a média de 8,5 por mês. No governo de Fernando Collor, ainda em um ambiente de crise de hegemonia, a média mensal caiu para 5,1 medidas provisórias por mês, totalizando 157 entre março de 1990 e outubro de 1992. No entanto, a partir dos governos posteriores, quando a hegemonia neoliberal se instalou e consolidou, esta média subiu significativamente. No governo Itamar Franco, foram editadas 18,7 medidas provisórias por mês, entre outubro de 1992 e dezembro de 1994, e, nos dois governos Fernando Henrique Cardoso, a média subiu ainda mais, para 65,9 por mês, entre janeiro de 1995 e setembro de 2001. Das 5299 medidas provisórias emitidas por Fernando Henrique Cardoso em quase sete anos de governo, nada menos que 5036 eram reedições. De 1988 a 2001, do total de leis aprovadas no país, em média 76,05% eram de autoria do Executivo. Durante a Ditadura Militar e os primeiros anos do governo Sarney, quando ainda vigorava o decreto-lei, esta média era ligeiramente maior: 76,56%.

Estes dados indicam a importância do poder Executivo na estrutura estatal brasileira, pois, ao contrário do que poderia parecer à primeira vista, sua supremacia evidenciou-se justamente nos períodos de estabilidade da hegemonia burguesa, quando as frações hegemônicas conseguiam unificar as outras frações do bloco no poder em torno de seu programa político. Nos governos Sarney e Collor, quando grassava uma crise de hegemonia, relacionada à presença do "presidencialismo imperial", esta supremacia foi visivelmente menor. Conforme Poulantzas (1977, p. 300-304), a supremacia de um dos poderes em relação aos outros é uma característica estrutural do Estado Capitalista, pois indica a supremacia das frações hegemônicas no poder principal, ao mesmo tempo que abre espaço para a representação dos interesses das frações não-hegemônicas do bloco no poder nos outros poderes subordinados. Na verdade, a divisão dos poderes é operacional no funcionamento do Estado capitalista, pois garante a unidade das classes dominantes, com a supremacia de uma delas, mas também com o atendimento, subordinado, dos interesses dominantes não-hegemônicos. Portanto, a supremacia do Executivo não é uma particularidade do Estado autocrático-burguês brasileiro, no entanto, seu caráter "exacerbado" é marca essencial da dominação burguesa no Brasil, funcionando no período de transição não só para evitar que a crise de hegemonia instalada evoluísse para uma *revolução dentro da ordem* e menos ainda para uma *revolução contra a ordem*, conforme conceituação de Fernandes (1986, p. 74-94), como contribuiu poderosamente para a construção de uma outra hegemonia também burguesa, a neoliberal.

Na questão militar, revelava-se outra faceta da supremacia do poder Executivo. Como vimos, as Forças Armadas conseguiram garantir a aprovação de todas as suas demandas essenciais, sendo a corporação mais bem sucedida na Constituinte. Nestas demandas, residia o núcleo dos elementos fascistas presentes na nova institucionalidade. O direito de intervenção na ordem interna em nome da manutenção da lei e da ordem, mesmo que mediante convocação de um dos três poderes, conferiu às Forças Armadas um poder político imenso, superior ao de todos os outros atores políticos, a depender das circunstâncias, e transformou-as na principal reserva estratégica de poder, disponível para o bloco no poder sempre que a sua capacidade de controle social por meio dos mecanismos democráticos fosse abalada ou não funcionasse. Para tanto, também foi necessário preservar a forte presença militar na estrutura ministerial, com a manutenção dos seis ministérios militares e sua presença cativa no Conselho de Defesa Nacional, além da Secretaria de Defesa Nacional, criada por Sarney (OLIVEIRA, 1994, p. 187-190).

Foi igualmente importante e necessário preservar o aparato de informações, sediado no SNI, restringir o julgamento de crimes militares à Justiça Militar e manter a submissão de todas as forças policiais, inclusive os bombeiros, ao Exército, tornando o aparato repressivo um "gigante adormecido" a ser despertado sempre que necessário. Além disso, era imprescindível garantir a autonomia militar nas questões nuclear, espacial e bélica, pois a Constituição, que regulou a destinação orçamentária para diversas despesas do governo – como saúde, educação etc. – não estabelecera qualquer regulação orçamentária para gastos militares. Finalmente, a nova Lei de Segurança Nacional, agora chamada de Lei de Defesa do Estado, transferiu o julgamento de crimes contra a segurança nacional para a jurisdição comum, mas manteve o espírito da Doutrina de Segurança Nacional e garantiu a preservação de um recurso crucial para o controle do conflito político. Segundo Zaverucha (1994, p. 199), a atribuição dada aos juízes para julgar crimes políticos sem que houvesse legislação tratando do assunto, permitiu que em seu julgamento fossem aplicados os dispositivos da LSN.

Deste modo, a *tutela militar* criada pela institucionalidade autoritária reformada em substituição ao *cesarismo militar* em crise não foi extinta juntamente com o fim desta. O direito de os militares intervirem na ordem interna, previsto na Constituição, institucionalizou a *tutela militar* na nova legalidade democrática, tornando-a uma possibilidade permanente, a depender da força política do governo e da temperatura dos conflitos sociais. Nas condições da institucionalidade política criada em 1988, a força política dos governos passou a depender primeiramente da formação de uma base política ampla no Congresso Nacional, da adesão de setores expressivos do bloco no poder, o que significava atendimento de suas demandas de classe e de sua capacidade de "passivizar" o movimento social das classes subalternas por meio do transformismo, restrito ou amplo. Caso o governo fosse fraco por uma destas razões, ou por todas juntas, a *tutela militar* se efetivaria como prática institucional prevista, com os militares intervindo contra ou em favor dele. Isto ajuda a explicar a dinâmica da *situação cesarista* no último ano do governo Sarney, quando lhe faltaram todos os requisitos anteriores, mas mesmo assim os militares garantiram seu poder de veto e manobra numa arena da disputa política cada vez mais radicalizada e antagonizada. Portanto, a metamorfose do cesarismo militar em tutela militar foi perenizada pela nova institucionalidade democrática, como se o "núcleo duro" da autocracia burguesa não pudesse ser extinto jamais.

No plano da estrutura partidária e da legislação eleitoral, a nova Constituição manteve o que a institucionalidade autoritária reformada já previa, sem alterar significativamente suas características, com exceção da ampliação do direito de voto aos maiores de 16 anos, pois aos analfabetos este direito já havia sido concedido em 1985. A Lei Orgânica dos Partidos Políticos criada durante a Ditadura Militar continuou em vigor, apesar da Emenda Constitucional de 1985, que estabeleceu a liberdade de organização partidária. Nesta emenda, cujos termos foram incorporados à nova Constituição de 1988, estabelecia-se a liberdade partidária, sem restrições ideológicas, mas a estrutura organizativa e o funcionamento interno continuaram sendo definidos pela Lei Orgânica (FREITAS, 2005). De acordo com Soares (1984, p. 80-91), estes procedimentos favoreciam a centralização, o eleitoralismo e o cupulismo, tornando mais importante na vida do partido a posse de um mandato ou cargo político do que a organização de base. As instâncias de conteúdo corporativo ou local, como núcleos de bairro, ou de empresa, ou ainda de alguma categoria profissional, teriam que se submeter à dinâmica das convenções e diretórios municipais, regidos pelo peso da "fração parlamentar". Esta situação favoreceu enormemente o reforço dos aspectos eleitoreiro, aparelhista e cupulista presentes nos partidos burgueses, pois os partidos tendiam a privilegiar em suas instâncias decisórias justamente os militantes "portadores de mandato", preservando os desvios autoritários e centralizadores impostos pela Lei Orgânica.

Mais do que isto, tornou os grandes partidos fortemente dependentes do poder Executivo, pois a ocupação de cargos políticos no aparelho de Estado passou a significar não só acesso ao poder, mas também controle de recursos políticos e materiais fundamentais para a sustentação e ampliação da máquina partidária e eleitoral, além de conferir ao "portador do cargo" uma inserção privilegiada na vida interna do partido. Esta situação dificultou enormemente a independência e autonomia dos partidos diante do Estado, particularmente daqueles que vislumbravam uma perspectiva de oposição. Se na época da Ditadura isto serviu para legitimar a institucionalidade autoritária, coroada pelo cesarismo militar, no pós-1985 serviu para legitimar o governo Sarney e o conteúdo conservador da transição democrática.

Com a nova Constituição, a estrutura partidária serviu para legitimar a institucionalidade democrática criada e os procedimentos políticos e eleitorais previstos por ela, que francamente favoreciam os partidos dependentes do aparelho de Estado. Deste modo, o caráter institucional dos partidos políticos evoluiu conforme a própria dinâmica de substituição da institucionalidade autoritária pela institucionalidade democrática. A crise dos grandes partidos entre 1987 e 1989 evidenciou muito mais a crise do governo Sarney, do qual dependiam e a quem apoiavam, do que propriamente a crise do caráter institucional dos partidos. A vitória de Collor em 1989, o papel assumido pelo PSDB na construção da hegemonia neoliberal nos anos 90 e a própria trajetória posterior do PT são indicadores bastante significativos do que estamos afirmando.

A esta altura, o leitor mais atento deve estar se perguntando em que nossa caracterização dos partidos institucionais os distingue do conceito anteriormente desenvolvido sobre os partidos burgueses. Na verdade, os partidos institucionais também são partidos burgueses, ou seja, também reproduzem o cupulismo, o eleitoralismo e a frouxidão organizacional; no entanto, devido à sua dependência do Estado, estas características são acentuadas, pois reforça-se seu baixo nível de organicidade social. As relações dos partidos institucionais com as classes e frações de classe que representam politicamente são relativamente inorgânicas, o que se expressa em sua ainda mais limitada capacidade de mobilização e ideologização e no baixo índice de articulação com os aparelhos privados de hegemonia.

Entre os partidos de conteúdo autocrático, revela-se uma espécie de estranhamento e dessintonia com os aparelhos das classes dominantes, sejam eles sindicais, parassindicais ou culturais. Situação presente, por exemplo, na relação instrumental dos primeiros com os segundos, com os "políticos" sempre à caça de dinheiro e apoio material; e vice-versa, na desconfiança dos segundos, que geralmente enxergam os primeiros como meramente fisiológicos, não-confiáveis e oportunistas. Mais do que isto, este estranhamento reproduz a separação politicista entre interesses econômico-corporativos e interesses político-ideológicos, ao ponto de afetar a própria capacidade de construção de uma hegemonia burguesa típica, baseada na adesão ativa das classes subalternas, devidamente mobilizadas e ideologizadas em torno do projeto histórico dominante. Na verdade, a existência de partidos institucionais é uma das facetas do caráter limitado e imperfeito da hegemonia burguesa no Brasil. As dificuldades que o bloco no poder, por meio de suas entidades civis, encontrou na relação com os partidos conservadores e o "Centrão" na Constituinte revelam esta situação. O fracasso retumbante de Caiado na eleição presidencial de 1989, apesar de líder inconteste da UDR, uma das mais mobilizadas e organizadas entre as entidades de classe atuantes no período, também é revelador desta tendência, como veremos.

Entre os partidos antiautocráticos, a institucionalidade política funciona no sentido de enfraquecer seus vínculos orgânicos com os movimentos sociais das classes subalternas e de estimular uma práxis política típica dos partidos burgueses, solapando a democracia interna, a importância política das bases e a participação direta. Consequentemente, dificulta o processo de mobilização, organização e politização dos trabalhadores e a própria possibilidade de construção de uma contra-hegemonia em ruptura com o politicismo e a autocracia burguesa. Além disso, favorece os métodos transformistas adotados pelo Estado e pelo bloco no poder. O desenvolvimento de uma tendência eleitoreira no PT a partir de 1987, como vimos, a metamorfose da CUT a partir de 1988, como também já tratamos, e a própria dinâmica das candidaturas de esquerda em 1989 exemplificam o dilema institucional vivenciado pelas forças antiautocráticas nesta etapa.

Este quadro ficará ainda mais claro se analisarmos a legislação eleitoral, cujos princípios essenciais a Constituição de 1988 adotou. Em primeiro lugar, as distorções criadas pela Ditadura Militar a respeito da representação dos Estados da federação na Câmara dos Deputados foram preservadas. Como vimos, a última alteração neste sentido, incorporada pela Constituição, definia as bancadas estaduais em oito deputados federais, no mínimo, e sessenta, no máximo; o que francamente feria a relação diretamente proporcional entre número de eleitores ou habitantes e número de representantes na Câmara. Esta distorção foi criada para favorecer os Estados menos urbanizados, onde predominavam o voto conservador e práticas tradicionais de controle político, como o clientelismo, o paternalismo e o patrimonialismo. Partidos como Arena, PDS, PFL e, mais tarde, PMDB beneficiaram-se enormemente destas distorções ao longo dos anos, em detrimento dos partidos de esquerda, mais enraizados nas maiores cidades e com um perfil mais oposicionista.

Nas eleições de 1990, primeiras eleições legislativas após a promulgação da Constituição, as populações dos Estados das regiões Norte, Nordeste e Centro-Oeste (N/NE/CO) somadas equivaliam a 41,2% do total, enquanto na Câmara dos Deputados essas regiões eram representadas por 54,5% das cadeiras; em contrapartida, as regiões Sul e Sudeste (S/SE) continham 58,7% da população e apenas 45,5% dos deputados federais. Esta distorção favoreceu diretamente o PMDB e o PFL, partidos da Aliança Democrática, que conseguiram manter a posição de maiores bancadas da Câmara, apesar do pífio desempenho eleitoral de seus candidatos em 1989. No PMDB, o complexo N/NE/CO respondia por 54,4% da bancada, ao passo que o S/SE, por apenas 45,4%. No PFL, a desproporção era ainda mais gritante, pois, enquanto 77,5% da bancada era das regiões N/NE/CO, somente 22,4% eram do SU/SE. Em compensação, no PT (7ª bancada) e no PDT (3ª bancada), a relação se invertia, pois apenas 22,1% e 34,6% das bancadas destes partidos vinham das regiões NO/NE/CO, enquanto 77,7% e 65,3% eram das regiões SU/SE, respectivamente (SOUZA, 1992, p. 192-195).

Além disso, a Constituição não estabelecia um princípio geral para o financiamento dos partidos e das campanhas eleitorais nem o acesso dos partidos à propaganda gratuita, abrindo caminho para sua definição pela legislação ordinária. Esta, por sua vez, favorecia o uso e abuso do poder econômico e os mecanismos escusos envolvendo as doações para os partidos, pois não eram exigidas a transparência e a fidedignidade das contas, contribuindo para reforçar relações tradicionais de tipo clientelista e patrimonialista. Além disso, dava plena vantagem na propaganda gratuita aos partidos com maiores bancadas no Congresso e nas Assembleias estaduais, ferindo o princípio da isonomia e fortalecendo o viés aparelhista dos partidos (FREITAS, 2005). Desta forma, a legislação eleitoral reforçava o caráter institucional dos partidos, combinando-se com o conteúdo da estrutura partidária.

O outro lado da moeda politicista contida na estrutura partidária e na legislação eleitoral era a estrutura sindical. No plano da estrutura sindical, o transformismo era mais sutil, pois se de um lado elementos importantes da estrutura sindical estatal foram abolidos, de outro, vários deles foram mantidos ou metamorfoseados, dando continuidade à perspectiva da reforma sindical implantada em 1979-1980. Naquela ocasião, houvera a reforma do modelo ditatorial da estrutura sindical de Estado, que agora veio a ser abolido. Segundo Boito Jr., esta variante da estrutura sindical estatal, em que a representação sindical é outorgada pelo Estado, caracterizava-se por "estatuto padrão pormenorizado com exigência de despolitização e obediência ao governo, processo eleitoral faccioso, controle da vida financeira do sindicato com obrigação de investir os fundos provenientes do imposto em atividades assistenciais, determinação dos reajustes salariais diretamente pela política econômica do governo, deposição das diretorias sindicais rebeldes etc." (1991, p. 53). Estas características foram relativamente alteradas pela reforma sindical iniciada em 1979, quando o governo flexibilizou o controle sobre os sindicatos, abriu espaço para a negociação coletiva e reduziu a prática de intervenção nos sindicatos, com a destituição das diretorias eleitas (idem, p. 69). Como vimos, em 1985 esta perspectiva reformista continuou, com o compromisso político de não-intervenção nos sindicatos e com a ligeira ampliação do direito de greve, além da abolição da proibição para o funcionamento de entidades intersindicais (centrais sindicais, principalmente). No entanto, a liberdade e a autonomia sindicais continuaram proibidas.

Estas foram as grandes mudanças na estrutura sindical instituídas pela Constituição, além do direito de greve. À primeira vista, extinguiam a tutela estatal sobre a representação sindical, abolindo a própria estrutura sindical de Estado, pois vedavam a interferência e a intervenção do Poder Público nos sindicatos. No entanto, segundo Boito Jr. (1991, p. 75-76), apesar das aparências, a estrutura sindical estatal foi mantida e aperfeiçoada, pois mecanismos que eram previstos pela CLT (Consolidação das Leis do Trabalho), agora ganharam status constitucional. Em primeiro lugar, a manutenção do princípio da unicidade sindical, com o qual parte expressiva do movimento sindical concordava, tolheu a plena liberdade de organização sindical, pois, sendo reconhecida apenas uma entidade sindical por categoria e por unidade territorial, as oposições sindicais viam-se compelidas a disputar o controle dos sindicatos já existentes, com desvantagem diante da diretoria, que controlava o aparelho sindical; ou, ainda, a criar um sindicato paralelo e percorrer uma verdadeira "via crucis" jurídica até a conquista do registro oficial. Além disso, a restrição da organização sindical por categoria reforçava o corporativismo e limitava a criação de entidades sindicais por ramo econômico. Esta situação indica a clara interferência do Poder Público na organização sindical, pois os sindicatos continuavam dependentes do cumprimento destes critérios para obtenção do registro junto ao Ministério do Trabalho e para terem reconhecidos seus direitos de representação jurídica, de participação em negociações coletivas, de estabilidade para o dirigente sindical etc. Ou seja, a tutela estatal saiu pela porta, mas voltou pela janela.

Além disso, a contribuição sindical obrigatória foi constitucionalizada, preservando um dos elementos cruciais da estrutura sindical, a saber, o financiamento da entidade sindical independente de sua capacidade de atração, mobilização e organização junto aos trabalhadores. Neste ponto, o reforço do aparelhismo e do burocratismo torna-se evidente.

Estas considerações indicam que, na verdade, a estrutura sindical estatal foi reformada, incorporando elementos do sindicalismo livre e atualizando seu conteúdo tutelar. Seus efeitos nocivos à luta dos trabalhadores continuaram operando, de uma forma atualizada, pois o modelo ditatorial da estrutura sindical foi definitivamente abolido. No entanto, as tendências corporativistas, aparelhistas, legalistas e burocráticas no movimento sindical continuaram se reproduzindo, impedindo a luta dos trabalhadores de transitar da dinâmica meramente econômico-corporativa para a político-ideológica, pois o politicismo/economicismo da estrutura sindical foi preservado. Com isso, os setores do movimento sindical vinculados a esta estrutura conseguiram sobreviver e "evoluir", pois, na etapa que estamos tratando, parte do chamado "sindicalismo pelego" deu origem ao "sindicalismo de resultados", francamente corporativista, economicista e colaboracionista. O controle da CGT pela corrente Magri-Medeiros expressa o vigor desta "nova" orientação. Mais tarde, a Força Sindical, central sindical criada especificamente por este setor em 1991, surgiria como a segunda do país. Por outro lado, a própria CUT, herdeira do "novo sindicalismo" e crítica da estrutura sindical estatal, mostrou-se incapaz de conquistar sua abolição, amoldando-se progressivamente à sua dinâmica, conforme já destacamos. O III CONCUT marca de forma decisiva esta adesão.

Por tudo o que foi dito acima, resta a constatação de que o caráter autocrático-burguês do Estado brasileiro foi reformado, mas não abolido, conferindo-lhe uma nova dinâmica e vitalidade. A institucionalidade democrática criada a partir de 1988, cujo marco legal principal é a chamada "Constituição cidadã", substituiu a antiga institucionalidade autoritária criada a partir de 1964, anulando os aspectos mais radicais do despotismo burguês e combinando-o a formas mais "suaves" de dominação. As grandes modificações operadas neste quarto de século em que durou a transição de uma institucionalidade a outra foram o fim do *cesarismo militar*, com sua metamorfose em *tutela militar*, e o processo de dinamização, ampliação e pluralização da esfera de representação política, cujo ápice foi a eleição presidencial de 1989. Os aspectos mais visíveis desta mudança – rotina eleitoral, eleições diretas, pluralismo partidário, liberdade política e ideológica, semiliberdade de organização sindical etc. – permitiram a constatação de que "alguma coisa havia mudado". No entanto, sob a casca do mudancismo, havia os aspectos pouco visíveis da herança autoritária – supremacia do Executivo, tutela militar constitucionalizada, aparato repressivo e de informações, partidos institucionais, estrutura sindical estatal – garantindo que a essência autocrática da nova institucionalidade não fosse revelada e destruída. Deste modo, garantiu-se a preservação de uma autocracia burguesa que, segundo Fernandes:

> [é] uma variedade especial de dominação burguesa: a que resiste organizada e institucionalmente às pressões igualitárias das estruturas nacionais da ordem estabelecida, sobrepondo-se e mesmo negando as impulsões integrativas delas decorrentes. Configura-se, assim, um despotismo burguês e uma clara separação entre *sociedade civil* e *Nação*. Daí resulta, por sua vez, que as classes burguesas tendem a identificar a dominação burguesa como um direito natural "revolucionário" de mando absoluto, que deve beneficiar a parte "ativa" e "esclarecida" da *sociedade civil* (todos os que se classificam em e participam da ordem social competitiva); e, simetricamente, que elas tendem a reduzir a *Nação* a um ente abstrato (ou a uma ficção legal útil), ao qual só atribuem realidade em situações nas quais ela encarne a vontade política da referida minoria "ativa" e "esclarecida". (1987, p. 302)

Às forças antiautocráticas e aos trabalhadores e não-proprietários – a enorme maioria da *Nação*, não reconhecidos como sujeitos políticos autônomos, portadores de interesses sociais e projetos políticos próprios, enfim, como parte da sociedade civil – a institucionalidade democrática reservava o transformismo, amplo e restrito, ou a repressão pura e simples.

O primeiro ato da sucessão presidencial: as eleições de 1988

A oposição antiautocrática cresce e aparece: as eleições de 1988

Garantidas as eleições municipais, apesar das pressões em contrário, em novembro de 1988 ocorreu o primeiro embate eleitoral após o colapso do Cruzado, a crise dos partidos da Aliança Democrática e o início da crise de legitimidade do governo Sarney. Apesar de as eleições municipais favorecerem os partidos com maior máquina partidária e eleitoral, pois se tratava de eleições em que o enraizamento dos partidos nos municípios era crucial para o lançamento de candidatos a prefeito e para um bom desempenho geral, os grandes derrotados de 1988 foram o PMDB e o composto PDS/PFL. Em contrapartida, os grandes vitoriosos foram os partidos de esquerda, que ampliaram consideravelmente sua inserção municipal. As eleições de 1988 foram as primeiras desde as dos anos 60 que ocorreram em todos os municípios, pois, em 1982, não houve pleitos nas capitais e cidades consideradas áreas de segurança nacional e, em 1985, as eleições só ocorreram nestes municípios. Isto dificulta uma comparação direta entre estes dois pleitos e o de 1988; no entanto, é possível perceber algumas tendências.[4]

Em primeiro lugar, os partidos originados da antiga Arena, PDS e PFL sofreram um processo acentuado de encolhimento eleitoral. Em 1982, quando ainda não havia o PFL, o PDS conquistou 46,2% das prefeituras. Já em 1985, quando as eleições ocorreram nas capitais, todas elas consideradas grandes cidades, o desempenho somado dos dois partidos em número de votos foi de 12,6%, sendo 8,8% do PFL e 3,8% do PDS. No entanto, só o PDS conquistou uma capital, conquistando 4% do total de capitais. Em 1988, o PFL conquistou 24,7% de todas as prefeituras e o PDS, 10,4%, contabilizando 35,1%; nas cem maiores cidades, o PDS conquistou 10% das prefeituras e o PFL, apenas 9%, somando 19%. Isto evidencia um claro recuo do voto conservador nos principais núcleos urbanos.

O PMDB – maior partido do país e, por isso, aquele que contava com a maior estrutura nas eleições municipais – teria um desempenho aquém da tendência de crescimento que vinha desenvolvendo desde 1982, em termos gerais, e, no voto urbano, sofreria um claro recuo. Em 1982, o PMDB conquistou 34,9% das prefeituras, sendo que em 1985 conquistou 19 capitais (76%). No entanto, em 1988, o PMDB conseguiu um crescimento pífio em relação a 1982, se levarmos em conta sua estrutura nacional e a avalanche de votos que recebeu em 1986, elegendo nada menos que 22 governadores. No cômputo geral, em 1988 o PMDB conquistou 37,5% das prefeituras, crescendo apenas 2,6% em relação a 1982; mas nas cem maiores cidades conquistou apenas 20 do total, contabilizando 20%. Poderíamos somar estes resultados ao desempenho do PSDB, recém-criado a partir do "racha" do PMDB; no entanto, além de isso não reduzir o impacto da derrota peemedebista, algumas ressalvas precisam ser feitas. Em primeiro lugar, o PSDB lançou candidatos a prefeito apenas nas maiores cidades, devido às suas dificuldades iniciais de estruturação. Em segundo lugar, o PSDB também se beneficiou

---

[4] Todos os dados eleitorais utilizados nesta parte podem ser consultados em LAMOUNIER (1990, p. 186-190) e em FLEISCHER (2002, p. 95).

do desgaste do governo, do PMDB e dos partidos conservadores. De todo modo, seu desempenho geral foi de 0,4%, enquanto nas cem maiores cidades o partido conquistou oito prefeituras (8%), sendo que uma era da capital: Belo Horizonte. Isto indica claramente a maior inserção do PSDB nos grandes núcleos urbanos e sua viabilidade eleitoral para 1989.

O PTB, outro partido do espectro conservador, também foi beneficiário do desgaste dos maiores partidos porque não compunha o governo Sarney, apesar de grande parte de seus parlamentares fazerem parte do "Centrão". Em 1982, o PTB conquistou 0,2% das prefeituras, porém, em 1985, conquistou uma capital, São Paulo, atingindo 4%. Em 1988, o PTB ganhou em 7,7% das cidades, e nas cem maiores cidades seu desempenho foi ainda melhor, ganhando em 12 (12%). Dos outros partidos conservadores que conquistaram prefeituras em 1988 e que também compunham o "Centrão", apesar de não participarem do ministério de Sarney, o PL ganhou em 5,6% das cidades, sendo que nas maiores ganhou em dois (2%), e o PDC conquistou 5,6% de todas as cidades e cinco (5%) entre as cem maiores. Ambos também foram beneficiários do desgaste do PMDB e do PFL.

Na esquerda, os resultados foram muito melhores, indicando um processo de crescimento acentuado. O PDT, que em 1982 ganhou em 0,6% das cidades e em 1985 conquistou duas capitais (8%), em 1988 conquistou 4,5% das prefeituras e nada menos que 17 entre as cem maiores (17%), inclusive a segunda maior cidade do país, o Rio de Janeiro. Estes resultados indicam a expressiva penetração do PDT no eleitorado urbano e a força da candidatura Brizola, principalmente no Estado do Rio de Janeiro. O PSB também apresentou este perfil, mesmo que em proporção muito menor, pois ganhou em 0,9% de todas as cidades em 1988 e em três (3%) das cem maiores.

Mas, comparativamente com as eleições anteriores, o melhor desempenho de 1988 foi do PT. Em 1982, o partido conquistou apenas 0,1% das prefeituras, na verdade, só duas. Em 1985, conseguiu avançar significativamente, conquistando uma capital (4%), Fortaleza (CE). Em 1988, o partido ganhou em 0,9% das cidades, mas entre as cem maiores conquistou nada menos que 12 (12%), sendo que entre elas, três capitais: Porto Alegre (RS), Vitória (ES) e São Paulo (SP), a maior cidade do país. Estes resultados indicam o forte crescimento do PT no voto urbano, apesar do ainda pequeno desempenho nas pequenas cidades. Em

São Paulo, o partido derrotou duas máquinas eleitorais poderosas: Paulo Maluf (PDS), apoiado pelo prefeito Jânio Quadros, e o candidato do governador Orestes Quércia (PMDB), João Leiva.

Os resultados eleitorais de 1988 indicam claramente a insatisfação popular com o governo da Nova República e com os partidos que o apoiavam, favorecendo os partidos de oposição, principalmente de esquerda. Nesta eleição, a esquerda conquistou um desempenho expressivo, particularmente nas grandes cidades. Se somarmos os resultados eleitorais de PDT e PT em 1982, teremos 0,7%, ao passo que em 1985 ambos conquistaram 12% das capitais. Em 1988, ambos tiveram um desempenho somado de 5,4% em geral, mas de 29% nas maiores cidades. Se incluirmos neste índice o desempenho do PSB, o resultado chega a 6,3% em todas as cidades e 32% nas cem maiores. Estes resultados fortaleceram claramente as candidaturas de Lula e Brizola, dando uma demonstração antecipada do seu desempenho em 1989 e do peso do voto urbano em suas votações. No 1º turno das eleições presidenciais, com o apoio do PSB, Lula teria 16,1% dos votos, enquanto Brizola chegaria a 15,5%; somando ambos, 31,6% do total.

Em outro aspecto, as eleições de 1988 anteciparam a de 1989: o relativo descolamento entre o tamanho das máquinas partidárias e o desempenho eleitoral de seus candidatos. Se em 1988 o caráter local das eleições ajudou as grandes máquinas partidárias a evitar desempenhos piores, em 1989 elas seriam totalmente inúteis, pelo menos para seus próprios candidatos. Somados, os candidatos dos maiores partidos conseguiriam apenas 13,5% dos votos no 1º turno: 8,3% para Paulo Maluf (PDS), 4,4% para Ulysses Guimarães (PMDB) e 0,8% para Aureliano Chaves (PFL).

Do pacto social nascido morto ao Plano Verão

O pacto social assinado entre as principais entidades empresariais e setores do movimento sindical, em novembro, foi também uma forma de responder ao fracasso da política do "Feijão com Arroz" de Maílson da Nóbrega. Apesar de todas as medidas de austeridade adotadas – como os cortes no orçamento, o arrocho salarial do funcionalismo e o acordo com os credores externos –, os índices de crescimento econômico continuaram pífios e a inflação retomou sua tendência de alta. Mesmo com a suspensão do pagamento da URP no salário do funcionalismo em abril e maio, no segundo trimestre a inflação atingiu a média de 24% ao mês, mantida no terceiro trimestre e chegando a 27,3% em outubro. A hiperinflação tornava-se uma possibilidade concreta.

Deste modo, o pacto social incorporou a proposta de desindexação da economia com criação de um redutor que pré-fixava os reajustes de preços e salários em até 26,5% em novembro e até 25% em dezembro. A partir de 3 de outubro, os preços reajustados tinham que cumprir uma espécie de "congelamento" por um mês, só podendo ser reajustados 30 dias após o último reajuste. Criou-se, ainda, uma lista de 94 produtos básicos cujos preços seriam acompanhados, e o governo comprometeu-se a apresentar uma proposta de saneamento das finanças públicas. A URP foi mantida, mas abriu-se a possibilidade de sua substituição por uma nova política salarial caso o índice de inflação apresentasse uma queda efetiva nos 60 dias seguintes (MODIANO, 1992, p. 374; V, 9.11.1988).

Apesar do compromisso assumido pelas principais entidades patronais, já em novembro os reajustes praticados no varejo e no atacado ultrapassavam o índice previsto para o mês, inclusive com a cobrança de ágio em alguns produtos, tornando a desindexação válida apenas para os salários (FSP, 21.11.1988; LOBATO, 23.11.1988). Em dezembro, esta tendência se acelerou, gerando as primeiras deserções, como a retirada formal da Antu (Associação Nacional das Empresas de Transportes Urbanos) (JT, 8.12.1988 e 11.12.1988). Paralelamente, a Fiesp pressionava o governo para cumprir as metas de redução do déficit público, cobrando a aprovação do ajuste fiscal remetido ao Congresso e alegando que sem este a entidade não estava disposta a continuar no pacto (GUTIERREZ, 29.11.1988). De fato, a perspectiva de redução da inflação não se confirmou, com os índices de novembro e dezembro subindo para 26,9% e 28,8%, respectivamente. Alegando defasagens em seus preços, diversos setores praticaram reajustes acima do previsto, enquanto os salários continuavam reajustados pelo índice acertado. Em dezembro, foi acertado um reajuste máximo de 24,5% nos preços (MODIANO, 1992, p. 374-375). No entanto, o pacto social já não funcionava mais, dando razão à CUT e desmoralizando as entidades sindicais que dele participaram, pois os trabalhadores foram os grandes prejudicados, sofrendo perdas salariais significativas. Em 1988, a inflação bateu novo recorde, chegando a 684,5%; pela primeira vez desde

1983, o crescimento do PIB foi negativo (-0,1%), evidenciando a ineficácia do receituário ortodoxo para resolver a crise econômica (FILGUEIRAS, 2000, p. 75). Diante do fracasso do pacto, em janeiro, o governo editaria o Plano Verão.

O Plano Verão foi a última tentativa programada e globalmente articulada de combate à inflação pelo governo Sarney. Retomando o hibridismo do Plano Bresser, o Plano Verão combinou um variado elenco de medidas ortodoxas com algumas de conteúdo heterodoxo, sendo as principais uma reforma monetária e um "choque" de desindexação. Em 14 de janeiro, entrava em vigor o Cruzado Novo (NCz$), valendo Cz$ 1.000; todos os mecanismos de reindexação da economia foram extintos, principalmente a URP e a OTN. Os salários foram convertidos para a nova moeda pela média dos 12 meses anteriores, acrescida de 26,1% relativa à URP prevista para janeiro. A partir disso, os reajustes salariais seriam livremente negociados até a definição de uma nova política salarial, a ser definida entre o governo e os participantes do pacto em, no máximo, três meses. Os preços foram congelados "no pico" por tempo indeterminado, a partir de 15 de janeiro, apesar de o governo ter autorizado reajustes para diversos produtos e tarifas antes da edição do plano. Para conter uma nova explosão da demanda, com o congelamento, e a especulação com estoques de produtos e com a moeda estrangeira, o governo aumentou significativamente a taxa de juros e desvalorizou o câmbio, "congelando" o dólar em um cruzado novo por tempo indeterminado (MODIANO, 1992, p. 375-378).

Paralelamente o governo apresentou um ajuste fiscal que propunha uma ampla reforma administrativa, com a extinção de ministérios, corte com despesas de pessoal e demissão de funcionários públicos, a privatização de empresas estatais e a contenção da emissão de títulos públicos e de despesas em geral. No plano da política monetária, também seria assumida uma postura contracionista, com o aumento dos juros, redução do crédito e outras medidas (idem, ibidem).

As reações ao plano foram as piores possíveis para o governo, com o boicote do congelamento por parte do empresariado e a aceleração das greves por parte dos trabalhadores. O descrédito do governo devido ao fracasso das experiências anteriores de congelamento e sua própria incapacidade material para fiscalizar os preços fizeram com que os reajustes fossem mantidos, por um lado, e o consumo aumentasse, de outro. A expectativa de que o congelamento "não era para valer" estimulou o aumento da demanda, que em certa medida foi beneficiado pelos rendimentos obtidos por certos setores com a alta dos juros, detonando novamente a ciranda inflacionária. A ausência de mecanismos de indexação que pudessem orientar os reajustes contribuiu para este processo. Se em fevereiro a inflação baixou para 3,6%, em março já subiu para 6,1%, e em abril para 7,3%. As perdas salariais embutidas na conversão para a nova moeda foram ampliadas pelas reposições autorizadas pelo governo em fevereiro e abril e pelo próprio fracasso das negociações em torno de uma nova política salarial. Paralelamente, a não-efetivação do ajuste fiscal, devido à disputa com o Congresso sobre a responsabilidade pelos cortes, obrigou o governo a manter as taxas de juros elevadas. Isto contribuiu para ampliar o próprio déficit público e acelerar a expansão monetária, para cobrir a entrada do capital especulativo atraído pelos juros elevados (MODIANO, 1992, p. 378-379). O resultado foi a aceleração do ritmo grevista, com o número de greves subindo de 200 em fevereiro para 470 em março, e 170 só na primeira semana de abril (DREIFUSS, 1989, p. 271). Em março, o movimento sindical realizou mais uma greve geral, nos dias 14 e 15, o que forçou o governo a criar uma nova política salarial, em abril.

Diante das dificuldades, já a partir de março o governo passou a autorizar os primeiros reajustes e a reindexar a economia, criando o BTN (Bônus do Tesouro Nacional), com correções mensais baseadas no índice da inflação, porém, para aplicação em contratos com, no mínimo, 90 dias. O descongelamento de preços foi estabelecido em abril, mas os reajustes de preços só poderiam ocorrer a cada 90 dias também. Com tais iniciativas, o governo procurava estabelecer uma dinâmica trimestral de reajustes, freando a escalada inflacionária. No entanto, já em maio, a taxa de inflação subiu a 9,9% e, em junho, passou dos 20%. Em resposta à pressão dos trabalhadores, o Congresso criou uma nova política salarial, contra a vontade do governo, que na verdade restaurou os mecanismos de reajustes escalonados conforme a faixa salarial adotados no governo Figueiredo. Até três salários-mínimos, os reajustes seriam mensais, com base na inflação; de três a vinte, os reajustes seriam trimestrais, podendo sofrer reajustes antecipados quando a inflação ultrapassasse o índice de 5%; acima de vinte salários-mínimos, haveria livre negociação. Como desde março a taxa mensal de inflação já havia passado dos 5%, a enorme maioria dos trabalhadores passou a ter reajustes mensais, restaurando a indexação plena da economia. Assim, o Plano Verão não existia mais (MODIANO, 1992, p. 380-381; MOURA, 1990, p. 54).

Novamente os militares

A ineficácia do Plano Verão diante da escalada inflacionária e do arrocho salarial acelerou ainda mais o movimento grevista, com este atingindo seu auge em abril e maio. Apesar das diferenças de orientação, acirradas com a campanha presidencial, tanto a CUT quanto as duas CGTs concordavam na crítica ao fim da URP e à política salarial. Apesar de a CGT de Magri e Medeiros mais uma vez dispor-se a iniciar negociações em torno de um pacto social, que para a CUT não deveria ir além de um acordo e a depender da disposição do governo e dos empresários em reajustar os salários, a dura realidade do arrocho salarial falou mais alto, empurrando as centrais sindicais para a greve (ROSEMBLUM, 12.5.1989). Mais uma vez, liderados pelo funcionalismo público, trabalhadores de inúmeras categorias entravam em greve, tanto contra o fim da URP quanto contra os limites da nova política salarial. O ano de 1989 seria marcado como o de maior número de greves em toda a história do país; nada menos do que quatro mil, aproximadamente. Em relação aos anos anteriores, 1987 e 1988, em 1989 o número de greves quase dobrou. Apesar de o maior número de greves ocorrer no setor privado, 2/3 das greves de 1989, de um total de aproximadamente 250 milhões de jornadas de trabalho perdidas, nada menos que 180 milhões, ocorreram no setor público (NORONHA, GEBRIM & ELIAS JR., 1998, p. 10-11).

As greves do período atingiram tamanho nível de radicalização, principalmente após os atentados da extrema-direita militar em Volta Redonda (RJ), que aguçaram a rebeldia proletária, dando origem a inúmeros confrontos entre os trabalhadores e as forças policiais, até à tentativa de explosão de uma agência bancária em Recife (PE), por um dos grevistas. Admitindo a perda de controle em diversas situações, lideranças sindicais e parlamentares de esquerda, até mesmo do PT, levantaram a necessidade de estabelecimento de um "acordo antiterrorismo" para evitar novos confrontos e, principalmente, garantir as eleições de 1989 (CASADO, 8.5.1989). De fato, não faltavam vozes clamando por um retrocesso político, com o cancelamento das eleições e a criação de um "governo tampão" em lugar de Sarney.

Após a promulgação da Constituição e diante do crescimento do movimento grevista e do fortalecimento das candidaturas de esquerda na campanha presidencial, os militares passaram a intervir mais ainda no processo de disputa política, levando a tutela militar ao auge. Três questões cruciais mobilizaram os militares nesta conjuntura: a "desconstitucionalização" da Constituição, o combate ao "grevismo" e o veto à candidatura Lula.

Apesar de todos os limites apresentados pela Constituição de 1988 em relação à democracia e aos direitos sociais, mesmo antes de sua promulgação, o governo tratou de "driblar" ou esvaziar diversos direitos constitucionais que feriam seus interesses. Já vimos as manobras do governo reforçando o papel do Exército na questão nuclear e "driblando" o direito de *habeas data* ao transferir para o ministro-chefe do SNI a definição das informações que poderiam ser disponibilizadas. Após a promulgação da Constituição, as grandes questões a serem "regulamentadas" eram a priorização do Executivo, em relação aos outros poderes, no direito de convocação das Forças Armadas para a manutenção da lei e da ordem interna e a limitação do direito de greve. A primeira questão deu origem a um projeto de lei do Executivo, que, como vimos, só foi aprovado em 1991, o que não impediu Sarney de autorizar a invasão do Exército na CSN, em novembro de 1988.

A segunda foi objeto de um projeto de lei elaborado pela Consultoria Geral da República, já em dezembro de 1988, e de uma medida provisória encaminhada ao Congresso em abril, "regulamentando" o direito de greve (OESP, 1.12.1988). Na brecha aberta pela própria Constituição, o governo procurou restringir significativamente o direito de greve por meio do estabelecimento de diversos procedimentos. Os principais eram a necessidade do quorum mínimo de 1/3 da categoria em Assembleia para decretação da greve, muito difícil de ser viabilizada na prática entre as grandes categorias; a garantia de manutenção dos serviços essenciais; o direito de as empresas contratarem outros empregados para substituírem os grevistas, caso esta garantia não fosse cumprida, e a permissão do piquete "pacífico" apenas. Além disso, a medida provisória do governo elencava um número enorme de serviços essenciais, em que o direito era tremendamente limitado, não só no serviço público, mas também no setor privado (BUENO, 30.4.1989). Na verdade, com sua "lei de greve", o governo cassava o preceito constitucional que atribuía aos trabalhadores o direito de "decidir sobre a oportunidade de exercê-lo e sobre os interesses que devam por meio dele defender" (CONSTITUIÇÃO DA REPÚBLICA FEDERATIVA DO BRASIL, 2004, p. 17), pois caso não fossem cumpridos os procedimentos previstos a greve poderia ser declarada ilegal.

Como as reações à proposta do governo foram intensas, principalmente por parte do movimento sindical, houve resistência à sua aprovação no Congresso, levando os ministros militares a diversos pronunciamentos pressionando por sua aprovação e ameaçando com a possibilidade de "volta dos urutus" (FSP, 26.4.1989). O ministro da Aeronáutica, brigadeiro Moreira Lima, revelou o politicismo da autocracia burguesa no tratamento da questão do trabalho, afirmando que as greves tinham caráter mais político do que reivindicatório, com "reivindicações despropositadas", além de serem promovidas por "baderneiros" interessados em "conturbar o processo democrático" (OEF, 28.4.1989). Apoiado pelos quartéis, Sarney endossou a ofensiva em cadeia de rádio e televisão e ameaçou:

> Durante o governo, eu enfrentei muitas tentativas de desestabilização, e quero fixar uma delas. Um aspecto dessa ação, por exemplo, tem sido o grevismo selvagem, que não é exercido para defender direitos sociais ou trabalhistas, mas para ocupar espaços por grupos políticos que não aceitam o jogo democrático; não aceitam o império da lei. (...) Não nos esqueçamos de que, quando se sai da lei, nós abrimos o caminho da força. (OEF, 28.4.1989)

Diante da pressão, o Congresso aprovou a Lei de Greve, proposta pelo governo, em junho. Na verdade, a escalada grevista revelou o descontentamento do campo conservador e até de setores ditos "democráticos" com os direitos sociais e os elementos estatizantes e nacionalistas presentes na Constituição. Logo após a promulgação da nova Carta, Hélio Jaguaribe, do PSDB, alertou que a democracia estava em risco, pois a nova Constituição deu aos movimentos reivindicatórios, particularmente aos funcionários das empresas públicas, um poder superior ao dos militares, estimulando a "desestabilização do país" (JT, 25.10.1988). Fernando Henrique Cardoso, reverberando o neoliberalismo moderado do PSDB, não perdeu a oportunidade para acusá-la de "isolacionista" e "altamente corporativa", condenando os aspectos nacionalistas e protecionistas na questão econômica por impedirem a "competição" e afirmando que ela "deu margem ao cartório" (STEFANELLI, 23.10.1988). Na grande mídia, o *Jornal da Tarde*, da família Mesquita, também proprietária do jornal *O Estado de São Paulo*, chegou a acusar a

Constituição de transformar os servidores públicos nas "novas classes dominantes" do país (JT, 11.11.1988).

Paralelamente ao esforço de "enquadramento" da Constituição, o governo desencadeou violenta repressão sobre o movimento sindical e popular, utilizando mais uma vez seu braço militar. Como já adiantamos, logo após a promulgação da nova Carta, no dia 9 de novembro, o Exército invadiu novamente a Companhia Siderúrgica Nacional de Volta Redonda (RJ) para desalojar os operários em greve que a ocupavam. Apesar do caráter pacífico da ocupação e de os operários criarem equipes que se revezavam no trabalho de manutenção do alto forno, o Exército invadiu a usina com tanques, fuzis, metralhadoras e numeroso contingente. O saldo da invasão foram o fim da greve, dezenas de feridos, inclusive mulheres e crianças, a prisão de diversos grevistas e a morte de três operários, um deles espancado até a morte e outro morrendo com um tiro de fuzil na nuca (VEIGA & FONSECA, 1989, p. 94-158). Formalmente, o Exército invadiu a usina para atender solicitação de "manutenção de posse" feita por um juiz federal do Rio de Janeiro, mas a autorização para o pedido de intervenção militar foi dada diretamente por Sarney, atendendo pedido do ministro do Exército e do chefe do SNI (FT, 28.11.1988).

No inquérito policial aberto para apurar a invasão e as mortes dos operários, os militares passaram a obstruir a ação da Justiça, indicando que a lei não era igual para todos, pois o ministro do Exército não autorizou o depoimento de nenhum dos 13 militares indiciados nem a resposta ao questionário encaminhado pela promotoria pública (JB, 15.4.1989). A impunidade estimulou nova demonstração de força contra o movimento sindical da CSN, com a explosão à bomba do monumento em homenagem aos operários mortos em novembro, inaugurado no 1º de maio de 1989 na entrada da usina. A autoria do atentado foi assumida pelo grupo de extrema-direita militar Falange Democrática, cujo ato foi publicamente apoiado pelo ex-chefe do SNI em Brasília, general Newton Cruz, pois, segundo ele, o monumento "ofend[ia] a dignidade das Forças Armadas" (DGABC, 4.5.1989). Ao pedido de punição do general, feito no Congresso por um parlamentar do PT, o ministro da Justiça Oscar Dias Corrêa respondeu negativamente. Dias antes, Dias Corrêa havia mandado a Polícia Federal intimar o presidente da CUT, Jair Meneguelli, a prestar depoimento por estar estimulando a "desobediência civil" com as greves. Comentando o episódio, o ministro do Exército considerou o atentado uma espécie de represália "justa" ao radicalismo do movimento grevista, justificando indiretamente a iniciativa e obviamente se isentando de apurar os vários depoimentos que acusavam a participação de militares no episódio, além do apoio explícito de militares da reserva (JT, 4.5.1989; BICUDO, 15.5.1989).

Dias depois do atentado ao monumento, outra bomba explodiu na CSN, desta vez destruindo um dos altos-fornos da usina, seguida de uma carta ao Sindicato dos Metalúrgicos de Volta Redonda, filiado à CUT, ameaçando explodir o novo monumento que a entidade se comprometera a construir (FSP, 4.5.1989 e 9.5.1989). A óbvia intenção da extrema-direita militar era incriminar os trabalhadores e o sindicato, justificando um ato de força do governo, como a decretação do estado de sítio. Enquanto isso, os ministros militares aconselhavam o presidente a "endurecer" contra os grevistas dos setores público e privado e o ministro do Exército dava entrevista alertando para as consequências políticas que o "radicalismo" do movimento grevista poderia trazer (JT, 5.5.1989).

Por meio do ataque ao chamado "grevismo", dos constrangimentos à CUT e das próprias ameaças de retrocesso político, procurava-se também atingir a candidatura do PT. Em reunião do Alto Comando do Exército, no final de maio, entre outros assuntos, os generais avaliaram o programa do PT (FSP, 30.5.1989). Seu descontentamento foi tornado público, contribuindo para alimentar a rejeição e o "terrorismo ideológico" contra a candidatura Lula e deixando claro que os militares não seriam meros observadores na campanha presidencial. De qualquer modo, encontrariam seu candidato e este, certamente, não era Lula.

A sucessão presidencial e a vitória da autocracia burguesa

A crise de hegemonia chega ao auge: governo, bloco no poder e as candidaturas do campo conservador

A rápida reindexação da economia, tornando inócuas as medidas propostas pelo Plano Verão, e a aceleração da inflação numa escalada jamais vista acabaram com a capacidade do governo de conduzir uma política econômica propriamente dita. De meados de 1989 até março de 1990, a política econômica do governo limitou-se a tentar evitar a hiperinflação, sem sucesso, por sinal. Para tanto, restabeleceram-se as desvalorizações cambiais diárias, como no período Bresser Pereira, e o governo foi obrigado a suspender o pagamento dos juros aos bancos credores, para evitar que a perda de reservas cambiais atingisse um ponto crítico, declarando uma nova moratória "técnica", como em 1987. Mais uma vez foi proposto um novo pacto social envolvendo governo, trabalhadores e empresários, para coordenar os reajustes de preços, salários e tarifas. Porém, sem qualquer resultado prático. Enquanto o setor público passava por dificuldades cada vez maiores de financiamento e endividamento, o setor privado ampliava enormemente sua capacidade de liquidez. O resultado foi o leve crescimento econômico de 3,2%, mas com o recorde de inflação de todos os tempos, com a taxa anual fechando 1989 em 1320%. O déficit público atingiu 12,38% do PIB, quase o triplo de 1988. Em janeiro, fevereiro e março de 1990, últimos meses do governo Sarney, a taxa mensal de inflação atingia inacreditáveis 71,9%, 71,1% e 81,3%, respectivamente (MOURA, 1990, p. 54-55; FILGUEIRAS, 2000, p. 75 e 89).

Nesta situação de desagregação econômica, vivida no último ano de seu governo, a base política de Sarney no Congresso tornou-se ainda mais precária, pois com o fim da Constituinte o "Centrão" desapareceu. O bloco governista passou a operar com base em negociações e barganhas específicas, reduzindo-se enquanto tal, pois a maioria dos parlamentares do antigo "Centrão" passou a orbitar em torno das candidaturas presidenciais que surgiram no campo conservador. Na última reforma ministerial de seu governo, em janeiro de 1989, Sarney foi obrigado a reduzir ainda mais a participação dos partidos, aumentando a presença dos "técnicos" indicados pessoalmente por ele.

No Ministério da Ciência e Tecnologia, agora transformado em Secretaria Especial, Ralph Biasi (PMDB-SP) deu o lugar a Décio Leal de Zagottis, sem partido. No lugar de Luis Carlos Borges da Silveira (PMDB-PR), foi nomeado Seigo Tsuzuki, também sem partido. No Ministério do Trabalho, Almir Pazzianotto (PMDB-SP) deu lugar a Dorotéa Werneck, pertencente ao PMDB-MG, mas na verdade indicada por ser a Secretária Executiva do Ministério. No Ministério da Justiça, Paulo Brossard (PMDB-RS) foi substituído por Oscar Dias Corrêa (PFL-MG), e este substituído por Saulo Ramos, sem partido, em agosto de 1989. Aureliano Chaves deixou a pasta das Minas e Energia para se candidatar, com Vicente Fialho (PFL-CE) ocupando seu lugar, e Hugo Napoleão deixou o Ministério da Educação para o ex-líder do "Centrão" Carlos Sant'Anna (PMDB-BA). Além destas mudanças, foram extintos os ministérios da Reforma agrária e Desenvolvimento, da Habitação e Bem-Estar Social e da Irrigação (MENEGUELLO, 1998, p. 188-191).

A fragilidade política de Sarney tornou-o ainda mais dependente da tutela militar, o que ele mesmo admitiu explicitamente em outubro, quando em solenidade na Aman (Academia Militar das Agulhas Negras), em Rezende (RJ), declarou:

> Sem as Forças Armadas nós não teríamos feito a transição democrática que foi feita. Com as Forças Armadas e não contra as Forças Armadas. (...) Repeli todas as investidas contra as nossas Forças Armadas, consciente de que sem elas, sem o seu prestígio, jamais poderíamos ter instituições democráticas em nosso País".(apud GOMES, 20.10.1989)

Na verdade, a fragilidade política de seu governo transformou Sarney numa espécie de "doente contagioso" na campanha presidencial, do qual todos queriam se afastar, mesmo os candidatos conservadores. O que não o impediu de tentar intervir fazendo seu sucessor ou "melando" as eleições.

Primeiramente, Sarney indicou seu candidato apoiando a indicação de Aureliano Chaves no PFL. Em disputa com Marco Maciel, presidente do partido e líder da ala dissidente, Aureliano levou a melhor, tornando-se o candidato do partido nas eleições presidenciais (PAIVA, 1999, p. 431). Seus péssimos resultados nas pesquisas de intenção de voto levaram Sarney a tentar uma nova cartada no PMDB. Desta vez, seu candidato era o seu ministro da Agricultura Íris Rezende, cuja pré-candidatura sequer chegou ao segundo turno com Ulysses Guimarães na convenção do PDMB. Sobrava, então, o eterno candidato Jânio Quadros, ex-prefeito de São Paulo e representante do voto conservador, cujo principal assessor político desde os tempos do exílio, Augusto Marzagão, tornara-se ninguém menos que o secretário particular de Sarney. A candidatura Jânio foi inflada por diversas vezes pelo próprio, com o aval discreto do governo, mas naufragou nas próprias idiossincrasias do pretenso candidato, na enorme rejeição popular a seu nome e na resistência dos partidos em ceder-lhe a legenda, principalmente depois que este saiu do PTB e filiou-se ao PFL (PINTO, 1989, p. 17-24). Jânio passaria a ser um "candidato de reserva", mobilizado caso a disputa eleitoral se limitasse às forças de esquerda, como o próprio ministro do Exército Leônidas Pires Gonçalves, cuja candidatura chegou a ser cogitada também nestes termos, com a sua anuência (DREIFUSS, 1989, p. 273).

A ascensão de Collor nas pesquisas, que retoricamente se colocava como um opositor de Sarney, e o crescimento das candidaturas de Brizola e Lula, levaram o governo a tentar duas últimas manobras. Em junho, o líder do próprio governo na Câmara dos Deputados, deputado Luiz Roberto Ponte, começou a circular a proposta de renúncia de Sarney, numa manobra para golpear o processo eleitoral, pois, com a vacância da presidência (Sarney já era o vice), teriam que ser convocadas eleições em 30 dias para que novo presidente terminasse seu mandato (RODRIGUES, 28.6.1989). Esta situação alteraria completamente o calendário político, abrindo possibilidade para uma recomposição das forças conservadoras. O fracasso da manobra fez o governo tentar sua última cartada, a candidatura Sílvio Santos.

Desde 1988, Sílvio Santos, apresentador de TV e proprietário do Sistema Brasileiro de Televisão, cogitava lançar-se candidato à prefeitura de São Paulo. Devido à adesão do PFL paulista à candidatura do PMDB quercista, sua candidatura não se viabilizou, mas Sílvio Santos continuou filiado ao partido. No início da campanha presidencial, seu nome foi cogitado para ser o candidato do PFL à presidência, mas Aureliano Chaves ganhou a indicação (JB, 8.12.1988). No entanto, em outubro de 1989, a crise da candidatura Aureliano Chaves trouxe de volta a possibilidade de uma candidatura Sílvio Santos. Insatisfeito com seu baixo nível de intenção de voto nas pesquisas de opinião, algo em torno de 1%, e com o que considerava a pequena adesão de seu partido na campanha, já quase totalmente polarizado pela candidatura Collor, Aureliano cogitou seriamente renunciar à sua candidatura. Imediatamente, Hugo Napoleão, ex-ministro, João Alves, ministro do Interior, Edson Lobão, ligado a Sarney, e Marcondes Gadelha, deputado federal (PFL-PB), passaram a intervir no sentido de substituir o candidato do partido por Sílvio Santos, que, apesar de não ser candidato, aparecia nas pesquisas como um dos favoritos (PINTO, 1989, p. 141-150).

Na verdade, as lideranças peefelistas agiam em nome de Sarney, que já tinha tentado inutilmente convencer o empresário Antonio Ermírio de Morais a candidatar-se para evitar a vitória de Lula, Brizola ou ainda Collor. A candidatura Sílvio Santos era uma forma de garantir, ao mesmo tempo, a derrota de Collor e dos candidatos da esquerda, pois tiraria muitos votos do primeiro, devido à sua enorme popularidade entre as massas desorganizadas, e excluiria os outros dois de um possível segundo turno. Na hipótese deste ocorrer entre Sílvio e Collor, imaginava-se que o apresentador de TV levaria a melhor com tranquilidade. No entanto, por pressão de Marco Maciel e Antonio Carlos Magalhães e de outras lideranças peefelistas, já fechadas com Collor, Aureliano recuou da renúncia (PINTO, 1989, p. 141-150).

Sobrou, então, a alternativa de "comprar" uma legenda de aluguel. A possibilidade surgiu com o Partido Municipalista Brasileiro (PMB), cujo candidato, Armando Corrêa, renunciou em favor de Silvio Santos. Imediatamente após o lançamento de sua candidatura, o apresentador passou a liderar as pesquisas, alterando o quadro eleitoral. Entretanto, pressões de Collor, de Antonio Carlos Magalhães, de Roberto Marinho, proprietário da Rede Globo, e dos grandes meios de comunicação, que não queriam um concorrente na Presidência da República, além da própria ilegalidade da candidatura em diversos aspectos, levaram à sua impugnação pelo TSE faltando uma semana para o pleito (PINTO, 1989, p. 151-159). Diante disso, só restava a Sarney e ao governo torcer por Collor.

A impotência do governo em conduzir a campanha eleitoral em seu favor revelou não só a fragilização da *situação cesarista* nesta fase da transição, mas a própria extensão da *crise de hegemonia* em curso. A situação cesarista criada desde o primeiro ano do governo Sarney em sua relação com o bloco no poder fragilizou-se enormemente neste último ano, limitando-se, basicamente, à exacerbação da tutela militar e à condução do final da transição nos marcos autocráticos previstos pela nova institucionalidade. Com o fim da Constituinte e o agravamento da crise econômica, o governo Sarney perdeu a capacidade de unificar minimamente as classes e frações do bloco no poder em torno de um programa político definido, a não ser evitar o "assalto ao poder" das forças antiautocráticas pela via eleitoral. Deste ponto de vista, a exacerbação da tutela militar foi crucial, pois sempre havia a possibilidade de uma "virada de mesa" caso as eleições dessem a vitória a Brizola ou, principalmente, a Lula.

Por mais que setores "esclarecidos" do bloco no poder considerassem esta hipótese temerária e de consequências imprevisíveis, devido à oposição popular e à inevitável instalação de um novo regime de "força", não houve da parte das grandes lideranças empresariais um claro posicionamento contra esta possibilidade, nem a defesa intransigente do respeito ao resultado das urnas. O que houve foi a busca desesperada por um candidato de direita capaz de derrotar a esquerda, qualquer um, o que originou diversas iniciativas neste sentido, e o permanente "terrorismo ideológico" contra as candidaturas de esquerda, manifesto nas inúmeras ameaças de retrocesso e alertas para a possibilidade de se instalar o "caos" no país. A declaração do presidente da Fiesp, Mário Amato, às vésperas do 1º turno, segundo quem "Se Lula ganhar a eleição, 800 mil empresários abandonarão o país" (V, 18.10.1989), foi só a manifestação mais explícita desta ofensiva ideológica.

Em contrapartida, a existência de uma situação cesarista foi decisiva para a vitória do campo conservador nas eleições, pois a adesão progressiva do bloco no poder à candidatura de Collor se deu com base na dimensão cesarista de sua inserção na disputa política, como veremos. Ou seja, sem uma situação cesarista a ligar o bloco no poder ao governo, a canalização do apoio burguês a Collor, um candidato sem ligações orgânicas com nenhuma de suas frações, teria sido impossível, e sua vitória também. Bem ou mal, apesar dos vínculos inorgânicos com o candidato, para o bloco no poder a vitória de Collor significou o afastamento "a frio", da ameaça antiautocrática, o que tornou sua candidatura o "leito natural" dos vários e divergentes interesses e perspectivas burgueses. Collor "pairaria" acima deles todos, pelo menos enquanto o "mal maior" não fosse afastado.

Por outro lado, a campanha eleitoral também revelou a profundidade e o caráter da crise de hegemonia. Dos 11 grandes candidatos à presidência, pois na verdade concorreram 22, nada menos que 8 podiam ser considerados representantes dos interesses do bloco no poder. Tomados em conjunto, suas propostas oscilavam entre o desenvolvimentismo reformista e o neoliberalismo extremado, abrangendo tanto os egressos da Ditadura Militar, que militaram na Arena, no PDS e no PFL, quanto os da oposição moderada, que militaram no PMDB e no PTB. A necessidade de adoção de medidas ortodoxas para conter a crise econômica, da solução "pacífica" da questão externa, sem ruptura com os credores internacionais e o imperialismo, e da limitação da luta política aos marcos autocráticos previstos pela nova institucionalidade eram elementos consensuais nas candidaturas dominantes. Todavia, variavam as posições referentes ao intervencionismo estatal, às empresas estatais e à questão social.

De todas as candidaturas ligadas ao bloco no poder, a de Aureliano Chaves talvez fosse aquela que expressasse o "termo médio" dos interesses das suas frações hegemônicas e do campo conservador, capaz de acomodar os interesses do grande capital privado nacional, do capital estatal e do capital externo. Em condições ideais, seria a candidatura mais adequada para dirigir a passagem do modelo desenvolvimentista para o neoliberal, sem traumas e sem crise de hegemonia. Sem rejeitar a perspectiva ortodoxa e até mesmo aberto à adoção de medidas neoliberais – como a privatização de estatais –, a candidatura de Aureliano Chaves situava-se numa perspectiva desenvolvimentista autoritária, que preservava um setor produtivo estatal importante, ao mesmo tempo que não era hostil ao capital externo nem à livre iniciativa, mas considerava o intervencionismo do Estado como um instrumento de alavancagem econômica a serviço da acumulação privada, nos moldes do desenvolvimentismo dos governos militares. No plano político, vislumbrava a manutenção da tutela militar, o controle repressivo sobre os movimentos sociais das classes subalternas e a anulação/esvaziamento dos elementos mais democráticos contidos na Constituição. Não à toa, sua candidatura foi considerada pelo empresariado como a mais "desejável" ou "confiável" das que efetivamente se apresentaram para disputa (DREIFUSS, 1989, p. 257).

No entanto, seu baixo desempenho nas pesquisas de intenção de voto – devido ao desgaste do governo Sarney, do qual fez parte até janeiro de 1989, e do próprio PFL – levou ao abandono de sua candidatura pelo próprio partido e a um resultado eleitoral medíocre no 1º turno: 0,8% dos votos, com Aureliano em 9º lugar (LAMOUNIER, 1990, p. 190).

Nesta faixa política ocupada por Aureliano, mas com muito maior acento neoliberal em termos programáticos, inclusive com propostas de privatização de estatais e cortes no funcionalismo público, encontravam-se as candidaturas de Guilherme Afif Domingos (PL) e de Paulo Maluf (PDS) (V, 11.10.1989). Com fortes vínculos com os setores pequenos e médios do capital, graças à sua militância fortemente antiestatista na Constituinte, e saído das hostes malufistas, Afif ganhou a disputa interna com Álvaro Valle, fundador do partido e com maiores vínculos com determinados setores das classes médias urbanas (profissionais liberais, assalariados de alta renda, etc.). Afirmando-se como um político de "centro", Afif tentou colocar-se como uma "nova" opção de direita, aberta ao diálogo e à eficiência administrativa. Deste ponto de vista, competia diretamente com Collor pelo voto de direita descontente com os candidatos "tradicionais". Sua incapacidade de conquistar o apoio do grande capital selou sua sorte na campanha: chegou em 6º lugar, com 4,5% dos votos (PINTO, 1989, p. 113-125; LAMOUNIER, 1990, p. 190). Maluf, por sua vez, conseguiu a indicação pelo PDS derrotando Espiridião Amin (prefeito de Florianópolis e ex-governador de Santa Catarina) e os setores que queriam dissociar o partido de sua imagem desgastada, como Jarbas Passarinho, senador (PA) e presidente do PDS (PINTO, 1989, p. 101-112). Suas notórias credenciais conservadoras foram utilizadas por sua campanha para galvanizar o voto de direita, porém, suas conhecidas práticas clientelistas e patrimonialistas, além de sua associação ao regime militar "derrotado" em 1985, inviabilizaram o apoio de expressivos setores do grande capital. Maluf era uma das candidaturas consideradas "aventureiras" por setores do empresariado, devendo ser apoiada apenas em último caso (DREIFUSS, 1989, p. 274-275). Apesar disto, conseguiu o 5º lugar no 1º turno, com 8,3% dos votos (LAMOUNIER, 1990, p. 190).

Outra candidatura saída da antiga Arena foi a de Ronaldo Caiado (PSC), pois, apesar de nunca ter tido um cargo público, vinha de uma família tradicional na política goiana. Líder da UDR, Caiado imaginava ser o grande representante político dos proprietários rurais, dos pequenos aos grandes, e dos setores médios das pequenas cidades, como os pequenos comerciantes, os profissionais liberais e o pequeno capital. Sua defesa radical da propriedade privada e seu discurso contra o parasitismo do Estado e do capital bancário, além da própria inserção nacional da UDR, poderiam trazer-lhe um cacife eleitoral suficiente para superar as resistências do empresariado urbano à sua candidatura, identificada com as práticas violentas da UDR, e qualificá-lo a tornar-se o candidato capaz de impedir a vitória da esquerda, ganhando o apoio do bloco no poder. No entanto, suas ilusões começaram a ruir já na procura por um partido pelo qual se candidatar, pois, após muitas idas e vindas, apenas o PSD (Partido Social Democrático) cedeu-lhe a legenda. O pífio desempenho de Caiado no 1º turno, 10º lugar, com 0,7% dos votos (LAMOUNIER, 1990, p. 190), revelou não só a dispersão do voto conservador por outras candidaturas e sua galvanização por Collor, mas uma das facetas da institucionalidade democrática vigente no país: a relativa inorganicidade da relação entre os partidos políticos e os aparelhos privados de hegemonia, baseada no politicismo da separação entre interesses econômico-corporativos e interesses político-ideológicos. Na própria UDR, havia dúvidas se a entidade deveria continuar como uma associação de classe ou virar um partido político (DREIFUSS, 1989, p. 276-282).

Na verdade, a derrota de Caiado revelou os próprios limites hegemônicos do projeto político da UDR, incapaz de atrair a adesão eleitoral do conjunto dos interesses dominantes agrários e do conjunto do bloco no poder, por ser demasiadamente identificado com a perspectiva dos grandes proprietários rurais. O que a tornou vítima dos próprios limites impostos pela institucionalidade à intervenção política das classes e à defesa de seus interesses junto ao Estado. Isto porque, além da restauração da força representativa das entidades tradicionais, particularmente os sindicatos patronais rurais, as lideranças da UDR tiveram que inserir-se na estrutura partidária estabelecida e submeter-se à dinâmica da esfera de representação política para continuar viabilizando a satisfação dos seus interesses de classe, o que possibilitou sua diluição eleitoral (BRUNO, 1997).

Entre as grandes candidaturas, três foram oriundas da oposição moderada à Ditadura Militar, o PMDB: Ulysses Guimarães (PMDB), Affonso Camargo (PTB) e Mário Covas (PSDB). No PMDB, como já adiantamos, a indicação de Ulysses Guimarães não foi consensual, pois, além da pré-candidatura de Íris Rezende, apoiada por Sarney, surgiram ainda as de Álvaro Dias, governador do Paraná, e de Waldir Pires, governador da Bahia. Como um *tertius* colocava-se Orestes Quércia, que não se candidatou à indicação do partido, mas esperava ser beneficiado por um impasse e indicado por consenso. Na verdade, Quércia tinha pretensão de ser candidato, pois sabia que teria o apoio de setores expressivos do bloco no poder, particularmente do empresariado paulista, colocando-se como um dos candidatos "desejáveis" do grande empresariado e aparecendo com chances reais de disputa (DREIFUSS, 1989, p. 257). No entanto, para concorrer em condições de vitória precisava contar com o apoio das alas liberal moderada e conservadora do partido, no mínimo, e assim controlar a maior parte da máquina partidária, o que exigiria a desistência de Ulysses. Como Ulysses manteve a pré-candidatura por considerar-se "candidato natural" e ganhou a convenção, Quércia teve que esperar pela sua renúncia (PINTO, 1989, p. 25-49).

Pela ala esquerda, lançou-se Waldir Pires, cujo 2º lugar na convenção partidária abriu-lhe as portas para compor a chapa como candidato a vice de Ulysses

(GUTEMBERG, 1994, p. 283-307). A incorporação de Pires na chapa, com o apoio de Miguel Arraes e outras lideranças de esquerda, foi uma tentativa de restauração do programa "desenvolvimentista reformista" do partido, em descrédito depois do fracasso do Plano Cruzado. A *vocação hegemônica* do PMDB deveria qualificá-lo como interlocutor do grande capital nacional, das frações do pequeno e médio capital, além dos setores assalariados que davam um caráter popular ao voto peemedebista desde a Ditadura. No espectro político, a candidatura do PMDB colocava-se numa perspectiva autocrática e politicista, mas não no sentido de anulação/esvaziamento dos avanços democráticos contidos na Constituição. A orientação distributivista apresentava-se como controle do governo sobre os salários, assistencialismo social e apoio à desconcentração econômica, porém buscando o diálogo e/ou a cooptação dos movimentos sociais das classes subalternas; o que certamente traria dificuldades com a tutela militar (V, 11.10.1989). O problema da candidatura do PMDB era o enorme desgaste do partido e de Ulysses junto à maior parte da população e a própria polarização da campanha entre a perspectiva neoliberal e a democrático-popular. Além disso, diante dos baixos índices de intenção de voto nas pesquisas, o candidato do PMDB começou a ser abandonado por seu partido. Uma última cartada, esperada por Quércia, foi tentada, com os governadores, mesmo os aliados de Ulysses como Pedro Simon, sugerindo a sua renúncia. A recusa de Ulysses ao mesmo tempo inviabilizou as pretensões de Quércia e selou a sorte do PMDB na campanha (GUTEMBERG, 1994, p. 283-307). O candidato do maior partido do país teve apenas 4,4% dos votos, ficando em 7º lugar, atrás até mesmo de Afif (LAMOUNIER, 1990, p. 190).

Na mesma faixa política de Ulysses Guimarães, colocava-se Affonso Camargo, senador e candidato pelo PTB. Após militar por um tempo entre os setores que pediam o afastamento do PMDB em relação ao governo, Camargo saiu do partido e filiou-se ao PTB. Dividido entre os que defendiam o apoio a Collor, a aliança com Brizola e o lançamento de candidatura própria, o PTB oscilava à esquerda e à direita na campanha eleitoral. A vitória dos que defendiam o lançamento de candidatura própria não impediu a fluidez programática e o baixíssimo desempenho eleitoral, apesar de historicamente o partido possuir vínculos com os setores pelegos do movimento sindical (PINTO, 1989, p. 70 e 132). No 1º turno, Affonso Camargo obteve 0,5% dos votos, ficando em 11º lugar (LAMOUNIER, 1990,

p. 190). Em certa medida, o PTB também foi vítima da crise dos partidos que apoiaram o governo Sarney, pois a maior parte dos seus parlamentares participou do "Centrão" na Constituinte. No 2º turno, apoiou Collor e virou ministro dos Transportes e Comunicação em seu governo (MENEGUELLO, 1998, p. 192).

A candidatura do PSDB, do senador Mário Covas (SP), também oriunda da oposição moderada à Ditadura Militar, colocou-se entre a perspectiva desenvolvimentista reformista e a neoliberal moderada, com maior acento para esta última. Presente no programa do partido, esta orientação programática foi confirmada na campanha eleitoral, com o candidato do partido acentuando um ou outro lado dos dois pólos conforme as circunstâncias. Durante a primeira fase da campanha, quando a polaridade entre esquerda e direita já estava estabelecida e o bloco no poder ainda procurava uma candidatura "confiável", Covas discursou na tribuna do Senado defendendo um "choque de capitalismo" para o Brasil. Em seu pronunciamento, defendeu a economia de mercado, a reforma administrativa, o fim dos subsídios, do empreguismo e dos privilégios e combateu o cartorialismo. O discurso abriu-lhe espaço entre as frações do bloco no poder, tornando-o uma das opções empresariais para derrotar a esquerda, apesar da resistência de setores conservadores importantes à sua candidatura, pelo seu comportamento "esquerdista" na Constituinte (PINTO, 1989, p. 130; CONTI, 1999, p. 166). Meses depois, em outubro, quando Afif Domingos ameaçava sua posição nas pesquisas, principalmente entre os setores de classe média, Covas voltou a radicalizar o seu discurso pela esquerda. Porém, sem abdicar do compromisso com os termos do discurso de junho (V, 11.10.1989; PINTO, 1989, p. 137-139).

Na verdade, a perspectiva política apresentada pelo PSDB na campanha presidencial revelou sua inserção eleitoral entre setores da classe média (trabalhadores de alta renda, profissionais liberais) com os quais tinha vínculos e com setores do bloco no poder, como frações do pequeno e do médio capital, do grande capital nacional e do capital externo, que apoiaram sua candidatura até o fim e torceram por sua ida ao 2º turno (MALTA, 14.11.1989). A filiação de Joaquim dos Santos Andrade ao partido trouxe o apoio de parte dos setores pelegos do movimento sindical, ligados à "CGT-Central". Seu discurso anticartorialista e antiautoritário conferiu-lhe um conteúdo neoliberal que atraiu frações do grande capital e uma aura crítica que atraiu a adesão dos setores médios e polarizados politicamente pelo referencial da democracia burguesa e do "radicalismo burguês". Não poucos analistas de esquerda que acompanhavam o processo eleitoral inseriam a candidatura do PSDB no campo de esquerda, como revelam as avaliações de Florestan Fernandes (25.12.1989), Francisco de Oliveira (1992, p. 35-45) e José Chasin (2000, p. 177-288). No entanto, a perspectiva político-programática do PSDB permite-nos colocá-lo no campo das candidaturas do bloco no poder, já que disputou com estas, e não com as candidaturas de esquerda, as eleições de 1989. No 1º turno, Covas ficou em quarto lugar, com nada menos que 10% dos votos. Apesar da boa votação, que revela a vocação hegemônica do partido, a ser consumada plenamente nos anos 90, Covas perdeu porque Collor assumiu a condição de candidato preferencial do bloco no poder.

Finalmente, a candidatura de Fernando Collor. Ex-Arena, ex-PDS, ex-PMDB e agora no minúsculo Partido da Reconstrução Nacional (PRN) – que ele criou só para concorrer à presidência –, governador de Alagoas e membro de uma das principais oligarquias políticas do estado, Collor lançou a sua candidatura presidencial já em 1988. Sem vínculos orgânicos com nenhuma das frações hegemônicas do bloco no poder, Collor se destacou na campanha eleitoral por expressar um oposicionismo retórico a Sarney e por construir um discurso político que o apresentava como um político moralizador, incorruptível, jovem e não-vinculado às lideranças políticas tradicionais, associadas negativamente à crise política e econômica. Conforme elaboração de Senra (2001, p. 41-60), Collor se utilizou habilmente do novo papel assumido pela mídia brasileira, principalmente pela televisão, como espaço de exercício da política em lugar do espaço público, polarizando a campanha eleitoral e assumindo a primeira colocação nas pesquisas de intenção de voto já em abril de 1989 (PINTO, 1989, p. 58). A partir daí, começou a configurar-se como o único capaz de evitar a vitória da esquerda, ganhando a adesão progressiva do campo conservador e beneficiando-se diretamente da ausência de um candidato que unificasse o bloco no poder. Com um programa *neoliberal extremado*, Collor se comprometia a privatizar estatais; reduzir o tamanho do Estado fechando órgãos, cortando gastos e demitindo funcionários públicos; abrir a economia ainda mais ao capital externo e deixar a questão salarial para livre negociação entre patrões e empregados. No plano retórico, comprometia-se a reduzir o peso dos militares no governo, chegando a afirmar que fecharia o SNI, além de fazer uma devassa nas contas públicas e varrer a corrupção (V, 17.5.1989 e 11.10.1989; PINTO, 1989, p. 49-60).

No entanto, na prática seu pretenso oposicionismo era negado pelo apoio fisiológico que recebia de lideranças dos partidos tradicionais, principalmente PMDB, PFL, PDS e PTB, insatisfeitos com o baixo desempenho de suas candidaturas presidenciais e ansiosos para aderir de forma oportunista ao provável vitorioso. Este processo de adesão à candidatura Collor ocorreu num crescendo, principalmente depois que Roberto Marinho, proprietário das Organizações Globo, publicou editorial em seu jornal, em abril, convocando as forças conservadoras a se unirem em torno de um candidato viável para barrar Lula e Brizola (CONTI, 1999, p. 154). A adesão do empresariado e da maior parte da grande mídia e da grande imprensa, reforçada pelos pronunciamentos militares contra o "grevismo" e as candidaturas de esquerda, foi dando densidade de classe à candidatura, apesar de ser extremamente heterogênea, demonstrando que, acima da questão programática, para o bloco no poder prevaleceu o imperativo de evitar a vitória da esquerda, tanto no 1º turno quanto no 2º (DREIFUSS, 1989, p. 291-294). Isto porque nem todas as frações burguesas que apoiaram Collor concordavam com seu neoliberalismo extremado. No entanto, seu apelo eleitoral junto aos amplos setores da população garantia a adesão burguesa à sua candidatura. De fato, Collor tinha ampla aceitação entre os setores desorganizados da classe trabalhadora, polarizados por sua imagem carismática e messiânica (OLIVEIRA, 1992, p. 47-53), e o apoio dos setores mais conservadores do movimento sindical, pois Antonio Rogério Magri, líder do chamado "sindicalismo de resultados", aderiu à sua candidatura já no 1º turno e Luis Antonio Medeiros, outra liderança desta corrente, aderiu no 2º (PINTO, 1989, p. 73-74).

Mais do que isto, a falsidade do discurso moralista do candidato tornou-se crescentemente visível para partes do eleitorado, o que o levou a uma tendência de queda nas pesquisas a partir de setembro, que foi confirmada pelo 1º turno. De 42% das intenções de voto antes da queda, Collor obteve apenas 28% dos votos no 1º turno, suficientes para dar-lhe o primeiro lugar, mas não para garantir-lhe a vitória imediata (PINTO, 1989, p. 71; LAMOUNIER, 1990, p. 190). Esta tendência de queda e a passagem de Lula ao 2º turno reforçaram o adesismo inorgânico do bloco no poder à sua candidatura, permitindo-lhe herdar a *situação cesarista* das mãos de Sarney.

O avanço da perspectiva antiautocrática e seus limites

As eleições presidenciais de 1989 indicaram claramente o avanço político, organizativo e ideológico do movimento social das classes subalternas. Pela primeira vez, desde iniciada a transição, os trabalhadores se inseriram na cena política com um projeto político próprio, capaz de polarizar a disputa política e com uma forte *vocação contra-hegemônica*. Formado por várias classes e frações – como os operários urbanos, os operários rurais, os trabalhadores não-manuais dos setores comercial e de serviços, além de variada gama de pequenos proprietários urbanos e rurais também submetidos ao imperativo do trabalho –, o conjunto dos trabalhadores tendeu a ampliar seus níveis de organização e mobilização, possibilitando ao seu movimento político avançar da condição de ala esquerda e popular do movimento democrático para a de portador de um projeto político antiautocrático e alternativo à dinâmica do capitalismo dependente e associado em que se inseriam tanto as propostas desenvolvimentistas quanto as neoliberais apresentadas pelas candidaturas do bloco no poder na campanha. De fato, o projeto político apoiado eleitoralmente pela maior parte do movimento social dos trabalhadores ia além do desenvolvimentismo reformista e da institucionalidade democrática vigente, ferindo a lógica autocrática da transição como em nenhum outro momento desde o seu início.

O potencial contra-hegemônico deste avanço político-organizativo se explica não só pela mobilização eleitoral em torno das candidaturas de esquerda, mas porque esteve diretamente ligado à intensificação da mobilização social e política durante a campanha, evidenciada pelo recorde de greves de 1989. Ou seja, esta mobilização extrapolou, em muito, os limites dos mecanismos de mobilização previstos pela estrutura partidária e eleitoral, alcançando uma organicidade e amplitude ainda não vistas. Esta situação explica por que as candidaturas de esquerda mantiveram sua vitalidade durante toda a campanha, com uma delas chegando ao 2º turno com chances reais de vitória, apesar das limitações impostas pela institucionalidade democrática à movimentação política e social das classes subalternas e do poder de atração carismática da candidatura Collor sobre parcelas significativas dos trabalhadores. Explica também por que a candidatura Lula ultrapassou a de Brizola na reta final da campanha, qualificando-a a disputar o 2º turno.

Das três candidaturas de esquerda apresentadas nas eleições de 1989, a de Roberto Freire era a de menor expressão social e eleitoral. Lançado candidato fundamentalmente para demarcar a posição política do PCB frente às outras forças de esquerda, inclusive da esquerda marxista, Roberto Freire defendeu a orientação estratégica do partido, de formação de uma ampla frente democrática, incluindo as frações nacionais do grande capital, com vistas à superação da crise e ao aprofundamento da democracia. O lançamento de candidatura não foi consenso no partido, pois vários setores retomaram a defesa de uma frente de esquerda, propondo uma aliança com o PT e outros partidos de esquerda (SILVA, 2005).

A candidatura Freire se inseria numa perspectiva desenvolvimentista reformista, mais à esquerda do que a de Ulysses Guimarães, pois previa o fortalecimento do setor público e do intervencionismo estatal, além do comprometimento com demandas dos trabalhadores como a reforma agrária e o aprofundamento dos direitos sociais; porém, avaliando positivamente o livre mercado como fator de crescimento econômico e progresso tecnológico e não hostilizando o capital externo. Na campanha, Roberto Freire também começou a indicar o movimento de afastamento do partido em relação ao legado da Revolução Russa e do socialismo soviético, que seria concluído posteriormente na fundação do PPS (Partido Popular Socialista), ao criticar a identificação stalinista entre socialismo e estatismo, avaliar que a tese leninista de "ditadura do proletariado" estava superada e defender a introdução de mecanismos de mercado na economia socialista (JT, 29.3.1989; SILVA, 2005). Em relação à institucionalidade democrática, Freire afirmava estar de acordo com um dos seus principais elementos autocráticos, o papel político definido para os militares pela Constituição, apesar de defender sua subordinação aos três poderes da República (FREIRE, 18.8.1989), o que evidencia um dos limites da candidatura pecebista diante da perspectiva de combate à autocracia burguesa. Socialmente, a candidatura do PCB tinha inserção em algumas parcelas do movimento sindical, pois o PCB era uma das forças importantes da "CGT-Central", e inserção entre setores da classe média urbana. No 1º turno, ficou acima de Aureliano, Caiado e Camargo, atingindo 1,1% dos votos e ficando em 8º lugar (LAMOUNIER, 1990, p. 190).

O grande favorito às eleições presidenciais desde as primeiras pesquisas de intenção de voto, ainda em 1987, até abril de 1989, foi Leonel Brizola. O favoritismo de Brizola por tanto tempo se deveu ao prestígio político adquirido na luta contra a Ditadura Militar desde as primeiras iniciativas golpistas de 1961, à postura de oposição a Sarney e ao "Centrão" na Constituinte e à inserção em setores significativos do movimento sindical e popular. Seu projeto político misturava o nacional-desenvolvimentismo do período pré-Ditadura com o trabalhismo e elementos da social-democracia europeia, combinando um forte intervencionismo estatal com o resgate do papel estratégico do setor público no desenvolvimento econômico e uma perspectiva nacionalista não-imperialista; ou seja, o capital externo teria que se submeter ao controle estatal e aos interesses nacionais e seria realizada uma auditoria da dívida externa, para definir o montante a ser efetivamente pago. No plano social, Brizola se comprometia em respeitar os direitos trabalhistas, combinando-os com mecanismos de assistência social (V, 11.10.1989). Ao longo da campanha, Brizola deu diversos sinais de aproximação com os militares tentando reduzir a resistência destes à sua candidatura, o que significava uma postura menos radicalizada contra a tutela militar (CB, 4.12.1988). Com inserção em largas faixas das classes trabalhadoras, organizadas ou não, e nos setores de classe média, Brizola também tinha uma interlocução minoritária com setores não-hegemônicos do bloco no poder, como o pequeno e o médio capital. Com base nisso, atraiu setores minoritários do PTB, do PMDB, do PFL e até do PDS. Esta situação permitiu-lhe aparecer como alternativa de setores importantes do empresariado à ascensão de Lula na reta final da campanha, trazendo apoio político e financeiro à sua candidatura (V, 18.10.1989).

Finalmente, a candidatura Lula. Lançada pelo PT já em 1987, a candidatura de Lula foi a que mais se aproximou da criação de uma frente de esquerda, formalizando uma aliança com o PSB, o PC do B e o PV, já em março (BNPT, abr. 1989). Mais tarde, o PV abandonou a coligação devido à derrota na indicação para o vice de Lula, apresentando a candidatura de Fernando Gabeira à presidência, pelo partido. No entanto, esta deserção não feriu o caráter amplo da candidatura Lula, permitindo-lhe forte inserção nos movimentos sociais e nos setores não organizados das classes subalternas. Polarizada pela maior parte da fração mais moderna do operariado brasileiro, localizado nas grandes indústrias, a candidatura do PT vinculava-se ainda ao operariado rural, à massa dos trabalhadores manuais de baixa renda, a setores das classes médias urbanas (trabalhadores não-manuais, profissionais liberais) e a frações radicalizadas dos pequenos proprietários. Seu programa de governo era uma versão um pouco mais moderada do projeto democrático-popular, definido no V Encontro Nacional do partido.

Apesar disso, as tendências da esquerda marxista no partido mantiveram sua unidade em torno da candidatura da principal liderança da Articulação, pois a perspectiva de conquista do governo atenuou as divergências programáticas, como indicava o apoio de lideranças das principais correntes de esquerda a Lula (BNPT, jun. 1989). Em agosto, em seu 3º congresso, o PRC decretou sua autodissolução como partido e optou por transformar-se numa nova tendência petista, a "Nova Esquerda", a partir da avaliação de que o PT assumira um papel revolucionário na política brasileira (BNPT, out. 1989a). A decisão não foi unânime, pois uma parte minoritária não entrou na nova tendência, mantendo sua unidade; mas fortaleceu a direção petista para atacar a corrente trotskista Convergência Socialista por descumprimento das normas relativas às tendências, definidas no V Encontro (BNPT, out. 1989b). As contradições com a Convergência levariam à sua expulsão do PT em 1992 e à sua participação na fundação do PSTU (Partido Socialista dos Trabalhadores Unificado), em 1994.

Dividido em 13 pontos, o programa de governo do PT era antiautocrático e ia além do desenvolvimentismo, propondo a criação de um modelo econômico que submeteria o grande capital à lógica distributivista imposta pelo Estado e pelos trabalhadores organizados. Neste sentido, a democratização e a desprivatização do Estado inseriam-se na lógica da distribuição da renda por meio da melhoria da renda salarial, do avanço dos direitos sociais, da tributação progressiva sobre os altos rendimentos e ganhos de capital; na ampliação das políticas sociais; no combate à especulação financeira, com a valorização dos investimentos produtivos, principalmente na pequena empresa e nas empresas estatais. A reforma agrária de perfil antilatifundiário também se inseria nesta perspectiva distributivista e de valorização da pequena propriedade, mas já não aparecia a bandeira de "reforma agrária sob controle dos trabalhadores" e a possibilidade de desapropriação limitava-se às terras improdutivas, griladas ou envolvidas em conflitos, não se mencionando os latifúndios produtivos. No plano do capital externo, o programa defendia a suspensão do pagamento da dívida externa e a realização de uma auditoria, mas em relação ao capital externo não aparecia a proposta de estatização das empresas estrangeiras, e sim o seu controle rígido pelo governo e o privilegiamento das empresas nacionais. Na questão da tutela militar, o programa defendia claramente a sua extinção, com a subordinação dos militares ao poder civil, a extinção do SNI e a reorientação dos incentivos dados ao complexo industrial-militar para os investimentos em áreas sociais e setores econômicos prioritários (BNPT, mai./jun. 1989).

A candidatura Lula foi diretamente beneficiada pela intensa mobilização dos movimentos sindical e popular em 1989, conquistando uma inserção nacional não atingida por nenhuma das outras candidaturas de esquerda. O apoio da CUT e também da CSC, trazida pelo PC do B, foi fundamental para isto. Nos dois turnos, a votação de Lula teve um perfil nacional, apesar de mais concentrada nas maiores cidades. Brizola, por exemplo, concentrou sua votação no Rio de Janeiro e no Rio Grande do Sul, tendo um baixo desempenho em colégios eleitorais importantes, como São Paulo e Minas Gerais. A ascensão da candidatura Lula a partir de setembro, quando os índices de intenção de voto dobraram, continuou até o 2º turno, numa escalada que revela, de um lado, a polarização da disputa política entre a perspectiva *neoliberal extremada* e a *perspectiva democrático-popular*, o que esvaziou a perspectiva desenvolvimentista em seus diversos matizes, e, de outro, a própria crise de representação política vivida pelos grandes partidos.

Neste aspecto, nem mesmo o PDT ficou imune, pois mesmo se beneficiando do descrédito do governo Sarney e dos partidos que o apoiaram, o forte personalismo de sua candidatura, aliado ao centralismo de sua estrutura interna, prejudicou sua capacidade de interlocução orgânica com os movimentos sociais no momento em que a radicalização da disputa exigia, fundamentalmente, capacidade de mobilização social. Nisto a candidatura Lula foi insuperável, garantindo a "virada" às vésperas do 1º turno, quando Lula ultrapassou Brizola e ganhou a vaga para disputar o 2º turno, ficando em segundo lugar com 16,1% dos votos (LAMOUNIER, 1990, p. 190).

Porém, se de um lado a crise dos grandes partidos e os próprios limites de seu caráter institucional favoreceram a ascensão de Lula e do PT, numa perspectiva claramente antiinstitucional, de outro lado favoreceu Collor, mas por outras razões.

Todos contra Lula: rumo a um novo cesarismo?

Na disputa para o 2º turno, o adesismo em torno da candidatura Collor ganhou uma dimensão avassaladora, com as mais variadas forças políticas e sociais do bloco no poder aderindo massivamente para evitar a vitória de Lula. O desespero ante a possibilidade de vitória do candidato do PT revelava todo o conteúdo autocrático presente na institucionalidade democrática e no próprio comportamento político das forças conservadoras. Isto porque, apesar de todo o apoio recebido, que lhe permitiu manter a dianteira nas pesquisas de intenção de voto, a tendência de queda apresentada pela candidatura Collor a partir de setembro continuou até o dia decisivo. Esta situação motivou o uso e abuso das práticas fisiológicas, com o candidato loteando os cargos de seu futuro governo com as lideranças conservadoras, apesar do discurso veemente em contrário. Dos principais candidatos do bloco no poder, só Ulysses e Covas não apoiaram Collor. Além disso, tal situação estimulou também a manipulação política e ideológica aberta, com a radicalização do discurso alarmista contra a vitória do PT, o apelo aos ataques pessoais no horário eleitoral gratuito, a manipulação da cobertura jornalística da campanha pelos principais órgãos da grande imprensa, inclusive com a perseguição a jornalistas mais independentes, e outras manobras para favorecer o candidato conservador (CONTI, 1999, p. 44-169; PINTO, 1989, p. 173-182). Entre as mais importantes, destacam-se o reprise de uma novela de TV cujo enredo reproduzia a plataforma política de Collor, apenas um mês após o seu término, fato único na televisão brasileira (SENRA, 2001, p. 50); a edição distorcida do último debate entre os candidatos no principal jornal televisivo do país (*Jornal Nacional*, da Rede Globo), dando a vitória a Collor; e a falsa acusação, pela polícia de São Paulo, de envolvimento do PT no sequestro de um grande empresário no dia da votação do 2º turno. Segundo revelou mais tarde, o governador de São Paulo à época, Orestes Quércia, insinuou que deu a orientação à sua polícia civil para que associasse o sequestro ao PT atendendo a pressões do Comando Militar do Leste, cujo comandante era o general Jonas Morais Lopes (CONTI, 1999, p. 264-278).

Entre as forças de esquerda, o 2º turno revelou os efeitos negativos da não-viabilização de uma aliança ampla, que viabilizasse a criação de uma candidatura única já no 1º turno e as idiossincrasias de determinadas forças "democráticas". A não-viabilização de uma aliança entre as forças de esquerda, que resultasse numa candidatura única, cobrou seu preço no 2º turno, pois, devido aos ataques e acusações recíprocas entre os candidatos durante a primeira fase da campanha, a adesão a Lula não se deu de modo inequívoco (CASADO, 24.11.1989). Entre os candidatos derrotados, Roberto Freire e o PCB aderiram à campanha de Lula em nome da perspectiva democrática e do avanço das forças progressistas, conforme elaboração do partido, apesar de considerar que a candidatura Lula deveria ter um leque de apoio maior entre as classes dominantes. Já a adesão de Brizola foi mais complicada, pois, inicialmente, este questionou a vantagem de 500 mil votos de Lula no 1º turno, acusando a existência de fraude eleitoral. Mais tarde, já em fase de negociações, propôs a desistência de Lula e dele, 3º colocado, para disputar o 2º turno com Collor, em favor de Covas, o 4º colocado, em nome da união das forças de esquerda, revelando uma clara tentativa de deslegitimar a candidatura e a votação obtida pelo petista. Porém, após a adesão, Brizola orientou seus eleitores a votar no candidato do PT, transferindo-lhe nada menos que 15% do eleitorado (PINTO, 1989, p. 173-182; JB, 27.11.1989).

No PMDB, Lula contou com a adesão da ala esquerda, liderada pelo vice de Ulysses, Waldir Pires (BA), e pelo governador de Pernambuco, Miguel Arraes. Além deles, aderiram a Lula, por rejeição a Collor, os governadores Henrique Santillo, (GO), Carlos Bezerra, (MT), Moreira Franco (RJ), Pedro Simon (RS), Jerônimo Santana (RO) e Pedro Ivo (SC) (FSP, 17.11.1989). Ulysses Guimarães não se definiu a apoiar ninguém, por sua identificação excessiva com o governo Sarney; o PT também não o queria no palanque. No dia seguinte ao 1º turno, Ulysses declarou-se em campanha pelo parlamentarismo, o que significava um claro sinal de repúdio ao processo eleitoral ainda em curso e uma manifestação de descrédito pela adesão da enorme maioria das forças democráticas à candidatura Lula. Mesmo na derrota, Ulysses Guimarães ainda imaginava chegar ao poder, mesmo que por outros caminhos (GUTEMBERG, 1994, p. 311).

No PSDB, o apoio foi ainda mais tímido. Apesar de subir no palanque de Lula, Mário Covas declarou-lhe "apoio crítico" por discordar dos 13 pontos do programa de governo do PT (PINTO, 1989, p. 175). A posição de Covas era uma clara tentativa de isentar o PSDB de envolvimento na disputa, qualificando o partido como *tertius* ou "fiel da balança" numa provável situação de crise futura.

Imaginava-se que, independentemente de quem ganhasse, nenhum dos dois teria força política suficiente para viabilizar seu programa de governo, passando a depender do apoio das forças "neutras" para garantir alguma estabilidade política. Daí a necessidade de não se definir claramente por nenhuma candidatura, até porque parte do partido tinha grandes simpatias por Collor, o que se configurou na transferência de parte dos votos de Covas para Collor. De fato, quando o governo Collor fazia água por todos os lados, não faltou no PSDB quem defendesse o apoio do partido ao governo, para evitar uma crise institucional. Quando a crise veio e Collor foi afastado, o PSDB viria a ser o principal sustentáculo político do governo Itamar Franco, garantindo as condições para disputar as eleições presidenciais de 1994 e vencer. Na verdade, o compromisso do PSDB com o neoliberalismo impedia que seu apoio ao projeto democrático-popular de Lula fosse além do compromisso verbal e da presença do seu candidato derrotado em um comício. O seu "caminho para o poder" começou no 2º turno de 1989.

Apesar de toda a mobilização e da constituição de uma frente ampla das esquerdas e das forças democráticas em torno de Lula, a vitória não foi possível. De um lado, a unificação tardia em torno de uma candidatura comum, o comportamento oportunista do PSDB e de parte do PMDB e a própria incapacidade do PT e da CUT em romper com a lógica politicista imposta pela institucionalidade democrática contribuíram para a derrota. No 2º turno, por exemplo, houve uma clara redução do volume de greves não só por conta de um reaquecimento da economia, facilitando acordos e reajustes salariais, mas também devido à própria preocupação das lideranças sindicais em reduzir a radicalização política para evitar uma "virada de mesa" e diminuir as resistências de parte do eleitorado a Lula (FSP, dez. 1989).

Por outro lado, Collor foi francamente favorecido pela própria dinâmica conservadora do processo de transição, que, apesar de substituir a institucionalidade autoritária por uma institucionalidade democrática, impôs-lhe limites autocráticos que foram decisivos no momento em que a disputa política iniciada em 1985 chegou ao seu desenlace. Em primeiro lugar, Collor foi diretamente favorecido pelo caráter institucional dos partidos conservadores, cujo peso das máquinas eleitorais garantiu uma inserção política nacional e a vitória nos dois turnos. Em segundo lugar, a afinidade de Collor com a perspectiva autocrática do bloco no poder revelou-se fundamental para garantir a sua adesão massiva. Esta afinidade manifestou-se não só no uso e abuso dos métodos fisiológicos, no loteamento do condomínio do poder e na manipulação midiática, mas no próprio compromisso do candidato com uma orientação neoliberal que, em termos práticos, já vinha sendo seguida pelo governo Sarney e que, apesar do apelo do desenvolvimentismo e do intervencionismo estatal para alguns setores, já estava no horizonte histórico das frações hegemônicas do bloco no poder, senão como projeto prioritário, pelo menos como perspectiva combinada ao desenvolvimentismo. Em terceiro lugar, havia o apelo carismático e messiânico do candidato junto às massas populares e a própria posição arbitral que assumiu perante as diversas frações do bloco no poder como única alternativa viável à vitória da esquerda, tornando-o herdeiro da situação cesarista criada no governo Sarney. Esta situação não evitou que a crise conjuntural se desdobrasse numa crise de hegemonia, mas evitou que a crise de hegemonia evoluísse favoravelmente à contra-hegemonia dos trabalhadores. Afinal, em 1989, o campo conservador ganhou de novo. No 2º turno, Collor obteve 50% dos votos, enquanto Lula ficou com 44,2% (LAMOUNIER, 1990, p. 190).

O empresariado e a grande imprensa exultaram com a vitória de Collor, demonstrando todo o seu alívio com a derrota da perspectiva democrático-popular, que associavam ao caos, à regressão econômica e ao "totalitarismo comunista" (CANZIAM, 19.12.1989; JT, 21.12.1989). Em março, Collor tomava posse e iniciava-se o novo governo. Dos nove ministérios civis de seu governo, dois eram do PFL (Carlos Chiarelli e Alceni Guerra), os outros eram "tecnoburocratas" (Zelia Cardoso de Melo e Ozires Silva), políticos conservadores sem partido (Joaquim Roriz, Margarida Procópio e Bernardo Cabral), um líder sindical pelego (Antonio Rogério Magri) e uma novidade: Francisco Rezek, ex-presidente do Tribunal Superior Eleitoral, que fiscalizou as eleições presidenciais que Collor acabava de ganhar de modo relativamente ilegítimo (MENEGUELLO, 1998, p. 192-193). A velha Arena voltava a hegemonizar o governo, pois a maioria deles tinha suas origens políticas e técnicas no governo militar. A Grande Direita, que nunca tinha ido embora completamente, estava de volta. Desta vez pelo voto! Termina aqui a transição conservadora, a contento para o bloco no poder, pois a institucionalidade democrática foi criada sem que o Estado caísse em "mãos perigosas".

Considerações finais

NO momento em que encerramos este trabalho, as várias frações do capital monopolista instaladas no Brasil vivem uma situação de estabilidade jamais vista desde o auge da Ditadura Militar no início dos anos 70. A enorme maioria das empresas estatais foi vendida e está em seu poder, a política fiscal do governo é operada de acordo com o imperativo de geração do superávit primário, a dívida externa transformou-se, em grande medida, em dívida interna e o país atingiu o sonhado *investment grade*, ou seja, ascendeu à categoria dos países considerados seguros para investimentos estrangeiros, segundo classificação das agências de corretagem internacional. O grande capital internacional é a fração dominante do bloco no poder, tanto em termos de direção política, quanto em termos de presença na estrutura econômica; o grande capital privado nacional sobrevivente também se internacionalizou e "financeirizou" e a burguesia de Estado reduziu-se a dimensões minúsculas. O pequeno e o médio capital também se reduziram significativamente em termos quantitativos e qualitativos e a proletarização atinge faixas majoritárias da população como nunca antes.

O neoliberalismo é o credo político e econômico dominante, imperando com a força de um dogma religioso, como se fosse a nova religião do deus dinheiro. Os pesadelos econômicos que tiravam o sono das frações dominantes do bloco no poder nos anos 70 e 80 – déficit público, excessivo intervencionismo estatal, moratória da dívida externa, desvalorização cambial, hiperinflação, retração de investimentos externos – parecem ter-se dissipado como fumaça.

Seus pesadelos políticos também. Por incrível que pareça, esta situação de estabilidade começou a ser construída nos governos do PSDB (1995-2003) e atinge o seu auge nos governos do PT, iniciados em 2003 e ainda em curso com o mandato de Dilma Roussef. O ex-líder metalúrgico que virou liderança política e aterrorizou *todas* as frações do bloco no poder nas eleições de 1989, transformou-se no presidente que levou a hegemonia neoliberal ao apogeu, capaz de eleger como sucessora não uma liderança das lutas populares, mas um quadro técnico oriundo justamente da inserção institucional da esquerda partidária. Um dos seus principais aliados no Congresso Nacional e no governo é ninguém menos que José Sarney, ex-presidente, agora senador, que dizia que a vitória de Lula traria o caos. Outro que lhe declarou apoio foi Fernando Collor, o anti-Lula de 1989, também senador.

A transição do PSDB do keynesianismo envergonhado para o neoliberalismo extremado deu-se logo no início dos anos 90, confirmando as expectativas dos que viam por trás de seu discurso "moderno" mais uma manifestação do transformismo e surpreendendo os que acreditaram na sua marca "social-democrata". De partido do "radicalismo democrático burguês" o PSDB se transformou no partido da Grande Direita, vocacionado para os "golpes políticos a frio", legalmente aprovados pelo Congresso Nacional – como a reeleição, a reforma da previdência e a venda das estatais – e para o jogo político pesado em que a fronteira entre o público e o privado é uma quimera. Em aliança com o PFL (agora Democratas) – o partido das oligarquias renovadas, dos "filhotes da Ditadura" e dos liberais *ma non troppo* –, reeditou a Aliança Democrática em versão piorada.

No PT, a transição foi ainda mais radical, apesar de mais demorada por conta da maior distância percorrida. Do projeto democrático-popular, o PT transitou progressivamente para uma versão moderada do desenvolvimentismo, com o qual ganhou as eleições de 2002, propondo apoiar o investimento "produtivo" e a distribuição de renda sem revogar a privatização das estatais, a desregulamentação dos direitos trabalhistas e a submissão da economia do "Real" à agiotagem internacional. Durante a própria campanha, acelerou a marcha na "estrada de Damasco" e iniciou a conversão à fé neoliberal, não sem antes operar uma manobra de despiste e engodo frente aos seus eleitores tradicionais, com a "Carta aos Brasileiros", típica dos métodos autocráticos de nossas classes dominantes.

Uma vez no governo, em aliança com os mesmos PC do B e PSB que compunham a Frente Brasil Popular em 1989, aplicou um programa neoliberal moderado cujo primeiro compromisso foi a elevação das metas de superávit primário, seguido do primeiro ataque ao que ainda restava dos direitos sociais herdados da Constituição de 1988: a nova reforma da previdência. À rebeldia da esquerda petista o dirigente máximo da Articulação, por acaso o presidente da República, reagiu exigindo e conseguindo o enquadramento do PT pelo governo e a sua transformação em mais um "braço do Estado", negando na prática o histórico compromisso do partido com sua autonomia diante do aparelho de Estado. No entanto, por esta época, o PT já havia se transformado de um partido antiautocrático e antiinstitucional num partido institucional comum, tão dependente da ocupação de cargos públicos, dirigido por sua fração parlamentar e por sua burocracia, pouco mobilizador em períodos não-eleitorais e inserido nos esquemas nada democráticos de financiamento de campanha, fontes de corrupção e negócios escusos, quanto a maioria dos outros. Graças a este "novo" caminho, o PT tornou-se um dos quatro "grandes partidos" do capital no país, conquistando espaço na institucionalidade e operando a hegemonia burguesa diante dos movimentos sociais e do conjunto das classes subalternas. No plano partidário, a "estrada de Damasco" também havia sido percorrida.

A CUT, esteio do "novo sindicalismo" e da luta pela liberdade e a autonomia sindicais, por sua vez, tornou-se também um "braço do Estado", seja por conta da sua inserção predominante na estrutura sindical estatal, ainda em vigor, seja por conta de sua relação com o governo Lula, de quem se tornou uma espécie de "aparelho auxiliar". Nos dias que correm, a CUT disputa "palmo a palmo" com a Força Sindical (central do "sindicalismo de resultados") a confiança do empresariado como instrumento de "passivização" dos trabalhadores. Na prática, a CUT e as demais centrais sindicais tornaram-se instâncias superiores da estrutura sindical, acima das confederações e federações, com poder para negociar em nome de seus filiados (inclusive à revelia destes) e com acesso a recursos fabulosos originados do imposto sindical, nunca abolido, que prometem financiar o aparato cutista *ad aeternum*, à custa de parcela da renda salarial dos milhões de trabalhadores que formalmente representa.

Toda esta situação, desdobrada sob nossos olhos nos últimos anos, tem origem no processo de transição política iniciado em plena Ditadura Militar, ainda nos anos 70, e encerrado com as eleições presidenciais de 1989 e a formação do governo Collor em 1990. Se a boa dialética recusa o determinismo e a identidade absoluta entre *gênese* e *desenvolvimento*, que se fosse aceita aboliria a própria ideia de história, por outro lado também considera que os germes de determinado processo histórico se desenvolvem e potencializam contraditoriamente, influindo em sua dinâmica de modo, às vezes, decisivo. Se no processo histórico determinados elementos presentes em sua origem desaparecem e dão origem a outros, por outro lado, outros aspectos originários tornam-se determinantes, afastando outras possibilidades de desenvolvimento e demarcando seus limites.

Uma tese implícita perpassa todo este trabalho: é a tese de que a hegemonia burguesa neoliberal instalada nos anos 90, e ainda hoje em vigor, foi decisivamente apoiada em sua construção pela forma como a institucionalidade autoritária foi reformada e abolida e pelo conteúdo autocrático da institucionalidade democrática criada em seu lugar. Apesar de não impedir a consumação da crise conjuntural como crise de hegemonia, a transição política permitiu que as demandas antiautocráticas das classes subalternas fossem parcialmente atendidas, com o fim do cesarismo militar, a abolição do modelo ditatorial da estrutura sindical, a criação da liberdade partidária, o fortalecimento da esfera de representação política, a criação de novos direitos sociais e trabalhistas e a própria consolidação dos mecanismos democrático-representativos baseados no sufrágio universal e no maior equilíbrio entre os poderes.

Porém, todas estas mudanças tiveram suas potencialidades antiautocráticas bloqueadas ou tremendamente congestionadas em seu desenvolvimento, pois conviviam lado a lado com a tutela militar, a supremacia do Executivo, os partidos institucionais, a legislação eleitoral, a estrutura sindical estatal, além da própria manutenção do padrão de acumulação dependente-associado, que mesmo em crise foi capaz de sobreviver e transitar para formas ainda mais radicais de concentração de renda e dependência externa, de acordo com a perspectiva neoliberal que se tornou dominante.

Além disso, diversas das conquistas democráticas e direitos sociais e trabalhistas inseridos na Constituição de 1988 – muitos deles de forma precária, pois jamais chegaram a ser regulamentados – passaram a sofrer um ataque sistemático com a onda de reformas neoliberais iniciada nos anos 90. A desregulamentação dos direitos trabalhistas, as sucessivas reformas da previdência, a privatização das estatais e a redução drástica do intervencionismo econômico do Estado, a reforma da legislação partidária, o controle da política monetária e cambial pelo Banco Central, a criação das agências reguladoras, etc. caracterizam esta ofensiva.

Para além do que pensa certa parte da esquerda atual, a integração passiva das principais forças antiautocráticas à ordem não se deve a uma simples "crise de direção" dos movimentos sociais nem aos efeitos da "mosca azul do poder", imagem jornalística repetida à exaustão que só faz desqualificar a luta política legítima; tampouco a uma pretensa "traição" política. Se a perspectiva deste trabalho está correta, o processo de integração de instrumentos de luta como o PT e a CUT deveu-se não só a determinadas opções políticas e ideológicas assumidas por aqueles que os dirigiam em busca de poder e influência político-social até mesmo para realizar seus "compromissos históricos". Mas também pelos efeitos "passivizadores" exercidos pela própria institucionalidade política ao "amoldar" a dinâmica de funcionamento destes aparelhos, sua práxis política e social e, por conseguinte, ao alterar seu próprio projeto histórico. Hoje, instrumentos de luta popular que resistem a esta onda transformista, como determinados segmentos dos movimentos sindical e popular e determinados partidos de esquerda, têm sérias dificuldades para executar sua proposta societária e manter sua autonomia diante do Estado e do governo, pagando o preço do isolamento político e da pouca inserção social.

Por outro lado, se a institucionalidade política foi capaz de "passivizar" as forças antiautocráticas, também possibilitou que o bloco no poder e seus representantes políticos dispensassem um movimento de *aggiornamento* em direção a uma "associação pragmática entre democracia e capitalismo", permitindo a reprodução da "associação racional entre autocracia e capitalismo". De fato, a democracia instalada no país ao final da transição política apresenta como sua contraface a ausência de um pluralismo político efetivo, capaz de revelar o antagonismo entre capital e trabalho no plano da disputa política e permitir que o mundo do trabalho conquiste a condição de sujeito político. A formalidade democrática que serve de caparaça política da autocracia burguesa esconde as estruturas privatistas e excludentes que lhe dão sentido, permitindo que as crises sociais e os conflitos políticos se resolvam pela ótica do capital e no universo do capital.

A operação transformista que tornou possível esta dada combinação entre autocracia burguesa e formalidade democrática, mediada pelo método das "modificações moleculares que se transformam em matriz de novas modificações", foi tão abrangente, sistemática e "ampliada" que possibilitou a superação qualitativa da experiência da chamada "democracia populista", quando esta combinação se materializou historicamente pela primeira vez. Naquela situação, a hegemonia burguesa possível nas condições da autocracia burguesa brasileira era mediada pelo domínio paternalista e carismático de lideranças burguesas sobre as massas trabalhadoras, vistas como "cauda política" das mesmas, e pela utopia do radicalismo burguês a mover as esperanças mais generosas de cidadania.

Nas condições da hegemonia neoliberal de hoje, estas mediações são relativamente dispensáveis, pois a passivização política das massas trabalhadoras é exercida primeiramente pelas próprias instituições, aparelhos e lideranças organicamente a elas ligados e forjados em sua própria luta. Se assim é, então talvez estejamos vivendo a forma mais perfeita da autocracia burguesa em toda a história do capitalismo no Brasil e, deste ponto de vista, talvez a Ditadura Militar tenha ficado realmente para trás. No entanto, do ponto de vista da conexão exclusivista entre Estado e interesses capitalistas, ela continua presente e se reproduzindo. O que sugere que a luta pela revolução democrática continua dotada de sentido histórico, porém, não mais como ponto de referência da democratização da ordem, mas como engate na construção de uma nova ordem anticapitalista.

Referências bibliográficas

Arquivo CPV: Dossiês e Coletâneas[1*]

CPVD1. Dossiê *De Tancredo Neves ao primeiro ano do governo de José Sarney – 1985*. Centro de Pesquisa e Documentação Vergueiro, São Paulo, jun. 1996.

CPVD2. Dossiê *Pacto Social. Dezembro de 1984 a julho de 1989*. Centro de Pesquisa e Documentação Vergueiro, São Paulo, ago. 1995.

CPVD3. Dossiê *Terra UDR. 1986-1988*. Centro de Pesquisa e Documentação Vergueiro, São Paulo, mai. 1995.

CPVD4. *PC do B*. Política Partidária. Centro de Pesquisa e Documentação Vergueiro, São Paulo, s. d.

CPVD5. *Coletânea de informações sobre a realidade sócio econômica do Brasil*. Centro de Pesquisa e Documentação Vergueiro, São Paulo, mai. 1985.

CPVD6. Dossiê *Política: PTB, PDT, MR8, PSB, PH, PV, PFL, PRN, PDS (PPR), PSD, PP*. Centro de Pesquisa e Documentação Vergueiro, São Paulo, s. d.

---

1 * Esclarecemos que, para facilitar a leitura e a consulta das referências citadas no texto, optamos por indicar a origem das fontes coletadas no Arquivo do Centro de Pesquisa e Publicação Vergueiro pelo código CPVD seguido da numeração relativa ao dossiê ou à coletânea a que a fonte pertence. Deste modo, a lista a seguir será indicada pelo código nas fontes discriminadas abaixo. Desta lista fazem parte também os dossiês e coletâneas que utilizaremos nos capítulos seguintes de nosso trabalho.

CPVD7. Dossiê *Constituinte, Assembleia Constituinte e Reforma Constitucional: um aspecto da luta de classes*. Centro de Pesquisa e Documentação Vergueiro, São Paulo, 1985.

CPVD8. *Segurança Militar*. Centro de Pesquisa e Documentação Vergueiro, São Paulo, , s. d.

CPVD9. *Movimento sindical no Brasil. Parte II. Janeiro de 1979 a janeiro de 1989*. Centro de Pesquisa e Documentação Vergueiro, São Paulo, s. d.

CPVD10. Dossiê *Brasil: partidos políticos*. Centro de Pesquisa e Documentação Vergueiro, São Paulo, set. 1995.

CPVD11. Dossiê *O governo de José Sarney 1988-1989*. Centro de Pesquisa e Documentação Vergueiro, São Paulo, jun. 1996.

CPVD12. *CGT*. Centro de Pesquisa e Documentação Vergueiro, São Paulo, 1986.

CPVD13. Dossiê *Política de Segurança Nacional. Março de 1967 a setembro de 1994*. Centro de Pesquisa e Documentação Vergueiro, São Paulo, out. 1995.

CPVD14. Dossiê *A teoria e a prática da CGT*. Centro de Pesquisa e Documentação Vergueiro, São Paulo, fev. 1990.

CPVD15. Dossiê *As tendências no movimento sindical*. Centro de Pesquisa e Documentação Vergueiro, São Paulo, jun. 1989.

CPVD16. Dossiê *Política: PCB e PC do B. Janeiro de 1985 a dezembro de 1992*. Centro de Pesquisa e Documentação Vergueiro, São Paulo, set. 1995.

CPVD17. *CUT*. Centro de Pesquisa e Documentação Vergueiro, São Paulo, s. d.

CPVD18. *PSDB. Julho de 1988 a outubro de 1994*. Política partidária. Centro de Pesquisa e Documentação Vergueiro, São Paulo, nov. 1995.

CPVD19. *A Constituição de 1988. Março de 1981 a junho de 1989*. Centro de Pesquisa e Documentação Vergueiro, São Paulo, nov. 1995.

CPVD20. Dossiê *FHC: da "esquerda" para a direita. 1982-1994*. Centro de Pesquisa e Documentação Vergueiro, São Paulo, set. 1994.

CPVD21. Dossiê *Política Partidária: PT*. *Política Partidária* Centro de Pesquisa e Documentação Vergueiro, São Paulo, s. d.

CPVD22. *Jornal do DIAP. Março de 1987 a novembro de 1989*. Centro de Pesquisa e Documentação Vergueiro, São Paulo, s. d.

CPVD23. *Collor x Lula*. Centro de Pesquisa e Documentação Vergueiro, São Paulo, 1989.

CPVD24. Dossiê *Brasil: Política partidária*. PMDB. *Março de 1984 a outubro de 1994*. Centro de Pesquisa e Documentação Vergueiro, São Paulo, out. 1995.

CPVD25. Dossiê *A Igreja e as eleições. 1986-1994*. Centro de Pesquisa e Documentação Vergueiro, São Paulo, mai. 1995.

CPVD26. Dossiê *Política Geral: composição do Senado e da Câmara, composição dos ministérios, declarações oficiais do presidente José Sarney*. Centro de Pesquisa e Documentação Vergueiro, São Paulo, mai. 1985.

CPVD27. Dossiê *O governo de José Sarney. De janeiro de 1986 a julho de 1987*. Centro de Pesquisa e Documentação Vergueiro, São Paulo, jun. 1996.

CPVD28. Dossiê *Transição Governo Sarney. 1986 a 1989*. Centro de Pesquisa e Documentação Vergueiro, São Paulo, dez. 1989.

CPVD29. PCB (Documentos). Política. Partidos Políticos. Centro de Pesquisa e Documentação Vergueiro, São Paulo, s. d.

CPVD30. PMDB (Documentos). Política. Partidos Políticos. Centro de Pesquisa e Documentação Vergueiro, São Paulo, s. d.

CPVD31. *Política Eleitoral Geral. 1965 a 1997*. Centro de Pesquisa e Documentação Vergueiro, São Paulo, s. d.

CPVD32. PRC (Política Partidária). Centro de Pesquisa e Documentação Vergueiro, São Paulo, s. d.

CPVD33. Dossiê *Privatização no governo Sarney*. Centro de Pesquisa e Documentação Vergueiro, São Paulo, set. 1994.

CPVD34. Dossiê *PDT* (Periódicos). Partidos Políticos. Centro de Pesquisa e Documentação Vergueiro, São Paulo, s. d.

Artigos publicados em jornais e revistas (com autoria expressa)

ABRAMO, Cláudio. "Não desculpem o povo, ele também tem culpa", *O Nacional*, 16.7.1987 a 22.7.1987. In: CPVD27.

ABRAMO, Perseu. "Decisões previsíveis do PMDB e do PCB", *Boletim Nacional do PT*, ago. 1987, n. 30, p. 4. In: CPVD21.

AFIF DOMINGOS, Guilherme. "'Choque heterodoxo', o último recurso?", *Folha de São Paulo*, 2.3.1986. In: *A tragédia do Cruzado*. São Paulo: Folha de São Paulo, 1987, p. 67-68.

AFONSO, Tadeu. "Cardoso e Weffort defendem adoção do voto distrital", *Folha de São Paulo*, 9.11.1986. In: CPVD31.

_____. "Montoro quer PMDB e PFL unidos em defesa de mudanças", *Folha de São Paulo*, 15.11.1986. In: CPVD24.

ALBUQUERQUE, Severino. "Ato pró-Constituinte reúne 3 mil em Duque de Caxias", *Folha de São Paulo*, 28.1.1985. In: CPVD7.

ALVES, Carlos Eduardo. "Luta pelos quatro anos está perdida, afirma Brizola", *Folha de São Paulo*, 26.5.1988. In: CPVD28.

ALVES, Hermano. "Sarney é aconselhado a compor com Ulysses", *Folha de São Paulo*, 13.4.1985. In: CPVD1.

_____. "Pacto objetiva manter aliança unida", *Folha de São Paulo*, 2.5.1985. In: CPVD1.

_____. "Pacto nacional depende de consenso político", *Folha de São Paulo*, 9.6.1985. In: CPVD1.

_____. "Direita se articula e pressiona Nova República", *Folha de São Paulo*, 15.6.1985. In: CPVD1.

AMARAL, Ricardo. "PFL e PT fazem listas de supressões para o 2º turno", *Folha de São Paulo*, 7.7.1988. In: CPVD19.

ARNS, D. Paulo E. "A constituição", *Notícias Populares*, 17.3.1985. In: CPVD1.

AZEREDO, Zenaide. "Exército vai ter centro para guerra eletrônica", *O Estado de São Paulo*, 8.10.1988. In: CPVD8.

BARDAWIL, José Carlos. "Inflação vs. Pacto social", Revista *Senhor*, 16.1.1985. In CPVD2.

BARELLI, Walter. "Dez pontos para reflexão", *Folha de São Paulo*, 8.3.1986. In: *A tragédia do Cruzado*. São Paulo: Folha de São Paulo, 1987, p. 92-95.

BASTOS, Thais. "CUT e CGT defendem unidade em torno dos pontos básicos", *Gazeta Mercantil*, 18.12.1986. In: CPVD2.

_____. "O 'lobby' dos sindicalistas já começa a atuar em Brasília", *Gazeta Mercantil*, 3.2.1987. In: CPVD19.

_____. "Sindicatos levam propostas", *Gazeta Mercantil*, 9.4.1987. In: CPVD19.

BATISTA, Isabel N. "CUT, CGT e empresários criam fórum", *Gazeta Mercantil*, 31.8.1987. In: CPVD2.

BERABA, Marcelo. "Brizola acelera campanha para presidência", *Folha de São Paulo*, 11.9.1987. In: CPVD28.

_____. "PCB decide se afastar do governo Sarney", *Folha de São Paulo*, 2.2.1988. In: CPVD11.

BICUDO, Hélio. "É preciso denunciar o retrocesso político", *Folha de São Paulo*, 15.5.1989. In: CPVD11.

BOM, Djalma. "Por que lutar pela ANC?", *Boletim Nacional do PT*, jun. 1985, n. 10, p. 3. In: CPVD21.

BORGES, Altamiro. "Ameaça ao direito de greve", *Tribuna Operária*, 8.7.1985 a 14.7.1985, p. 7.

BORGES, Antonio Carlos. "Catástese já", *Folha de São Paulo*, 10.6.1986. In: *A tragédia do Cruzado*. São Paulo: Folha de São Paulo, 1987, p. 147-148.

BRAGA, José Carlos. "O pacto e a política econômica", *Folha de São Paulo*, 23.5.1985. In: CPVD1.

BUENO, Miguel. "Regulamentação de greve recebe fortes críticas", *Jornal do Comércio* (SP), 30.4.1989. In: CPVD11.

CALDAS, Suely. "Estatais mantém liderança entre as maiores exportadoras em 1985", *Gazeta Mercantil*, 31.1.1985. In: CPVD33.

CAMPELO, Guiomar. "Governo promete apoio", *Correio Braziliense*, 10.9.1988. In: CPVD2.

CAMPOS, Roberto. "Os anos experimentais", *Folha de São Paulo*, 28.12.1986. In: *A tragédia do Cruzado*. São Paulo: Folha de São Paulo, 1987, p. 238-240.

CANZIAN, Fernando. "Empresários da FIESP comemoram resultados e falam em entendimento", *Gazeta Mercantil*, 19.12.1989. In: CPVD23.

CAPOZOLI, Rosângela. "CUT não aceita pacto para reduzir os salários", *Correio Braziliense*, 2.2.1986. In: CPVD2.

CARDOSO, Fernando Henrique. "O pacto e os partidos", *Folha de São Paulo*, 6.6.1985. In: CPVD1.

CARVALHO, Apolônio de. "Diga não à provocação", *Boletim Nacional do PT*, mai. 1986, n. 18, p. 3. In: CPVD21.

CASADO, José. "O pacto das oposições", *Gazeta Mercantil*, 16.12.1986. In: CPVD2.

_____. "Vitorioso, Sarney define as suas metas", *Gazeta Mercantil*, 3.6.1988. In: CPVD28.

_____. "A disputa pelo controle do PMDB", *Gazeta Mercantil*, 23.6.1988. In: CPVD24.

_____. "Mobilização contra o radicalismo", *Gazeta Mercantil*, 8.5.1989. In: CPVD11.

_____. "Um difícil acordo das esquerdas", *Gazeta Mercantil*, 24.11.1989. In: CPVD23.

CASOY, Boris. "Retaliação de Sarney é 'cruel' e 'imoral', diz Collor (Entrevista com Fernando Collor de Melo)", *Folha de São Paulo*, 12.3.1988. In: CPVD11.

CASTRO, Moacir Werneck de. "O 'atentado' interessa à extrema direita", *O Nacional*, 2.7.1987 a 8.7.1987. In: CPVD27.

CHAGAS, Carlos. "A dúvida de Sarney: a comissão constituinte vai ajudar ou não?", *Jornal da Tarde*, 29.5.1985. In: CPVD1.

_____. "Sarney troca pacto pela união nacional", *O Estado de São Paulo*, 5.2.1987. In: CPVD2.

COELHO FILHO, M. A. "FH admite que pode haver 'ajuste' no governo", *Gazeta Mercantil*, 18.4.1985.

CORRÊA, Maurício. "Siderúrgicas resistem ao programa de privatização", *Folha de São Paulo*, 12.7.1987. In: CPVD33.

COSTA, Raymundo. "SNI sabe como driblar 'habeas data'", *O Globo*, 21.8.1988. In: CPVD8.

COSTA, Sérgio. "Empresário diz que sem Constituição não há pacto", *Correio Braziliense*, 24.7.1988. In: CPVD2.

DALLARI, Dalmo. "O sucessor do presidente Figueiredo", *Folha de São Paulo*, 22.3.1985. In: CPVD1.

_____. "Constituinte. Segundo tempo, hora de virar o jogo!", *Boletim Nacional do PT*, ago. 1987, n. 30. In: CPVD21.

DALTRO, Helena. "Fernando Henrique deixa a liderança do governo no Congresso Nacional", *Gazeta Mercantil*, 27.2.1986. In: CPVD27.

DANTAS, Altino. "LSN ainda vale contra operário", *Boletim Nacional do PT*, mai. 1986, n. 18, p. 2. In: CPVD21.

DEUS, Mauro di. "O Emendão: mais um remendo que não acabou com as leis de exceção", *Boletim Nacional do PT*, jun. 1985, n. 10, p. 2. In: CPVD21.

DIMENSTEIN, Gilberto. "As contradições dos peemedebistas", *Folha de São Paulo*, 19.2.1986. In: CPVD24.

_____. "Possibilidade de 'golpe' volta a rondar Brasília", *Folha de São Paulo*, 28.7.1988. In: CPVD11.

DIMENSTEIN, Gilberto & FUSER, Igor. "Cardoso afirma que o PMDB já chegou ao seu 'limite' (Entrevista com Fernando Henrique Cardoso)", *Folha de São Paulo*, s. d. In: CPVD24.

DORNELLES, Amaro augusto. "Legalização: o que pensam e o que reivindicam os partidos comunistas ainda clandestinos", *Jornal do País*, s. d. In: CPVD16.

EVANGELISTA, Clara. "Mais um golpe da Nova República contra a Reforma Agrária", *Boletim Nacional do PT*, nov./dez. 1987 a jan. 1988, n. 33, p. 6. In: CPVD21.

EVELIN, Guilherme. "Acordo dá cinco anos para Sarney", *Jornal do DIAP*, jun. 1987, n. 16. In: CPVD22.

FABRIS, Valério. "UDR faz proposta de aliança à CUT", *Gazeta Mercantil*, 17.12.1986. In: CPVD2.

_____. "PMDB critica ação contra Funaro", *Gazeta Mercantil*, s. d. In: CPVD24.

FERNANDES, Florestan. "Vitória na derrota", *Folha de São Paulo*, 25.12.1989. In: CPVD23.

FERNANDES, Hélio. "O assalto a banco na Bahia e a exploração vil contra o PT", *Boletim Nacional do PT*, mai. 1986, n. 18, p. 2. In: CPVD21.

FERREIRA, Oliveiros S. "Propostas para a privatização da economia brasileira" e "Antes de tudo, a liberdade", *O Estado de São Paulo*, 20.10.1985. In: CPVD33.

FEUERWERKER, Alon. "Dissidência do PMDB faz buscar imagem de centro-esquerda", *Folha de São Paulo*, 26.6.1988. In: CPVD24.

FRAGA, Francisca Stella. "Covas, líder do PMDB na constituinte", *Gazeta Mercantil*, 19.3.1987. In: CPVD24.

FRANCO, Célio de Gouvêa. "As estatais deverão dar mais descontos", *Gazeta Mercantil*, 15.3.1986. In: CPVD33.

FREIRE, Roberto. "A esquerda e as Forças Armadas", 18.8.1989. In: CPVD16.

FREITAS, Carlo Iberê de. "PMDB enfrenta sua maior crise", *Gazeta Mercantil*, 31.10.1985. In: CPVD24.

_____. "A transição está por um fio", *Gazeta Mercantil*, 2.7.1987. In: CPVD19.

FREITAS, Galeno. "Congresso muda de perfil e ganha poder na crise", *Folha de São Paulo*, 21.4.1985. In: CPVD1.

FREITAS, Jânio de. "Sempre militar", *Folha de São Paulo*, 9.10.1985. In: CPVD8.

_____. "Transição para trás", *O Nacional*, 15.1.1987 a 21.1.1987. In: CPVD27.

FUSER, Igor "Dante ataca os 'conservadores' do PMDB ao deixar o governo", *Folha de São Paulo*, 1.6.1987. In: CPVD27.

GARSCHAGEN, Sérgio. "CNI entrega um documento a Sarney", *Gazeta Mercantil*, 26.11.1985. In: CPVD2.

GOMES, Nilo Sérgio. "Sarney defende as Forças Armadas", *Gazeta Mercantil*, 20.10.1989. In: CPVD11.

GREENHALGH, Luis E. "Fariseus", *Folha de São Paulo*, 15.10.1986. In: CPVD27.

_____. "O racha da corrente 'O Trabalho'", *Boletim Nacional do PT*, jul. 1987, n. 29, p. 9. In: CPVD21.

GREENLESS. Andrew. "Quércia: 'as coisas devem ser ditas, doa a quem doer'", *Gazeta Mercantil*, 13.4.1987. In: CPVD24.

_____. "A tática dos militares no Congresso", *Gazeta Mercantil*, 16.6.1987. In: CPVD19.

GUIMARÃES, Ulysses. "Discurso de posse na presidência da Câmara dos Deputados", *Folha de São Paulo*, 5.3.1985. In: CPVD1.

GUTIERREZ, Antonio. "FIESP pede cumprimento das metas para o déficit", *Gazeta Mercantil*, 29.11.1988. In: CPVD2.

GUZZO, J. R. & GASPARI, Elio. "Não quero uma 'Primavera de Praga' (Entrevista com José Sarney)", *Veja*, 12.11.1986, p. 5-10. In: CPVD27.

HOLANDA, Tarcísio et al. "Brasil-85: Na hora da mudança", *Jornal do País* (Especial), 17.1.1985. In: CPVD7.

HOLANDA, Tarcísio. "Sarney no poder inquieta país", *Jornal do País*, 21.3.1985 a 27.3.1985. In: CPVD1.

HORITA, Nilton. "Centrais sindicais divergem nas reivindicações", *O Globo*, 8.2.1987. In: CPVD19.

JAGUARIBE, Helio. "O novo partido", *Folha de São Paulo*, 30.6.1988. In: CPVD18.

JOFFILY, Bernardo. "Alívio geral: Dornelles caiu", *Tribuna Operária*, 2.9.1985 a 8.9.1985, p. 3.

JORGE, Wanda. "PDT já tem seu candidato", *Gazeta Mercantil*, 23.6.1987. In: CPVD28.

JULIÃO, Francisco. "Retrato de um presidente", *Folha de São Paulo*, 24.3.1986. In: CPVD27.

KUCINSKI. "A República e as greves", *Boletim Nacional do PT*, jun. 1985, n. 10, p. 3. In: CPVD21.

KUCK, Cláudio. "Divergências entre trabalhadores", *Gazeta Mercantil*, 20.10.1988. In: CPVD2.

KUNTZ, Rolf. "Os sindicatos frente ao pacto social", *Folha de São Paulo*, 24.2.1985. In: CPVD2.

KUSANO, Kazumi. "'PDS e PFL são uvas do mesmo parreiral', diz Maluf", *Folha de São Paulo*, 25.5.1986. In: CPVD6.

LEITE, Paulo Moreira. "Vamos amputar o PMDB (Entrevista com Euclides Scalco)", *Veja*, 10.2.1988. In: CPVD24.

_____. "Sarney parece Figueiredo (Entrevista com Fernando Henrique Cardoso)", *Veja*, 29.6.1988. In: CPVD11.

LEMGRUBER, Antonio Carlos. "A taxa de câmbio e os juros", *Folha de São Paulo*, 28.10.1986. In: *A tragédia do Cruzado*. São Paulo: Folha de São Paulo, 1987, p. 201-203.

_____. "A bem da verdade", *Folha de São Paulo*, 11.1.1987. In: *A tragédia do Cruzado*. São Paulo: Folha de São Paulo, 1987, p. 252-254.

LIMA, Rubem de A. "Golpe de Sarney contra Constituinte", *O Nacional*, 21.5.1987 a 27.5.1987. In: CPVD28.

_____. "O novo inimigo de Sarney: João Figueiredo", *O Nacional*, 28.5.1987 a 3.6.1987. In: CPVD27.

_____. "Quem está no palanque das diretas já". *O Nacional*, 11 a 18/6/1987 in CPVD28.

_____. "Entre o golpe e o continuísmo", *O Nacional*, 20.8.1987 a 26.8.1987. In: CPVD27.

LOBATO, Elvira. "Indústrias praticam ágio nos primeiros dias do pacto", *Folha de São Paulo*, 23.11.1988. In: CPVD2.

LOPES, Mauro. "PCB faz 8º congresso e escolhe sucessor de Giocondo", *Folha de São Paulo*, s. d. In: CPVD16.

_____. "Constituinte 'racha' os partidos de centro; esquerda fica unida", *Folha de São Paulo*, 11.9.1988. In: CPVD19.

LOPES, Roberto. "Militares intensificam análise da situação existente hoje no país", *Folha de São Paulo*, 17.5.1987. In CPVD27.

_____. "Covas já deu início à sua campanha para presidente", *Folha de São Paulo*, 7.6.1987. In: CPVD28.

_____. "Para Arraes, Covas deve ceder para não 'dividir' o PMDB (Entrevista com Miguel Arraes)", *Folha de São Paulo*, 18.7.1987. In: CPVD24.

_____. "Disciplina militar motivou pronunciamento de Sarney", *Folha de São Paulo*, 18.2.1988. In: CPVD8.

MAGALHÃES, Cristina. "As restrições da FIESP" – Relatório Gazeta Mercantil, *Gazeta Mercantil*, 31.1.1987 a 2.2.1987. In: CPVD19.

MAIA, César E. "Tem que dar certo", *Folha de São Paulo*, 28.8.1986. In: *A tragédia do Cruzado*. São Paulo: Folha de São Paulo, 1987, p. 174-175.

MAKSOUD, Henry. "Por que discordo do pacote", *Folha de São Paulo*, 24.4.1986. In: *A tragédia do Cruzado*. São Paulo: Folha de São Paulo, 1987, p. 80-82.

MALTA, Cynthia. "Covas ganha força entre os empresários paulistas", *Gazeta Mercantil*, 14.11.1989. In: CPVD18.

MANZOLILLO, Vera. "Nova carta conduzirá o País ao futuro, sem traumas (Entrevista com Fernando Henrique Cardoso)", *O Globo*, 6.3.1988. In: CPVD19.

MARINHO. Roberto. "Confiança e impaciência", *O Globo*, 23.6.1985. In: CPVD1.

MARANHÃO, Luiz Carlos. "O difícil encontro de Brizola e Lula", *Correio Braziliense*, 1.6.1987. In: CPVD28.

MARQUES, Walter. "O Conclat quer pacto social sem perdas", *Gazeta Mercantil*, 8.1.1985, 1985a. In: CPVD2.

_____. "Tancredo cobra do PT propostas positivas para problemas do país", *Gazeta Mercantil*, 1.3.1985, 1985b. In: CPVD1.

_____. "Apoio ao 'poder civil'", *Gazeta Mercantil*, 18.4.1985, 1985c. In: CPVD1.

_____. "Governo vai encaminhar lei de greve", *Gazeta Mercantil*, 15.5.1985. In: CPVD1.

MARTINS. Luciano. "Ministério: a definição esclarecedora", *Folha de São Paulo*, 24.2.1985. In: CPVD7.

MARTINS, Umberto. "Ideias retrógradas contra a Assembleia constituinte", *Tribuna Operária*, 21.10.1985 a 27.10.1985, p. 4.

MASCOLO, João Luiz. "Monetização da economia", *Folha de São Paulo*, 19.6.1986. In: *A tragédia do Cruzado*. São Paulo: Folha de São Paulo, 1987, p. 126-127.

MENDONÇA, João Carlos Paes. "Os supermercados e os preços", *Folha de São Paulo*, 14.12.1986. In: *A tragédia do Cruzado*. São Paulo: Folha de São Paulo, 1987, p. 226-227.

MENDONÇA, Marcelo Xavier de. "Forças Armadas querem manter funções da Carta atual", *Folha de São Paulo*, 6.9.1987. In: CPVD19.

MOSSRI, Flamarion. "A Aliança se esforça por Sarney e também por ela", *Jornal da Tarde*, 27.11.1985. In: CPVD10.

MURÇA. Murilo. "'Lobby' sindical, o mais forte", *O Estado de São Paulo*, 25.6.1987. In: CPVD19.

NERI, Emanuel & TAVARES, Rita. "Ermírio diz que crise pode provocar retorno dos militares", *Folha de São Paulo*, 13.4.1987. In: CPVD27.

NETTO, Antonio Delfim. "Só o político pode salvar o economista", *Folha de São Paulo*, 7.6.1986. In: *A tragédia do Cruzado*. São Paulo: Folha de São Paulo, 1987, p. 148-150.

_____. "Dificuldades do Cruzado 7 meses depois", *Folha de São Paulo*, 5.10.1986. In: *A tragédia do Cruzado*. São Paulo: Folha de São Paulo, 1987, p. 195-197.

NEUMANN, Denise. "Dificuldades para fazer o pacto social", *Gazeta Mercantil*, 20.9.1988. In: CPVD2.

OLIVEIRA, Francisco. "Falta pandeiro, cavaco e tamborim na Nova República", *Folha de São Paulo*, 15.3.1985. In: CPVD1.

OLIVEIRA, Germano de. "Pacto, riscado do dicionário da CUT", *O Estado de São Paulo*, 2.8.1987. In: CPVD2.

OLIVEIRA, Rejane. "Parlamentarismo une contrários", *Correio Braziliense*, 2.1.1988. In: CPVD28.

PACHALSKI, Flávio. "Presença da CUT", *Boletim Nacional do PT*, jan./fev. 1986, n. 16. In: CPVD21.

PASTORE, Affonso Celso. "Os rumos do Plano Cruzado", *Folha de São Paulo*, 28.9.1986. In: *A tragédia do Cruzado*. São Paulo: Folha de São Paulo, 1987, p. 182-186.

PEREIRA, Luis C. Bresser. "O reequilíbrio de nossas contas externas é prioritário" – Discurso de posse no Ministério da Fazenda, *Folha de São Paulo*, 1.5.1987. In: CPVD27.

PINTO, Celso. "As estatais aumentam o déficit", *Gazeta Mercantil*, 28.8.1987. In: CPVD33.

PIRES, Cecília. "Fernando Henrique: PMDB deve trocar governo pela rua", *Jornal da Tarde*, 27.2.1986. In: CPVD24.

_____. "Dissidentes do PMDB começam a organizar comícios das diretas", *Gazeta Mercantil*, 5.6.1987. In CPVD28.

_____. "Sarney quer interromper a constituinte", *Gazeta Mercantil*, 2.7.1987. In: CPVD19.

POLESI, Alexandre. "Covas defende iniciativa do PMDB por diretas em 88", *Folha de São Paulo*, 29.4.1987. In: CPVD28.

_____. "Manobras de Ulysses contornam a crise mas deixam cicatrizes", *Folha de São Paulo*, 18.10.1987. In: CPVD24.

_____. "PMDB está preocupado em não desestabilizar governo, diz Cardoso", *Folha de São Paulo*, 22.2.1988. In: CPVD24.

_____. "Reunião põe 'históricos' e Centrão em confronto", *Folha de São Paulo*, s. d. In: CPVD24.

POMAR, Walter & PRADO, Wander B. "Essa onda pega?", *Boletim Nacional do PT*, ago. 1987, n. 30, p. 5. In: CPVD21.

PORCELLO, Flávio. "O candidato Ulysses tenta unir o PMDB", *Gazeta Mercantil*, 21.1.1988. In: CPVD24.

PORRO, Alessandro & DIAS, Etevaldo. "FAB promove campanha contra governo", *Veja*, 22.4.1987, p. 39. In: CPVD8.

QUEIRÓZ, Antonio A. "Estabilidade e 40 horas: as grandes conquistas", *Jornal do DIAP*, jun. 1987, n. 16. In: CPVD22.

RAMOS, Vera. "Direita vence na Ordem Econômica", *Jornal do DIAP*, jun. 1987, n. 16. In: CPVD22.

RODRIGUES, Newton. "Preliminares de uma constituinte democrática", *Folha de São Paulo*, 22.5.1985. In: CPVD1.

_____. "A ressaca eleitoral e os deslocamentos políticos", *Folha de São Paulo*, 20.11.1985. In: CPVD1.

_____. "A reação conservadora e o medo de ousar", *Folha de São Paulo*, 31.3.1988. In: CPVD11.

_____. "Novos sinais de desagregação geral", *Folha de São Paulo*, 10.8.1988. In: CPVD11.

_____. "A guerrilha governista na pré-sucessão", *Folha de São Paulo*, 28.6.1989. In: CPVD11.

ROSEMBERG, Luis Paulo. "Os limites do possível", *Folha de São Paulo*, 3.7.1986. In: *A tragédia do Cruzado*. São Paulo: Folha de São Paulo, 1987, p. 127-128.

ROSEMBLUM, Célia. "CUT e CGT negociam, mas acham que entendimento é inviável" e "Mobilização mais intensa", *Gazeta Mercantil*, 19.1.1987. In: CPVD2.

_____. "Obstáculos para o entendimento", *Gazeta Mercantil*, 12.5.1989. In: CPVD11.

ROSSI, Clóvis. "Data e pré-condições da constituinte entram em debate", *Folha de São Paulo*, 6.1.1985, In: CPVD1.

_____. "Sarney acha que reação do governador foi emocional", *Folha de São Paulo*, 1.5.1987. In: CPVD27.

_____. "PMDB quer emenda do Executivo por diretas", *Folha de São Paulo*, s. d. (a). In: CPVD24.

_____. "Ulysses defende cinco anos, depois admite eleição em 88", *Folha de São Paulo*, s. d. (b). In: CPVD28.

_____. "Rachado em duas bancadas, PMDB vai voltando à oposição", *Folha de São Paulo*, s. d. (c). In: CPVD24.

_____. "Encontro da ala 'esquerda' decide pelo 'afastamento' do PMDB do governo Sarney", *Folha de São Paulo*, s. d. (d). In: CPVD27.

_____. "Para Ulysses, o presidente faz jogo duplo com PMDB", *Folha de São Paulo*, 21.7.1987. In: CPVD24.

_____. "Sarney articula bloco só para garantir mandato de 5 anos", *Folha de São Paulo*, 26.7.1987. In: CPVD28.

_____. "O que os militares querem mudar", *Folha de São Paulo*, 6.9.1987. In: CPVD19.

_____. "Documento militar aponta conspiração de extrema direita", *Folha de São Paulo*, 8.11.1987. In: CPVD8.

_____. "Crise traz de volta a palavra 'golpe', agora com fórmula jurídica", *Folha de São Paulo*, 29.2.1988. In: CPVD11.

_____. "Dez deputados do PMDB anunciam saída do partido", *Folha de São Paulo*, 24.3.1988. In: CPVD24.

SADY, José. "O pacto social do Dr. Tancredo", *Voz da Unidade*, 15.12.1984. In: CPVD2.

SARNEY, José. "'As Forças Armadas são a segurança para progredir' (Discurso por ocasião do almoço com oficiais-generais do Exército, Marinha e Aeronáutica)", *Folha de São Paulo*, dez. 1986. In: CPVD8.

SCRIPILLITI, Fernando, "Pacto social já está pronto e tem caráter nacional", *Correio Braziliense*, 10.9.1988. In: CPVD2.

SENNA, José Júlio. "O desequilíbrio externo e as medidas de ajuste", *Folha de São Paulo*, 10.12.1986. In: *A tragédia do Cruzado*. São Paulo: Folha de São Paulo, 1987, p. 223-226.

SEVERO, José Antonio. "O efeito político das greves", *Gazeta Mercantil*, 3.5.1985. In: CPVD1.

SETÚBAL, Laerte. "Tem que dar certo", *Folha de São Paulo*, 9.3.1986. In: *A tragédia do Cruzado*. São Paulo: Folha de São Paulo, 1987, p. 75-76.

SILVA, Luiz I. Lula da. "Mais um 'pacto' tirado da cartola", *Folha de São Paulo*, 23.7.1988. In: CPVD2.

SIMÕES, Mário. "Campo: aliança UDR-Frente Ampla", *Retrato do Brasil*, 12.2.1987 a 18.2.1987. In: CPVD3.

SIMONETTI, Eliana. "Pacto social é conveniente em épocas de crise", *Gazeta Mercantil*, 3.7.1985. In: CPVD2.

_____. "Relatório final mantém o papel das Forças Armadas", *Gazeta Mercantil*, 12.5.1987. In: CPVD19.

SIMONSEN, Mário Henrique. "O Cruzado e a tesoura", *Folha de São Paulo*, 6.7.1986. In: *A tragédia do Cruzado*. São Paulo: Folha de São Paulo, 1987, p. 129-131.

_____. "A encruzilhada", *Folha de São Paulo*, 14.9.1986. In: *A tragédia do Cruzado*. São Paulo: Folha de São Paulo, 1987, p. 192-194.

_____. "Ascensão e declínio do choque heterodoxo", *Folha de São Paulo*, 28.12.1986. In: *A tragédia do Cruzado*. São Paulo: Folha de São Paulo, 1987, p. 234-238.

SINGER, André. "Manobra golpista do presidente põe em risco a transição democrática", *Folha de São Paulo*, 27.2.1988. In: CPVD11.

SOUZA, Josias de. "Luiz Henrique defende parlamentarismo misto e 5 anos (Entrevista com Luiz Henrique Silveira)", *Folha de São Paulo*, 17.7.1987. In: CPVD27.

SOUZA, Josias de & ROSSI, Clovis. "Para o PMDB, briga entre Ulysses e Sarney já virou 'fratura exposta'", *Folha de São Paulo*, 29.4.1987. In: CPVD24.

STEFANELLI, Roberto "O Brasil está entre a fome a e anarquia (Entrevista com Fernando Henrique Cardoso)", *O Globo*, 23.10.1988. In: CPVD11.

STRUWE, Carlos. "Tecnologia sem passaporte (Entrevista com Cor van der Klugt)", *Veja*, 10.9.1986, n. 940, p. 5-8.

SUASSUNA, Luciano. "O centro vai vencer (Entrevista com José Lourenço)", *Veja*, 8.4.1987, p. 5-8.

SUPLICY, Eduardo. "Obstáculos ao pacto social", *Folha de São Paulo*, 30.12.1984. In: CPVD2.

TABACOF, Boris. "O começo do processo regenerador", *Folha de São Paulo*, 1.3.1986. In: *A tragédia do Cruzado*. São Paulo: Folha de São Paulo, 1987, p. 63.

TAVARES, Rita. "Derrotado, Goldman diz que foi erro legalizar o PCB", *Folha de São Paulo*, 22.11.1986. In: CPVD16.

_____. "Iniciativa popular tem data até dia 13", *Folha de São Paulo*, 26.7.1987. In: CPVD19.

TRAGTENBERG, Maurício. "O passado no presente", *Notícias Populares*, 15.3.1987. In: CPVD27.

TREVISAN, Antoninho Marmo. "O desempenho das empresas estatais", *Folha de São Paulo*, 31.8.1986. In: CPVD33.

VALENTE, César Rogério. "É preciso descongelar os preços", *Folha de São Paulo*, 19.7.1986. In: *A tragédia do Cruzado*. São Paulo: Folha de São Paulo, 1987, p. 138-139.

VENCESLAU, Paulo de Tarso. "O Congresso da maturidade", *Boletim Nacional do PT*, out. 1988, p. 10-11. In: CPVD21.

VIDIGAL, Roberto C. "Evitar a desestabilização do Plano Cruzado", *Folha de São Paulo*, 6.9.1986. In: *A tragédia do Cruzado*. São Paulo: Folha de São Paulo, 1987, p. 177-178.

VIOTTI, Ilara. "Líder no Senado assegura: o PMDB já acabou (Entrevista com Fernando Henrique Cardoso)", *Correio Braziliense*, 13.12.1987. In: CPVD24.

VITOR, Neri. "Geisel impede articulação de militares contra governo Sarney", *Folha de São Paulo*, 1.11.1987. In: CVPVD8.

_____. "Exército em manobras ocupa delegacia do Mirad no Rio", *Folha de São Paulo*, 4.12.1987. In: CPVD8.

WEFFORT, Francisco. "Palestra sobre o pacto social", 12.2.1985. In: CPVD2.

_____."Transição à deriva", *Folha de São Paulo*, 17.4.1987. In: CPVD27.

WELLS, Milton. "Ulysses aposta no futuro do PMDB", *Gazeta Mercantil*, 22.10.1986. In: CPVD24.

Jornais, revistas e documentos políticos e partidários (sem autoria expressa)[2]**

Afinal (A)

"Comunistas" (Especial), 7.5.1985, n. 36, p. 4-23. In: CPVD16.

"Na verdade, progressistas somos nós (Entrevista com Ronaldo Caiado)", 7.7.1987. In: CPVD3.

Boletim do Deputado Aurélio Peres, mar. 1985. In: CPVD2. (BDAP)

Boletim Nacional do PT (BNPT)

"O encontro da unidade", jun. 1986, n. 19, p. 8-9. In: CPVD21.

"Lula aos generais da ESG: 'Novas aventuras antidemocráticas não resolvem nada'", jul. 1987, n. 29. In: CPVD21.

"As lições da greve", set. 1987, n. 31, p. 1. In: CPVD21.

"O massacre de garimpeiros", nov./dez. 1987 a jan. 1988, n. 33, p. 4. In: CPVD21.

"O golpe do mandato", jun. 1988, p. 3. In: CPVD21.

"Uma candidatura de Frente", edição extra, abr. 1989, p. 3. In: CPVD21.

"Os treze pontos do PAG", mai./jun. 1989, p. 7. In: CPVD21.

---

2 ** Neste caso, optamos por indicar o nome periódico do qual se extraiu determinado artigo. Também reiteramos que os jornais, revistas e documentos de partidos constantes desta seção bibliográfica serão citados no corpo do texto da presente tese sempre partindo de sua abreviatura. A exemplo disso, quando a referência a um artigo tiver sido extraída do jornal *Folha de São Paulo* ou *O Estado de São Paulo*, optaremos sempre por fazer referência no corpo do texto à abreviatura de tais periódicos, respectivamente FSP e OESP.

"O debate do VI Encontro (Entrevistas com lideranças petistas)", jun. 1989, p. 4-11. In: CPVD21.

"PRC decide pela autodissolução", out. 1989a, p. 3. In: CPVD21.

"Convergência rompe com política do PT", out. 1989b, p. 23. In: CPVD21.

Causa Operária (CO)
"Pacto social é uma isca para as massas", mar. 1985. In: CPVD2.

CGT
"Rumo à CGT". *Teses do II Congresso Nacional da Classe Trabalhadora*, São Paulo, mar. 1986. In: CPVD12.

Convergência Socialista (CS)
"CUT e PT devem ser oposição", 7.12.1984. In: CPVD2.

Correio Brasiliense (CB)
"Padre se diz ameaçado de morte", 1.11.1986. In: CPVD25.

"Chega à Constituinte a 1ª emenda popular", 31.5.1987. In: CPVD19.

"UDR fecha a Esplanada com 40 mil ruralistas", 12.7.1987. In: CPVD3.

"Protesto pacífico na Esplanada", 5.3.1988. In: CPVD28.

"CUT condiciona o pacto a aumento real de salário", 23.7.1988. In: CPVD2.

"Brizola pretende conciliar militar", 4.12.1988. In: CPVD23.

CPVDOC
Deputados e senadores que votaram pelo Congresso Constituinte contra Assembleia Nacional Constituinte, out. 1986, CPV.

Diário do Grande ABC (DGABC)
"Lula e Brizola oficializam aliança pelas diretas", 3.12.1985. In: CPVD1.

"Newton Cruz apoia falange", 4.5.1989. In: CPVD11.

***Espaço Democrático* (ED)**
"Brizola manifesta confiança de que Sarney não discriminará RJ", 19.4.1985 a 25.4.1985. In: CPVD34.

***Folha da Tarde* (FT)**
"Sarney mandou Exército à CSN", 28.11.1988. In: CPVD8.

***Folha de São Paulo* (FSP)**
"D. Mauro condiciona pacto à convocação da constituinte", 22.1.1985. In: CPVD2.

"CNBB lança documento dando apoio à constituinte", 9.2.1985. In: CPVD7.

"PCB quer pacto político-social", 15.2.1985. In: CPVD2.

"Programa emergencial é resposta de Tancredo à Igreja", 25.2.1985. In: CPVD1.

"COPAG prevê Cr$ 15,2 tri para combater a fome", 26.2.1985. In: CPVD1.

"Sindicalistas lançam movimento contra legislação autoritária", 4.3.1985. In: CPVD1.

"Pazzianoto prega o pacto social e a reforma na CLT", 16.3.1985. In: CPVD1.

"O povo brasileiro terá o governo que exigiu", 18.3.1985. In: CPVD1.

"Documento do PT defende Sarney na presidência", 12.4.1985. In: CPVD1.

"Em nota, PDS exige marcação das diretas", 19.4.1985. In: CPVD6.

"Os ministros devem pedir demissão?", 20.4.1985. In: CPVD1.

"Partidos de oposição apoiam permanência de Sarney", 22.4.1985. In: CPVD1.

"Encontramo-nos hoje, o Brasil e os brasileiros, numa distinta posição", 9.5.1985. In: CPVD7.

"Sarney diz que pacto político não exclui ninguém", 20.5.1985. In: CPVD1.

"Pacto poderá incluir a reforma de algumas leis, admite Pimenta", 21.5.1985. In: CPVD1.

"Antonio Carlos acusa Figueiredo de tática continuísta", 12.6.1985. In: CPVD1.

"TSE habilita dez novos partidos a disputarem eleições em novembro", 10.7.1985. In: CPVD10.

"Grupos de centro-esquerda do PMDB perdem espaço para conservadorismo", 14.7.1985a. In: CPVD24.

"Partido elabora mudanças de tática para melhorar posição de Cardoso", 14.7.1985b. In: CPVD24.

"Governadores dão apoio a pacto proposto por Sarney"; "Estados terão mais recursos no 2º semestre" e "Na abertura do encontro, o apelo e a advertência", 18.7.1985. In: CPVD2.

"TSE aprova mais 14 e sobe a 29 número de partidos habilitados", 2.8.1985. In: CPVD10.

"Em resposta a Sarney, Meneguelli afirma que a CUT já negocia pacto", 3.10.1985a. In: CPVD2.

"Para Albano, trabalhadores não tem quase nada a ceder" e "Empresários cristãos são favoráveis", 3.10.1985b. In: CPVD2.

"Só pacto não resolve, diz Brizola", 3.10.1985c. In: CPVD2.

"Pacote inclui venda de estatais, diz Sayad", 22.11.1985. In: CPVD33.

"MDB solta panfletos contra os comunistas", 28.11.1985a. In: CPVD8.

"Campanha das diretas começa logo, diz Lula", 28.11.1985b. In: CPVD21.

"PMDB é mais importante que o governo, afirma Veiga", 20.2.1986. In: CPVD24.

"Discurso agrada aos empresários, mas é criticado por sindicalistas", 21.2.1986. In: CPVD27.

"86 é decisivo para consolidar a conciliação nacional", 2.3.1986a. In: CPVD27.

"Congresso reinicia suas atividades sob o impacto do plano econômico", 2.3.1986b. In: CPVD27.

"PMDB faz primeira convenção como partido do governo", 6.4.1986. In: CPVD24.

"Sarney reafirma compromisso de governar com o PMDB", 7.4.1986. In: CPVD24.

"Para Brossard, a LSN pode ser aplicada", 18.4.1986. In: CPVD13.

"Caiado diz que UDR cresce e quer eleger constituintes", 7.6.1986. In: CPVD3.

"Estatais podem renegociar dívida externa diretamente", 12.6.1986. In: CPVD33.

"Ganhos de estatais com o Cruzado decepcionam o governo", 13.6.1986. In: CPVD33.

"25 mil comparecem ao comício por eleições diretas na Praça da Sé", 13.7.1987. In: CPVD28.

"Surgem em todo o país os favoritos para as eleições", 3.8.1986. In: CPVD31.

"Sarney quer manter Aliança após as eleições", 7.11.1986. In: CPVD27.

"D. Eugênio Salles recomenda escolha de candidatos cristãos", 8.11.1986. In: CPVD25.

"CNBB define como deve ser o voto cristão", 15.11.1986. In: CPVD25.

"Funaro diz que país está maduro para o pacto social (Entrevista com Dílson Funaro)", 29/11/1986. In: CPVD2.

"Amazonas diz que PC do B fica na oposição", 5.1.1987. In: CPVD16.

"CUT diz a Pazzianoto que rejeita pacto", 6.1.1987. In: CPVD2.

"Os eleitos. Quem é quem na Constituinte", 19.1.1987. In: CPVD19.

"PT lança campanha por diretas para presidente", 24.3.1987. In: CPVD28.

"Sarney marca encontro com os líderes sindicais", 26.3.1987. In: CPVD27.

"Presidentes e relatores das nove comissões", 2.4.1987. In: CPVD19.

"PT lança campanha contra Sarney e pelas diretas já", 25.4.1987. In: CPVD28.

"O governo federal não tem nosso apoio político (Entrevista com Miguel Arraes)", 1.5.1987. In: CPVD27.

"Esquerda do PMDB vai fazer 'exorcismo' na convenção", 30.6.1987. In: CPVD24.

"UDR reúne trinta mil pessoas na passeata de Brasília", 12.7.1987. In: CPVD3.

"25 mil comparecem ao comício por eleições antecipadas na Praça da Sé", 13.7.1987. In: CPVD28.

"PF investiga 'incitamento ao saque' no comício do PT", 14.7.1987. In: CPVD28.

"Cúpula do PMDB faz documento contra estabilidade", 16.7.1987. In: CPVD24.

"No Rio, passeata pede antecipação de eleições", 18.7.1987a. In: CPVD28.

"Maioria dos eleitores do PMDB quer aprovação dos quatro anos", 18.7.1987b. In: CPVD24.

"PMDB vai rachado em 3 pedaços à Convenção nacional", 18.7.1987c. In: CPVD24.

"Sarney não aceita trocar 5 anos por parlamentarismo", 18.7.1987d. In: CPVD24.

"Ulysses e dezoito governadores querem adiar decisão", 19.7.1987. In: CPVD24.

"Documento econômico evita críticas a Bresser Pereira", 20.7.1987. In: CPVD24.

"'Centro Democrático' reúne-se com Sarney e pede '3 ou 4' ministérios", 23.7.1987. In: CPVD28.

"PMDB condiciona seu apoio a um novo compromisso", s. d. In: CPVD24.

"Prisão violou 'autonomia', afirma diretor", 29.10.1987. In: CPVD8.

"UDR fará mobilização para derrubar texto da reforma agrária, diz Caiado", 12.11.1987. In: CPVD3.

"Justiça quer extinguir LSN com Lei de Defesa do Estado", 22.11.1987. In: CPVD8.

"Exército simula ocupação de usinas no interior paulista", 8.12.1987. In: CPVD8.

"Empregados da Cesp repudiam treino em usinas", 9.12.1987. In: CPVD8.

"Antes do comício, Brizola diz que sua eleição é garantia contra golpes", 14.12.1987. In: CPVD28.

"Exército gasta cerca de Cz$40 bi em plano de modernização", 10.1.1988. In: CPVD8.

"Quércia é contra discussão do mandato pelo Diretório", 12.1.1988. In: CPVD24.

"'Históricos' não sabem como reagir à ofensiva", 17.1.1988. In: CPVD24.

"Montoro articula uma nova campanha das 'diretas-já'", 21.1.1988. In: CPVD28.

"PF invade sede do PT-SP para apreender cartazes", 10.2.1988. In: CPVD19.

"Ulysses dá novo impulso aos quatro anos", 19.2.1988. In: CPVD28.

"'Dia do Basta' faz manifestações em todo o país por eleições em 88", 5.3.1988. In: CPVD28.

"Protesto contra Sarney leva a enquadramento na LSN", 13.3.1988. In: CPVD11.

"Dez deputados do PMDB anunciam saída do partido", 24.3.1988. In: CPVD27.

"PMDB perde maioria absoluta no Congresso", 30.3.1988. In: CPVD27.

"Leônidas não vê condições para diretas-88", 7.5.1988. In: CPVD28.

"PC do B faz críticas à 'perestroika' na abertura de seu 7º Congresso", 12.5.1988. In: CPVD16.

"Covas renuncia à liderança e deve sair do PMDB na próxima semana", 18.6.1988. In: CPVD24.

"A Constituição aprovada em 1º turno", 1.7.1988. In: CPVD19.

"Protesto contra Sarney marca reabertura do Municipal", 18.7.1988. In: CPVD28.

"Sarney diz na TV que Carta deixa país 'ingovernável'", 27.7.1988. In: CPVD19.

"Chapa de Ulysses inclui vários ministros de Sarney", 2.8.1988. In: CPVD24.

"Exército fará treinos contra guerrilha rural", 5.8.1988. In: CPVD8.

"Avaré cancela o desfile para evitar tumulto", 8.9.1988. In: CPVD28.

"A reação comunista e 'subversiva'", 27.9.1988. In: CPVD8.

"Transparência nos arquivos", 10.10.1988. In: CPVD8.

"Supermercados vendem produtos 7,9% acima do acordo", 21.11.1988. In: CPVD2.

"As greves de direita", 26.4.1989. In: CPVD11.

"Explosão atinge alto-forno da CSN e provoca ferimentos em 5 operários", 4.5.1989. In: CPVD11.

"Carta a metalúrgicos ameaça nova explosão", 9.5.1989. In: CPVD11.

"Exército discute bomba e segurança nos quartéis", 30.5.1989. In: CPVD8.

"Quem vai apoiar quem no 2º turno", 17.11.1989. In: CPVD23.

"Campanha à Presidência racha o movimento sindical", dez. 1989. In: CPVD23.

Gazeta Mercantil (GM)

"33 nomes integram a comissão constituinte", 30.5.1985. In CPVD1.

"O que os líderes querem ver na Carta Magna" (Relatório Gazeta Mercantil), 31.1.1987 a 2.2.1987. In: CPVD19.

"Governadores exigem reforma ministerial", s. d. In: CPVD24.

Istoé (IÉ)

"Roteiro para o pacto: entrevista com Pazzianoto", 13.3.1985. In: CPVD2.

"Diálogo impossível", 8.5.1985. In: CPVD5.

"Moderados vão à guerra", 26.3.1986. In: CPVD12.

Jornal do Brasil (JB)

"PCB, aos 64 anos, luta por sindicatos que PT tomou", 23.3.1986. In: CPVD16.

"Igrejas selecionam candidatos", 20.9.1986. In: CPVD25.

"Igreja capixaba pede a católico para não votar nos candidatos da UDR", 9.11.1986. In CPVD25.

"PC do B rompe com governo por achá-lo 'reacionário'", 7.2.1987. In: CPVD16.

"Cinco anos de Sarney já valem CZ$ 183 bilhões", 24.5.1987. In: CPVD28.

"Protesto contra Sarney é amplo mas não empolga", 5.3.1988. In: CPVD28.

"Agenda de riscos", 27.3.1988. In: CPVD11.

"Veja como está o seu candidato nessa corrida", 8.12.1988. In: CPVD28.

"Militares não depõem sobre mortes em Volta Redonda", 15.4.1989. In: CPVD8.

"Brizola recomenda aos pedetistas que votem em Lula", 27.11.1989. In: CPVD23.

Jornal do DIAP (JD)

"A votação da soberania da ANC", mar. 1987, n. 14, 1987a. In: CPVD22.

"Cruzado III: mais arrocho salarial", jul. 1987, n. 17, p. 13, 1987b. In: CPVD22.

"Os direitos sociais na Constituição", out. 1987, n. 20, p. 3, 1987c. In: CPVD22.

"Emenda do Centrão traz retrocesso", jan. 1988, n. 23, p. 4-5, 1988a. In: CPVD22.

"Esses constituintes não querem avanços sociais", jan. 1988, n. 23, p. 7-8, 1988b. In: CPVD22.

Jornal do País (JP)

"O governo de Tancredo Neves", 21.3.1985. In: CPVD1.

"PMDB racha em quase todos os estados", 11.7.1985 a 17.7.1985. In: CPVD24.

Jornal da Tarde (JT)

"O Senado sob controle da Aliança", 25.2.1985. In: CPVD1.

"O que Lula vai dizer a Tancredo", 28.2.1985. In: CPVD1.

"Pacto: Sarney dá ordens", 17.5.1985. In: CPVD1.

"Lyra, no pacto, uma saída para o impasse", 29.5.1985. In: CPVD1.

"Pazzianoto, o próximo ministro a ir pra casa?", 16.9.1985. In: CPVD1.

"Pacto: só um começo de conversa", 15.10.1985. In: CPVD2.

"O plano para desestatizar", 29.10.1985. In: CPVD33.

"Estatais: agora "aperto" no pessoal", 13.11.1985. In: CPVD33.

"Um novo partido?", 27.11.1985. In: CPVD10.

"O governo vai vender 17 empresas", 29.11.1985. In: CPVD33.

"Governo retira projeto de privatização", 30.11.1985. In: CPVD33.

"CUT aceita discutir um acordo para combater a inflação", 8.2.1986. In: CPVD2.

"Joaquinzão: a CGT está voltando", 21.3.1986. In: CPVD12.

"CGT já está de volta e apoia o pacote", 24.3.1986. In: CPVPD12.

"Governo aceita discutir tudo para o pacto. Menos expurgo e imposto", 17.12.1986. In: CPVD2.

"Governo discute o pacto, sem CUT e CGT", 18.12.1986. In: CPVD2.

"Já está decidido", 26.1.1987. In: CPVD2.

"A Constituinte", 2.2.1987. In: CPVD19.

"O general prefere eleições gerais", 6.1.1988. In: CPVD8.

"CGT: as condições para o pacto", 19.2.1988. In: CPVD2.

"2º turno: Sarney se prepara", 11.7.1988. In: CPVD19.

"CUT: o pacto é possível", 20.7.1988. In: CPVD2.

"Nas ruas de Santos, protestos e pancadas", 2.9.1988. In: CPVD28.

"Uma festa com vaias para Sarney", 8.9.1988. In: CPVD28.

"Jaguaribe: a democracia está em risco", 25.10.1988. In: CPVD11.

"Frente a frente com as novas classes dominantes", 1.11.1988. In: CPVD11.

"A primeira deserção no pacto", 8.12.1988. In: CPVD2.

"Surpresa no pacto: reajustes de até 250%", 11.12.1988. In: CPVD2.

"Freire quer mais socialismo e menos estatismo", 29.3.1989. In: CPVD23.

"Meneguelli garante reconstrução do monumento", 4.5.1989. In: CPVD11.

"No Brasil, estamos no gênese invertido", 5.5.1989. In: CPVD8.

"É por isso que nós somos anticomunistas", 21.12.1989. In: CPVD23.

Notícias Populares (NP)

"Rogê Ferreira arruma as malas e cai fora do PDT", 16.7.1985. In: CPVD6.

O Estado (Florianópolis – SC) (OEF)

"Moreira Lima culpa os radicais pelo 'grevismo'" e "Sarney alerta para radicalismo", 28.4.1989. In: CPVD11.

O Estado de São Paulo (OESP)

"Candidato defende o pacto social", 6.1.1985. In: CPVD2.

"O PDS tenta renascer das cinzas", 27.1.1985. In: CPVD6.

"CUT fica contra plano e pacto social", 27.2.1985. In: CPVD2.

"Os dirigentes sindicais pedem eleições diretas", 27.3.1985. In: CPVD1.

"Greves ameaçam redemocratização", 3.5.1985. In: CPVD1.

"A esquerda dividida dentro do Congresso", 26.5.1985. In: CPVD1.

"Sarney decide assumir a coordenação do pacto", 8.6.1985. In: CPVD1.

"Peemedebistas sentem a crise de identidade", 12.6.1985. In: CPVD24.

"Sarney avisa: Dornelles não sai do seu ministério", 6.7.1985. In: CPVD1.

"Que esquerdas são essas que prejudicam o governo?" e "Antonio Carlos: a esquerda radicaliza", 30.7.1985. In: CPVD1.

"Para Lula, o que falta é seriedade", 16.10.1985. In: CPVD2.

"Privatização, com apoio internacional", 23.10.1985. In: CPVD33.

"Sayad quer reformular estatais", 7.11.1985. In: CPVD33.

"PT começa em janeiro campanha com o PDT", 17.11.1985. In: CPVD1.

"Três notícias", 30.3.1986. In: CPVD27.

"As ideias de Caiado na luta da UDR", 12.10.1986. In: CPVD3.

"Sarney insiste no pacto", 5.4.1987. In: CPVD2.

"Leônidas não aceita discutir diretas", 24.4.1987. In: CPVD28.

"Diretas em 88, consenso de políticos", 1.5.1987. In: CPVD28.

"Recado de Sarney agrada a militares", 20.5.1987. In: CPVD27.

"CUT concorda com a proposta de negociar o pacto nacional", 15.7.1987. In: CPVD2.

"O movimento sindical, como o movimento de esquerda no país, tem sido idiota pela desunião (Entrevista com Jair Menegueli)", 15.7.1987. In: CPVD2.

"Militares dão apoio total ao presidente", 18.12.1987. In: CPVD8.

"FAB vai comprar míssil ar-ar nacional", 7.1.1988. In: CPVD8.

"Sarney critica a Constituição", 12.7.1988. In: CPVD19.

"Exército ficará com acidentes na área nuclear", 29.9.1988. In: CPVD8.

"Militares ganham aumento por decreto", 1.10.1988. In: CPVD8.

"Projeto sobre greve reduzirá as penalidades", 1.12.1988. In: CPVD11.

O Globo (OG)

"Tancredo: Igreja deve contribuir para a constituinte", 27.2.1985. In: CPVD1.

"Trevisan denuncia pressões contra a desestatização", 13.4.1985. In: CPVD33.

"Três notícias" (Editorial), 30.3.1986. In: CPVD27.

"Popularidade do presidente sobe para 92%, 45 dias após o pacote" e "Candidatos disputam apoio de Sarney", 20.4.1986. In: CPVD27.

"A esquerda perde espaço dentro do PMDB", 11.10.1986. In: CPVD24.

"Paranaenses querem UDR fora de comissão", 14.2.1987. In: CPVD3.

"Presidente da CGT é o novo membro do PSDB", 1.7.1989. In: CPVD18.

O Nacional (ON)
"Golpe militar na constituinte", 20 a 26.8.1987. In: CPVD8

PCB
O PCB na luta pela democracia. 1983-1985. Documentos do Partido Comunista Brasileiro. São Paulo: Editora Novos Rumos, 1985a.

"Os comunistas, as eleições a e a constituinte (Nota da CDNP-PCB)". *PCB*, São Paulo: Editora Novos Rumos, 1985b, p. 9-14. In: CPVD29.

"Programa do Partido Comunista Brasileiro". *PCB*, São Paulo: Editora Novos Rumos, 1985c, p. 15-19. In: CPVD29.

"Unidade para ampliar e aprofundar a democracia". *Voz da Unidade* (Suplemento Especial), São Paulo, mar. 1986. In: CPVD29.

PC do B
"Unidade. A bandeira da esperança! Apelo à Nação", São Paulo, 1.4.1986. In: CPVD4.

"Resolução política sobre as eleições de 15 de novembro", São Paulo, 23.1.1986. In: CPVD4.

"Propostas do PC do B para a constituinte", 1986. In: CPVD4.

"Os ricos que paguem a crise (Nota do Diretório Nacional)", São Paulo, 5.1.1987. In: CPVD4.

"Carta aberta ao Sr. José Sarney. Quem tem medo do parlamentarismo", São Paulo, s. d. In: CPVD4.

PDT

Eleições 85. PDT-SP, s. d. In: CPVD34.

1º Congresso Brasileiro do Socialismo Democrático. Órgão de Divulgação da Bancada Federal do PDT, Brasília-DF, 1987. In: CPVD34.

PL

Manifesto. Programa. Estatuto. Código de Ética. Brasília: Comissão Executiva Nacional, 2004.

PMDB

"Esperança e mudança: uma proposta de governo para o Brasil". *Revista do PMDB*, out./nov. 1982, n. 4. Fundação Pedroso Horta: Rio de Janeiro, 1982.

"Independência, progresso e justiça. Cláudio Campos. Deputado Federal Constituinte", 1986, p. 7. In: CPVD30.

POLÍTICA GERAL: composição do Senado e da Câmara, composição dos ministérios, declarações oficiais do presidente José Sarney. São Paulo: Centro de Pesquisa e Documentação Vergueiro, CPV, 1985.

PRC

"Resolução Política do II Congresso do PRC", out. 1985. In: CPVD32.

"Resposta da comissão Executiva do Comitê Central do PRC à nota aprovada pela maioria do Diretório Nacional do PT", mar. 1986. In: CPVD32.

PSB

Histórico, 2006. In: <http://www.psb.org.com.br>

PSDC

Histórico, 2006. In: <http://www.psdc.org.br>.

PT

"Reforma monetária (Diretório Nacional)". *Boletim Nacional do PT*, mar. 1986, n. 17, p. 6-7, 1986a. In: CPVD21.

"O PRC e nós (Nota Oficial do Diretório Nacional)". *Boletim Nacional do PT*, mar. 1986, n. 17, p. 7, 1986b. In: CPVD21.

"O PT e a Constituinte", mai. 1986, n. 18, 1986c. In: CPVD21.

"Reagindo à estupidez (Nota da Comissão Política da Executiva Nacional do PT)". *Boletim Nacional do PT*, mai. 1986, n. 18, 1986d, p. 3. In: CPVD21.

"O partido e as tendências (Resolução do IV Encontro Nacional)". *Boletim Nacional do PT*, jun. 1986, n. 19, 1986e, p. 9. In: CPVD21.

"Trapaça. Cruzado 2: não esperaram sequer a apuração". *Boletim Nacional do PT*, edição extra, dez. 1986, 1986f. In: CPVD21.

"Repúdio ao Pacote Sarney-Bresser (Nota da Comissão Executiva Nacional)". *Boletim Nacional do PT*, jul. 1987, n. 29, p. 9, 1987a. In: CPVD21.

"Por um PT de Massas, Democrático e Socialista (V Encontro Nacional)". *Boletim Nacional do PT*, nov./dez. 1987 a jan. 1988, n. 33, 1987b. In: CPVD21.

"Carta aberta ao povo brasileiro (V Encontro Nacional)". *Boletim Nacional do PT*, nov./dez. 1987 a jan. 1988, n. 33, 1987c. In: CPVD21.

"Este é o Brasil que a gente quer (V Encontro Nacional)". *Boletim Nacional do PT*, nov./dez. 1987 a jan. 1988, n. 33, 1987d. In: CPVD21.

"PT: partido estratégico rumo ao socialismo (V Encontro Nacional)". *Boletim Nacional do PT*, nov./dez. 1987 a jan. 1988, nº. 33, 1987e. In: CPVD21.

Relatório Reservado (RR)

"Antes do pacto, mudar as leis trabalhistas – entrevista com Almir Pazzianoto", 21.1.1985, n. 946. In: CPVD2.

Retrato do Brasil (RB)

"A América de Sarney, de Alfonsín e de Sanguinetti", 8.10.1986. In: CPVD27.

"O que virá depois das eleições", 6.11.1986. In: CPVD27.

"O PDT manterá sua bancada atual", 21.11.1986. In: CPVD31.

"Campo: aliança UDR- Frente Ampla", 12 a 18/2/ 1987. In: CPVD3.

Tribuna Metalúrgica (TM)

"Encontro sem representatividade" (Jornal do Sindicato dos Metalúrgicos de São Bernardo do Campo), jan. 1985. In: CPVD2.

Tribuna Operária (TO)

"Entrevista com Haroldo Lima", 21.1.1985 a 27.1.1985, p. 3.

"Fala o relator da Comissão do Entulho", 18.3.1985 a 24.3.1985, p. 3.

"Limitações e avanços na Lei de Greve", 3.6.1985 a 9.6.1985, p. 3.

"PC do B leva a Sarney opinião sobre o pacto", 17.6.1985 a 23.6.1985, p. 3.

"Exército e SNI investem contra reforma agrária", 22.7.1985 a 27.7.1985, p. 3.

"Novos passos no rumo da constituinte", 26.8.1985 a 1.9.1985, p. 3.

"A greve unificada em São Paulo: expressiva vitória dos operários", 18.11.1985 a 24.11.1985, p. 7.

"Maior liberdade impulsiona a onda grevista no país", 16.12.1985 a 6.1.1986, p. 9.

TSE

Eleições de 15.11.1985. Prefeitos Eleitos. Brasília, 1985.

Eleições de 15.11.1986. Candidatos e votos obtidos. Brasília, 1987.

UDR

"Desapropriações em fazendas", s. d, UDRa. In: CPVD3.

"Metas ruralistas", s. d., UDRb. In: CPVD3.

***Veja* (V)**

"Disciplina salarial", 10.9.1986a, n. 940, p. 46-47.

"Sinais de boa vontade", 10.9.1986b, n. 940, p. 108-111.

"Um golpe de ar frio", 8.4.1987a, n. 970, p. 20-23.

"Oscilação perigosa", 8.4.1987b, n. 970, p. 24-27.

"Funaro expõe seu plano de desejos", 8.4.1987c, n. 970, p. 100-103.

"Uma semana de sustos na dívida externa", 8.4.1987d, n. 970, p. 103.

"Uma casa em desordem", 15.7.1987a. In: CPVD27.

"A voz do dragão", 15.7.1987b. In: CPVD24.

"O gigante gaguejou", 29.7.1987. In: CPVD24.

"Alvo errado", 2.12.1987. In: CPVD8.

"O faz-de-conta em torno do mar de lama", 10.2.1988. In: CPVD11.

"O fantasma predileto", 11.5.1988. In: CPVD11.

"A carta vai mal (Entrevista com José Sarney)", 8.6.1988. In: CPVD11.

"O brigadeiro aterrissa", 22.6.1988. In CPVD8.

"Pouco pelo social", 6.7.1988. In: CPVD11.

"O que deu no pacto", 9.11.1988. In: CPVD2.

"O astro da largada", 17.5.1989. In: CPVD23.

"Propostas na mesa", 11.10.1989. In: CPVD23.

"Lula entra no jogo", 18.10.1989. In: CPVD23.

***Voz da Unidade* (VU)**

"Encontro de Tancredo com sindicalistas: pacto social em pauta", 23.11.1984. In: CPVD2.

"Discutir o conteúdo, mais que a forma", 30.11.1984. In: CPVD2.

___. *Unidade sindical*. Meta dos trabalhadores (Suplemento Especial), 6.3.1986 a 12.3.1986. In: CPVD29.

Livros

ABREU, M. P. (Org.). *A ordem do progresso*. Rio de Janeiro: Campus, 1992.

ANDERSON, Perry. *Linhagens do Estado Absolutista*. São Paulo: Brasiliense, 1985.

_____. *Passagens da Antiguidade ao Feudalismo*. São Paulo: Brasiliense, 1987.

ANDERSON, Perry & CAMILLER, Patrick (Orgs.). *Um mapa da esquerda na Europa Ocidental*. Rio de Janeiro: Contraponto, 1996.

ASSELIM, Victor. *Grilagem: corrupção e violência em terras do Carajás*. Petrópolis: Vozes/CPT, 1982.

BAAKLINI, Abdo I. *O Congresso e o sistema político do Brasil*. Rio de Janeiro: Paz e Terra, 1993.

BASTOS, Evandro Oliveira (Org.). *Sarney: o outro lado da história*. Rio de Janeiro: Nova Fronteira, 2001.

BIANCHI MENDEZ, Álvaro G. "O ministério dos industriais: a Federação das Indústrias do Estado de São Paulo na crise das décadas de 1980 e 1990". Tese (Doutorado em Ciências Sociais). IFCH/Unicamp. Campinas-SP, 2004.

BIELSCHOWSKY, Ricardo. *O pensamento econômico brasileiro: o ciclo ideológico do desenvolvimentismo*. 3. ed. Rio de Janeiro: Contraponto, 1996.

BIER, Amaury G.; PAULANI, Leda & MESSENBERG, Roberto. *O heterodoxo e o pós-moderno: o Cruzado em conflito*. Rio de Janeiro: Paz e Terra, 1987.

BOITO JR. Armando (Org.). *O sindicalismo brasileiro nos anos 80*. Rio de Janeiro: Paz e Terra, 1991.

_____. *Política neoliberal e sindicalismo no Brasil*. São Paulo: Xamã, 1999.

BRUNO, Regina. *Senhores da terra, senhores da guerra: a nova face política das elites agro-industriais no Brasil*. Rio de Janeiro: Forense Universitária, UFRRJ, 1997.

CARDOSO, Fernando Henrique. *Autoritarismo e democratização*. Rio de Janeiro: Paz e Terra, 1975.

_____. *O modelo político brasileiro e outros ensaios*. 2. ed. São Paulo: Difusão Europeia do Livro, 1973.

CERVO, Amado Luiz & BUENO, Clodoaldo. *História da política exterior do Brasil*. 2. ed. Brasília: Editora da UnB, 2002.

CHACON, Vamireh. *História dos Partidos Brasileiros: discurso e práxis dos seus programas*. 3. ed. Brasília: Editora da UnB, 1998.

CHAGAS, Carlos. *A guerra das estrelas (1964-1984)*: os bastidores das sucessões presidenciais. 3. ed. Porto Alegre: L&PM, 1985.

_____. *113 dias de angústia: impedimento e morte de um presidente*. 2. ed. Porto Alegre: L&PM, 1979.

CHASIN, José. *A miséria brasileira: 1964-1994 – do golpe militar à crise social*. Santo André (SP): Estudos e Edições Ad Hominem, 2000a.

_____. *A determinação ontonegativa da politicidade*. Ensaios Ad Hominem, n. 1, tomo III – Política. São Paulo: Estudos e Edições Ad Hominem, 2000b.

CNASI. *Incra: entre o concreto e o sonho da Reforma Agrária* (Relatório da Confederação Nacional das Associações dos Servidores do Incra), 1994.

CONTI, Mário Sérgio. *Notícias do Planalto: a imprensa e Fernando Collor*. São Paulo: Companhia das Letras, 1999.

CONSTITUIÇÃO DA REPÚBLICA FEDERATIVA DO BRASIL. Promulgada em 5 de outubro de 1988. São Paulo: Saraiva, 2004.

COSTA, Silvio. *Cronologia comentada e contextualizada dos principais acontecimentos no movimento sindical brasileiro (1978-2004)*. Goiânia, mimeo, 2005.

_____. *Tendências e centrais sindicais: o Movimento sindical brasileiro de 1978 a 1994*. São Paulo: Editora Anita Garibaldi; Goiânia: Editora da UCG, 1995.

COUTO, Ronaldo Costa. *História indiscreta da Ditadura e da Abertura: Brasil: 1964-1985*. 3. ed. Rio de Janeiro: Record, 1999.

_____. *Tancredo vivo, casos e acaso*. Rio de Janeiro: Record, 1995.

CRUZ, Sebastião Velasco e. *Estado e economia em tempo de crise: política industrial e transição política*. Rio de Janeiro: Relume Dumará; Campinas-SP: Editora da Unicamp, 1997.

DELGADO, Lucília de A. Neves (Org.). *Tancredo Neves: sua palavra na História*. [s.l.]: Fundação Tancredo Neves, 1988.

DIMENSTEIN, Gilberto et al. *O complô que elegeu Tancredo*. Rio de Janeiro: Editora JB, 1985.

DINIZ, Eli; BOSCHI, Renato & LESSA, Renato. *Modernização e consolidação democrática no Brasil: dilemas da Nova República*. São Paulo: Vértice, Editora Revista dos Tribunais, 1989.

DRAIBE, Sônia. *Rumos e metamorfoses*. Rio de Janeiro: Paz e Terra, 1985.

DREIFUSS, René. *O jogo da direita na Nova República*. 2. ed. Rio de Janeiro: Petrópolis, 1989.

FERNANDES, Bernardo M. *A formação do MST no Brasil*. Petrópolis: Vozes, 2000.

FERNANDES, Florestan. *A constituição inacabada: vias históricas e significado político*. São Paulo: Estação Liberdade, 1989.

_____. *A ditadura em questão*. São Paulo: T.A. Queiroz, 1982.

_____. *Apontamentos sobre a "Teoria do Autoritarismo"*. São Paulo: Hucitec, 1979.

_____. *A revolução burguesa no Brasil: ensaio de interpretação sociológica*. 3. ed. Rio de Janeiro: Editora Guanabara, 1987.

_____. *Nova República?* 2. ed. Rio de Janeiro: Jorge Zahar, 1986.

FERREIRA, Pinto. *Comentários à Constituição Brasileira*. Vol. 1. São Paulo: Saraiva, 1989.

FICO, Carlos. *Além do golpe*. Rio de Janeiro: Record, 2004.

FILGUEIRAS, Luiz. *História do Plano Real*. São Paulo: Boitempo Editorial, 2000.

FIGUEIREDO, Lucas. *Ministério do Silêncio: a história do serviço secreto brasileiro de Washington Luís a Lula (1927-2005)*. Rio de Janeiro: Record, 2005.

FIORI, José Luís. *O voo da coruja: uma leitura não liberal da crise do Estado desenvolvimentista*. Rio de Janeiro: Ed. Uerj, 1995.

FLÔRES, Jorge Oscar de Mello. "Depoimento ao CPDOC". In: D'ARAÚJO, Maria Celina; FARIAS, Ignez Cordeiro de & HIPÓLITO, Lúcia (Orgs.). *Na periferia da História*. Rio de Janeiro: Editora Fundação Getúlio Vargas, 1998.

FONSECA, Francisco. *O consenso forjado*. São Paulo: Editora Hucitec, 2005.

GASPARI, Elio. *A Ditadura Derrotada*. São Paulo: Companhia das Letras, 2003.

_____. *A Ditadura Encurralada*. São Paulo: Companhia das Letras, 2004.

_____. *A Ditadura Envergonhada*. São Paulo: Companhia das Letras, 2002a.

_____. *A Ditadura Escancarada*. São Paulo: Companhia das Letras, 2002b.

GIANNOTTI, Vito & NETO, Sebastião. *CUT, por dentro e por fora*. Petrópolis: Vozes, 1990.

GOLDENSTEIN, Lídia. *Repensando a dependência*. Rio de Janeiro: Paz e Terra, 1994.

GRAMSCI, Antonio. *Cadernos do Cárcere. Maquiavel. Notas sobre o Estado e a política*. Vol. 3. Rio de Janeiro: Civilização Brasileira, 2000.

_____. *Cadernos do cárcere. O Risorgimento. Notas sobre a História da Itália*. Vol. 5. Rio de Janeiro: Civilização Brasileira, 2002.

_____. *Concepção dialética da história*. 3. ed. Rio Janeiro: Civilização Brasileira, 1978.

_____. *Maquiavel, a política e o Estado moderno*. 2. ed. Rio de Janeiro: Civilização Brasileira, 1976.

GREMAUD, Amaury P.; SAES, Flávio A. M. de & TONETO JR., Rudinei. *Formação Econômica do Brasil*. São Paulo: Atlas, 1997.

GUTEMBERG, Luiz. *Moisés: codinome, Ulysses Guimarães: uma biografia*. São Paulo: Companhia das Letras, 1994.

JAGUARIBE, Hélio (Org.). *Sociedade, Estado e partidos na atualidade brasileira*. Rio de Janeiro: Paz e Terra, 1992, p. 157-198.

LAMOUNIER, Bolívar (Org.). *De Geisel a Collor: o balanço da transição*. São Paulo: Idesp/Sumaré, 1990.

LIMA JR., Olavo Brasil de (Org.). *O sistema partidário brasileiro*. Rio de Janeiro: Editora FGV, 1997.

LINHARES, Maria Yedda (Org.). *História Geral do Brasil*. 6. ed. Rio de Janeiro: Campus, 1996.

LINHARES, Maria Yeda & TEIXEIRA DA SILVA, Francisco Carlos. *Terra prometida*. Rio de Janeiro: Editora Campus, 1999.

MACIEL, David. *A argamassa da ordem: da Ditadura Militar à Nova República (1974-1985)*. São Paulo: Xamã, 2004.

MANTEGA, Guido & MORAES, Maria. *Acumulação monopolista e crises no Brasil*. Rio de Janeiro: Paz e Terra, 1979.

MARQUES, Jales R. & FLEISCHER, David V. *PSDB: de facção a partido*. Brasília: Instituto Teotônio Vilela, 1999.

MARTINS. Carlos Estevam. *Capitalismo de Estado e modelo político no Brasil*. Rio de Janeiro: Graal, 1977.

MARTINS, José de Souza. *A reforma agrária e os limites da democracia na "Nova República"*. São Paulo: Editora Hucitec, 1986.

_____. *O poder do atraso: ensaios de sociologia da história lenta*. São Paulo: Hucitec; 1994.

MARTINS, Luciano. *Estado capitalista e burocracia no Brasil pós-64*. Rio de Janeiro: Paz e Terra, 1985.

MARX, Karl. *O 18 Brumário e cartas a Kugelman*. 4. ed. Rio de Janeiro: Paz e Terra, 1978.

MEDEIROS, Leonilde Sérvolo. *História dos movimentos sociais no campo*. Rio de Janeiro: FASE, 1989.

MELHEM, Célia Soibelmann. *Política de botinas amarelas: o MDB-PMDB paulista de 1965 a 1988*. São Paulo: Hucitec / Departamento de Ciência Política da USP, 1998.

MENDONÇA, Sônia R. *A questão agrária no Brasil: a classe dominante agrária – natureza e comportamento 1964-1990*. São Paulo: Expressão Popular, 2006.

MENEGUELLO, Rachel. *Partidos e governos no Brasil contemporâneo (1985-1997)*. São Paulo: Paz e Terra, 1998.

MÉSZÁROS, István. *Para além do capital*. São Paulo: Boitempo Editorial; Campinas: Editora da Unicamp, 2002.

MOISÉS, José Álvaro & ALBUQUERQUE, J. A. Guilhon (Orgs.). *Dilemas da consolidação da democracia*. Rio de Janeiro: Paz e Terra, 1989.

MORAIS, Reginaldo. *Pacto social: da negociação ao pacote*. Porto Alegre: L&PM Editores, 1986.

O'DONNEL, Guillermo; SCHMITTER, Philippe & WHITEHEAD, Laurence. *Transições do regime autoritário: América Latina*. São Paulo: Ed. Vértice e Ed. Revista dos Tribunais, 1988.

OLIVEIRA, Eliézer R. de. *De Geisel a Collor: Forças Armadas, transição e democracia*. Campinas: Papirus, 1994.

OLIVEIRA, Fabiane Costa. "Helio Jaguaribe: possibilidades e limites de atuação intelectual na política partidária". Dissertação (Mestrado em História). FHDSS/ UNESP, Franca-SP, 2004.

OLIVEIRA, Francisco de. *A economia brasileira: crítica à razão dualista. O ornitorrinco*. São Paulo: Boitempo Editorial, 2003.

_____. *A economia da dependência imperfeita*. 4. ed. Rio de Janeiro: Graal, 1984.

_____. *Collor: a falsificação da ira*. Rio de Janeiro: Imago, 1992.

_____. *Os direitos do antivalor:* A economia política da hegemonia imperfeita. Petrópolis: Vozes, 1998.

PAIVA, Rivaldo. *Marco Maciel: Uma história de poder.* Recife: Edição do Autor, 1999.

PARANHOS, Kátia R. *Era uma vez em São Bernardo.* Campinas: Editora da Unicamp, 1999.

PASSARINHO, Jarbas. *Um híbrido fértil.* 2. ed. Rio de Janeiro: Expressão e Cultura; Belém-PA: Cejup, 1996.

PINTO, José Nêumane. *Atrás do palanque: os bastidores da eleição de 1989.* São Paulo: Siciliano, 1989.

POLÍTICA GERAL: composição do Senado e da Câmara, composição dos ministérios, declarações oficiais do presidente José Sarney. São Paulo: Centro de Pesquisa e Documentação Vergueiro, CPV, 1985.

POULANTZAS, Nicos. *As classes sociais no capitalismo de hoje.* Rio de Janeiro: Zahar Editores, 1975.

_____. *Poder político e classes sociais.* São Paulo: Martins Fontes, 1977.

REIS, Fábio Wanderley & O' DONNELL, Guillermo (Orgs.). *A democracia no Brasil: dilemas e perspectivas.* São Paulo: Vértice, Editora Revista dos Tribunais, 1988.

RIDENTI, Marcelo & REIS, Daniel Aarão (Orgs.). *História do Marxismo no Brasil.* Vol. 6. Campinas, SP: Editora da Unicamp, 2007.

RODRIGUES, Iram Jácome. *Sindicalismo e política: a trajetória da CUT.* São Paulo: Scritta, 1997.

RODRIGUES, Leôncio Martins. *CUT: os militantes e a ideologia.* Rio de Janeiro: Paz e Terra, 1990.

SADER, Eder. *Quando novos personagens entraram em cena: experiências, lutas e falas dos trabalhadores da Grande São Paulo, 1970-1980.* Rio de Janeiro: Paz e Terra: 1988.

SADER, Emir (Org.). *Movimentos sociais na transição democrática.* São Paulo: Cortez, 1987.

SAES, Décio. *A formação do Estado burguês no Brasil (1888-1981)*. 2. ed. Rio de Janeiro: Paz e Terra, 1985.

_____. *A República do Capital*. São Paulo: Boitempo, 2001.

_____. *Classe média e sistema político no Brasil*. São Paulo: T.A. Queiroz Editor, 1984.

_____. *Democracia*. São Paulo: Ática, 1987.

_____. *Estado e democracia: ensaios teóricos*. Campinas, IFCH/Unicamp, 1994.

SALLUM Jr., Brasilio. *Labirintos: dos generais à Nova República*. São Paulo: Hucitec, 1996.

SARDENBERG, Carlos Alberto. *Aventura e agonia: nos bastidores do Cruzado*. São Paulo: Companhia das Letras, 1987.

_____. (Org.). *Jogo aberto. Entrevistas com Bresser Pereira*. São Paulo: Brasiliense, 1989.

SARNEY, José. *Conversa ao pé do rádio. 1988/1989/1990*. Brasília: Presidência da República, 1989.

_____. *Conversa ao pé do rádio. 1985/1986/1987*. Brasília: Presidência da República, 1990.

_____. *Palavras do presidente José Sarney*. Vol. II. Brasília: Presidência da República, Secretaria de Imprensa e Divulgação, 1985.

SELCHER, Wayne A. (Org.). *A Abertura política no Brasil: dinâmica, dilemas e perspectivas*. São Paulo: Convívio, 1988.

SILVA, Antonio Ozaí da. *História das tendências no Brasil (Origens, cisões e propostas)*. 2. ed. São Paulo, s. d.

SILVA, Cláudio H. Rosa e. *Mil dias de solidão: Collor bateu e levou*. São Paulo: Geração Editorial, 1993.

SINGER, Paul. *O dia da lagarta: democratização e conflito distributivo no Brasil do Cruzado*. São Paulo: Brasiliense, 1987.

SKIDMORE, Thomas. *Brasil: de Castelo a Tancredo*. Rio de Janeiro: Paz e Terra, 1988.

SOARES, Gláucio A. D. *Colégio eleitoral, convenções partidárias e eleições diretas*. Petrópolis: Vozes, 1984.

STEPAN, Alfred. *Os militares: da Abertura à Nova República*. Rio de Janeiro: Paz e Terra, 1986.

_____. (Org.). *Democratizando o Brasil*. Rio de Janeiro: Paz e Terra, 1988.

TUMOLO, Paulo Sérgio. *Da contestação à conformação: A formação sindical da CUT e a reestruturação capitalista*. Campinas-SP: Editora da Unicamp, 2002.

VEIGA, Sandra M. & FONSECA, Isaque. *Volta Redonda: entre o aço e as armas*. Petrópolis: Vozes, 1989.

VIANNA, Luiz W. (Org.). *A democracia e os três poderes no Brasil*. Belo Horizonte: Editora UFMG; Rio de Janeiro: IUPERJ/ FAPERJ, 2002

ZAVERUCHA, Jorge. *Rumor de sabres: controle civil ou tutela militar?* São Paulo: Editora Ática, 1994.

Artigos científicos

BOITO JR., Armando. "Reforma e persistência da estrutura sindical". In: BOITO JR. Armando (Org.). *O sindicalismo brasileiro nos anos 80*. Rio de Janeiro: Paz e Terra, 1991, p. 43-91.

BOSCHI, Renato R. & LIMA, Maria Regina S. de. "O Executivo e a construção do Estado no Brasil". In: VIANNA, Luiz W. (Org.). *A democracia e os três poderes no Brasil*. Belo Horizonte: Editora UFMG; Rio de Janeiro: IUPERJ/ FAPERJ, p. 195-253.

COUTO, Ronaldo Costa. "De 1964 ao governo Sarney". In: BASTOS, Evandro Oliveira (Org.). *Sarney: o outro lado da história*. Rio de Janeiro: Nova Fronteira, 2001, p. 53-113.

CRUZ, Sebastião Velasco e. "Empresários, economistas e perspectivas da democratização no Brasil". In: REIS, Fábio Wanderley & O'DONNELL, Guillermo (Orgs.). *Brasil: dilemas e perspectivas*. São Paulo: Vértice e Editora Revista dos Tribunais, 1988, p. 256-281.

DIAS, Edmundo Fernandes. "Capital e trabalho: a nova dominação". In: DIAS, Edmundo Fernandes et al. *A ofensiva neoliberal, reestruturação produtiva e luta de classes*. Brasília: Sindicato dos Eletricitários de Brasília, 1996, p. 7-54.

ENGELS, Friedrich. "Revolução e contra-revolução na Alemanha". In: MARX, Karl & ENGELS, Friedrich. *Obras Escolhidas*. Vol 1. Lisboa: Edições Avante; Moscou: Edições Progresso, 1982.

FLEISCHER, David. "As eleições municipais no Brasil: uma análise comparativa (1982-2002)". In: *Opinião Pública*. Campinas-SP, Vol.VIII, n. 1, 2002, p. 80-105, www.scielo.br

FREITAS, Luiz Carlos Orro de. "O difícil caminho da democracia: crítica da legislação eleitoral e partidária do Pós-85". *Jus Navigandi*, Teresina, ano 9, n. 543, 1 jan. 2005, www.jusnavigandi.com.br

LAMOUNIER, Bolivar (Org.). "Antecedentes, riscos e possibilidades do governo Collor". In: LAMOUNIER, Bolivar (Org.). *De Geisel a Collor: o balanço da transição*. São Paulo: IDESP, 1990, p. 13-35.

LIMA, Maria Regina Soares de. "Contexto internacional e democratização no Brasil". In: REIS, Fábio Wanderley & O'DONNELL, Guillermo (Orgs.). *Brasil: dilemas e perspectivas*. São Paulo: Vértice e Editora Revista dos Tribunais, 1988, p. 200-228.

MARX, Karl. "A luta de classes em França". In: MARX, Karl & ENGELS, Friedrich. *Obras Escolhidas*. Vol. 1. Lisboa: Edições Avante, 1982.

MENDONÇA, Sonia Regina de. "Representação empresarial e reforma agrária: SNA", mimeo, s. d.

MODIANO, Eduardo. "A ópera dos três Cruzados: 1985-1989". In: ABREU, M. P. (Org.). *A ordem do progresso*. Rio de Janeiro: Campus, 1992, p. 347-386.

MOURA, Alkimar R. "Rumo à entropia: a política econômica, de Geisel a Collor". In: LAMOUNIER, Bolivar (Org.). *De Geisel a Collor: o balanço da transição*. São Paulo: IDESP, 1990, p. 37-59.

NORONHA, Eduardo. "A explosão das greves na década de 80". In: BOITO JR., Armando (Org.). *O sindicalismo brasileiro nos anos 80*. Rio de Janeiro: Paz e Terra, 1991, p. 93-135.

NORONHA, Eduardo; GEBRIM, Vera Lúcia & ELIAS JR., Jorge. "Explicações para um ciclo excepcional de greves (versão preliminar)". LASA 98-Latin American Studies Association. XXI International Congress. Chicago, 1998.

NOVAES, Regina Reyes. "Continuidades e rupturas no sindicalismo rural". In: BOITO JR., Armando (Org.). *O sindicalismo brasileiro nos anos 80*. Rio de Janeiro: Paz e Terra, 1991, p. 171-196.

OLIVEIRA, Lucia Lippi. "O Movimento operário em São Paulo. 1970-1985". In: SADER, Emir (Org.). *Movimentos sociais na transição democrática*. São Paulo: Cortez Editora, 1987, p. 24-52.

PAZZIANOTTO, Almir. "O governo e o trabalho". In: BASTOS, Evandro Oliveira (Org.). *Sarney: o outro lado da história*. Rio de Janeiro: Nova Fronteira, 2001, p. 185-195.

PESSANHA, Charles. O poder Executivo e o processo legislativo nas constituições brasileiras. In: VIANNA, Luiz W. (Org.). *A democracia e os três poderes no Brasil*. Belo Horizonte: Editora UFMG; Rio de Janeiro: IUPERJ/ FAPERJ, 2002, p. 141-194.

RAMOS, Saulo. "As questões jurídicas". In: BASTOS, Evandro Oliveira (Org.). *Sarney: o outro lado da história*. Rio de Janeiro: Nova Fronteira, 2001, p. 115-137.

RODRIGUES, Leôncio Martins. "As tendências políticas na formação das centrais sindicais". In: BOITO JR., Armando (Org.). *O sindicalismo brasileiro nos anos 80*. Rio de Janeiro: Paz e Terra, 1991, p. 11-42.

RUA, Maria das Graças. "A UDR e a representação de interesses dos proprietários rurais: a nova elite agrária no processo de transição política no Brasil". In: *Ciências Sociais Hoje* (Anuário da Associação Nacional de pós-graduação e Pesquisa em Ciências Sociais – ANPOCS). São Paulo: Vértice; Rio de Janeiro: Editora Revista dos Tribunais, 1990.

SAES, Décio. "De quem é o MDB?". In: *Tempo*. São Paulo, 1.3.1979, p. 3.

SAYAD, João. "A estabilidade da instabilidade". In: BASTOS, Evandro Oliveira (Org.). *Sarney: o outro lado da história*. Rio de Janeiro: Nova Fronteira, 2001, p. 155-165.

SARNEY, José. "Desafios do poder". In: BASTOS, Evandro Oliveira (Org.). *Sarney: o outro lado da história*. Rio de Janeiro: Nova Fronteira, 2001, p. 23-52.

_____. "Entrevista". In: NETO, Geneton Moraes. *Os segredos dos presidentes: Dossiê Brasília*. São Paulo: Ed. Globo, 2005, p. 12-66.

SEGATTO, José Antonio & SANTOS, Raimundo. "A valorização da política na trajetória pecebista". In: RIDENTI, Marcelo & REIS, Daniel Aarão (Orgs.). *História do Marxismo no Brasil*. Vol 6. Campinas-SP: Editora da Unicamp, 2007, p. 13-62.

SENRA, Stella. "Mídia, política e intimidade: permutas entre a esfera pública e a imagem na era Collor". In: D'INCAO, Maria Ângela (Org.). *O Brasil não é mais aquele... Mudanças sociais após a redemocratização*. São Paulo: Cortez Editora, 2001, p. 41-60.

SILVA, Antônio Ozaí da. "O marxismo-leninismo: entre a negação e a afirmação da tradição stalinista. O Partido Comunista Brasileiro (PCB)". In: Revista *Espaço Acadêmico*, n. 55, dez. 2005, www.espacoacademico.com.br.

_____. "Trabalho e política. Ruptura e tradição na organização política dos trabalhadores (Uma análise das origens e evolução da tendência Articulação - PT)". In: PRIORI, Angelo (Org.). *O mundo do trabalho e a política: ensaios interdisciplinares*. Maringá: EDUEM, 2000, p. 226.

SINGER, André. "Collor na periferia: a volta por cima do populismo?". In: LAMOUNIER, Bolivar (Org.). *De Geisel a Collor: o balanço da transição*. São Paulo: IDESP, 1990, p. 135-152.

SOUZA, Amaury de. "O sistema político-partidário". In: JAGUARIBE, Hélio (Org.). *Sociedade, Estado e partidos na atualidade brasileira*. Rio de Janeiro: Paz e Terra, 1992, p. 157-198.

SOUZA, Maria do Carmo Campello de. "A Nova República brasileira: sob a espada de Dâmocles". In: STEPAN, Alfred (Org.). *Democratizando o Brasil*. Rio de Janeiro: Paz e Terra, 1988, p. 563-627.

SOUZA, Paulo R. Os impasses atuais das políticas de emprego e salário. In: BELLUZZO, Luiz Gonzaga M. & COUTINHO, Renata (Orgs.). *Desenvolvimento capitalista no Brasil*. 2. ed. Vol. 2. São Paulo: Brasiliense, 1983.

ESTA OBRA FOI IMPRESSA EM GOIÂNIA NA PRIMAVERA DE 2012 PELA GRÁFICA CEGRAF/UFG. NO TEXTO FOI UTILIZADA A FONTE ADOBE JENSON PRO EM CORPO 11,5 E ENTRELINHA DE 16 PONTOS.